애도와 투쟁

MELANCHOLIA AND MORALISM
: ESSAYS ON AIDS AND QUEER POLITICS
by Douglas Crimp

애도와 투쟁

에이즈와 퀴어 정치학에 관한
에세이들

더글러스 크림프 지음
김수연 옮김

현실문화

추천의 말

크림프의 글들은 에이즈 위기의 투쟁을 지성, 용기, 통렬함으로 기록한다. 그가 보여주는 통찰은 가차 없이 정치적이지만 뻔하지 않다. 치열하면서도 뛰어나게, 긴급성을 담아 에이즈 위기를 다룬 이 책은 최고 수준의 퀴어 저작이다.

— 주디스 버틀러(철학자, 젠더·퀴어이론가)

크림프가 HIV/에이즈에 대해 쓴 글들은 오랜 세월 동안 많은 이들에게 문화 분석과 문화 운동을 어떻게 결합해야 하는지를 잘 가르쳐주었다. 크림프의 지성적이면서도 정치적인 글들은 우리가 우리의 취약함, 우리가 겪고 있는 혼란스러움, 우리가 느끼는 공포를 헤쳐나가는 데 큰 도움을 준다. 생동하는 성적 문화가 제공하는 용기, 지혜, 윤리적 상상력이 그 어느 때보다 더 필요한 이 시대에 크림프의 글들은 다시금 새로운 긴급성을 얻는다.

— 데이비드 핼퍼린(미시간대학교 영문학과, 여성·젠더연구프로그램 교수)

나는 운동의 공동체가 어떻게 심리적 상처와 마주해왔는지, 그리고 어떻게 엄혹한 환경 속에서 돌봄의 체계를 만들어왔는지 생각하고자 할 때마다 거듭 크림프의 글로 되돌아간다.

— 해나 프록터(《래디컬 필로소피》 편집위원)

1989년 크림프가 하버드대학교에서 「애도와 투쟁」을 처음 발표했을 때, 그 연설은 활동가들을 비롯해 그 강연장에 있던 모든 이의 심장을 꿰뚫었다. 크림프는 우리에게 이 엄혹한 시기에 우리가 경험하는 어두운 감정들의 의미를 살펴야 한다고, 또 우리의 쾌락을 위한 싸움을 계속해야 한다고 촉구한다. 이 책은 그 폭과 지성의 측면에서 에이즈 운동의 역사를 다룬 그 어떤 책보다 뛰어나다. 크림프가 이 책을 쓴 지 오랜 시간이 지났지만, 그가 이 책에서 보여주는, 동성애규범성과 일부 남성 동성애자의 보수주의에 대한 비판, 이론과 운동 사이의 공동의 지반을 모색하려는 노력, 동성애혐오에 대한 날카로운 분석은 지금도 여전히 유효하다.

— 토드 헤인스(영화감독)

크림프를 통해 배운 에이즈 문화운동에 관한 모든 것은 이후 내가 장애 정치학에 대해 연구하는 데 중요한 역할을 했다.

— 로버트 맥루어(조지워싱턴대학교 영문학과 교수, 장애학 및 퀴어이론 연구자)

에이즈에 관한 이 고전을 읽고 나면 왜 크림프가 지성적 활동가의 귀감인지 느낄 수 있을 것이다.

— 앤드루 로스(뉴욕대학교 사회문화연구 교수, 「크레디토크라시」 저자)

차례

일러두기

– 본문 하단의 각주는 모두 지은이의 것이다.

– 인명, 작품 제목, 문헌 제목 등의 원어명은 대부분 「찾아보기」에서 병기했다.

1
우울과 도덕주의: 여는 글

> 자신이 올바른 책임을 다하고 있다고 어떤 머뭇거림도 없이 온전
> 히 확신하는 이야말로 가장 무책임한 사람이다.
>
> —토머스 키넌, 『책임감에 관한 우화』

2000년 7월 남아프리카공화국 더반에서 제13회 국제에이즈대회
가 개최되었다. 기조연설자는 남아프리카공화국의 고등법원 판사
에드윈 캐머런. 그는 커밍아웃한 게이이자 HIV 감염인이다. 캐머런
은 소수의 감염인만이 비싼 에이즈 치료제를 구입할 수 있고, 그러
지 못하는 다수의 감염인은 결국 목숨을 잃어야 하는 이 세계의 불
평등한 상황을 설득력 있게 강변했다. 이 연설은 커다란 반향을 불
러일으켰다.

이 자리에 서 있는 저야말로 에이즈 치료제에 대한 접근이 전혀

평등하지 않은 방식으로 이루어지고 있다는 것을 보여주는 살아 있는 증거입니다. 저는 아프리카처럼 가난한 곳에 살면서도 에이즈 치료제를 살 수 있는 특권을 지닌 극소수 중 한 명으로서 이 자리에 이렇게 서 있습니다. 저는 제 생명의 값을 돈으로 치를 수 있는 소수의 사람 중 한 명인 것입니다. 많은 이들이 평범한 독일인들이 나치를 묵인했다는 사실에 당혹스러워합니다. 많은 이들이 평범한 남아프리카공화국인들이 아파르트헤이트 정책을 지지했다는 사실에 곤혹스러워합니다. 하지만 지금의 우리도 많은 이들이 아무 치료도 받지 못하고 죽어가는 모습을 보면서 너무나도 잘살고 있습니다. 우리의 모습은 과거의 독일인들, 과거의 남아프리카공화국인들의 모습과 크게 다르지 않습니다. 수많은 이들이 에이즈 치료제에 접근하지 못해 죽어가고 있습니다. 우리는 이 상황을 바꿔야 합니다. 제약회사들은 이미 가난한 아프리카의 수준으로는 상상조차 할 수 없는 규모의 이윤을 벌어들이고 있습니다. 그런데도 그들은 더 많은 이윤을 거머쥐려 합니다. 이 제약회사들의 탐욕 때문에 너무나도 많은 이들이 죽어가고 있습니다.[1]

그로부터 3개월이 지난 2000년 10월, 커밍아웃한 게이이자 감염인인 유명 언론인 앤드루 설리번이 《뉴욕 타임스》에 "제약회사를 옹호하며"라는 글을 기고했다. "나는 HIV 감염인이다. 매달 800알이나 되는 약을 삼킨다. 최근 1년에 드는 약값이 얼마나 되는지 확인

---

1. Edwin Cameron, "The Deafening Silence of AIDS," *Health and Human Rights* 5, no. 1 (2000).

해보았다. 1만 5600달러다(당연하지만 감사하게도 이 약값은 보험사가 대신 내준다)."[2] 설리번은 제약회사들이 이윤을 내야 신약 개발도 가능하다고 주장하며, 약값이 비싸지는 것을 불평해서는 안 된다고 주문한다. "현재 미국에서 민간 제약회사가 제약 연구에서 담당하고 있는 비중은 이미 70%를 넘는다. 이 비중은 앞으로 더 높아질 것이다. 우리가 이 사실을 어떻게 생각하건, 이 회사들은 우리의 생명을 책임지고 있다. 제약회사들을 트집 잡는 것은 미성숙한 태도다. 이 회사들이 우리 사회에 크게 기여하고 있음을 성숙한 태도로 인정할 때가 왔다. 민간 제약회사들은 공짜로 이윤을 얻는 것이 아니다. 그들은 우리의 생명을 구하고 그에 대한 정당한 대가로 이윤을 얻는다. 다행히 이 민간 기업들은 생명을 구하는 일과 이윤을 내는 일을 둘 다 잘하고 있다. 나는 매일 아침 일어나 건강함을 느낀다. 그때마다 나는 민간 제약회사들에 감사한다."[3]

에드윈 캐머런 판사는 수많은 이들이 HIV에 감염되고도 약을 구하지 못해 죽어가고 있는 상황에서 부유한 나라의 극소수만이 아무 문제 없이 잘살고 있는 극심한 불공평에 문제를 제기했다. 설리번은 이 문제에 간단히 답한다. 그것이 바로 현실이라고. 그는 이런 상황에 문제를 제기하는 것 자체가 미성숙한 태도라고, 성숙하게 현실을 받아들여야 한다고 주장한다. 설리번은 HIV에 감염되었음에도 매일 아침 일어나 여전히 건강함을 느끼는 자신의 상황은 당

---

2. Andrew Sullivan, "Pro Pharma," *New York Times Magazine*, October 29, 2000, p. 21.
3. 같은 글, p. 22.

연히 여기지만, 그렇지 못한 수많은 이들의 삶에 대해서는 조금도 신경 쓰지 않는다.[4] 그는 제약회사에 어떤 불평도 늘어놓지 않고 그들에게 감사할 줄 아는 자신이야말로 성숙한 태도를 지닌 존재라고 확신한다. 자신의 특권은 당연시하면서 다른 이들의 고통은 무시하는 설리번과, 자신의 특권을 성찰하며 다른 이들을 위해 힘을 모아야 한다고 주장하는 캐머런 판사를 나란히 놓고 보았을 때, 누구의 목소리에 귀를 기울여야 할지는 분명하다(내가 이 두 인물을 맞세움으로써 캐머런 판사의 윤리적 우위를 드러내는 방식이 설리번의 무반성적인 자기 확신을 닮은 것이 아니길 바란다). 나는 설리번이 캐머런 판사의 연설을 의식하고 그에 대한 반응으로 이 글을 썼다고 생각한다. 설리번은 캐머런 판사의 연설에 영향을 받고 있을 '정치적으로 올바른' 에이즈 활동가들을 성숙하지 못하다고 꾸짖기 위해 이 글을 쓴 것이다.[5] 설리번은 꾸짖고 또 꾸짖는다. "게이들이여, 제발

4. 설리번은 자신이 누리는 특권을 너무나 당연한 것으로 여긴 나머지, 자신의 약값을 "당연하지만 감사하게도" 민간 보험회사가 지불한다는 사실을 괄호 안에서 간단히 언급하고 넘어간다.

5. 《뉴욕 타임스》는 "제약 회사를 옹호하며" 이전에도 설리번의 반동적인 의견을 거르지 않고 그대로 실어 나른 바 있다. 하지만 《뉴욕 타임스》도 2001년부터는 설리번의 의견에 반대되는 기사들, 이를테면 제3세계 국가에서 저렴한 가격의 에이즈 복제약이 생산되고 유통되는 것을 초국적 제약회사들이 자신들의 이윤을 위해 반대하고 있음을 취재한 기사, 실제로는 별 효과가 없는 알레르기약이 뛰어난 약으로 바뀌어 판매되는 상황을 비판하는 기사, 제약회사들의 편을 들고 있는 조지 W. 부시 행정부를 비판하는 기사 등을 내보낸다. 설리번은 그에 대한 반응으로 《뉴 리퍼블릭》에 제약회사를 옹호하는 기고문을 실었다. 설리번의 논리는 전형적이다. "우리가 에이즈 치료제를 먹을 수 있게 된 것은 천사처럼 선량한 이들 때문이 아니라 자유 기업 체제가 존재하기 때문이다. 제약회사들의 궁극적인 존재 이유는 병을 고치기 위해서도 아니고 신문 기자나 칼럼니스트들의 구미에 맞는 일을 하기 위해서도 아니다. 그들이 존재하는 궁극적인 이유는 자사의 주주들을 만족시키는 것이다."(Andrew Sullivan, "Profit of Doom?" *New Republic*, March 26, 2001, p. 6.)

성숙하라!"

설리번은 자신의 반동적 성정치는 성숙한 것으로, 다른 이들의 해방적 성정치는 미성숙한 것으로 마주 놓는다.[6] 그는 여러 글에서 에이즈가 게이들에게 미친 영향을 다음과 같이 서사화한다. 에이즈가 도착하기 전, 게이들은 쾌락만을 쫓아다녔다. 아무것도 책임지려 하지 않았다. 정상적인 성인이라면 한 사람의 배우자를 만나고, 가정을 꾸리고, 자녀를 양육하고, 올바른 사회의 구성원이 되는 책임을 져야 하지만, 게이들은 그러지 않았다. 에이즈 이전의 게이들은 오직 섹스만을 탐했다. 날이 밝을 때까지 약을 하고 춤을 추고 섹스를 했다. 그들의 정신 상태는 불량 청소년이나 다름없었다. 상대도 장소도 시간도 가리지 않고, 머릿속에 든 생각이라고는 섹스밖에 없는 불량 청소년들. 그러다 마침내 에이즈가 도착했다. 이제 게이들은 살아남기 위해 성숙한 태도를 받아들여야만 했다. 찰나의 쾌락이 아닌 진정한 삶의 의미를 찾아야 했다. 쾌락에는 대가가 따른다는 사실을 깨달아야 했다. 늙음과 죽음을 포함하는 진짜 삶을 감당하는 법을 배워야 했다. 게이들은 책임지는 삶을 받아들이기 시작했다. 그동안 사회가 게이들을 받아들이지 않은 이유는 게이들

6. 설리번은 자신의 책 『거의 정상적인(Virtually Normal: An Argument about Homosexuality)』(New York: Vintage, 1996)에서 "동성애자 해방주의자"들에 대해 강력한 혐오감을 표현한다. 설리번은 종종 자신이 자유주의자라고 주장하는데, 실제로도 그의 여러 관점은 전통적 자유주의를 상당히 문제적인 것으로 만드는 입장들과 부합하는 경우가 많다. 하지만 2000년 대선에서는 조지 W. 부시를 지지하며 전형적인 자유주의자라면 취하기 어려운 행보를 보였다. 설리번을 비롯한 반동적인 동성애자 언론인들에 대한 비판에 관해서는 다음을 참조하라. Michael Warner, "Media Gays: A New Stone Wall," *Nation*, July 14, 1997, pp. 15~19.

이 쾌락만을 좇느라 마땅히 져야 할 책임을 지지 않았기 때문이다. 그런데 에이즈 위기가 오자 게이들이 바뀌기 시작했다. 그러자 사회도 게이들을 받아들이기 시작했다. 게이들은 에이즈에 감사해야 한다. 에이즈가 게이들을 구원했으므로. 여기까지가 설리번의 에이즈 서사다.

설리번이 미성숙의 서사를 이야기한 것은 이 기고문이 처음이 아니다. 설리번은 1996년 항레트로바이러스 요법, 일명 칵테일 요법이 등장하자 《뉴욕 타임스》에 "에이즈의 종식을 눈앞에 두고"라는 기명 칼럼을 기고했다.[7] 그는 이 글에서 에이즈가 곧 종식될 것이라고 주장하는 한편, 게이들은 섹스에만 신경 쓰는 미성숙하고 반사회적인 존재들이기 때문에 에이즈 위기가 끝나가고 있는데도 그 사실을 눈치조차 채지 못하고 있다고 비난한다. 설리번은 HIV 양성 판정을 받고 얼마 지나지 않았을 때, 칵테일 요법의 전망을 설명해주는 설명회에 갔다가, 한 게이 에이즈 활동가가 자신에게 다가와 "이제 더는 좋은 시기를 못 누리게 되어서 안타깝겠어요"라고 음침하게 말했다고 회고한다. 설리번은 이런 식으로 게이들과 활동가들을 섹스밖에 생각하지 못하는 미성숙한 존재로 만든다.[8]

---

7. Andrew Sullivan, "When Plagues End: Notes on the Twilight of an Epidemic," *New York Times Magazine*, November 10, 1996, pp. 52~62, 76~77, 84.

8. 같은 글, p. 55. 설리번은 그 활동가가 섹스에만 신경 쓰고 있다는 것을 강조하고자 "음침하게" 같은 수식어까지 동원한다. 하지만 나는 그 활동가가 말한 '좋은 시기'란 설리번이 생각한 그런 시기가 아니라, '동성애자 공동체에 서로가 서로를 돕고 돌보는 공동체 의식이 강했던 시기'를 의미했을 것이라고 생각한다. 칵테일 요법이 등장한 이후로는 동성애자 커뮤니티 내부에서도 에이즈 위기에 대한 긴급한 감각이 떨어지기 시작했다.

계속해서 설리번은 '에이즈=성숙'의 서사를 이렇게 이어나간다.

> 에이즈 위기 이전 게이들은 자신들의 삶은 책임과는 상관없는 것
> 으로 여겼다. 게이들은 이등 시민으로 여겨지는 것을 감수하는 대
> 가로 사회적 규범을 따르지 않았다. 그것은 성 해방의 시대 이후
> 부터 에이즈 위기 이전 시기까지 게이들이 이 사회와 맺은 파우
> 스트의 계약이었다. 그 시기 동성애자들은 자유를 누리는 대가로
> 자존감과 자긍심을 포기했다. 그러던 중 에이즈 위기가 도착했다.
> 그때부터 게이들은 살아남기 위해서라도 사회적 책임을 중요시하
> 기 시작했다. 이성애자 커플만큼이나 충실한 관계를 유지하는 게
> 이들도 생겨났다. 그전까지 자신의 삶을 내팽개쳐왔던 게이들이
> 에이즈 위기가 닥치면서 자신의 삶을 소중히 여기기 시작했다.[9]

설리번은 에이즈 위기 이전의 게이들을 세상에서 가장 끔찍한 종
류의 괴물로 그린다. 그가 묘사하는 게이들은 자존감과 자긍심을
자유, 그것도 고작 사회적 책임을 지지 않을 자유와 맞바꾼 괴물들
이다. 설리번은 에이즈 위기 이전 시기의 동성애자들이 벽장 속에
숨어 이등 시민으로 살면서 자신과 다른 이들을 돌보지 않았다고,
사람들과 제대로 된 관계를 맺는 법도 모른 채 자신의 삶을 내팽개
쳤다고 비난한다. 하지만 스톤월 혁명과 에이즈 위기 사이의 시기에
청년기를 보낸 나는 그 시절을 설리번과는 전혀 다르게 기억한다.

---

9. 같은 글, pp. 61~62.

설리번이 그 시기를 기술하는 방식은 내게 너무나도 모욕적으로 느껴진다. 내가 기억하는 그 시기는 미국 동성애자 운동과 동성애자 문화가 그 어느 때보다도 크게 확장한 때였다. 그 당시는 많은 이들이 벽장에서 나와, 이등 시민이 되지 않기 위해 치열하게 싸웠던 때였다. 우리가 모두 서로를 돌보고, 자신의 삶을 돌보고자 애썼던 때였다.[10] 하지만 설리번은 자신의 반동적인 메시지를 전달하기 위해 에이즈 이전 시기를 제멋대로 서사화한다.

설리번의 서사 가운데 게이들이 에이즈 위기 이전 이 사회와 "파우스트의 계약"을 맺고 방종을 누렸다는 전반부에 대해서는 조금 뒤 자세히 다룰 것이다. 나는 설리번이 자신이 어떻게 HIV에 걸리게 되었는지를 그런 식으로 설명한다는 데 관심이 있기 때문이다. 하지만 여기서는 설리번의 '에이즈=성숙' 서사의 후반부, 즉 에이즈 위기 덕분에 이 사회가 동성애자를 포용하게 되었다는 부분을 먼저 다룰 것이다. 설리번은 이렇게 주장한다. "에이즈 때문에 이 사회의 동성애혐오도 비로소 누그러졌다. 그전까지 이성애자들은 비록 동성애자들이 가진 차이를 혐오하지는 않았다 하더라도 그 차이에 두려움을 느꼈다. 하지만 에이즈 위기 아래 이성애자들은 에이즈로 죽어가는 이들을 보면서 동성애자들도 자신과 크게 다를 바 없는

---

10. 설리번의 책 『감지되지 않는 사랑(Love Undetectable: Notes on Friendship, Sex, and Survival)』(New York: Alfred A. Knopf, 1998)을 읽어보면, 설리번 자신이야말로 에이즈 위기 이전 시기에 벽장 속에 있었고, 자신과 다른 이들을 돌보지 않았으며, 사람들과 제대로 된 관계를 맺는 법도 모르고 살았음을 알 수 있다. 남성 동성애자들에 대한 설리번의 혐오는 자신이 그러므로 다른 이들도 그렇다고 생각하는 투사(projection)라는 방어기제의 전형적인 예다.

사람이라는 생각을 하기 시작했다. 죽음이야말로 누구나 언젠가는 경험하는 보편적인 사건이기 때문이다."[11] 놀랍게도 설리번은 동성애혐오자들이 동성애자들을 받아들이게 된 것은, 동성애자들이 에이즈로 죽어 나간 덕분이라고 주장한다. 더 놀랍게도 설리번은 동성애혐오가 혐오인 것처럼 보일 뿐 진짜 혐오는 아니라고 본다. 설리번은 동성애혐오가 단순히 차이에 대한 두려움이라고 설명하지만, 이는 동성애혐오자들의 심리적 현실이 아니다.[12] 설리번의 이 잘못된 논리 속에서 동성애혐오는 자유주의가 언제나 내세우는 무기, 즉 마술처럼 모든 차이를 없애는 '보편성'에 의해 간단히 극복될 수 있는 것이 된다.

설리번은 에이즈 위기가 동성애혐오를 누그러뜨렸고, 에이즈 위기도 거의 종식되었다는 마술적 사고를 작동시키며 현실을 왜곡한다. 이는 낙관주의가 아니라 그저 자기가 믿고 싶은 대로 믿고 있는 것이다. 지금도 수많은 이들이 에이즈로 목숨을 잃고 있지만, 설리번은 그런 사실을 부정한다. 심지어 에이즈 위기의 종식이 눈앞에 있지 않다고 말하는 이들을 호되게 비난하기까지 한다. 에이즈 위기로 동성애혐오가 사라진 만큼 새로운 세계에서 진정한 자유를 누

---

11. Sullivan, "When Plagues End," p. 56.
12. 이는 설리번이 왜 퀴어이론에 적대적이며 또 그것을 이해하지 못하는지 설명해준다. 퀴어이론은 동성애혐오의 성심리적 메커니즘이 간단히 극복할 수 있는 것이 아님을 알려주는 이론이다. 설리번은 에이즈 위기 때문에 이 사회가 동성애자를 받아들이게 되었다고 주장하지만, 퀴어이론의 통찰에 의하면 에이즈 위기 동안 이 사회가 기꺼이 받아들인 것은 동성애자가 아니라 동성애자의 대규모 죽음이다. 이와 관련해서는 11장 「애도의 스펙터클」을 참조하라.

리고 책임을 다하는 성숙한 존재로서 이 세계를 정상적으로 살아가야 하는데, 에이즈 위기가 종식되지 않았다고 주장하는 이들은 상실을 받아들이지 않고 계속 그 상실에 매달려 있다고 비난한다. 마치 우울증 환자처럼 말이다. 설리번은 그렇게 생각하지 못하겠지만, 나는 설리번 자신이 우울melancholia의 상태에 있다고 생각한다. 설리번이 보이는 도덕주의는 우울에 빠진 이들이 보이는 증상이다. 설리번이 동성애혐오의 강력한 힘을 전혀 이해하지 못하는 것은 그가 자신을 거부한 동성애혐오와 동일시함으로써 우울에 빠져 있기 때문이다.[13] 나는 지금 설리번이라는 한 남성 동성애자를 진단하고자 하는 것이 아니다. 내가 말하고자 하는 것은 보수적인 동성애자들이 에이즈 위기에 대해 보이는 도덕주의적인 태도가 실은 우울의 증상임을 말하고자 하는 것이다.

내가 에이즈 위기가 미국 문화의 도덕주의에 새로운 생명을 부여하는 위험한 계기가 되었다고 말한다면 많은 이들이 고개를 끄덕이겠지만, 정확히 말해 그것은 내가 주장하려는 바가 아니다. 물론 나는 그동안 에이즈 위기에 대한 이 사회의 도덕주의적 반응을 비판하는 글을 많이 써왔다. 하지만 내가 이 책의 글들을 통해 가장 탐구하고자 하는 것은 다른 이들도 아닌 에이즈 위기로 가장 큰 피해를 입은 남성 동성애자들이 왜 에이즈 위기에 도덕주의에 빠지게 되었는가를 이해하는 것이다. 내가 살피고자 하는 것은 바꿔 말하

---

13. 프로이트에 따르면, 자신을 부인하는 애정 대상과 동일시하고 합체할 때 우울이 발생한다. 우울에 빠진 이는 자신에 대한 부인을 자아의 일부로 삼기 때문에 도덕주의적인 이유에서 비롯되는 자기비난을 일삼게 된다. 7장 「애도와 투쟁」을 참조하라.

면 이런 것들이다. 에이즈 위기를 사는 어떤 남성 동성애자들이 도덕주의적인 입장에서 자기비난에 빠지게 만드는 기제는 무엇인가? 그들의 우울과 그들이 보여주는 도덕주의 사이에는 어떤 관계가 있는가? 왜 1990년을 전후하여 미국 동성애자 공동체는 에이즈 문제를 외면하기 시작했을까? 또 이것은 동성애자 성정치의 보수화와 어떤 관계에 있을까?

미국 동성애자 공동체가 왜 에이즈 문제를 외면하기 시작했는지 따지는 일은 그리 간단하지 않다. 어느 날 갑자기 게이들이 에이즈 문제는 지긋지긋하니 그만 이야기하자고 결의한 것이 아니다. 1996년 칵테일 요법이 등장해서야 에이즈 위기에 대한 관심이 줄어들기 시작한 것도 아니다.[14] 사실 동성애자들은 에이즈가 처음 발견된 순간부터 에이즈에서 고개를 돌리고 싶어 했다. 에이즈 위기는 엄청난 공포였다. 그 공포와 직면하는 것은 쉬운 일이 아니다. 많은 이들은 에이즈 위기를 똑바로 보는 대신 그 위기를 부인했다. 물론 에이즈 위기를 직면하고 그와 싸우고자 했던 이들도 많지만, 오랜 시간이 흐르면서 에이즈로 인한 상실의 압도적인 규모와 끝도 없이

---

14.   많은 이들이 에이즈에 대한 경각심과 관심이 약해지기 시작한 시기를, 단백분해효소 억제제(PI)와 비뉴클레오시드역전사효소 억제제(NNRTI)를 병용하는 제2세대 항레트로바이러스 치료가 등장한 때로 본다. 1995년, 설리번은 "에이즈의 종식을 눈앞에 두고"의 전사에 해당하는 기고문을 썼다("Fighting the Death Sentence," *New York Times*, November 21, 1995, p. A21). 1996년, 언론은 에이즈 치료에 대한 낙관적인 전망을 쏟아냈고, 《타임》은 칵테일 요법의 개발에 공을 세운 데이비드 호 박사를 '올해의 인물'로 선정했다. 하지만 호 박사는 에이즈를 곧 종식할 수 있을 것이라는 자신의 전망이 지나치게 낙관적이었음을 인정해야 했다. 나는 칵테일 요법이 등장하기 최소한 5년 전부터 이미 우리가 에이즈로부터 멀어지기 시작했다고 생각한다. 이와 관련해서는 7장 「애도와 투쟁」을 참조하라.

계속되는 비극에 그들도 지치지 않을 수 없었다. 결국 그들 역시 에이즈 문제를 부인하기 시작했다. 처음부터 에이즈 위기를 부인한 이들은 압도적인 공포 때문에 현실을 외면하고자 했다. '이것은 정말 일어나고 있는 일이 아니야', '다른 사람은 몰라도 나는 에이즈에 걸리지 않을 거야', '나는 저 사람들과 아무 상관 없어!' 반면, 오랜 시간 에이즈와의 싸움에 참여하다 지쳐 결국 에이즈 위기를 부인하게 된 이들은 그동안 누적된 커다란 상실을 더 이상 감당하지 못하고 무너진 이들이다. '아, 이제 더는 조금도 못 버티겠어!' 너무 고통스러울 때 고개만 돌리면 고통을 덜 수 있다면 누가 그렇게 하지 않겠는가? 이들이 부인하고자 하는 것은 에이즈 위기의 실제 현실이라기보다는 그동안 계속되어 너무나도 커진 압도적인 상실이다. 이들 역시 우울의 상태에 있다고 할 수 있을 것이다.

앞에서 나는 설리번이 자신과 다른 동성애자의 에이즈 위기 이전 시기에 대해 도덕주의적 자기비난을 가하는 것이 우울의 증상이라고 주장했다. 바로 위에서는 에이즈 위기의 거대한 상실을 부인하는 이들도 우울의 상태에 있는 이들이라고 말했다. 그렇다면 이런 종류의 우울을 앓는 이들은 어떤 증상을 보일까? 그 증상은 설리번의 도덕주의와는 어떻게 다를까?

필립 브라이언 하퍼는 에이즈의 종식을 서둘러 선언한 설리번을 정신분석학의 페티시즘fetishism 개념으로 비판한다. 칵테일 요법은 그 약을 구입하지 못하는 이들에게는 에이즈의 종식을 의미하지 않는다. 하지만 설리번은 에이즈 치료제에 누가 접근할 수 있고 누가 접근할 수 없는가의 문제에는 관심이 없다. 하퍼는 설리번이

'나는 너무나도 잘 알아. 하지만 그럼에도…I Know very well, but all the same...'라는 페티시즘적 태도로 에이즈의 종식이 오지 않았음을 부인한다고 분석한다. "나 설리번은 모든 감염인이 에이즈 치료약을 살 수는 없다는 것을 너무나도 잘 알아. 하지만 그럼에도 내 이야기 속에서라면 모든 이들이 에이즈 치료약을 살 수 있지."

설리번은 "에이즈 위기를 겪는 대다수 사람"에게 칵테일 요법의 개발은 에이즈의 종식을 의미하게 될 것이라고 쓴다. 그러면서도 동시에 "전 세계 HIV 감염인 대다수", 미국의 흑인과 라틴계 감염인 대다수는 신약을 사 먹지 못해 죽을 것이라고 쓴다. 대체 이게 무슨 말일까? 설리번에게 미국인이 아닌 이들, 그리고 흑인과 라틴계 감염인은 "에이즈 위기를 겪는 대다수 사람"에 포함되지 않는단 말인가? 설리번은 칵테일 요법의 개발 이후에도 에이즈로 죽는 이들이 많을 것이라는 사실을 부인하지 않는다. 하지만 그가 진술하는 형식은 인종적·국가적 규범성에 포함되어 있지 않은 수많은 이들의 죽음을 부인한다. 설리번은 앞으로도 수많은 이들이 에이즈로 죽으리라는 것을 알면서도, 그들을 자신이 선포하고자 하는 에이즈 종식 서사에 포함시키지 않는다. 왜냐하면 설리번에게 그들의 죽음은 자신에게 중요한 에이즈 죽음이 아니기 때문이다.[15]

15. Phillip Brian Harper, *Private Affairs: Critical Ventures in the Culture of Social Relations* (New York: New York University Press, 1999), pp. 93~94.

설리번은 이 페티시즘의 논리를 통해, 의료보험 혜택을 받을 수 있는 중산층 이상의 미국 백인 남성이 아니라면 칵테일 요법이 등장했다 하더라도 그 혜택을 누리기 어렵다는 사실을 못 본 척한다. 설리번에게는 미국 백인 남성만이 보편적 주체이기 때문이다. 설리번은 자신이 무지한 이들을 계몽하는 역할을 하고 있다고 생각했을 것이다. 하지만 설리번의 전형적인 자유주의적 보편주의는 부인이라는 기제로 만들어진 사회정치적 페티시즘에 불과하다.

하퍼는 "앤드루 설리번이 살고 있는 세계는 내가 사는 세계와 전혀 다른 곳인 것처럼 느껴진다"[16]라고 썼다. 나는 설리번에 대한 하퍼의 비판에 동의하지만, 이 한 문장에는 그렇지 않다. 나는 설리번과 다른 세계에 살고 있다고 느끼지 않는다. 공포스럽지만, 나는 내가 설리번과 완전히 같은 세상에 살고 있다고 느낀다.

설리번과 내가 함께 거주하는 세계는 어떤 세계인가. 그 세계는 HIV와 에이즈와 에이즈 예방을 그 누구보다도 잘 알고 있었으면서도 결국, 그것도 최근에, HIV에 감염된 게이들의 세계다. 에이즈에 대해 누구보다 잘 알고 있었으면서도 자신이 대체 어떻게 HIV에 감염된 것인지를 남들에게 설명하지 못하는 게이들의 세계다. 설리번과 마찬가지로, 내가 HIV에 감염된 것은 HIV나 에이즈에 대한 지식이 부족해서가 아니었다. 설리번과 마찬가지로, 나는 감염 경로에서 치료법까지 HIV와 에이즈에 대해 너무나도 잘 알고 있는 게이다. 비평가이자 지식인으로서 나는 에이즈 문제를 수없이 많이 다

---

16. 같은 책, p. 89.

루었다. 수많은 시간을 에이즈에 대해 생각하고, 쓰고, 가르치는 일에 바쳐왔다. 이 사회에는 에이즈와 에이즈 예방에 대해 알고 싶어도 그런 정보에 접근하지 못하는 이들이 많다. 이를테면 미국에 사는 취약 계층의 유색인이라면 그럴 가능성이 높다. 설리번과 나는 에이즈와 관련해 너무나도 많은 지식에 접근할 수 있는 특권을 지닌 이들이었다. 그런데도 우리는 HIV에 감염되었다.

하지만 설리번과 나 사이에는 차이가 있다. 그 차이는 자신이 에이즈에 대해 그렇게 잘 알고 있었으면서도 에이즈에 걸린 이유를 설명하는 방식이다. 설리번은 "에이즈의 종식을 눈앞에 두고"의 확장판이라 할 만한 『감지되지 않는 사랑』에서 자신이 한 명의 파트너에게 충실하지 못해 HIV에 감염되었다고 말한다.

가까운 친구에게 내가 HIV에 감염되었다고 털어놓았다. 친구는 누구 때문에 그렇게 되었냐고 물었다. 기억을 아무리 더듬어봐도 내가 누구 때문에 감염되었는지 알 수 없었다. 거의 1년 동안이나 HIV 검사를 받지 않았기도 했다. 모르겠다고 말했다. 친구는 믿을 수 없어 했다. 그러고는 나를 비난했다. "모르겠다고? 대체 얼마나 많은 남자랑 놀아난 거야?" 그렇다. 나는 너무 많은 남자와 즐겼다. 의미 있고 존엄한 관계를 유지하기에는 너무 많은 남자를 만났다. 진정한 사랑을 하기에는 너무나도 많은 남자와 만났다.[17]

17. Sullivan, *Love Undetectable*, p. 41.

나는 이 부분을 읽으며 역겨움을 느낀다. HIV에 감염되었다고 털어놓는 친구를 비난부터 하는 친구도 당황스럽지만, 더 당황스러운 것은 설리번의 태도다. 단 한 사람과 맺은 관계가 아니라면, 그 관계들은 저절로 모두 아무런 의미도 없고, 존엄하지도 않은 관계가 되는 것일까? 설리번은 섹스는 죄이고, 그 죄는 한 사람과 독점적인 관계를 맺을 때만 비로소 사해진다고 말한다. 과연 이것을 윤리라고 부를 수 있을까?

설리번이 믿는 가톨릭에서는 그것이 윤리로 통하는지도 모르겠다. 가톨릭에서는 신성한 결혼제도 안에서 이루어지는 섹스, 그것도 출산을 목적으로 하는 섹스가 아니라면 모두 죄라고 가르치니 말이다. 하지만 설리번은 자신의 종교에도 책임을 돌린다. 설리번은 동성애인 자신에게도 종교가 구체적인 가르침을 주었더라면, 자신이 그렇게까지 '타락'하지 않았을 것이라고 주장한다. "동성애와 관련해, 나는 가톨릭으로부터 어떤 가르침도 받지 못했다. 지난 30년 동안 매주 성당에 나갔지만, 동성애자라면 어떻게 살아야 하는지 알려준 사제는 단 한 명도 없었다."[18] 하지만 설리번은 가톨릭으로부터 큰 가르침을 받은 것이 분명하다. 그가 보이는 섹스에 대한 반동적인 입장은 교회들이 보여주는 동성애혐오와 닮았기 때문이다. 그는 저서 『감지되지 않는 사랑』에서 동성애자들을 다음과 같이 비난한다.

---

18. 같은 책, p. 42.

동성애자들은 성적으로 병리적인 이들이다.

게이들은 두 부류로 나뉜다. 자신의 행동을 참회하고 정숙한 삶을 사는 게이들과, 술과 마약과 섹스에 빠져 사는 게이들.

동성애자의 해방을 주장하는 이들은 에이즈의 추악한 실상을 뻔히 알고 있으면서도 에이즈와 '에이즈의 도살장' 안에 있는 게이들을 미화한다. 그들은 게이들이 저지르는 재앙에 가까운 자기파괴적 행위들을 옹호하기 위해 그럴듯해 보이는 이론들을 동원하지만 그것은 에이즈 문제를 해결하는 데 아무 도움도 되지 않는다.

어떤 이들은 인간은 사회적으로 구성된 존재이며, 특정 성적 지향을 선악으로 가를 수 없다고 주장한다. 이런 이데올로기적으로 오염된 주장을 내세우는 이상한 이론들 탓에 수많은 게이가 서로를 감염시키며 떼거리로 죽어가고 있다.[19]

설리번은 남성 동성애자의 성적 문화를 비난하다가―정작 자신은 "에이즈의 도살장"에 발길을 끊지 않으면서도―동성애자 해방운동과 퀴어이론을 공격한다. 그동안 남성 동성애자의 성적 문화를 방어하고 지지하고 이론화해온 나 같은 이들을 공격한다. 이런 점에서 설리번은 나와 같은 세계에 살지만, 나와 어떤 세계관도 공유하

---

19. 같은 책, pp. 50~53.

지 않는다.

다시 설리번이 나와 공유하는 것으로 돌아가자면, 설리번은 나와 마찬가지로 최근에 HIV에 감염되었다. 설리번이 자신의 HIV 감염을 설명할 때 드러나는 자기비난은 우울의 증상에 해당한다. 설리번의 경우, 그 자기비난은 합리화의 형태를 띤다. 설리번은 에이즈 위기 이전에는 아무도 자신에게 윤리를 가르쳐주지 않았기 때문에 자신이 성적으로 방종한 삶을 살 수밖에 없었다고 말한다. 그는 에이즈 위기가 게이들에게 책임감 있는 성숙한 삶을 살 기회를 제공했다고 주장하면서도, 자신의 영혼은 이미 너무 많이 망가졌기 때문에 성숙한 삶을 살기에는 너무 늦었다고 말한다. "나는 섹스가 아닌, 사랑과 헌신, 책임감으로 충만한 삶을 간절히 원했지만 결국 그런 삶을 찾지 못했다. 그래서 나는 결심했다. 나는 그런 삶을 살지 못했지만, 다음 세대의 게이들만은 그럴 수 있도록 내가 할 수 있는 모든 것을 다 하겠다고."[20] 설리번은 1997년 PBS 방송국 토크쇼에 나가서는 이렇게 말했다. "새로운 세대의 게이들은 지금부터라도 에이즈 위기를 계기로 성숙한 새 삶을 살 수 있습니다. 저는 이미 늦었습니다. 저만 그런 것이 아니라 제 세대의 게이들이라면 모두 마찬가지일 것입니다. 동성애혐오적인 사회에서 아무 윤리적 가르침도 받지 못한 채 자라야 했던 우리는 일곱 살, 여덟 살, 아홉 살짜리 아이의 수준에서 더는 성숙하지 못했습니다." 설리번은 자기 세대의 게이들에게 고통을 준 동성애혐오를 비판하지 않는다. 그 대신 자기

20. 같은 책, p. 56.

세대의 게이들을 비난한다. 다른 게이들에게는 성숙해지라고 혹독하게 다그친다. 하지만 자신만은 일곱 살, 여덟 살, 아홉 살 생일 케이크를 영원히 끊임없이 받아먹겠다고 한다.

설리번은 성숙해지라고 말한다. 하지만 나이를 먹는다고 저절로 성숙해지는 것이 아닌 한 그것은 쉬운 일이 아니다. 게이들이 숭배하는 배우 베티 데이비스는 "Old age is not for sissies"라고 말했다. 강하지 못한 사람에게는 나이 드는 것이 어려운 일이라는 것을 데이비스 특유의 방식으로 표현한 말이다. 데이비스가 '씨씨sissy'라는 말을 사용하면서 자신을 따르는 게이 팬들을 혹시라도 떠올렸을지는 모르겠지만, 적어도 지금 이 글을 쓰고 있는 나, 이 '씨씨'에게는 에이즈 위기라는 시간을 통과하며 나이를 먹는 것이 보통 일이 아니었다. 나는 설리번이 비난해 마지않는 동성애자 해방운동 세대로, 마흔 살을 향해 가고 있을 때 에이즈 위기를 맞았다. 에이즈 위기에 접어들자, 동성애자 해방운동과 함께 피어난, 내가 사랑한 것들이 세상에서 사라지기 시작했다. 모험적이었던 것들, 실험적이었던 것들, 짜릿했던 것들, 친밀했던 것들이 사라져갔다. 나를 지지해준 것들, 나를 기쁘게 해준 것들이 사라져갔다. 나를 정의해주었던 것들, 나를 확장해주었던 것들이 사라져갔다. 우리의 세계, 우리의 삶의 방식이 점점 희미해지면서 사라져갔다. 친구들과 연인들이 세상을 떠났다. 가까운 사람들과 먼 사람들이 세상을 떠났다. 게이들의 삶을 창조하는 데 에너지와 자원을 바쳤던 이들이 세상을 떠났다. 약 20년 동안 확장되었던 미국의 동성애자 문화는 이 사회의 엄청난 공격 속에서 다시 급격하게 축소되었다. 그런 가운데 나의 성적인 욕망도, 다른 사람을 갈망하는 마음도 함께 약해져갔다. 나의 이런 변화는 어쩌면 나이를 먹으면서 겪는 평범한 경험에 불과했을지도 모른다. 하지만 에이즈 위기로 나를 둘러싸고 있던 세계가 모조리 무너지던 시기에 그런 변화를 맞은 나는 너무나도 혼란스러웠다. 수많은 친구가 죽었거나 죽어가고 있는데 나 혼자만 건강하게 살아남은 상황도 내 마음을 복잡하게 했다.

당시 느꼈던 혼란이 이후 내가 HIV 감염으로 이어진 위험한 행동을 하는 데 실제로 어떤 영향을 미쳤는지 여부는 판단하기 어렵다. 혹시 나는 내가 HIV에 감염되었어야 하는 시기에 나 혼자 살아 있음에 죄책감을 느끼고 그 상황을 무의식적으로 바꾸려고 했던 것일까? 아니면 청년 시절 동성애자 해방운동의 활력 속에서 느꼈던 모험과 흥분을 되찾아보려 했던 것일까? 모르겠다. 단 하나 확실한 것은 에이즈 위기가 시작된 이후 나는 압도적인 상실의 감정에 짓눌려 있었다는 것이다. 내가 20대에 도착한 뉴욕은 나에게 삶의 의미를 알려준 도시다. 하지만 에이즈 위기가 시작된 이래 나는 뉴욕의 거리를 걷는 것만으로도 고통스러운 상실의 감정에 휩싸이곤 했다.[21] 내가 처해 있던 상태도 분명히 우울이었다. 하지만 나의 우울은 도덕주의적인 자기비난을 이끌어내는 우울이 아니었다. 나는 우울에 빠져 있었기에 동성애자 문화의 상실을 그저 간단히 애도하

---

21. 나의 상실감에는 또 다른 이유도 있었다. 에이즈 위기가 일어나던 시기는 뉴욕에서 커다란 규모의 젠트리피케이션이 일어나던 시기이기도 했다. 남성 동성애자들이 성적 문화의 공간으로 전유했던 버려진 공간, 후미진 공간들은 부동산 산업에 의해 그 공간들을 창조한 우리에게 오히려 적대적인 공간으로 바뀌었다.

고 놓아버리지 않고, 도덕주의가 아닌 다른 윤리적 가능성이 있음을 알려준 그 문화를 계속 숙고할 수 있었다. 나는 그 문화가 가르쳐준 진정한 책임감을 놓지 않고 계속 붙들고 있을 수 있었다. 토머스 키넌은 『책임감에 관한 우화』에서 진정한 책임감에 대해 이렇게 말한다. "우리는 결정을 내릴 때 기존의 지식과 규칙에 의존한다. 하지만 이런 지식과 규칙이 완전히 부재하는 상태에서 결정을 내려야 할 때가 있다. 무엇을 해야 하는지, 그리고 자신이 한 행동에서 어떤 결과가 나올지에 대해 판단할 수 있는 기준이 완전히 제거되어 부재하는 상태. 이런 상태 속에서도 앞으로 묵묵히 나아갈 때, 우리는 진정한 '책임감'이라고 할 만한 것과 마주한다."[22]

앤드루 설리번은 동성애자들을 무책임하다고 비난한다. 그리고 동성애자들이 그렇게 된 이유를 이 사회가 게이들이 참조할 수 있는 윤리적 기준을 제시하지 않았기 때문이라고 설명한다. 하지만 나는 설리번이 말하는 윤리적 진공 상태라는 조건 속에서 동성애자들이 진정으로 새로운 윤리적 삶의 방식을 창조했다고 생각한다. 설리번은 동성애자들이 에이즈 위기 때문에 성숙해지고 책임감 있는 삶을 살게 되었다고 설명한다. 그렇지 않다. 에이즈 위기로 동성애자들이 그 이전부터 얼마나 윤리적인 삶의 방식을 만들어왔는지가 드러났을 뿐이다. 동성애자이기만 하면 자동으로 윤리적인 존재라는 말이 아니라, 동성애자들이 키넌이 진정한 책임감이 발생할 수 있는 조건이라고 말한, 삶의 기준이 부재하는 조건에서 살아간

---

22. Thomas Keenan, *Fables of Responsibility: Aberrations and Predicaments in Ethics and Politics* (Stanford: Stanford University Press, 1997), pp. 1~2.

다는 말이다. 이런 면에서 나는 이 진정한 책임감을 퀴어한 것이라고 부르고자 한다. 내가 에이즈 위기 이전 동성애자의 성적 문화에 참여하면서 느꼈던 활력과 생명력도 바로 우리의 공동체가 지고 있던 진정한 책임감에서 비롯된 것이었다고 믿는다. 진정한 책임감은 섹스라는 복잡한 문제와도 긴밀한 관계가 있다. 책임은 우리의 섹스를 제한하고 반성하고 회개하는 것과는 관계가 없다. 중요한 것은 그런 것이 아니라 섹스와 함께 발생하는 책임을 지는 것이다. 에이즈는 섹스가 주요 감염경로인 질병이다. 이 점 때문에 에이즈 위기의 남성 동성애자들은 큰 고통을 받아야 했다. 우리는 우리의 섹스와 관련해 깊고 복잡한 갈등과 양가감정을 가져야 했다. 도덕주의를 휘두르는 이들과 싸워야 했고, 도덕주의로는 우리의 갈등과 양가감정을 풀 수 없음을 밝혀야 했다. 우리는 반동적인 동성애자 명사들이 언론으로부터 강력한 발언권을 얻어 자신들이야말로 이 사회에 올바른 책임을 다하고 있다고 확신하면서 도덕주의적인 견지에서 게이들을 꾸짖는 모습을 지켜보아야 했다.

○

남성 동성애자들이 에이즈와 관련해 겪는 이런 궁경을 다룬 글이 「감염병의 시대에 우리의 문란한 사랑을 계속하는 법」이다. 최초의 세이프섹스 안내 책자 「감염병의 시대에 섹스하는 법」에서 제목을 따온 이 에세이는 「에이즈: 문화적 분석/문화적 행동주의」와 함께 내가 에이즈에 관해 가장 처음 쓴 글로, 이때부터 나는 에이즈

도널드 모펏, 〈백악관에 전화하세요〉, 1990/2001
(사진: George Kimmerling).

에 대한 도덕주의적 입장을 비판하는 작업을 계속 이어왔다. 이때로부터 오랜 시간이 지났지만, 여전히 많은 것이 그대로다. 상원의원 제시 헬름스Jesse Helms는 1987년 정부 예산으로 에이즈 예방 사업을 지원하지 못하게 하는 예산안 수정안을 통과시켰다. 헬름스는 2002년인 지금도 상원의원 자리를 지키며 동성애자들을 공격하고 있다. 아버지 부시는 에이즈 위기에 대응하기는커녕 에이즈의 확산을 방관했다. 이에 항의하기 위해 에이즈 활동가이자 설치미술 작가인 도널드 모펏Donald Moffett은 1990년 설치작품 〈백악관에 전화하세요. 우리가 아직 죽지 않았다고 부시에게 전하세요Call the White House... Tell Bush we're not all dead yet〉를 만들었다. 아들 부시는 대통령에 당선되자 국가에이즈정책실을 없애고자 시도했다. 모펏은 2001년 같은 작품을 다시 설치해야 했다.[23]

  하지만 큰 변화도 있었다. 그 변화는 저들의 변화가 아니라 우리의 변화, 에이즈를 대하는 우리의 심리적 변화다. 1990년대에 접어들면서 에이즈는 동성애자 커뮤니티 안에서 더는 견디기 어려운 고통스러운 문제로 여겨지기 시작했다. 그전까지 큰 성취를 이뤘던 에이즈 운동이 점점 힘을 잃기 시작했고, 동성애자 정치는 계속 오른쪽으로 이동해갔다. 에이즈 문제는 기피되기 시작했다. 에이즈 쟁점과 관련해 운동 내부에서도 갈등이 일어나기 시작했고, 에이즈를

---

23. 아들 부시는 국가에이즈정책실을 없애고자 했지만, 동성애자들과 공중보건 전문가들의 반대에 부딪혀 그 계획을 철회해야 했다. 그 대신 그는 임신중지 반대로 악명 높은 게이 가톨릭 공화당원을 에이즈 정책실장에 임명했다.(Elizabeth Becker, "Gay Republican Will Run White House AIDS Office," *New York Times*, April 9, 2001, p. A13.)

향한 도덕주의적인 태도도 강해졌다. 「애도와 투쟁」은 운동의 이런 변화를 이론화하고자 한 글이다. '우울과 도덕주의'라는 이 서문의 제목도 이 글과의 공명 속에서 나온 것이다. 「애도와 투쟁」은 미국 에이즈 운동의 중요한 국면을 다룬 글로, 이 책의 이론적 핵에 해당한다.[24]

1990년대의 이런 변화는 다음 세 글에서도 중요하게 다뤄진다. 「당신에게 동의해요, 걸프렌드!」는 고정된 정체성의 정치가 아닌 관계적 정체성의 정치, 또는 동일시의 정치를 제안하는 글이다. 「군대니까 말하지도 말라고?」에서는 동성애자의 군 복무 금지 조항을 폐지하기 위해 동성애자 진영이 사용했던 전략을 분석한다. 당시 동성애자의 군 복무 금지 조항을 폐지하려던 이들은 동성애자 군인의 건강하고 애국적인 모범 시민으로서의 이미지를 전면에 내세웠다. 나는 이 전략에서, HIV 감염인의 병든 이미지와 (동성애혐오자의 환상 속에서) HIV 감염인의 육체에 들러붙어 있는 항문섹스의 이미지를 동성애자 군인의 건강한 이미지로 대체하고자 했던 우리

---

24. 나는 내 사유가 변화하는 궤적을 남기기 위해 이 책의 글들을 처음 발표된 상태 거의 그대로 이 책에 재수록했다. 글을 처음 썼을 때와 지금의 생각이 가장 많이 바뀐 곳은 「애도와 투쟁」의 도입부, 즉 퀴어이론가 리 에델먼의 논문 「감염된 담론(The Plague of Discourse)」(1989)을 비판하는 부분이다. 이 논문은 내가 가장 처음 접한 에델먼의 글로, 당시에는 비판했지만 지금은 매우 존경하는 작업이다. 나는 에델먼의 글을 비판하면서 이론과 운동 사이의 괴리를 지적하고자 했지만, 오히려 나야말로 이론과 운동을 이분법적으로 가르는 실수를 저질렀다. 이론과 운동에 대한 이런 이분법적 시각을 에델먼은 이후 「거울과 탱크(The Mirror and the Tank: 'AIDS,' Subjectivity, and the Rhetoric of Activism)」에서 멋지게 비판했고, 나는 이를 14장 「로자의 쾌락」에서 인용했다.(Lee Edelman, *Homographesis: Essays in Gay Literary and Cultural Theory* [New York: Routledge, 1994].)

의 욕망을 살펴본다. 「'섹스와 감성'부터 '이성과 섹슈얼리티'까지」에서는 1990년대 중반 한꺼번에 등장해 언론을 통해 반동적인 메시지를 설파하던 보수적인 게이 명사들과 언론인들의 도덕주의를 비판한다. 이에 맞서 동성애자의 성적 문화를 방어하고자 했던 '섹스 패닉!Sex Panic!'이라는 그룹의 입장도 함께 검토한다.

남성 동성애자의 성적 문화를 방어하는 작업, 그리고 도덕주의를 비판하는 작업과 함께 이 책의 중심을 이루는 또 다른 내용은 문화적 재현이 정치적 투쟁, 더 정확히 말하자면 삶 그 자체를 위한 투쟁의 중요한 장임을 이해하는 작업이다. '진짜 세계'와 '문화적 재현'을 서로 별개의 것으로 인식하는 우파와 좌파의 근본주의적인 인식과 달리, 나는 「에이즈: 문화적 분석/문화적 행동주의」에서 다음과 같이 주장한다. "에이즈를 둘러싼 실천들 안에서만 그리고 이 실천들을 통해서만 에이즈가 존재한다는 사실을 인지해야, 그제야 비로소 우리는 희망적이게도 에이즈를 알고, 분석하고, 통제하는 것이 우리의 긴급한 임무라는 것도 깨달을 수 있게 된다." 나의 이런 '문화연구적' 입장은 한가한 사색을 하면서, 또는 많은 이들이 "트렌디한 학술 이론"이라고 폄하하는 이론들을 읽으면서 얻은 것이 아니라, 액트업ACT UP의 활동들에 직접 참여하면서 얻은 것이다. 어떤 이들은 액트업이 포스트모더니즘 이론을 운동에 활용하는 전략이 오히려 에이즈 운동에 부정적인 영향을 미친다고 주장하지만, 이런 주장은 액트업의 운동을 잘못 이해한 결과다. 대니얼 해리스라는 한 게이 언론인은 액트업이 문화연구와 맺고 있는 생산적인 입장에 대해 다음과 같이 경멸감을 표현한다.

액트업의 에이즈 활동가들은 에이즈의 객관적 현실에 대해 '해체적 회의주의'라는 입장을 취한다. 이들은 사람들에게 에이즈에 대한 객관적 현실을 전달하는 대신, 미디어를 조작하고 장악함으로써 에이즈에 대한 자신들의 메시지를 전달한다. 예를 들어, 액트업은 백악관이 언론을 대하는 방식을 벤치마킹해 집회를 열 때마다 언론대응분과를 통해 보도자료를 배포한다. 그러면 기자들은 자신들이 받은 보도자료를 아무 생각 없이 받아 적기 바쁘다.[25]

해리스의 평가는 옳지 않다. 액트업은 집회가 있을 때마다 다양한 미디어 전략들을 능숙하게 구사해 까다롭고 복잡한 에이즈 쟁점들을 효과적으로 노출했고, 이는 그동안 보도되지 않던 에이즈 쟁점이 언론에 더 많이 보도되는 고무적인 결과를 가져왔다. 동성애혐오적인 언론에 능숙하고 세련되게 대응하는 액트업의 방식은 액트업이 이룬 중요한 성취 가운데 하나다.[26]

---

[25]   Daniel Harris, "AIDS and Theory: Has Academic Theory Turned AIDS into Meta-Death?" *Lingua Franca*, June 1991, p. 18. 해리스의 분석과 달리, 액트업이 미디어에 대응하는 방식은 백악관이 언론을 다루는 방식과 아무 관계가 없다.

[26]   해리스는 나의 책 『에이즈 데모 그래픽스(AIDS Demo Graphics)』(1990)에 대한 서평에서 이렇게 주장한다. "내가 사는 샌프란시스코 카스트로에서 액트업 로고는 게이들 사이에서는 일종의 VIP 회원증 같은 것으로 여겨진다. 어쩌면 구찌 같은 명품 브랜드의 로고, 아니면 캘빈클라인의 팬시한 로고 같은 것일지도 모르겠다." 동성애자 운동에 대한 해리스의 부정적인 평가는 어쩌면 그가 동성애자이면서도 동성애자 커뮤니티와 만족스러운 관계를 맺고 있지 못한 상황에서 비롯된 것일지도 모르겠다. 나는 《뉴욕 타임스》가 앤드루 설리번의 개인적인 장광설에 지면을 내주는 것이나, 《네이션》이 해리스에게 이런 글을 쓸 수 있게 해주는 것도 큰 문제라고 생각한다.(Harris, "A Blizzard of Images," *Nation*, December 31, 1990, p. 852.)

그렇다고 내가 액트업의 문화적 개입을 모두 높이 평가하기만 하는 것은 아니다. 「감염인의 재현」은 HIV 감염인에 대한 긍정적인 이미지를 요구했던 액트업의 한 시위에 조심스럽게 문제를 제기하는 글이다. 나는 이 글에서 감염인의 재현이 지니는 의미를 좀 더 세심하게 이해할 것을 주장한다. 「매직 존슨을 받아들이기」도 같은 문제의식을 품고 있다. 1991년 매직 존슨이 HIV 감염을 발표했을 때 언론은 감염인인 매직 존슨을 긍정적인 이미지로 그렸다. 나는 활동가들이 원했던 이 긍정적인 이미지가 사실은 동성애혐오를 강화하는 이미지였음을 분석한다.

다행히 에이즈 운동의 문화적 개입 가운데는 긍정적인 이미지에만 집착하지 않는, 대안적인 재현들이 있다. 「운동의 절망을 재현하기」에서는 에이즈 활동가이자 비디오 아티스트인 그레그 보도위츠의 다큐멘터리 〈패스트 트립, 롱 드롭〉(1993)을 살펴본다. 보도위츠는 자신의 HIV 감염을 사유의 축으로 삼아, 에이즈 운동이 치러야 했던 대가들을 담담하고 반성적으로 재현한다. 반면, 액트업의 에이즈 다큐멘터리 〈전선으로부터의 목소리〉(1991)는 에이즈 운동에 참여하는 이들이 겪는 절망을 있는 그대로 인정하지 못하고, 에이즈 운동을 영웅주의적으로 재현하는 데 몰두한다. 나는 이를 우리의 운동에 남아 있는 남성적 영웅주의의 유산이라고 생각한다. 액트업이 처음부터 그런 것은 아니었다. 액트업은 자신들의 운동을 스스로 놀리고 패러디하는 데 거리낌이 없었고, 그럼으로써 운동의 남성적 영웅주의를 누그러뜨릴 줄 알았다. 이것 역시 액트업의 중요한 성취 가운데 하나다. 액트업 회원 맷 이버트와 라이언 랜드리가 찍은 〈10대 활동가 마타의 좌충우돌〉(1990)이라는 단편 영상이 있다. 1990년 액트업이 애틀랜타 질병통제예방센터 본부에서 시위를 벌였을 때 실제 그 현장에서 찍은 작품이다. 마타는 10대 활동가로, 활동가로서의 의욕과 투지에 가득 차 있는 인물이지만, 그의 행동은 영웅적이기는커녕 처음부터 끝까지 어색하고 어설프다. 시위 피켓을 거꾸로 들고 다니는가 하면, 죽은 것처럼 땅바닥에 드러눕는 엄숙한 시위를 하는 와중에도 어떻게 누워야 하는지 몰라 다른 활동가들의 모습을 힐끔거리며 계속 뒤척인다. 여성 청소년인 마타를 성인 남성인 라이언 랜드리가 교복을 입고 연기하는 것도 우스꽝스럽다. 마타라는 이름도 그저 애틀랜타 도시철도 시스템의 이름인 '마타MARTA'를 가지고 온 것이다.

대니얼 해리스는 액트업의 이런 혁신에 대해서도 비판적이다. "액트업은 캠프나 연극성 같은 포스트모더니즘 이론의 장치를 운동에 도입했다. 나는 액트업의 이런 지적 시도 때문에 운동이 능동적 개입이 되지 못하고, 오히려 수동적인 이론으로 전락했다고 생각한다."[27] 해리스는 액트업의 운동 방식을 제대로 이해하지 못하고 있다. 액트업은 유머를 통해 운동의 영웅주의를 퀴어링했다. 또, 운동은 능동적인 것이고 이론은 수동적인 것이라는 동성애혐오적 이분법도 해체했다. 이런 이분법이 그 자체로 동성애혐오적이라는 것을 멋지게 밝힌 것도 바로 그가 비판하는 퀴어이론의 중요한 성취다. 퀴어이론가 리 에델먼Lee Edelman은 운동에 직접 참여하지 않는 이들을 수동

27. Harris, "AIDS and Theory," p. 18.

적이라고 비난하는 일부 활동가들의 입장을 분석하며, 능동성과 수동성에 대한 이분법적 태도가 지닌 문제점을 다음과 같이 지적한 바 있다. "우리는 남성 동성애자의 섹슈얼리티를 수동적이기 때문에 열등한 것으로 간주하는 이성애주의적 동성애혐오를 우리 스스로 복제하고 재생산하기를 원하는가? 아니면 능동성 대 수동성이라는 이데올로기적 이분법을 거부하고 수동적인 것을 열등한 것으로 보는 관념을 해체함으로써, 남성 동성애자의 섹슈얼리티를 악마화하지 않는 동성애자 주체성을 새롭게 구성하기를 원하는가?"[28]

이 책에 실린 글은 거의 대부분 에이즈에 대한 동성애혐오적인 재현과 그런 재현이 공중보건에 미친 재앙적인 결과를 분석하고 있다. 첫째, '나쁜 게이들'에 대한 재현. 「감염병의 시대에 우리의 문란한 사랑을 계속하는 법」과 「에이즈의 초발환자 서사 '페이션트 제로'」에서는 한 남성 동성애자가 수많은 이들과 섹스를 해 HIV를 북미에 퍼뜨렸다는 허구적인 에이즈의 '초발환자' 서사, 즉 "페이션트 제로Patient Zero" 서사를 비판한다. 「'섹스와 감성'부터 '이성과 섹슈얼리티'까지」는 잔니 베르사체를 살해한 앤드루 쿠내넌을 언론이 에이즈 복수극을 벌인 게이로 상상하는 장면에서 시작하는 글이다. 「당신에게 동의해요, 걸프렌드!」는 영화 〈양들의 침묵〉이 버펄로 빌과 한니발 렉터를 전형적인 이성애자 남성성과 멀리 떨어져 있는 인물로 '동성애자화'하는 것의 의미를 살핀다. 둘째, '좋은 이성애자들'에 대한 재현, 또는 '별로 게이스럽지 않아서 좋은 게이들'에 대한

---

28. Edelman, *Homographesis*, pp. 109~110.

재현. 「매직 존슨을 받아들이기」에서는 농구선수 매직 존슨이 HIV에 감염된 이후에도 이 사회가 그를 긍정적인 이미지로 받아들인 이유는 그가 자신이 동성애자가 아님을 필사적으로 강조했기 때문임을 살펴본다. 「운동의 절망을 재현하기」에서는 영화 〈필라델피아〉가 동성애자 주인공을 긍정적인 인물로 재현하기 위해 그를 동성애자처럼 보이지 않는 인물로 만들고 있음을 본다. 셋째, 동성애자의 섹스를 은폐하는 재현. 「감염인의 재현」에서는 니컬러스 닉슨을 비롯한 사진작가들이 감염인을 육체성이 소멸한 뼈만 앙상한 존재로 재현하는 방식을 분석한다. 나는 이와 같은 전형적인 재현 방식이 실은 감염인이 바이러스에 감염된 이후에도 여전히 섹스를 할 수 있다는 사실에 대한 이 사회의 동성애혐오를 표현하고 있다고 비판한다. 「애도의 스펙터클」에서는 에이즈 메모리얼 퀼트NAMES Project AIDS Memorial Quilt가 동성애자의 죽음을 애도할 수 있는 죽음으로 만들기 위해 동성애자의 섹스를 삭제함으로써 우리의 삶을 저들에게 위협이 되지 않는 것으로 재현한 것이 아닌가라는 문제를 제기한다. 「군대니까 말하지도 말라고?」에서는 동성애자 군 복무 논쟁에서 동성애자 단체들이 애국적이고 모범적인 동성애자 이미지를 활용한 전략을 살펴본다. 「내 침실의 남자들」에서는 이론가인 내가 한 사진 속에 흐르고 있는 동성애적 섹슈얼리티를 미처 보지 못했던 개인적인 일화가 무엇을 의미하는지 고찰한다. 넷째, 동성애자의 섹스를 드러내는 재현들. 「로자의 쾌락」은 로자 폰 프라운하임이 연출한 다큐멘터리 〈연인들의 군대 혹은 변태들의 혁명〉에서 시작하는 글로, 영화 내내 들리는 도덕주의적인 메시지의 내레이션, 그리고 이 내레이션의 내용과는 사뭇 다른 성적 쾌락의 장면들 사이의 간극이 무엇을 의미하는지 살핀다. 「고통스러운 사진들」은 로버트 메이플소프의 사진 〈헬무트와 브룩스〉를 중심으로 동성애자에 대한 혐오의 실체를 살핀다. 폰 프라운하임의 영화와 메이플소프의 사진은 그 자체로는 동성애혐오적인 재현이 아니지만, 나는 이런 재현이 어떤 방식으로 동성애혐오적으로 읽히는지 보고자 했다.

마지막으로, 이 책은 문화와 예술을 생산하는 이들이 에이즈를 어떻게 재현해야 하는가라는 문제를 담고 있다. 1987년 나는 내가 공동편집장으로 참여하고 있던 미술 저널 《옥토버》의 1987년 겨울호를 에이즈 특집호로 내기로 결심했다. 처음 내 의도는 미술계가 에이즈 위기에 어떻게 반응하고 있는지 살펴보는 것 정도였다. 하지만 나는 곧 에이즈와의 싸움과 관련한 생각들과 이론들을 폭넓게 다룰 필요가 있음을 깨달았다. 에이즈 특집호를 만드는 과정에서 나는 미술계가 에이즈 위기라는 현실에 직접 개입하고자 하는 작품을 무시하고 폄하한다는 것을 알고 크게 놀랐다. 나는 미술계가 에이즈와의 싸움에 적극적으로 참여해야 한다고 주장하는 글을 썼다. 그 글이 바로 《옥토버》 에이즈 특집호의 서론 「에이즈: 문화적 분석/문화적 행동주의」(1987)다. 이 글을 읽은 많은 게이 예술가들이 내가 예술가의 자유를 제한한다며 반발했다. 유명한 게이 소설가 데니스 쿠퍼는 나를 스탈린주의자라고 비난했다.[29] 또 나의 지인

---

29. "데니스 쿠퍼가 기획한 〈본성을 거스르며: 호모섹슈얼 남성 작가들의 전시〉는 좋은 평가를 받지 못했다. 이와 관련해 쿠퍼는 이제 스탈린주의자들이 동성애자 예술을 지배하는 시대가 되었다고 개탄했다. 이 전시를 가장 혹평한 이는 미술평론가 더글러스 크림프다. 크

에 따르면, 어느 저명한 게이 영문학 교수는 내가 그 글에서 에이즈 퇴치를 위해 노력하는 엘리자베스 테일러를 비판한 것을 보고는 나를 용서할 수 없다고 분개했다고 한다. 어느 게이 미술평론가는 내 글을 게이 예술가 데이비드 보이나로비츠David Wojnarowicz의 사진을 좋아해서는 안 된다고 주장하는 것으로 오독하고는 나를 심하게 비판했다.[30] 심지어 이 평론가는 그로부터 10년이 지난 후에도 나에 대한 앙심을 해소하지 못하고 나를 "예술을 전혀 이해 못 하는 활동가 출신 평론가"라고 비난했다. 그들이 비판하는 나의 입장은 이것이었다. "우리에게 필요한 것은 에이즈와 맞서 싸우는 문화적 실천이다. 우리에게 필요한 것은 에이즈를 초월하는 일이 아니다. 우리에게 필요한 것은 에이즈를 종식하는 일이다."[31] 나는 아직도 전적으로 이 입장을 고수한다.

지금 생각해보면 그 글에는 분명히 교조적으로 읽힐 여지가 있다. 하지만 1980년대였던 당시에는 나도 그럴 수밖에 없는 이유가 있었다. 대통령 로널드 레이건은 수많은 이들이 죽어가는 상황에서도 에이즈에 예산을 배정하기는커녕 '에이즈'라는 용어를 거론조차 하지 않고 있었다. 나는 당시 에이즈 위기에 대한 국가의 대응에 크

럼프는 동성애자 운동을 공식적으로 대변이라도 하듯이, 전형적으로 액트업스러운 입장에서 개인적인 예술을 싸잡아 공격했다."(Eric Latzky, "He Cried: Novelist Dennis Cooper Hits Home," *L.A. Weekly*, July 23, 1990, p. 27.)

30. David Deitcher, "Ideas and Emotions," *Artforum* 27, 9 (May 1989), pp. 122~127.

31. David Deitcher, "What Does Silence Equal Now?" in *Art Matters: How the Culture Wars Changed America*, ed. Brian Wallis, Marianne Weems, and Philip Yenawine (New York: New York University Press, 1999), p.106.

게 분노해 있었다. 어쨌든 나는 「에이즈: 문화적 분석/문화적 행동주의」에 쏟아진 비판을 진지하게 받아들였고, 그 후에 쓴 글들에서는 내 입장을 좀 더 섬세하게 표현하고자 노력했다. 이 책의 글들은 글이 쓰인 순서에 따라 연대기적으로 실려 있으므로 이런 변화를 감지할 수 있을 것이다. 나는 「에이즈: 문화적 분석/문화적 행동주의」에서 "에이즈 위기 시기의 예술은 비판적이고, 이론적이고, 행동주의적이어야만 한다"고 주장한 지 1년 후 「감염인의 재현」을 썼다. 이 글에서 나는 에이즈에 대한 대안적인 재현의 사례로 스타슈 키바르타스가 연출한 독립 다큐멘터리 〈대니〉(1987)를 소개한다. 〈대니〉는 에이즈로 세상을 떠난 친구를 애도하는 개인적인 애가에 해당하는 작품이다. 「에이즈: 문화적 분석/문화적 행동주의」에서는 상실을 사적으로 애도하는 작품에 대해 비판적으로 썼지만, 「감염인의 재현」에서는 입장을 수정한 것이다. 내가 처음 주장했던 것이 특정한 형식이나 장르만이 에이즈 예술이 될 수 있다고 말하려는 것은 아니었음을 이해해주기 바란다.

하지만 나는 문화예술계가 '인생은 짧고 예술은 길다'와 같은 통념을 숭앙하는 현실에 불편함을 느낀다. 이와 같은 입장에서는 현실에 개입하고, 현실을 변화시키려는 예술을 부정할 수밖에 없다. 현실에 개입하는 예술은 필연적으로 영원한 삶을 살 수 없는 예술, 그 예술이 개입하는 특정한 상황만을 위한 예술이기 때문이다. 하지만 내가 에이즈에 관한 글을 쓰기 오래 전부터 주장해왔듯이, 매우 구체적인 특정한 상황을 위한 정치적 헌신이야말로 모든 예술의 필요조건이다. '인생은 짧고 예술은 길다'와 같은 믿음은 이를 은폐

한다. 로절린 도이치가 한 다음 지적을 새겨들을 필요가 있다. "나는 '정치적 예술'이라는 말을 쓰지 않으려 한다. 마치 진짜 예술은 정치적이지 않은 예술이라는 뉘앙스를 줄 수 있기 때문이다. 나는 많은 이들이 현실에 개입하고자 하는 정치적인 예술을 폄하하려는 정치적 의도로 그런 작품들을 '정치적 예술'이라고 부르는 것을 본다."[32] 「에이즈, 미술, 행동주의」는 바로 이 문제를 다룬 글이다. 나는 이 글에서 《옥토버》에이즈 특별호의 주장들에 반발해 의도적으로 '정치적으로 올바르지 않은' 전시를 기획한 게이 예술가들의 주장을 논박한다.

예술이 정치적이어야 한다고, 또는 행동주의적이어야 한다고 주장할 때는 두 가지 위험이 따른다. 첫째, 이 주장은 정치를 초월하는 예술이라는 것이 따로 존재한다는 인상을 줄 수 있다. 정치를 초월하는 예술 같은 것은 없다. 정치를 부정하는 예술만이 있을 뿐이다. 더 중요한 것은 둘째다. 이 주장은 어떤 예술이 정치적이고 행동주의적인 예술인지, 어떤 예술이 그렇지 않은 예술인지를 자명하고 명확하게 나눌 수 있다고 믿게 만든다. 하지만 행동주의 예술은 그렇게 쉽게 본질화할 수 있는 것이 아니다. 「거트루드 스타인 없는 하루」는 재현의 정치가 특정한 정치적 입장을 긍정하고 표명하기만 하면 되는 간단한 문제가 아님을 지적하는 글이다.

그럼 몇 가지 오해를 해명하며, 이 글을 마무리하겠다.

---

32. "Every Art Form Has a Political Dimension," Chantal Mouffe, interviewed by Rosalyn Deutsche, Branden W. Joseph, and Thomas Keenan, *Grey Room* 02 (winter 2001), p. 100.

―어떤 이들은 나를 스탈린주의자라고 비난하지만, 나는 스탈린의 사상을 지지한 적도, 공산당원이었던 적도 없다(미국 공산당 소속으로 부통령 후보에 출마한 페미니스트 앤절라 데이비스에게 표를 던진 적은 한 번 있지만 말이다).

―나는 엘리자베스 테일러를 위대한 인물이라고 생각한다. 테일러는 몽고메리 클리프트, 제임스 딘, 록 허드슨과 같은 할리우드 게이 배우들의 절친한 친구였고, 에이즈와의 싸움에 진심으로 참여해주었다. 나는 테일러가 진정한 성자라고 생각한다.

―나는 데이비드 보이나로비츠의 작품을 좋아해서는 안 된다고 주장한 적이 없다. 나도 그의 작품을 좋아한다.

―마지막으로, 나는 예술을 혐오하는 게이 평론가가 아니다. 나는 평생 예술에 대해 생각하고, 예술에 대한 글을 쓰며 살아왔다. 나는 예술을 진심으로 사랑한다.

2
에이즈: 문화적 분석/문화적 행동주의

미술 저널 《옥토버》 1987년 겨울호(제43호 에이즈 특집호)에 서문으로 실린 글이다.

"질병은 애초에 존재하지 않는다. 어떤 질병이 존재하고, 그제야 그 질병에 대한 인식이 생기는 것이 아니다. 거꾸로 어떤 질병에 대한 인식이 먼저 존재하고, 그 인식이 질병을 구성하는 것이다." 이는 프랑스의 철학자 프랑수아 들라포르트가 『질병과 문명』(1986)이라는 책에서 1832년의 파리 콜레라 대유행을 분석하며 한 말이다.[1] 에이즈 위기로 친구들, 사랑하는 사람들, 그리고 우리 자신이 엄연히 가혹한 고통을 겪고 있는 상황에서, 이는 받아들이기 쉬운 진술은 아닐 것이다. 그럼에도 이 진술은 에이즈를 이해하는 데 무척 중요하다. 자유주의적인 신화에서는, 한편에는 에이즈에 대한 과학적 사실들이 존재하고, 다른 한편에는 그 사실들에 대한 무지나 왜곡이 존재하여 에이즈 위기에 대한 이성적인 대응을 가로막고 있다

---

1. Francois Delaporte, *Disease and Civilization: The Cholera in Paris, 1832*, trans. Arthur Goldhammer (Cambridge: MIT Press, 1986), p. 6.

고 보는데, 위 진술은 이런 믿음을 해체하기 때문이다. 나는 들라포르트의 주장을 이어받아 이렇게 말하고자 한다. 에이즈는 에이즈를 개념화하는 실천들, 에이즈를 재현하는 실천들, 에이즈에 대응하는 실천들과 떨어져 존재하지 않는다. 우리는 이 실천들 안에서만 그리고 이 실천들을 통해서만 에이즈를 안다. 나는 지금 HIV, HIV 항체, HIV 감염, HIV 감염경로가 존재하지 않는다고 말하는 것이 아니다. 많은 이들이 에이즈로 인해 질병, 고통, 죽음을 겪고 있다는 사실을 부정하는 것은 더더욱 아니다. 내가 반박하고자 하는 것은 에이즈의 현실이 먼저 있고, 그 위에서 에이즈의 재현, 에이즈의 문화, 에이즈의 정치가 구성된다는 생각이다. 에이즈를 둘러싼 실천들 안에서만 그리고 이 실천들을 통해서만 에이즈가 존재한다는 사실을 인지해야, 그제야 비로소 우리는 희망적이게도 에이즈를 알고, 분석하고, 통제하는 것이 우리의 긴급한 임무라는 것도 깨달을 수 있게 된다.

문화예술계는 에이즈를 해석하고 통제할 수 있는 것은 오직 과학뿐이라는 통념을 그대로 받아들인다. 그리고 에이즈 위기의 시대에 문화와 예술이 해야 할 일들을 스스로 제한한다. 많은 문화 생산자들은 자신이 문화를 통해 에이즈 위기에 할 수 있는 것이 딱 두 가지밖에 없다고 여기는 듯 보인다. 하나는 에이즈 기금 마련 행사를 여는 것이고, 다른 하나는 에이즈 위기에 사람들이 겪고 있는 상실과 고통을 작품으로 표현하는 것이다. 문화예술 잡지 《호라이즌》에 실린 "에이즈 위기의 시대, 예술은 무엇을 할 수 있는가"라는 기사는 문화예술계의 이런 시각을 잘 보여준다. 이 기사는 먼저 '에이즈와 싸우는 예술'을 포함해 문화예술계가 주최하는 여러 에이즈 기금 마련 행사를 소개한다.[2] 그러고는 에이즈 위기 시대에 문화예술은 상실과 슬픔을 표현해야 한다며 다음과 같은 진부한 관념들을 줄줄이 늘어놓는다. "예술은 표현하기 어려운 인간의 감정을 명료하게 표현할 수 있게 해준다." "예술은 우리가 카타르시스와 메타포를 통해 경험과 가치를 공유하는 것을 가능하게 한다." "예술은 인간 정신의 굴하지 않는 강인함을 표현한다." "예술은 보는 이들의 의식을 고양한다." 급기야는 이렇게 쓴다. "머지않아 에이즈를 주제로 하는 문학작품들의 르네상스가 열릴 것으로 기대된다."[3]

1987년 7월, PBS 시사 프로그램 〈뉴스아워〉는 '문화예술계와 에이즈'라는 꼭지를 내보냈다. 이 보도는 문화예술계에서는 "동성연애자"들이 그 중추를 담당하고 있는데 에이즈 위기로 그들이 큰 피해를 입고 있다고 설명한 후, 에이즈로 사망한 유명 예술가들의 이름을 나열한다. 이 보도는 몇 가지 면에서 문제적이다. 첫째, 이 보도는 에이즈는 동성애자만 걸리는 질병이라는 편견을 강화한다. HIV는 이성 간 성관계나 주사기 바늘 공유로도 감염되는데 그런 사실은 전혀 언급되지 않는다. 둘째, 동성애자들은 예술적인 기질을 타고난 존재라는 이 보도의 본질주의적인 관점은 실은 동성애자들이

---

2. David Kaufman, "AIDS: The Creative Response," *Horizon* 30, no. 9 (November 1987), pp. 13~20.

3. 이 말을 먼저 한 사람은 랜디 실츠의 문제적인 책 『그래도 밴드는 계속 연주한다』의 편집자인 세인트마틴스 출판사의 마이클 데니다. 『그래도 밴드는 계속 연주한다』에 관해서는 3장 「감염병의 시대에 우리의 문란한 사랑을 계속하는 법」과 6장 「에이즈의 초발환자 서사 '페이션트 제로'」를 참조하라.

문화예술계를 장악하고 통제하고 있다는 동성애혐오적 비난의 다른 표현이다(이는 많은 이들이 유대인을 문화예술에 기여하는 이들로 칭송하는 듯한 태도를 취하면서 동시에 그들을 문화예술계의 자본을 쥐고 흔드는 이들로 비난하고 있는 것과 비슷하다). 마지막으로 셋째, 이것이 가장 문제적인데, 이 보도는 게이 예술가들을 예술을 통해 자기 자신이 지은 죄에 대해 속죄하는 이들로 본다. 이런 입장은 예술가의 죽음은 안타까운 죽음으로 여기지만, 예술가가 아닌 이들의 죽음은 그럴 만한 죽음으로 여긴다.[4] 메시지는 간단하다. 개인의 삶은 유한하고 특수하지만, 예술의 삶은 영원하고 보편적이므로, 예술은 개인의 삶을 초월한다는 것.

《호라이즌》의 글이 그랬던 것처럼, 〈뉴스아워〉의 에이즈 에피소드도 에이즈 위기에 행동주의적으로 대응하고 있는 소수의 문화 생산자들에 대해서는 일절 언급하지 않는다. 그저, 에이즈 위기로 예술가들이 병들어가고 죽어가고 있는 모습만 극적으로 강조한다. 유명 안무가 커플이자 둘 다 HIV 감염인인 빌 T. 존스와 아니 제인에게 인터뷰어가 묻는다. "에이즈 위기로 문화예술계가 심각한 피해를 입고 있죠?" 제인이 대답한다. "저는 예술계의 한복판에 있는 사람으로서, 너무나도 많은 예술가 동료들이 세상을 떠나고 있다는 것을

---

4. 이 프로그램을 비롯해 언론은 자신의 잘못으로 감염된 '나쁜' 감염인과 타인의 잘못으로 감염된 '무고한' 감염인을 끊임없이 구분한다. 이들의 관점에서 볼 때, 여러 사람과 성적 접촉을 맺은 남성 동성애자와 약물 사용자는 당연히 유죄이고, 하층계급의 유색인도 유죄다. 반면, 예술가들에 대한 입장은 모순적이다. 이 프로그램은 어려운 환경과 에이즈로 고통받는 예술가들에 대해서는 대체로 긍정적으로 그린다. 반면, 록 허드슨이나 리버라치처럼 에이즈로 사망한 대형 스타들에 대해서는 자신들의 명예를 스스로 추락시켰다고 비판한다.

뼈저리게 느낍니다." 또 다른 장면에서는 연극배우조합 위원장이라는 이가 나와 이렇게 말한다. "에이즈로 세상을 떠나는 예술가들의 존재가 유독 눈에 띄는 것은 아마 그들이 인간의 보편적인 조건을 재현하는 이들이기 때문일 것입니다."

"예술은 영원합니다." 엘리자베스 테일러는 미국에이즈연구재단 amfAR이 주최하는 에이즈 기금 마련 행사 '에이즈와 싸우는 예술'에서 이렇게 말했다. 예술에 대한 진부하기 짝이 없는 관념이다. 하지만 이 진부한 관념은 너무나도 널리 퍼져 있다. 《빌리지 보이스》기자 리처드 골드스타인도 이 행사에서 비슷한 이야기를 했다. "아이러니한 것은 에이즈가 예술에 미치는 긍정적인 영향이 있다는 것입니다. 에이즈 위기 덕분에 에이즈를 초월해 에이즈보다 오래 남을 위대한 작품들이 많이 나오고 있습니다."

이런 말을 들으면 HIV 감염인들의 삶보다 예술의 삶, 예술의 번영이 더 중요한 것처럼 느껴지기까지 한다. 골드스타인처럼 동성애자로서 그동안 에이즈 문제를 헌신적으로 다뤄온 기자가 어떻게 이런 말을 하는 것일까? 에이즈 위기에 예술가가 할 수 있는 일이 에이즈를 초월하는 예술작품을 만드는 것 외에도 많이 있다는 것을 인식한다면 아무도 그런 말을 할 수 없을 것이다. 그것을 인식하지 못하는 이유는 예술이 실제 사회와 아무 관련도 없다고 생각하기 때문이다.

'에이즈와 싸우는 예술'은 미술사학자 로버트 로젠블럼 등이 기획한 행사다. 그가 예술에 대해 가지고 있는 관점은 협소하고 제한적이다. "예술은 우리의 정신을 정화해주고, 우리의 눈과 마음에 양분을 제공해주지만, 안타깝게도 사람의 생명을 구하는 데는 아무 도움도 되지 않는다. 생명을 살리는 일은 과학의 일이기 때문이다. 하지만 예술이 할 수 있는 일이 전혀 없는 것은 아니다. 우리는 예술을 통해 에이즈와 싸우는 데 필요한 연대와 사랑과 정보를 이끌어낼 수 있다. 그리고 가장 중요하게도 예술을 통해 에이즈와 싸우는 데 필요한 돈을 마련할 수 있다."[5] 그는 예술이 사회적 삶에 개입할 수 없다고 말한 다음, 모순적이게도 바로 이어서 예술의 상품 가치를 찬양한다. 물론 에이즈 기금을 마련하기 위해 예술의 상품 가치를 활용하자는 제안 자체가 쓸모없는 것은 아니다. 국가가 에이즈 예산을 제공하길 거부하는 상황에서, '에이즈와 싸우는 예술'과 같은 에이즈 기금 마련 행사는 분명히 중요하다. 하지만 나는 우리가 다음 세 가지 사항을 명심해야 한다고 생각한다.

1. 에이즈 연구, 보건의료, 에이즈 예방 교육은 국가가 책임지고 주도해야 하는 분야다. 그런데도 정부는 지금 아무 역할도 하고 있지 않다. 오히려 정부는 자신들이 책임을 방기하고 있는 상황을 정당화하고 고착화하기 위해 '민간 주도'라는 이데올로기적인 용어를 사용하며 책임을 민간에 떠넘기고 있다. 이런 점에서 에이즈 연구, 보건의료, 에이즈 예방 교육 등의 사업을 맡고 있는 민간단체는 모두 정부가 범죄 수준으로 에이즈 위기를 의도적으로 방치하고 있다는 사실을 분명히 밝혀야 한다. 문제는 '에이즈와 싸우는 예술'과 같은 민간 행사가 오히려 정부의 무책임을 옹호하고 있다는 점이

5. Robert Rosenblum, "Life Versus Death: The Art World in Crisis," in *Art against AIDS* (New York: American Foundation for AIDS Research, 1987), p. 32.

다. 로젠블럼은 이렇게 쓴다. "베트남 전쟁처럼 국가가 초래한 악에 대해서는 국가에 책임을 물을 수 있다. 하지만 끔찍한 바이러스 때문에 사람들이 죽는 상황에 대해서도 국가에 책임을 물을 수 있을까? 이 끔찍한 바이러스는 처음에는 동성연애자, 마약 중독자 같은 이 사회의 부랑자들을 공격하더니, 그다음에는 아무런 도덕적 차별도 하지 않고, 여성들, 어린아이들, 그리고 남성 이성애자들까지도 공격하고 있다. 과연 이 책임을 정부에 물을 수 있을까? 물론 그럴 수 없다. 다행히 우리에게는 사랑과 과학이 있다. '에이즈와 싸우는 예술'은 바로 그 사랑과 과학의 행사다."[6]

2. 과학이 온전히 중립적이고 정치에 오염되지 않는다고 맹목적으로 믿는 것은 매우 위험한 태도다. 에이즈 기금 마련 행사에 기부하는 이들은 자신이 내는 돈이 어떻게 사용될 것인지 책임감을 가지고 면밀히 확인해야 한다. 미국에이즈연구재단의 '에이즈와 싸우는 예술'에 참여하는 예술가와 예술 관계자 가운데 자신이 기부하

---

6. 같은 글, p. 28. 로젠블럼이 사용하고 있는 "부랑자"나 "아무런 도덕적 차별도 하지 않고" 와 같은 구절은 언론이 사용하는 문제적 표현을 그대로 반복하고 있다는 점에서 정치적으로 민감하지 못하고, 사려 깊지 못한 단어 선택이다. 또, 로젠블럼은 마치 여성 동성애자들이 아예 존재하지 않는 것처럼, 동성애자와 여성을 서로 전혀 겹치지 않는 이들로 본다. 물론 에이즈 자체가 정치적인 문제라는 것을 조금도 인지하지 못하는 이에게 그런 정치적 민감성이나 사려 깊음을 기대하는 것은 무리일 것이다. 그가 그렇게 추켜세우는 과학이 정치적이지 않다고 확신할 수 있는가? 에이즈 위기 초기 에이즈를 게이들의 병으로 규정한 것이 바로 과학이었다. 게이들의 섹스를 조사하느라, 게이들의 정액을 에이즈의 원인으로 이론화하느라, 게이들이 많이 사용하는 알킬 나이트라이트 성분이 포함된 흥분제, 일명 파퍼(popper)를 에이즈의 유력한 원인으로 보고 이를 쥐에 투약하는 실험을 하느라, 에이즈 연구에 써야 할 귀중한 시간을 놓친 것이 과학이었다. 에이즈를 게이들의 병으로만 생각하느라 수많은 약물 사용자, 혈우병 환자, 수혈 환자가 HIV에 감염되도록 한 것이 과학이었다.

는 돈이 어디로 가서 어떻게 사용되는지 정확히 알고 기부하는 사람은 많지 않을 것이다. 미국에이즈연구재단이 우리가 에이즈 기금을 기부할 수 있는 유일한 단체가 아니며, 그 외에도 몇몇 대안적인 단체들이 있다는 것을 아는 것도 중요하다. 이를테면 HIV 감염인들이 주도적으로 조직한 비영리 에이즈 연구단체 에이즈커뮤니티 리서치이니셔티브 아메리카ACRIA 같은 단체도 있다. 이런 대안적인 에이즈 연구단체가 존재한다는 것을 아는 사람은 많지 않을 것이다. 에이즈 운동에 참여하는 이들이라면, 에이즈 운동을 이른바 전문가라는 이들의 손에 무조건 맡겨놓아서는 안 된다. 우리가 직접 전문가가 되어야 한다.[7]

3. 우리는 기금 모금이 에이즈 위기에 예술가가 할 수 있는 가장 소극적인 대응에 해당한다는 사실을 인지해야 한다. 예술가들이 기금 마련 행사에만 치중할수록 예술에는 상품이 되는 것 이외에 아무런 기능도 없다는 통념, 예술은 현실에 개입하지 못한다는 통념만 강화될 뿐이다. 로젠블럼은 예술이 인간의 생명을 구하지 못한다고 주장하지만 그렇지 않다. 예술은 인간의 삶을 구할 힘을 가지고 있다. 우리는 예술에 그런 힘이 있음을 모든 방법을 통해 인식하고, 알리고, 지지해야 한다. 우리에게 필요한 것은 문화적 르네상스가 아니다. 우리에게 필요한 것은 에이즈와 맞서 싸우는 문화적 실

---

7. '에이즈와 싸우는 예술'을 주최하는 미국에이즈연구재단의 의도를 의심할 생각은 없다. 하지만 나는 미국에이즈연구재단을 포함해 어떤 단체도 절대적으로 중립적이거나 객관적일 수는 없음을 강조하고 싶다. 미국에이즈연구재단은 감염인 공동체가 주도적으로 조직한 에이즈커뮤니티 리서치이니셔티브 아메리카의 예산 신청을 떨어뜨린 바 있다.

천이다. 우리에게 필요한 것은 에이즈를 초월하는 일이 아니다. 우리에게 필요한 것은 에이즈를 종식하는 일이다.

그렇다면 그런 문화적 실천은 어떤 모습이 되어야 할까? 나는 그 사례 중 하나로 1987년 11월 뉴욕 뉴 뮤지엄New Museum에 전시된 액트업ACT UP(AIDS Coalition To Unleash Power)의 설치작품 〈그들의 범죄를 기록하라Let the Record Show〉를 들고자 한다. 액트업은 (회원들이 월요 정기 모임을 시작할 때마다 낭독하는 문구로 소개하자면) "에이즈 위기를 끝내고자 분노로 단결하여 직접행동에 함께 참여하는 개인들의 초당파적 단체"다. 먼저 작품을 제안한 이는 액트업 회원이자 뉴 뮤지엄 큐레이터인 윌리엄 올랜더다. 올랜더가 액트업에 에이즈와 관련한 설치 작품을 의뢰하자, 액트업은 그 제안을 받아 미술가와 디자이너들로 이루어진 임시 모임을 구성해 이 작품을 제작했다. 올랜더는 액트업에 작품을 의뢰하게 된 계기를 다음과 같이 설명한다.

언젠가 브로드웨이를 걷다가 우연히 '침묵=죽음Silence=Death'이라는 글씨가 적힌 액트업 포스터를 보았습니다. 액트업이라는 단체의 존재를 처음 알게 된 순간이었죠. 검은색 바탕 위에 흰색 글씨로 '침묵=죽음'이라는 문구가 적혀 있었고, 그 위에 분홍색 삼각형이 그려져 있었어요. 나치 강제수용소에서 동성애자들에게 붙여진 표식이었다가, 1970년대부터 동성애자 해방운동의 상징으로 사용된 바로 그 분홍색 삼각형을 뒤집은 모양이었죠. 분홍색 삼각형의 역사를 알고 있는 사람이라면 이 포스터를 보는 순간 누구라도 그 포스터가 에이즈 위기와의 싸움에 함께하자고 촉구하고 있다는 것을 알 수 있을 거예요. 그 포스터는 제게 너무나도 큰 의미로 다가왔습니다. 저는 그 포스터가 에이즈 위기의 시대에 나온 가장 중요한 예술작품이라고 생각합니다.[8]

〈그들의 범죄를 기록하라〉는 뉴 뮤지엄의 브로드웨이 쪽으로 난 아치형 창문에 전시되었다. 창문의 아치 부분 꼭대기에는 네온관으로 된 분홍색 삼각형과 '침묵=죽음'이라는 문구가 보인다. '침묵=죽음' 네온관 밑에는 뉘른베르크 전범 재판을 찍은 커다란 사진이 배경으로 붙어 있다. (참고로 뉘른베르크 재판은 나치 전범들의 사형을 선고한 재판일 뿐 아니라, 현대적 의학 윤리의 규범을 최초로 확립한 재판이기도 하다. 임상시험의 대상이 되는 환자에게는 사전 동의를 받아야 한다는 원칙도 이때 마련되었다.) 뉘른베르크 전범 재판 사진 앞으로는 '에이즈 전범' 여섯 명의 등신대와 그들이 했던 말이 적힌 콘크리트판이 서 있다. 조명은 에이즈 전범을 한 명씩 비추며 오른쪽으로 이동한다.

HIV 검사에서 양성이 나온 이들은 격리 수용해야 한다.
─상원의원 제시 헬름스

---

8. Bill Olander, "The Window on Broadway by ACT UP," *On View* (New York: New Museum of Contemporary Art, 1987), p. 1. 정확히 말하자면, '침묵=죽음' 로고는 액트업이 만든 작품이 아니라 예술가-활동가 그룹 '침묵=죽음 프로젝트'가 제작한 작품이다. 이들은 자신들이 만든 로고를 액트업이 무상으로 사용할 수 있게 했다.

액트업(그랜 퓨리), 〈그들의 범죄를 기록하라〉, 1987
(collection of the New Museum, New York).

에이즈에 안 걸린 이들만이 애국하는 국민이다.
—대통령에이즈위원회 위원 코리 서바스

지금까지 우리는 호모들을 혐오하면서도 그럴듯한 이유를 대지 못했다. 이제 우리에게는 근사하고도 과학적인 근거가 생겼다.
—이름을 알 수 없는 한 의사

에이즈는 하나님의 말씀대로 살지 않는 이들에게 내려진 신의 심판이다.
—우익 텔레비전 목사 제리 폴웰

에이즈 전파를 막으려면 마약중독자들의 팔과 게이들의 엉덩이에 낙인을 새겨야 한다.
—논객 윌리엄 버클리

마지막 여섯 번째 등신대의 주인공은 대통령 로널드 레이건이다. 하지만 그의 석판에는 아무것도 쓰여 있지 않다. 레이건 정부가 에이즈 위기에 아무것도 하고 있지 않음을 상징하는 것이다. 관객은 빈 석판을 보면서 에이즈 전범들의 머리 위에서 빛나고 있는 '침묵=죽음'의 의미를 되새기게 된다.

아직 끝난 것이 아니다. '침묵=죽음' 네온관과 뉘른베르크 재판 사진 사이에는 전광판이 하나 걸려 있다. 전광판에는 이 작품의 제목이자, 법정에서 법관들이 공식 기록으로 남기라고 요청할 때 사

용하는 구문인 'Let the Record Show'로 시작하는 다음과 같은
텍스트가 흐른다.

- Let the Record Show… 논객 윌리엄 버클리는 정부가 에이즈
  위기에 너무 느리게 대처하고 있다는 비판에 이렇게 반박했다.
  "정부가 놓친 시간은 고작 3년에 불과하다. 그 3년 동안 에이즈
  로 죽은 사람은 1만 5000명이다. 5000만 명이 죽은 것도 아니
  고 이 정도면 잘 대처한 것 아닌가?"
- Let the Record Show… 정부가 지난 5년간 에이즈 연구와 예
  방에 지출한 예산은 국방부가 단 하루 동안 지출하는 예산에도
  못 미친다.
- Let the Record Show… 정부는 한참 늦은 1986년 6월에 이르
  러서야 HIV 감염인 1만 명의 치료 비용으로 4700만 달러를 예
  산으로 배정했다. 하지만 이 예산의 혜택을 받은 이들은 거의
  없다. 그사이 9000명 이상이 이미 사망했기 때문이다.
- Let the Record Show… 1986년 코리 서바스 박사는 자신이
  에이즈 치료법을 알아냈다는 거짓 뉴스를 발표했다. 1987년 레
  이건은 이런 경력이 있는 서바스를 대통령 직속 에이즈 위원회
  의 위원으로 임명했다.
- Let the Record Show… 정부는 1986년 10월 에이즈 예방 사
  업에 8000만 달러의 예산을 배정해놓고도, 13개월이 지난 지금
  까지 아무 일도 하지 않고 있다. 그사이 1만 5000명의 에이즈
  확진자가 발생했다.

- Let the Record Show… 흑인과 라틴계는 뉴욕 에이즈 환자의 54%를 차지한다. 백인 이성애자 환자에 비해, 흑인 이성애자 환자는 17배, 라틴계 이성애자 환자는 15배 더 많다. 흑인과 라틴계 어린이 환자는 전체 어린이 환자의 무려 88%를 차지한다. 그런데도 흑인과 라틴계를 대상으로 하는 에이즈 예방 사업에 배정된 예산은 전체 예방 사업 예산의 6%에 불과하다.
- 1981년 추수감사절 기준, 총 244명이 에이즈로 사망했다. 레이건은 아무 조치도 취하지 않았다.
- 1982년 추수감사절 기준, 총 1123명이 에이즈로 사망했다. 레이건은 아무 조치도 취하지 않았다.

1983년, 1984년, 1985년, 1986년에도 많은 이들이 사망했고 레이건은 아무 조치도 취하지 않았다는 문구가 흘러간다. 그리고 마지막 문구.

- 1987년 추수감사절 기준, 총 2만 5644명이 에이즈로 사망했다. 레이건은 그제야 "에이즈가 미치고 있는 피해를 최대한 조속히 파악할 것"을 보건복지부에 지시했다.

각 문구가 끝날 때마다 액트업이 가두시위에서 외치는 구호 "액트 업! 저항! 투쟁!"이라는 글자가 점멸한다. 뉴 뮤지엄은 〈그들의 범죄를 기록하라〉만 전시한 것이 아니라, 같은 시기 액트업의 영상활동가 그룹 '한계를 시험하기Testing the Limits'가 제작한 단편 에이즈 운동 다큐멘터리 〈한계를 시험하기〉(1987)도 상영했다. 에이즈가 급속하게 확산되고 있는데도 정부가 아무런 대응도 하지 않자 여러 형태의 에이즈 운동이 조직되었는데, '한계를 시험하기'는 이런 에이즈 운동을 영상으로 기록하기 위해 결성된 그룹이다.

〈그들의 범죄를 기록하라〉를 제작한 액트업 회원들과 영상활동가 그룹 '한계를 시험하기'는 현실에 개입하는 예술작품과 관련해 두 가지 관점을 공유한다. 첫째, 이 두 집단은 모두 공동작업 방식으로 작품 활동을 한다. 둘째, 두 집단은 모두 에이즈 운동에 기여하겠다는 분명한 목적을 가지고 작품 활동을 한다. 이들은 원래 전통적 미술계 내에서 작업하는 이들이었다. 하지만 이들은 에이즈 위기의 한가운데를 통과하면서 예술에 대한 자신의 관점을 바꿔나갔다. 〈그들의 범죄를 기록하라〉를 만들었던 액트업의 미술가와 디자이너들은 이 작품 이후에도 계속 행동주의적인 작업을 이어나가기로 결의하고 자신들의 이름을 '그랜 퓨리Gran Fury'로 지었다. 이들은 만장일치로 다음과 같은 원칙을 정했다. "우리는 뉴욕 소호의 미술계 안에 안주하지 않는다. 우리는 미술계 바깥에 있는 이들을 향해 말을 걸 것이다."

다행스러웠던 점은 뉴 뮤지엄처럼 사회적, 정치적 목소리를 내는 작품에 열려 있는 미술관이 있었다는 점이다. 액트업과 같은 운동 단체에 공간을 제공하는 일은 미술관으로서는 이례적으로 과감한 시도다. 〈그들의 범죄를 기록하라〉를 전시한 창이 사람들의 통행이 잦은 브로드웨이 쪽에 있었던 것도 좋은 조건이었다. 평소 미술관을 전혀 방문하지 않는 이들도 뉴 뮤지엄 앞을 지나가면서 자연스럽게 이 작품을 접할 수 있었다. 단, 우리는 미술계의 울타리 안에서 만들어진 작품으로는 에이즈 위기로 가장 많은 피해를 입고 있는 이들, 계급적으로나 인종적으로 약자의 위치에 있는 이들에게 효과적으로 말을 거는 데 제약이 있을 수밖에 없다는 것도 깨달아야 한다. 미술관 안에 전시되기 위해 제작된 이 작품이 효과적으로 말을 걸 수 있는 관객은 미술 관객, 그중에서도 이 작품의 배경 사진이 뉘른베르크 전범 재판을 찍은 사진이라는 것을 알아볼 수 있는 정도의 교양을 갖춘 이들이 될 수밖에 없다.[9] 그러므로 예술을 통해 현실에 개입하고자 하는 행동주의 예술이라면 자신들이 만드는 문화적 생산의 성격뿐 아니라 작품의 위치, 생산 수단, 유통 수단도 반드시 함께 고민해야 한다. 이런 한계가 있지만, 〈그들의 범죄를 기록하라〉는 정부가 에이즈 위기를 악의적으로 방관하고 있음을 구체적인 통계를 통해 폭로하고 고발함으로써, 이 작품을 접하는 이들에게 정보를 제공하고, 또 그들을 운동으로 조직하고자 하는 작품이다. 로젠블럼은 예술이 사람의 생명을 구할 수 없다고 했지만, 예술은 이런 식으로 사람의 생명을 구한다. 더 정확히 말하겠다. 에이즈를 치료할 수 있는 방법이 나오기 전까지는, 이런 정보 제공과 정치적 조직화만이 사람의 생명을 구할 수 있는 유일한 방법이다.

　뉴욕의 에이즈 활동가들은 학교 에이즈 교육, 텔레비전 공익광고, 지하철 포스터 할 것 없이 에이즈 예방 캠페인을 벌이고자 할 때마

9.　〈그들의 범죄를 기록하라〉는 한스 하케의 제도 비평, 제니 홀저의 전광판, 바버라 크루거의 텍스트와 사진 등 포스트모더니즘 개념미술가들의 형식적 전략을 적극적으로 활용한 작품이다. 관객이 이와 같은 맥락을 인지할 수 있는지 여부도 생각해볼 문제다.

다 막강한 영향력을 행사하는 뉴욕 대교구 추기경 존 오코너의 반대에 부딪힌다. 그 결과 침묵과 가짜 정보로 구성된 살인의 체제가 형성되었다. 이 살인의 체제는 젊은 층과 약물 사용자들뿐 아니라 그들의 파트너, 그들의 자녀들의 목숨까지 위협한다. 이들 중 상당수는 빈곤층 유색인이다. 문제의 심각성을 인지한 예술가들이 메트로폴리탄보건연합Metropolitan Health Association이나 그랜 퓨리 같은 그룹을 결성해 거리와 지하철로 나가 직접 에이즈 예방 캠페인을 하고 있다. 이들은 거리에서 세이프섹스를 알리고, 주사기 바늘을 사용할 때는 다른 사람과 나눠 써서는 안 되며 항상 새 바늘을 써야 한다는 내용을 교육한다. 자료도 영어와 스페인어로 따로 준비하고, 누구라도 쉽게 이해할 수 있도록 교육 내용을 그래픽 디자인을 동원해 구성한다. 이들은 이런 활동을 벌이다 체포당하기도 한다. 운동에 뛰어든 이들 예술가의 부담은 결코 작지 않다. 이들은 자신들이 하는 문화 생산의 성격과 목표를 에이즈 운동의 정치적 목표와 관련지어 새롭게 정립해야 한다. HIV의 감염경로와 예방법에 대한 지식도 스스로 철저히 학습해야 한다. 대중에게 정보를 효과적으로 전달하는 방법에 대해서도 고민해야 한다. 이들은 푸에르토리코 노동자들이 사용하는 스페인어와 남아메리카 노동자들이 사용하는 스페인어의 차이까지 고려하며 자료를 만든다.

문화 생산 작업의 우선순위를 새롭게 정립하고 새로운 지식을 축적했다 하더라도, 에이즈와의 싸움에 참여하는 문화 생산자들은 계속 어려운 임무에 직면하게 된다. 에이즈 위기에 대응하기는커녕 에이즈에 대한 무지와 혼란을 가중시키는 정부 그리고 언론과 싸워야 한다. 시민의 권리를 박탈당한 채 어려운 삶을 살고 있는 감염인들의 모습과도 마주하는 쉽지 않은 일도 해야 한다. 성, 질병, 죽음의 문제에 심리적 저항감을 보이는 대중과도 상대해야 한다. 에이즈 운동에 참여하고 있는 이들이라면 이 모든 조건과 부딪혀나가야 한다. 문화적 행동주의는 이제 시작에 불과하다. 예술가들은 이제 막 문화적 행동주의를 인식하기 시작했다.

지금까지의 상황을 살펴보면, 에이즈와의 싸움에 참여하는 문화생산자들은 대부분 자신의 매체로 비디오를 선택하는 경향이 있다. 여기에는 몇 가지 이유가 있다. 에이즈에 대한 주류 담론은 주로 텔레비전을 통해 전파되어왔기 때문에, 이에 대한 비판적 대항실천을 생산하는 예술가들도 주류 담론과 같은 매체를 사용하는 것이 싸움에 효과적이다. 영상이 정보의 복잡한 결을 담아낼 수 있다는 점도 중요하다. 케이블 텔레비전과 널리 사용되고 있는 VCR을 사용하여 메시지를 많은 관객에게 전달할 수도 있다.[10] 1987년 10월 영화평론가 빌 호리건과 B. 루비 리치는 미국영화연구소 AFI 비디오 영화제에 '섹스, 젠더, 그리고 문제적 재현들'이라는 섹션을 마련해, 에이즈를 다룬 작품 20편을 상영했다. 프로그램은 텔레비전용 프로그램(《에이즈와 예술》), 에이즈 예방 교육 영상(뉴욕 중고등학교용 교육 영상 〈섹스, 약물, 그리고 에이즈〉), 예술 영상(톰 칼린과 스타티스 라구다키스의 〈집에서 온 소식〉), 뮤직 비디오(존 그레이슨의 〈에이즈 공익광고 증후군/후천성 섹스 공포 증후군〉), 다큐멘터리(《한계를 시험하기》), 미디어 비평(레즈비언게이미디어그룹의 〈당신의 감염병〉) 등 다양한 독립 영상 작품을 모두 망라했다. 이 상영의 목표는 미학적으로 뛰어난 작품을 보여주는 것이 아니라, 에이즈에 대한 재현과 대항 재현의 스펙트럼을 보여주는 것이었다. B. 루비 리치는 자신들의 의도를 다음과 같이 밝힌다.

> 섹슈얼리티와 육체를 이야기하면서 에이즈 문제를 이야기하지 않기란 불가능하다. 에이즈에 대한 재현에서 영상 매체가 맡고 있는 역할을 고려할 때, 에이즈에 대한 대항적 이미지와 대항적 수사를 창조하는 것은 매우 긴급한 일이다. 이런 목적에 따라 우리는 에이즈를 다룬 작품들을 세 프로그램으로 묶어 상영한다. 이 작품들이 상영되고 관람되는 과정에서 에이즈에 대한 대항적인 담론이 자연스럽게 형성되기를 바란다. 관객들에게는, 상영작들을 타성적 관점에서 보는 것에서 벗어나 스스로 적극적인 진단을 내리면서 관람하기를 요청한다. 우리는 에이즈 위기의 시대, 특히 의학과 과학이 에이즈의 실체를 밝혀내지 못한 시대에 살고 있다. 이런 시대에 에이즈의 재현에 대한 진단은 에이즈에 대한 의학적 진단 못지않게 긴급한 중요성을 지닌다.[11]

나는 이번 《옥토버》 에이즈 특집호를 준비하면서 몇몇 작품들로부터 큰 영향을 받았다. 사이먼 와트니의 책 『단속되는 욕망: 포르

---

10.   에이즈를 다룬 텔레비전 및 독립 비디오 작품 제작에 대해서는 다음을 참조하라. Timothy Landers, "Bodies and Anti-Bodies: A Crisis in Representation," *Independent* 11, no. 1 (January–February 1988), pp. 18~24.

11.   B. Ruby Rich, "Only Human: Sex, Gender, and Other Misrepresentations," in *1987 American Film Institute Video Festival*, Los Angeles, p. 42.

노, 에이즈, 미디어』(1987), 스튜어트 마셜이 연출한 영국 채널 4 다큐멘터리 〈밝은 눈〉, 뉴욕 에이즈 운동을 기록한 다큐멘터리 〈한계를 시험하기〉가 그 작품들이다. 《옥토버》 에이즈 특집호는 이 작품들을 다룸으로써, 사적인 슬픔을 표현하는 것 말고도 에이즈 위기에 예술가가 할 수 있는 일들이 많음을 보이고자 한다. 에이즈 위기 시기의 예술은 비판적이고, 이론적이고, 행동주의적이어야만 한다. 나는 지금 우리에게 반드시 필요한 일은 에이즈 위기와 관련해 문화에 대한 우리의 관점을 광대하게 확장하는 것이라고 믿는다. 그렇다면 그 관점은 어느 정도까지 확장해야 하는가? 그것은 구체적인 이슈들을 다루면서 분명해진다. 에이즈는 문화의 모든 면과 교차한다. 에이즈는 언어와 재현, 과학과 의학, 건강과 질병, 성과 죽음, 공적 영역과 사적 영역 등 문화의 모든 면을 새롭게 사유하도록 요구한다. 에이즈는 남성 동성애자에게도 중요한 문제지만, 여성 동성애자에게도 중요한 문제다. 에이즈는 여성 일반에게도 중요한 문제이고, 빈곤층 유색인 여성, 임신 여성, 보건의료 분야에서 일하는 여성에게도 중요한 문제다. 에이즈는 약물 사용자, 교정시설 수감자, 성노동자에게도 중요한 문제다. 그리고 언젠가는 이른바 '평범한' 남성 이성애자들도, 자신들이 HIV에 감염될 수 있는 가능성과 관계없이, 에이즈가 자신들에게도 중요한 문제라는 것을 깨달아야만 할 것이다.

3
감염병의 시대에
우리의 문란한 사랑을 계속하는 법

미술 저널 《옥토버》 1987년 겨울호(제43호 에이즈 특집호)에 실린 글이다.

- 에이즈에 관한 Q & A
- 에이즈에 관한 정보를 꼭 확인하세요.
- 에이즈에 대한 무지는 죽음으로 가는 지름길입니다.

에이즈 예방 캠페인들의 문구들이다. 이 문구들만 보면 에이즈에 관한 정보가 어디에나 있고, 누구나 접근할 수 있으며, 아무 논쟁의 여지 없이 이미 잘 정립되어 있는 것처럼 보인다. 하지만 1987년 지금 현실에서는 에이즈에 관한 정보를 확인하려 해도 그럴 방법이 없다. 미국 정부가 에이즈에 관한 정보를 제공하지 않고 있기 때문이다. 자신들이 정보를 제공하지 않는다면 일부 동성애자 신문이 최신 에이즈 정보를 전달하고 있다는 사실이라도 알려주면 좋을 텐데도 그것조차 감춘다. 이런 상황은 반동적인 대처 정부의 영국도 마찬가지다. 영국 정부는 1986년까지도 동성애와 관련된 미국

출판물의 수입을 전면 금지함으로써, 영국인들이 에이즈에 대한 정보에 접근하는 것을 사실상 차단했다. 대처 정부는 제대로 된 에이즈 정보는 제공하지 않으면서도, 오히려 악명 높은 에이즈 예방 공익광고 〈에이즈에 대한 무지는 죽음으로 가는 길입니다AIDS: Don't Die of Ignorance〉(1987)를 방영해, 사람들에게 에이즈에 대한 공포를 주입했다.[1]

에이즈에 대한 정보를 가장 많이 제공한 신문은 동성애자 주간신문 《뉴욕 네이티브》다. 《뉴욕 네이티브》는 에이즈라는 질병이 발견된 시점부터 거의 매호 에이즈에 대한 정보를 다뤄오고 있다. 실제로 에이즈 위기 초기 이 신문은 에이즈와 관련한 정보를 제공하는데 중요한 역할을 했다. 하지만 지금은 그렇지 않다. 어느 순간부터이 신문은 신뢰하기 어려운 수준의 에이즈 기사만을 쏟아내고 있다. 이 신문은 이제 에이즈의 원인과 치료법에 관한 증명되지 않은 가설들이나 HIV 발견을 둘러싼 과학계 내부의 암투와 같은 흥미 위주의 선정적이고 자극적인 기사들만을 내놓고 있다. 《뉴욕 네이티브》의 1면 머리기사에는 가장 중요한 뉴스가 오르지 않는다. 그 자리에 올라오는 것은 이 신문의 발행인이자 편집인인 동성애자 언론인 찰스 오틀렙의 근거 없는 주장들이다. 오틀렙은 매주 국립암연구소의 로버트 갈로Robert Gallo 박사나 국립알레르기·감염병연구소의 앤서니 파우치Anthony Fauci 소장 같은 이들을 번갈아 가며 비판

---

1. Simon Watney, *Policing Desire: Pornography, AIDS, and the Media* (Minneapolis: University of Minnesota Press, 1987), p. 13.

한다. 언론인이 과학계의 역할에 문제를 제기하는 것 자체는 문제가 아니다. 문제는 오틀렙이 건강하고 생산적인 비판에는 관심이 없다는 점이다. 오틀렙은 과학계의 이데올로기를 사회정치적으로 분석하는 대신, 온갖 음모론을 동원해 가짜 뉴스를 퍼뜨린다. 에이즈의 원인이 HIV라는 레트로바이러스라는 데 학계의 의견이 모아지고 있는 지금도, 오틀렙은 HIV의 원인으로 아프리카 돼지콜레라 바이러스, 엡스타인-바 바이러스, 매독균 같은 것을 들고나온다.[2] 물론 HIV를 에이즈의 유일하고 절대적인 원인으로 성급하게 단정할 경우, 실제 존재할 수 있는 에이즈의 또 다른 요인을 밝히는 연구를 제한할 수도 있다는 과학자들의 우려가 없는 것은 아니다. 문제는 오틀렙이 이런 우려를 자기 멋대로 과장하고 왜곡한 후, 이를 근거로 들어 HIV가 에이즈의 원인이라고 주장하는 이들을 모두 사기꾼으로 본다는 것이다. 오틀렙이 섬기는 영웅 한 명은 UC 버클리의 분자생물학과 교수 피터 듀스버그다. 듀스버그는 에이즈의 원인이 HIV가 아니라고 주장하는 대표적인 인물이다. 그는 심지어 자신의 몸에 HIV를 투여할 의향이 있다고 공언하기까지 했다. 듀스버그는 에이즈의 원인에 대해 이렇게 말한다. "에이즈의 원인은 HIV가 아닙니다. 20년 전에는 범죄로 여겨졌던 행위들이 버젓이 게이들의 라이프스타일로 받아들여지는 상황에서 에이즈 같은 병이 나오지 않는다면 그것이 더 이상한 일일 것입니다. 에이즈의 원인은 HIV가 아

2. 에이즈의 원인을 다룬 가설에 대해서는 다음을 참조하라. Robert Lederer, "Origin and Spread of AIDS: Is the West Responsible?" *Covert Action* 28 (summer 1987), pp. 43~54; and 29 (winter 1988), pp. 52~65.

니라 게이들의 라이프스타일입니다."[3]

에이즈의 원인이 게이들의 라이프스타일 때문이라고 주장하는 과학자의 의견을 동성애자 신문을 발행하는 동성애자 언론인이 적극적으로 지지한다는 점은 얼핏 이상하게 보인다. 하지만 오틀렙은 듀스버그만큼이나 남성 동성애자들의 섹스가 에이즈의 진짜 원인이라고 확신한다. 이런 믿음을 가진 동성애자 언론인은 오틀렙 혼자가 아니다. 지금 내가 말하려는 이는 샌프란시스코의 유력지 《샌프란시스코 크로니클》의 에이즈 담당 전문기자 랜디 실츠다. 실츠는 에이즈 위기 초기의 역사를 다룬 책 『그래도 밴드는 계속 연주한다』(1987)를 써서 단번에 명사가 된 동성애자 기자다.[4] 그의 책은 아직도 에이즈 부문의 베스트셀러 자리를 유지하고 있다. 에이즈와 싸우고 있는 많은 이들이 이미 지적한 바 있듯이 이 책은 위험하고 유해하다. 주류 미국 문화의 수준을 잘 아는 이라면, 실츠의 책이 언론으로부터 대대적인 호평을 받고 있다는 점, 막장 드라마로 악명 높은 〈다이너스티〉의 제작진이 이 책의 텔레비전 미니시리즈화를 준비하고 있다는 점, 그리고 각본가이면서 동시에 게이들에게 섹스를 멈춰야 한다고 다그치는 보수적인 에이즈 활동가인 래리 크레이머가 이 미니시리즈의 각본가 자리를 탐내고 있다는 점만으로도 이 책이 어떤 종류의 책인지 대충 짐작할 수 있을 것이다(참고로,

---

3. Ann Giudici Fettner, "Bad Science Makes Strange Bedfellows," *Village Voice*, February 2, 1988, p. 25에서 재인용.

4. Randy Shilts, *And the Band Played On: Politics, People, and the AIDS Epidemic* (New York: St. Martin's Press, 1987).

이 책을 미니시리즈로 각색하는 작업은 누가 맡아도 쉬운 일이 될 것이다. 책이 애초부터 사실상 미니시리즈의 형식으로 쓰여 있기 때문이다.) 실츠는 에이즈 위기의 책임을 놓고, 레이건 정부, 여러 정부 기관, 과학계와 의학계를 비판하는 데서 멈추지 않는다. 놀랍게도 실츠는 남성 동성애자 커뮤니티에도 에이즈 위기의 책임이 똑같이 있다고 주장한다. 나는 바로 그 한 가지 만으로도 실츠의 책이 비판받아야 할 이유는 충분하다고 생각한다.

『그래도 밴드는 계속 연주한다』에서 실츠는 자신이 주장하는 바를 강조하기 위해 선명한 선악의 대립 구도를 사용한다. 실츠는 에이즈 위기의 역사를 영웅 대 악당, 상식 대 비상식, 합리 대 비합리의 서사로 단순화하고, 에이즈 치료제를 개발하고자 분투하는 과학자들 대 진실을 감추기에만 급급한 활동가들, 공중보건 대 동성애자 인권, 이성애자 대 동성애자, 객관적 진실 대 '에이즈 신어AIDSpeak'의 서사로 이분법적으로 환원한다.

여기서 잠깐. 지금 말한 '에이즈 신어'가 대체 무슨 말일지 궁금할 것이다. 혹시, 에이즈 위기 이후 새로 생긴 말들이나, 에이즈와 관련하여 언론이 많이 쓰는 표현들, 이를테면 '에이즈 피해자'나 '동성연애자 난교'와 같은 말을 일컫는 용어일까? 아니다. 실츠는 이 정도 표현은 자신의 이성애자 동료 기자들과 마찬가지로 따옴표도 치지 않고 아무렇지도 않게 사용하는 기자다. 실츠는 에이즈에 관한 진실을 은폐하기 위해 고안된 언어가 존재한다며 자신은 그 언어들을 '에이즈 신어'라고 칭하겠다고 쓴다. 실츠는 에이즈가 발견된 그 순간부터 에이즈에 대한 진실이 교묘한 언어로 감추어져왔다고 주장한다.

1981년 6월 5일, 질병통제예방센터는《질병과 사망 주간 보고서》를 통해 남성 동성애자 다섯 명에게서 폐포자충 폐렴이 발생했다는 사실을 발표했다. 질병통제예방센터는 1면에 발표해야 할 이 중대한 사실을 2면의 구석 지면에 눈에 잘 띄지 않게 배치했다. 제목도 '남성 동성애자'라는 말은 쏙 빼고 '로스앤젤레스에서 폐포자충 폐렴 유행'이라고만 달았다.

'동성애자들을 공격하지 말라'와 '동성애혐오를 표현하지 말라'. 불행하게도 이 두 가지는 에이즈가 발견된 그 시점부터 에이즈에 대한 언론 보도의 원칙이 되어, 객관적인 에이즈 보도를 크게 제한해왔다. 물론 처음 의도는 나쁘지 않았을 것이다. 하지만 결과적으로 이 잘못된 대응은 에이즈 위기라는 끔찍한 결과를 초래했다.(68~69쪽)

동성애자 기자가 이런 글을 쓸 수 있다니 충격적이지 않은가. 언론은 지금까지 계속해서 에이즈를 '게이 전염병'이라고 불러왔고, 신이 내린 형벌로 묘사해왔다. 언론은 에이즈는 게이들의 병이므로 신경 쓰지 않아도 된다고 주장했다가, 이성애자도 에이즈에 걸린다는 사실이 밝혀진 이후에는 게이들만 에이즈에 걸리면 상관이 없지만 이성애자도 걸릴 수 있으므로 에이즈에 신경을 써야 한다고 주장한다. 언론이 에이즈를 다루는 언어는 에이즈가 발견된 순간부터 지금까지 줄곧 동성애자를 공격하는 언어였고, 동성애혐오를 표현하는 언어였다(때에 따라서는 아이티인을 공격하는 인종주의의 언어가 되기도 하고, 여성을 공격하는 여성혐오의 언어가 되기도 한다) 그런데도 실츠는 이런 혐오의 언어를 비판하는 대신, 엉뚱하게도 다음과 같은 주장을 펼친다.

에이즈 활동가들은 불순한 목적으로 에이즈와 관련한 새로운 언어를 만들어냈다. 나는 그 언어를 '에이즈 신어'라고 부르고자 한다. 에이즈 신어는 진실을 알리기 위해 만든 언어가 아니다. 그것은 진실을 은폐하는 언어, 동성애자들을 달래기 위해 만든 언어다.

에이즈 신어의 목록은 빠르게 증가하고 있다. 저들은 에이즈에 걸린 이들을 '에이즈 피해자AIDS victim'라고 불러서는 안 되고, '에이즈를 가진 사람'이라는 뜻의 'People With AIDS (PWA)'라고 부르도록 강요한다. 대체 왜 피해자를 피해자라고 부르지 못하고 그런 이상한 말을 써야 한단 말인가. 활동가들은 또 동성애자들의 성행위를 말할 때 '문란' 같은 단어도 사용하지 못하게 한다. 그런 말은 부정적인 가치가 포함된 단어이니 써서는 안 되고, '성적으로 능동적인 동성애자' 같은 말만 써야 한다고 주장한다.

(…) 에이즈 신어가 널리 사용되면서, 활동가들과 감염인들이 공중보건의료 정책에 미치는 영향력도 강해지고 있다. 이는 에이즈 신어가 처음부터 객관적인 언어가 아니라 정치적인 언어였음을 방증한다.(315쪽)

활동가와 감염인이 공중보건의료 정책을 좌지우지하게 되었다는 이 황당무계한 주장은 실츠 자신이야말로 그가 그렇게 경멸해 마지않는 정치적인 존재라는 것을 보여준다. 하지만 실츠는 자신이 정치적인 존재라고 생각하지 않는다. 아마도 그는 그런 사실을 의식조차 못 할 것이다. 그는 자기 자신을 상식에 기반해 진실만을 추구하는 공명정대한 언론인이라고 믿는다. 그래서 실츠는 감염인 당사자들이 직접 나서서 자신들을 '에이즈 피해자'라고 부르지 말 것을 요구하는 상황에서도, '에이즈 피해자'가 '에이즈 피해자'인 것은 '진실'이라며 끝까지 감염인들을 그들이 원하지 않는 말로 부른다.

실츠의 이런 관점에 대한 즉각적인 반응으로서 나는 먼저 내 정치적인 입장부터 밝히겠다. 나는 에이즈에 관한 행동이나 말이 감염인의 지식과 필요와 요구를 우선하고 있지 않다면, 그것이 어떤 것이라 해도 비난받아야 한다고 생각한다. 실츠는 『그래도 밴드는 계속 연주한다』의 처음부터 끝까지 감염인들을 완전히 무시하고 있다. 일단 실츠는 감염인들을 당사자들이 원하지 않는 호칭인 '에이즈 피해자'로 부른다. 이들이 '에이즈 피해자'라면, 그들을 피해자로 만드는 가해자는 다른 사람이 아니라 감염인들의 의사에 반하는 행위를 끝까지 고집하는 실츠 같은 이들일 것이다. 물론 실츠의 책에도 일정한 가치가 있다. 이 책에는 실츠가 정보공개법을 적극적으로 활용해 취재한 내용들, 그동안 다른 곳에서는 볼 수 없었던 중요한 정보들이 많이 담겨 있다. 하지만 이 책은 유용한 만큼이나 위험하다. 그렇기 때문에 우리는 이 책을 비판적으로 읽어야 한다.

실츠는 이 책에서 수많은 인물을 등장시킨다. 질병통제예방센터와 국립보건원과 프랑스 파스퇴르연구소의 중요한 에이즈 과학자들, 뉴욕과 샌프란시스코와 로스앤젤레스에서 감염인들을 대하는 여러 의사들, 민간 혈액은행 관계자들, 감염인들, 보건복지부 및 보건복지부 산하 식품의약국의 관료들, 동성애자 활동가와 에이즈 활동가들. 실츠가 늘어놓는 여러 인물, 여러 에피소드의 결론은 매번 한 가지로 수렴한다. 수많은 이들이 에이즈로 목숨을 잃고 있는 가운데, 정부가 에이즈 위기를 방관하고 과학계가 HIV 발견의 공로를 놓고 내분을 일으키고 있는데도, 기자들은 에이즈 문제에 손을 놓고 있다는 결론. 실츠는 기자들이 정부의 거짓말을 무비판적으로 받아들일 뿐 아니라, '진실'을 찾아 나서지 않는다고 비판한다. 이 책에는 그런 기자들 사이에서 예외적으로 '진실'을 찾아 동분서주하는 진정한 언론인 한 명이 등장한다. 그는 에이즈 기사만을 전문적으로 보도하는 기자로, 이 책 전반에서 맹활약을 벌인다. 그는 이 책의 유일한 영웅이다. 책 속에 그 기자의 실명은 나오지 않지만, 이 책을 읽는 이라면 누구나 그 기자가 저자인 랜디 실츠라는 사실을 알 수 있다. 그 영웅적 기자는 다른 기자들이 왜 에이즈 문제에 아무런 관심이 없는지 너무나도 잘 안다. 에이즈로 죽어가는 이들의 대다수가 이성애자가 아니라 동성애자이기 때문이다. 그는 그렇기 때문에 기자들이 에이즈 위기를 둘러싼 '진실'을 파헤치는 대신, 에이즈에 대한 사회적 히스테리와 감염인들을 향한 혐오를 조장하는 기사만을 쓴다는 것도 잘 안다.

실츠는 그 이른바 진실이라는 것을 자칭 "최고의 탐사 저널리즘" 『그래도 밴드는 계속 연주한다』에 담는다. 그는 에이즈가 발견되는 시점에서 시작해, 에이즈 위기와 관련한 수많은 사건을 며칠 간격으로 연대기적으로 촘촘하게 기술해나간다. 책이 끝나는 시점은 1985년. 당대의 스타 록 허드슨이 에이즈 합병증으로 사망한 때이자, 언론이 허드슨의 죽음을 계기로 드디어 에이즈 문제에 관심을 기울이기 시작한 때다.[5] 하지만 그때는 이미 에이즈로 사망한 이가 6000명을 넘은 때였다. 언론은 그때조차도 에이즈 위기를 해결하는 데는 관심이 없었다. 언론이 유일하게 관심을 보인 것은 유명 스타인 록 허드슨이 알고 보니 숨은 게이였고, 그가 다른 병도 아닌 에이즈로 죽었다는 사실뿐이었다.

실츠의 책이 나왔을 때, 언론은 레이건 정부의 의도적인 방관이 에이즈 위기를 만들었다는 실츠의 비판에는 조금도 관심을 보이지 않았다. 그 대신 실츠가 문란하고 무책임하다고 비난한 한 남성 동성애자의 이야기만 부각했다. 언론의 이런 반응에 실츠는 얼마나 황당하고 놀랐을까? 하지만 실츠는 별로 놀라지 않았을 것이다. 그 이야기를 자극적으로 부각한 것은 오히려 실츠였으니 말이다.

다음은 출판사 세인트마틴스 프레스가 배포한 『그래도 밴드는 계속 연주한다』의 보도자료다. 실츠의 책을 베스트셀러로 만든 것이 무엇인지 짐작할 수 있을 것이다.

북미에 에이즈를 퍼트린 남자, '페이션트 제로'의 이야기

에이즈는 어디에서 왔을까? 또 어떻게 그렇게 빨리 확산했을까? 에이즈 위기의 가장 기괴한 사건이라고 할 만한 사건을 취재하면서, 랜디 실츠는 질병통제예방센터가 '페이션트 제로Patient Zero'라

---

5. 언론이 록 허드슨의 사망을 계기로 비로소 에이즈 문제에 관심을 갖기 시작하는 시점에서 실츠가 책을 마무리한 것은 의도적인 선택이다. 그는 진정한 기자인 자신 혼자만 그 이전부터 에이즈 문제에 관심을 갖고 있었음을 강조하려는 것이다.

고 부르는 '에이즈의 0번 환자'를 발견했다. 프랑스계 캐나다인 승무원인 '페이션트 제로'는 북미에 최초로 에이즈를 옮긴 주인공이다. 그는 캐나다와 미국의 대도시를 돌아다니면서 여러 남성과 성관계를 맺었고, 그로 인해 북미 전역에 에이즈가 확산되었다. 질병통제예방센터의 연구 결과에 따르면, 에이즈 환자 200명 가운데 40여 명이 이 남성, 또는 이 남성과 성관계를 맺는 남성과 성관계를 맺은 것으로 드러났다고 한다.

실츠는 프랑스계 캐나다인 승무원이었던 개탕 뒤가를 에이즈의 초발환자로 지목하며, 그가 북미에 에이즈를 퍼뜨렸다고 주장한다. 그는 책의 11쪽에서 439쪽에 이르기까지 20개 이상의 챕터에 걸쳐 뒤가를 등장시킨다. 실츠는 뒤가의 삶을 이렇게 평가한다. "뒤가는 세상의 모든 게이가 선망하는 쾌락적인 삶을 살았다. 하지만 그 대가로 모든 게이가 두려워하는 끔찍한 죽음을 맞이해야 했다." 세상의 게이들이 모두 쾌락적인 삶을 선망한다니, 그는 다른 게이들의 마음을 들여다볼 수 있기라도 한 것일까? 그리고 모든 게이들이 그렇다면 실츠 자신도 그렇다는 말인가? 자신이 그토록 비난해 마지 않던 쾌락적인 삶을 자신 역시 선망하고 있다고 고백하고 있기라도 한 것일까? 실츠가 이렇게 단언하는 이유는 무엇일까.

실츠의 '페이션트 제로' 서사는 언론에서 크게 환영받았다.

"에이즈 전파에 결정적인 역할을 한 인물 밝혀져"
―《뉴욕 타임스》

"우리에게 에이즈를 선사한 남자, 페이션트 제로"

―《뉴욕 포스트》

"북미 전역에 에이즈를 퍼뜨린 공포의 게이 승무원"

―《뉴욕 데일리 뉴스》

"'페이션트 제로'의 끔찍한 행적"

―《타임》

"페이션트 제로와 에이즈"

―《맥클린스》

　그해 시사주간지 《피플》은 뒤가를 로널드 레이건, 미하일 고르바초프, 다이애나 왕세자비 등과 함께 '1987년의 인물'로 선정했다. 언론은 실츠의 책 내용 중에서 정작 참고해야 할 주장은 모두 무시한 채 '페이션트 제로'의 이야기에만 집중했다. 언론은 실츠 덕분에 에이즈 위기의 책임을 그 이전보다 더 강력하게 남성 동성애자들에게 돌릴 수 있었다. 실츠의 '페이션트 제로' 서사가 얼마나 언론의 사랑을 받았는지는 실츠가 책에 쓴 한 에피소드가 미국 언론도 아닌 해외 언론, 그것도 진보적 성향이라는 독일 시사주간지 《슈피겔》에까지 실린 것을 보면 잘 알 수 있다. 실츠는 뒤가가 게이 사우나의 암실에서 섹스를 마친 후, 라이터 불로 자신의 얼굴에 난 카포시 육종을 가리키며 상대에게 "나 곧 에이즈로 죽어. 너도 곧 그렇게 될 거야"라고 말했다고 주장한다. 사실과 무관한, 근거 없는 이야기다. 하지만 《슈피겔》은 뉴욕 크리스토퍼 스트리트에서 크루징하는 게이들의 사진 옆에 다음을 커다란 글씨로 인쇄했다. "나 곧 에이즈로 죽어. 너도 곧 그렇게 될 거야."

실츠는 자신이 에이즈 위기의 '진실'을 밝히기 위해 최선을 다했다고 주장한다. 하지만 결과적으로 실츠가 언론에 제공한 이야기는 딱 두 가지다. 하나는 북미에 에이즈를 퍼뜨린 어느 동성애자의 이야기, 또 다른 하나는 북미에 에이즈를 퍼뜨린 어느 동성애자의 이야기를 밝혀낸 어느 훌륭한 기자의 이야기. 『그래도 밴드는 계속 연주한다』가 성공을 거두면서 '페이션트 제로' 서사는 언론에 의해 기정사실로 받아들여졌고, 그 서사를 널리 알린 실츠는 유명인사가 되었다. 실츠는 자신을 '진실'을 파헤치지 않는 다른 기자들과는 다른 뛰어난 기자로 스스로 부각시킨 것 외에 아무것도 한 것이 없다. 에이즈를 언론이 다루는 방식이 정치적인 문제라는 점을 실츠는 비판하지 않는다. 오히려 그는 에이즈 위기의 책임을 동성애자에게 돌리는 언론의 행태에 힘을 실어준다.

실츠의 책이 내면화된 동성애혐오의 산물이라는 것은 이미 여러 동성애자 활동가가 지적한 바 있다. 실츠는 동성애자인 자신을 혐오하는 이성애주의 사회와 동일시한 후, 자신 역시 다른 동성애자들을 혐오한다. 그러고는 이성애자들이 상상하는 동성애자의 형상, 성적으로 탐욕스럽고, 살인적으로 무책임한 동성애자의 절대적 형상인 '페이션트 제로'를 창조한다. 실츠에게 '페이션트 제로'는 자신은 그런 존재가 아님을 끊임없이 증명해야 하는 악몽 같은 존재다. 그래서 실츠는 '페이션트 제로'를 자신의 이성애자 동료 기자들에게 먹잇감으로 던져준다. 그는 그렇게 자신 역시 동성애자들을 끔찍해하고 있음을 증명하고자 한다.

실제로 실츠는 책 속에서 동성애혐오의 거의 모든 전형을 재생산한다. 영국의 빅토리아 여왕은 두 여성이 성적인 관계를 맺을 수 있다는 가능성을 말 그대로 상상조차 못 했다고 전해진다. 실츠는 그 자신이 게이면서도 남성 사이의 섹스를 상상하기조차 거부한다. "게이 사우나에 가는 게이들은 우리가 상상할 수 있는 모든 섹스와 우리가 상상조차 할 수 없는 끔찍한 섹스를 원하는 대로 마음껏 즐긴다."(481쪽)

물론 실츠의 표현은 수사법이다. 하지만 실츠는 이런 수사법을 사용함으로써, 동성애자의 섹스가 자신의 의식을 침범하게 하느니, 차라리 동성애자가 죽는 모습을 보는 편을 기꺼이 택할 이성애자들과 자신을 무의식적으로 동일시한다.

실츠는 『그래도 밴드는 계속 연주한다』에서 에이즈 위기에 일어난 여러 사건을 단순히 시간 순서대로 기술하고 있지 않다. 실츠는 수많은 사건을 자신의 의도에 맞도록 정교하게 짜 맞춘다. 실츠는 이 과정에서 소설 양식을 적극적으로 활용한다. 이를테면 그는 말투나 외모로 그 인물의 성격이나 특징을 드러낸다. "사람들의 환호 속에서 GMHC 대표 폴 파펌이 연설을 시작했다. 그는 강한 오리건 주 억양을 가지고 있다." "래리 크레이머는 파펌을 처음 만난 자리에서 그에게 몸이 좋다는 칭찬을 건넸다. 파펌은 다소 쑥스러운 듯 순진한 미소를 지었다. 크레이머는 그 미소를 보고 게리 쿠퍼나 지미 스튜어트 같은 스타들의 근사한 모습을 떠올리지 않을 수 없었다." 실츠는 에이즈를 취재한 논픽션에 소설 양식을 적용한 후, 전지적 작가 시점까지 자유자재로 사용한다. 인물들이 속으로 어떤 생각을 하는지, 밤에 무슨 꿈을 꾸었는지, 심지어 죽는 순간 어떤 감정을 느꼈는지까지도 자유자재로 묘사한다. 사실과 허구를 엄격히 구분해야 하는 탐사 저널리즘 장르에 소설 양식을 사용한 것은 매우 이상한 선택으로 보일 것이다.[6] 내 생각에 실츠는 단순히 이 사회의 동성애혐오를 내면화하는 데 그친 것이 아니다. 그는 과거의 문화적 양식인 동시에 아직도 대중문화 속에서 변형된 형식으로 우리에게 영향력을 미치고 있는 문화적 양식인 부르주아 소설 양식을 선택함으로써, 자기 혼자 이 사회의 동성애혐오를 탈출하고자 한다. 롤랑 바르트는 『글쓰기의 영도』에서 이렇게 쓴다. "19세기 중반까지 부르주아 소설을 쓰는 작가들은 이 사회에 보편의 척도를 제공하는 일을 자임했다. 부르주아 작가들은 자기 자신은 다른 누구의 평가도 받지 않은 채 다른 사람들의 잘잘못을 판정하는 심판관이었다. 이들은 자신이 속해 있는 사회적 조건에 전혀 구애받지 않았다."[7]

실츠는 "자기 자신은 다른 누구의 평가도 받지 않은 채 다른 사람들의 잘잘못을 판정하는 유일한 심판관"이 되기 위해 보편적 주체가 되고자 한다. 그는 동성애혐오적 사회를 사는 남성 동성애자라는 "자신이 속해 있는 사회적 조건"을 말끔히 지워버린다. 실츠가 뒤가를 등장시킨 것은 뒤가가 에이즈 위기와 관련한 진실을 밝히는

6. 실츠는 책 속에서 이렇게 쓰고 있다. "이 책은 탐사 저널리즘 작품이다. 내가 지어낸 내용은 하나도 없다. 글의 흐름을 매끄럽게 이어갈 수 있도록, 장면을 재배치하고, 대사를 조금 수정하고, '그는 생각했다'와 같은 내용을 추가한 정도가 전부다. 내가 이 책에 담은 내용은 모두 내가 취재한 내용에서 가지고 온 것이다."

7. Roland Barthes, *Writing Degree Zero*, trans. Annette Lavers and Colin Smith (Boston: Beacon Press, 1967), p. 60.

데 꼭 필요한 인물이어서가 아니다. 실츠가 선택한 부르주아적 소설 양식이, 실츠를 보호해줄 장치로 뒤가라는 인물을 필요로 했기 때문이다. 실츠의 '페이션트 제로'는 실츠를 영웅으로 만들기 위해 등장하는 기능성 악당이다. 실츠는 '페이션트 제로'를 무책임, 부정, 살인을 상징하는 악의 근원으로 만든다.[8] 실츠는 '페이션트 제로'를 에이즈의 진정한 원인으로 악마화하는 한편, '페이션트 제로'를 취재한 기자, 즉 자기 자신은 그 악을 폭로한 인물, 진실만을 추구하는 진정한 언론인으로 영웅화한다.

내가 『그래도 밴드는 계속 연주한다』에 대해 이렇게 길게 이야기하는 이유는 이 책이 언론과 독자에게 높은 평가를 받고 있기 때문에 이 책이 지닌 심각한 문제를 지적하기 위해서이기도 하지만, 한가지 이유가 더 있다. 이 책이 에이즈 담론의 문화적 양식이 그 담론의 내용을 상당 부분 결정한다는 사실을 잘 보여주고 있기 때문

8. 뒤가는 실존 인물이지만 실츠가 자신의 책에서 묘사하는 뒤가의 성격은 실츠가 전적으로 창작한 것이다. 더 심각한 문제는 세인트마틴 프레스의 홍보자료가 주장하는 것과는 달리 실츠가 발견했다고 주장하는 "페이션트 제로"는 에이즈를 북미에 확산시킨 사람이 아니라는 점이다. 초기 감염인들 사이에 어떤 관계가 있는지 분석한 질병통제예방센터의 클러스터 분석은 애초 에이즈가 누구에게서 시작되었는지를 밝히기 위한 연구가 아니라, 그 질병이 감염되는 병인지 여부를 파악하는 연구였다. "클러스터 분석을 진행한 질병통제예방센터의 윌리엄 대로 박사가 말했다. '그는 자기가 다른 사람들에게 병을 옮겼다는 사실에 무척 괴로워했어요. 그에게는 카포시 육종이 있었지만, 자신이 다른 사람에게 병을 옮길 수 있다는 사실에 대해서는 전혀 모르고 있었어요. 그때는 심지어 질병통제예방센터에 있는 우리도 그게 감염되는 병인지 몰랐으니까요. 우리는 그걸 일종의 암이라고 생각했는데, 암은 감염되는 병이 아니잖아요. 물론 이제는 면역결핍을 동반하는 그 병이 감염된다는 사실을 알아냈지만요.'"(Ann Giudici Fettner, *The Truth About AIDS: Evolution of an Epidemic* [New York: Henry Holt, revised edition, 1985], p. 86.) 이 구절을 참조하라고 알려준 폴라 트라이클러에게 감사를 표한다.

이다. 에이즈를 다루는 문화적 양식은 어디에나 있다. 신문과 잡지, 다큐멘터리와 극영화, 정치 토론과 공중보건 정책, 과학 연구, 예술, 운동 모두 그런 문화적 양식이다. 에이즈를 이해하는 방식은 그 에이즈 담론이 취하는 문화적 양식에 크게 지배된다. 실츠가 동성애 혐오적인 입장에서 '페이션트 제로'를 악의 화신으로 그린 것은 실츠가 '스릴러' 양식을 선택한 바로 그 순간 결정된 것이다. 방송사와 신문사가 『그래도 밴드는 계속 연주한다』의 여러 내용 중 유일하게 '페이션트 제로' 이야기에만 주목한 것도 그런 이야기만을 뉴스거리로 생각하는 이 사회의 뉴스라는 양식 자체가 결정한 것이다. 《뉴욕 타임스》는 최근까지 에이즈 위기는 뉴스거리가 아니라는 듯 에이즈에 대한 취재와 보도를 거의 하지 않았다. 동성애혐오자로 유명한 《뉴욕 타임스》의 편집국장 A. M. 로젠탈은 1987년 말에 와서야 에이즈 위기가 뉴스가 되었다는 듯 이런 칼럼을 쓴다. "기자들은 역사적인 사건이건 사소한 사건이건 사람들에게 알릴 가치가 있는 사건만을 '이야기'로 친다. 그런 사건만 뉴스로 보는 것이다. 우리 기자들은 그런 사람들이다. 기자들이 왜 그런지는 우리에게 묻지 말고 정신과 의사에게 물어보시길."[9]

기자들에게 '페이션트 제로'의 이야기는 뉴스거리지만, 에이즈 위기를 의도적으로 방치한 레이건 정부의 범죄는 뉴스거리가 아니다. 정신과 의사에게 물어봐야 할 일일까? 기자들에게 유명인사 한 명이 에이즈로 죽는 것은 뉴스거리지만, 유명하지 않은 감염인 수천 명이 죽는 것은 뉴스거리가 아니다. 정신과 의사에게 물어봐야 할 일일까? 기자들에게는 이성애자의 HIV 감염 문제는 뉴스거리지만,

동성애자의 HIV 감염 문제는 뉴스거리가 아니다. 정신과 의사에게 물어봐야 할 일일까?

실츠는 『그래도 밴드는 계속 연주한다』에 자신 외에 한 명의 영웅을 더 등장시킨다. 바로 에이즈 활동가이자 작가인 래리 크레이머다. 크레이머는 실츠와 마찬가지로 그 자신이 동성애자이면서도, 남성 동성애자의 정치학과 성적 문화를 부정적으로 바라보는 인물이다. 실츠는 크레이머를 이렇게 소개한다.

> 1985년 4월 21일, 뉴욕 퍼블릭 시어터. 연극 〈더 노멀 하트〉가 끝나자 객석에서 우레와 같은 박수가 쏟아졌다. 관객들은 무대 위에 선 이 작품의 극작가 래리 크레이머에게 기립박수를 보냈다. 크레이머는 박수갈채를 받으면서 객석에 있는 여든다섯의 노모를 바라보았다. 언제나 자식이 연극 작품을 쓰기를 원했던 어머니의 소원을 드디어 이뤘다는 사실에 감격한 듯 보였다. 뉴욕 언론들은 만장일치로 〈더 노멀 하트〉에 최고점을 주고 있다. "열정으로 불타오르는 작품"(NBC), "긴장감 넘치는 동시에 감동을 선사하는 드라마"(《타임》), "한순간도 눈을 뗄 수 없는 연극"(《뉴욕 데일리 뉴스》). 한 비평가는 래리 크레이머의 〈더 노멀 하트〉를 아서 밀러의 〈크루서블〉에까지 비견하며 극찬했다. 뉴욕 공연계에서 활동하고 있는 동성애자들이 모두 에이즈로 죽어버렸으면 좋겠다고 폭언한 전

---

9   A. M. Rosenthal, "AIDS: Everyone's Business," *New York Times*, December 29, 1987, p. A19.

력이 있는《뉴욕 매거진》의 평론가 존 사이먼조차 이 작품을 보며 눈물을 흘렸다고 고백했다.(556쪽)

에이즈가 발견된 이래 지난 4년 동안 게이들 수천 명이 죽은 상황에서도 에이즈 위기에 대해 단 한 줄도 내지 않던 언론의 마음을 래리 크레이머는 갑자기 어떻게 움직인 것일까? 실츠는 언론이 이 연극을 극찬하는 이유를 분석하려 들지도 않고 언론의 이런 갑작스러운 변화를 이상하게 여기지도 않지만, 언론이 크레이머의 작품을 반긴 데는 그럴 만한 이유가 있다. 〈더 노멀 하트〉는 실제 인물과 실제 있었던 일을 기반으로 하는 로망 아 클레roman à clef 형식의 작품이다.[10] 크레이머는 에이즈 단체 GMHC를 공동 설립했지만, 다른 활동가들과 끊임없이 갈등을 빚다가 자신이 설립한 GMHC에서 쫓겨났다. 크레이머는 자신이 동성애자들에 대한 불편한 진실을 말하다 쫓겨났다고 믿는다. 크레이머에 해당하는 연극의 주인공 네드는 분노하며 다른 활동가들에게 일갈한다. "대체 왜 게이들은 상식이라는 걸 모르는 거야!" 여기서 네드, 아니 크레이머가 말하는 상식은 게이들이 문란한 섹스를 멈춰야 한다는 것이다. 이때 크레이머가 제안하는 해법은 세이프섹스가 아니다. 크레이머는 단 한 사람의 파트너와만 섹스를 하면 에이즈 위기를 멈출 수 있다고 주장한다. 하지만 그 한 사람의 파트너가 이미 HIV에 감염되었다면 그래도 세

---

10.   Larry Kramer, *The Normal Heart* (New York and Scarborough, Ontario: New American Library, 1985).

이프섹스를 하지 않고 한 사람과만 관계를 맺으면 안전하다고 말할 수 있을까? 크레이머의 주장은 에이즈를 막지 못한다. 그의 주장은 반동적이기만 한 것이 아니다. 그의 주장은 살인적이다.

"게이들의 뇌는 분명히 머리가 아니라 성기에 붙어 있을 거야." "그렇게 섹스만 생각하다가는 우리 모두 죽는다고." 네드의 대사다. 그러고는 게이들이 섹스에 빠지게 된 것은 동성애자 해방운동이 가지고 온 부정적인 영향이라고 주장한다. 크레이머에게 동성애자 해방운동과 문란함은 동의어다.

> 네드: 에마 박사님, 저들에게 섹스를 멈추라고 해봐야 아무 소용 없습니다. 게이들은 자신들이 지켜야 할 유일한 정치적 의제가 섹스라고 생각하는 작자들이라고요. 그들은 죽으면 죽었지 섹스만은 절대 포기 못 해요.(37~38쪽)

> [GMHC 대표] 브루스: 게이들이 섹스할 권리를 지키는 일이야말로 동성애자 운동의 핵심적 강령이야.(57쪽)

> 네드: 동성애자 커뮤니티의 리더라는 작자들이 동성애자들이 성적으로 해방되어야 한다는 어처구니없는 생각을 퍼뜨렸어. 그 대가로 지금 수많은 게이가 죽어 나가고 있는 거라고. 동성끼리 결혼할 수 있는 권리를 위해 투쟁할 수는 없는 거니? 마구잡이로 섹스하는 것을 우리의 권리로 만드는 것이 그렇게 중요해?(85쪽)

연극의 대사를 보면 크레이머가 동성애자 해방운동에 참여하지도 않았고, 그 역사와 복잡한 성격에 대해서도 거의 모르고 있음을 알 수 있다. 아마도 동성애자 해방운동이 이룬 과실을 따 먹기 바빠 그런 것에 신경 쓸 시간이 없었을지도 모르겠다. 동성애자 해방운동에 대한 크레이머의 무지와 경멸은 극 중 내내 계속된다.

> 네드: 생각할 줄 아는 인간들이라면 애초 동성애자 해방운동 같은 것에는 참여하지도 않았겠지. 이 바닥에는 뭐가 뭔지도 모르면서 과격한 사상에만 빠져 있는 정신 나간 인간들만 한가득이라니까.(37쪽)

> 미키: 스톤월에서 모두들 정말 열심히 싸웠어. 스톤월에서 가장 열심히 싸운 이들이 누군지 알아? 트랜스베스타이트들이었다고. 그런데 너희들은 그때 브룩스 브라더스 정장이나 빼입고 다니면서…
> 브루스: 사실 그래서 내가 스톤월 같은 곳을 멀리한 거라고. 내가 그들과 어울릴 일이 뭐가 있었겠니. 걔네는 남자도 아니고 여자도 아니고, 대체 정체가 뭐야.
> 미키: 뭐라고? 그럼 레즈비언에 대해서는 어떻게 생각해?
> 브루스: 신경 안 써. 걔네는 우리랑 아예 다른 애들이잖아.
> 미키: 레즈비언들이 이 대화를 들으면 뭐라고 생각할지 모르겠다. 그런 이야기나 들으려고 레즈비언들이 싸움에 함께하는 것이 아닐 텐데.(54~55쪽)

레즈비언들이 에이즈 운동에서 어떤 중요한 역할을 했는지에 대해서는 곧 이야기할 것이다. 그에 앞서, 내가 창작물인 〈더 노멀 하트〉 속에 나오는 등장인물의 대사를 마치 크레이머의 개인적 의견인 것처럼 인용하고 있는 이유를 먼저 해명해야 할 것 같다. 앞에서도 말했듯이 〈더 노멀 하트〉는 실제 있었던 일을 극화한 '로망 아 클레' 형식의 연극이다. 나는 크레이머가 주인공의 목소리를 통해 자신의 반동적인 정치적 관점을 표현하는 것도 문제라고 생각하지만, 여기서 그보다 더 강조하고 싶은 것은 크레이머가 선택한 장르 양식이 연극의 반동적인 내용을 결정하고 있다는 점이다. 크레이머는 부르주아 연극의 가장 관습적인 장르를 선택했고, 그 연극의 정치는 필연적으로 부르주아 개인주의의 정치가 되었다. 실츠의 『그래도 밴드는 계속 연주한다』와 마찬가지로, 크레이머의 〈더 노멀 하트〉는 이성과 합리성에 귀를 막은 게이들 사이에서 혼자 외롭게 진실을 말하는 영웅의 이야기다. 그 영웅은 물론 크레이머다. 이 연극은 실은 자신을 GMHC에서 쫓아낸 에이즈 활동가들을 향한 개인적 복수극이다. 비평가들은 이 연극을 위대한 정치적 연극이라고 극찬하지만, 이 연극은 한 영웅적 개인을 주인공으로 하는, 처음부터 끝까지 사적인 연극이다. 물론 이 연극에도 간혹 다음과 같은 '정치'가 등장한다.

에마: 공공 의료는 정치적인 문제입니다. 모든 사람에게는 제대로 된 의료 서비스를 받을 권리가 있어요. 우리는 그 권리를 위해 싸워야 합니다. 선진국 가운데 전 국민 대상 의료보험제도가 없는

나라는 남아프리카공화국과 미국 두 나라밖에 없다고요. (36쪽)

이는 물론 맞는 말이다. 하지만 〈더 노멀 하트〉의 '정치'는 이 정도 선에서 멈춰 선 후, 광의의 정치로 나아가지 않는다. 모든 담론을 형성하는 것은 다양한 힘들의 관계라는 사실도 건드리지 않는다. 부르주아적인 양식을 선택한 것 자체가 정치적인 선택이며, 그 정치적인 선택은 다시 정치적인 결과를 가져온다는 것도 인정하지 않는다. 그 결과 그나마 있는 이 연극의 '정치'는 일방적인 설교처럼 들린다. 극과 조화를 이루지도 않는다. 〈더 노멀 하트〉에서 '정치'는 연극의 가장 주변부로 밀려나 그저 구색 맞추기용 장식 신세로 전락한다. 희곡의 다음 부분은 그 점을 상징적으로 보여준다.

무대에는 하얗게 회칠한 합판으로 된 벽이 서 있다. 벽에는 다음과 같은 사실과 수치들이 빼곡히 적혀 있다. '다이앤 파인스타인 샌프란시스코시장의 에이즈 예산 1600만 달러 vs. 에드 코치 뉴욕시장의 에이즈 예산 7만 달러', '1982년 타이레놀 독극물 주입 사건 발생 후 3개월 동안 《뉴욕 타임스》가 낸 관련 기사 54건 vs. 1981년 에이즈 발견 이후 19개월 동안 《뉴욕 타임스》가 낸 관련 기사 7건'.(20~21쪽)

이런 통계적 사실은 분명히 정치적 중요성을 지닌다. 하지만 이 연극 속에서는 이 사실들이 에이즈 위기에 대해 갖는 정치적 함의가 조금도 드러나지 않는다. 크레이머가 이 통계적 사실을 에이즈 활동가들에 대한 자신의 분노를 정당화하기 위해서만 사용하기 때문이다.

실츠의 책과 크레이머의 연극은 한 가지 이상한 모순을 공유한다. 실츠와 크레이머는 이 사회가 에이즈를 동성애자들의 병으로만 받아들인다고 비판한다. 그러면서도 실츠와 크레이머는 그 자신들부터가 에이즈를 동성애자들의 병으로만 다루고 있다. 이들은 이성애자들이 동성애자 HIV 감염인과 사망자를 그저 하나의 수치로만 볼 뿐 이들에게 어떤 관심도 기울이지 않는다고 비판하지만, 그들 역시 에이즈 위기로 큰 피해를 겪고 있는 다른 이들에 대해서는 사실상 아무 관심이 없다. 이를테면 이들에게 정맥주사 약물 사용자들의 HIV 감염은 하나의 통계 수치에 불과하다.

에이즈 담론에 널리 퍼져 있는 이런 모순은 얼핏 보았을 때 다소 당연해 보일지도 모른다. 에이즈가 게이들의 병은 아니라고 해도, 가장 먼저 발견된 HIV 감염인들이 남성 동성애자들이었고, HIV 감염인 가운데 가장 높은 비율을 차지하고 있는 이들도 남성 동성애자들이기 때문이다. 하지만 에이즈에 가장 먼저 걸린 이들은 미국에서라 하더라도 남성 동성애자들이 아니었을 것이다. 에이즈는 남성 동성애자들 가운데서도 중산층 백인들 사이에서 가장 먼저 발견되었는데, 이는 그들이 빈곤층 유색인과 달리 의료 서비스에 접근할 수 있는 이들이었다는 사실과 무관하지 않을 것이다. 1970년대 뉴욕에서는 많은 약물 사용자들이 지금의 에이즈와 같은 증상을 앓다 사망했다. 돌이켜 생각해보면, 그 병이 에이즈였을 수도 있다. 당시 이 사회의 불공평한 보건의료 시스템은 빈곤층 흑인 약물 사용자들이 정체불명의 병으로 죽어가는 것에 아무런 관심도 기울이지 않았다. 에이즈 위기 이후에도 1987년에 들어서야 겨우 흑인 약물 사용자들을 고려한 역학 연구를 시도하고 있다.[11] 에이즈와 관련해 보이지 않는 이들은 이들만이 아니다. 사하라 이남 아프리카 국가들의 에이즈 상황은 재앙적인 수준이다. 하지만 이 HIV 감염인들은 지금까지도 거의 아무런 관심도 받지 못하고 있다.

하지만 중요한 것은 어떤 이들이 HIV에 처음 감염되었는가가 아니라 에이즈가 처음에 어떻게 개념화되었는가다. 에이즈는 발견된 바로 그 시점부터 이미 남성 동성애자들의 병으로 개념화되었다. 어떤 사실을 어떻게 강조한다 해도 에이즈가 남성 동성애자들의 병이라는 관념을 완전히 사라지게 하기는 어려울 것이다. 남성 동성애자들 사이에서 알 수 없는 폐렴이 발생했다는 최초의 에이즈 보고인 질병통제예방센터의 《질병과 사망 주간보고》가 발표된 순간부터 에이즈는 남성 동성애자들의 병으로 개념화되었다. 이는 두 가지 결과를 낳았다. 첫째, 에이즈는 동성애혐오에 기반한 낙인의 질병이 되었다. 둘째, 에이즈 운동은 실츠와 크레이머가 그렇게 비난하는

---

11   1987년 10월 《뉴욕 타임스》 보도에 따르면 1982년에서 1986년 사이에 사망한 뉴욕시 약물 사용자 가운데 에이즈로 사망한 이의 숫자는 2520명에 달하는 것으로 밝혀졌다. "뉴욕시 약물 사용자 가운데 53%가 에이즈와 관련된 원인으로 사망한 것으로 나타났다." 질병통제예방센터의 역학 자료에 근거한 이 연구는 몇 가지 문제점을 지니고 있다. 일단 질병통제예방센터는 에이즈가 1981년 처음 시작되었다는 가정 아래 이 연구를 진행했다. 하지만 이미 1970년대 상당히 많은 약물 사용자들이 폐포자충 폐렴과 비슷한 '약쟁이 폐렴(junkie pneumonia)'이라는 이름으로 불리던 병을 앓다가 사망했다. 또 이 연구는 취약계층의 문제는 전혀 고려하지 않고 있다."(Ronald Sullivan, "AIDS in New York City Killing More Drug Users," *New York Times*, October 22, 1987, p. 131.)

동성애자 운동이 주도하는 운동이 되었다.

　래리 크레이머가 공동 창립한 단체이자, 이후 그를 쫓아낸 에이즈 단체 GMHC. 원래 이름은 '게이 남성 보건 위기'를 뜻하는 'Gay Men's Health Crisis'다. 이 단체는 질병통제예방센터의 《질병과 사망 주간보고》와는 다른 면에서 이후 에이즈 담론의 방향에 큰 영향을 미쳤다. GMHC의 공동 창립자들 가운데 그 이전부터 운동에 참여했던 경험이 있는 이들은 많지 않았다. 그럼에도 그들이 기금 마련, 자원활동가 모집, 의료상담, 에이즈 교육 등 여러 분야에서 일정한 성취를 거둘 수 있었던 것은 동성애자 해방운동이 마련해놓은 자원을 활용할 수 있었기 때문이다. 1987년 기준 미국에서 가장 큰 에이즈 단체로 성장한 GMHC는 이제 필요에 의해서라도 동성애자 커뮤니티 안팎에 있는 자신들보다 더 급진적인 에이즈 단체들과 연대하고 있다. GMHC는 이제 '게이 남성'뿐 아니라 많은 여성 동성애자와 여성 이성애자도 함께 활동하는 단체가 되었다(에이즈 운동에서 남성 이성애자의 존재를 찾기는 어렵다). 또한 '게이 남성'뿐 아니라 어린이 감염인, 약물 사용자 감염인, 여성 감염인에게도 필요한 도움을 제공하는 단체가 되었다. 그전에는 '게이 남성'이라는 말을 입에 올릴 일이 없었을 많은 이성애자 감염인들이 이제는 GMHC라는 이름 속에 포함된 그 말을 일상적으로 발화하며 지낸다. '게이 남성'이 아님에도 '게이 남성'이라는 바로 그 말이 만들어낸 낙인 속에서 살고 있는 많은 감염인이 이제는 GMHC라는 이름 속에 포함된 그 말을 일상적으로 발화하며 지낸다. 이렇게 GMHC는 동성애자 운동이 에이즈 운동의 한가운데 있음을 그 이름을 통해 상징적으로 보여주는 단체가 되었다. 그렇기 때문에 이 운동에 문제가 있다면, 특히 그 문제가 계급과 인종과 관계가 있다면, 우리는 그 문제를 시급히 점검하고 고쳐야만 한다.

우리는 운동의 한계를 점검하는 과정에서도, 에이즈 위기 초기에 이루어진 긍정적인 성취가 모두 동성애자들의 성취였음을 잊어서는 안 된다. 우리의 성취는 한편으로는 정치적으로 조직된 운동이 이룬 성취다. 우리의 운동은 억압적인 조치를 철폐하기 위해 노력했고, 정부에 에이즈 예산과 에이즈 연구를 요구했으며, 에이즈 언론에 침묵하는 언론을 상대해서도 싸웠다. 에이즈 교육을 위한 단체를 만들고, 감염인에게 필요한 도움을 제공할 수 있는 단체를 만들었다. 하지만 운동이 이런 성취를 이룰 수 있도록 큰 힘을 더한 또 다른 이들이 있다. 그들은 바로 성적 실천의 공동체에 속한 이들이다. 이들의 경험과 지식이 있었기에 우리는 우리에게 가장 긴급하게 필요했던 것, 바로 세이프섹스를 발명해낼 수 있었다. 하지만 우리는 이들을 공동체의 성원으로 제대로 존중하고 있는가? 우리는 그들에게 세이프섹스 교육을 제공해 그들을 보호하고 있는가? 크레이머는 극중 인물 미키의 입을 빌려 스톤월에서 싸운 이들이 트랜스베스타이트였다는 사실까지는 언급한다. 하지만 크레이머가 언급하지 않은 것이 있다. 그것은 "브룩스 브라더스 정장이나 빼입고" 다니던 게이들이 트랜스베스타이트들을 바로 그들의 투쟁 덕분에 피어난 운동으로부터 쫓아내버렸다는 사실이다. '선량한 동성애자 시민'[12]이 되고자 했던 그 게이들이 "남자도 아니고, 여자도 아닌", "정체를 알 수 없는" 이들과 엮이고 싶어 하지 않았다. 지금 시점이라고 얼마나 다를까? 지금 에이즈 단체 가운데 트랜스베스타이트들에게 세이프섹스 교육을 제공하는 단체가 얼마나 될까? 성노동자들에게 세이프섹스 교육을 제공하는 단체가 얼마나 되는가? 세이프섹스 자료를 스페인어로 번역한 후, 이를 퀸스 지역의 게이 바에 직접 가지고 가 콜롬비아 이민자 출신의 노동자계급 게이들에게 나눠주는 단체가 얼마나 되는가?[13] 남성 동성애자 커뮤니티는 이 질문들에 만족스럽게 답하지 못할 것이다. 우리는 이 답에 자신 있게 답할 수 있도록 노력해야 한다. 우리는 또한, 우리가 발명한 세이프섹스를 우리 손에서 빼앗아 가 자신들만의 방식으로 세이프섹스 교육을 실시하려는 국가 주도의 에이즈 교육에도 똑같은 질문을 하고 그 답을 요구할 수 있어야 한다.

크레이머는 〈더 노멀 하트〉의 등장인물들의 입을 통해 트랜스베스타이트들을 비하한 다음, 레즈비언들은 에이즈 위기에 아무 관심도 없을 것이라고 주장한다. 이 단언은 틀렸다. 크레이머는 게이와 레즈비언이 함께하는 동성애자의 '정치적' 공동체가 얼마나 중요한 것인지 인식조차 못 한다. 게이 공동체와 레즈비언 공동체는 그들 사이의 긴장과 차이에도 공통의 억압을 겪어오면서 연대의 정치가 우리에게 얼마나 필수적인지를 배워왔다. 우리는 스톤월 이후 수없

---

12. '선량한 동성애자 시민'이라는 표현은 프랑스 철학자 기 오켕겜(Guy Hocquenghem)에 빚진 표현이다. 오켕겜은 동성애자 운동이 신좌파 운동의 급진적인 쟁점보다 동성애자 권리의 문제에 더 치중하는 경향을 비판적으로 바라본다.

13. 물론 트랜스베스타이트, 성노동자, 유색인을 대상으로 세이프섹스 교육을 제공하는 동성애자 단체들이 없다는 말은 아니다. 하지만 이런 단체 대다수는 에이즈 예방 교육을 진행할 수 있는 자원이 매우 부족한 상태다.

이 많은 협상의 과정을 거치면서 연대 정치의 기반을 쌓아왔다. 이 연대의 정치야말로 에이즈 위기의 시대에 HIV에 감염되었다는 이유로 공통의 억압을 받고 있는 여러 공동체에게 반드시 필요한 정치다. 래리 크레이머를 비롯한 남성 동성애자들이 던져야 할 질문은 레즈비언들이 남성 동성애자를 위해 무엇을 하고 있느냐가 아니다. 레즈비언들을 위해 남성 동성애자들이 무슨 일을 할 수 있는가를 고민해야 한다. 많은 HIV 예방 프로그램이 레즈비언을 HIV 감염 위험이 절대적으로 낮은 인구군이라고 보고 프로그램의 대상에서 제외하곤 하지만, 이는 적절한 조치가 아니다. 리 키아라몬테라는 레즈비언 활동가는 한 레즈비언 잡지에 "레즈비언은 에이즈로부터 안전하다는 신화"라는 글을 기고해 이런 관점의 문제점을 지적한다.

많은 이들이 우리 레즈비언들은 HIV에 감염될 위험이 없다거나, 레즈비언이 HIV에 감염되었다면 그것은 지극히 예외적인 상황이라고 주장한다. 그들은 어떤 근거에서 이런 주장을 하는 것일까? 섹스를 하는 레즈비언이 한 명도 없다면 나는 그 주장을 받아들이겠다. 주사기를 통해 약물을 사용하는 레즈비언이 한 명도 없다면 나는 그들의 주장을 받아들이겠다. 남성과 섹스한 경험이 있는 레즈비언이 한 명도 없다면 나는 그 주장을 받아들이겠다. 위험한 성행위를 하는 레즈비언이 한 명도 없다면 나는 그 주장을 받아들이겠다. 연인에게 자신의 과거에 대해 일부를 감추는 레즈비언이 한 명도 없다면 나는 그 주장을 받아들이겠다.[14]

키아라몬테가 인용하는《성 연구 저널》논문에 따르면 레즈비언의 성관계 수와 파트너 수는 이성애자에 비해 각각 2배와 15배 더 많다. 키아라몬테가 인용하는 팻 칼리피아의 논문에 따르면 단 한 명의 파트너와만 관계를 맺는다고 답한 레즈비언은 전체 응답자의 절반 이하다.[15] 레즈비언들은 이렇듯 HIV 감염의 위험에 노출되어 있다. 레즈비언은 남성 중심의 보건의료 체계 때문에도 피해를 겪는다. 레즈비언은 또 에이즈 위기 이후 더 강해진 동성애혐오로 게이들과 마찬가지로 고통을 겪는다.

이런 상황에서라면 놀랍지 않게도, 가장 처음으로 에이즈 위기를 정치적으로 진지하게 분석한 저서를 낸 연구자도 레즈비언이다. 사회학자이자 에이즈 연구자인 신디 패튼은『섹스와 바이러스: 에이즈의 정치학』(1986)을 출간했고, 최근에는 여성들을 위한 세이프섹스 지침서도 집필했다.[16] 패튼은 다음을 지적한다. "에이즈 문제를 해결하기 위해서는 동성애자 커뮤니티의 경험을 참고하는 것이 무엇보다도 중요하다. 동성애자 해방운동과 페미니즘 운동을 자원으로 삼아 게이 커뮤니티가 발명한 유효한 전략들을 적극적으로 참고해야 하는 것이다."[17] 이 전략은 물론 세이프섹스를 말한다. 세이프섹스는

---

14. Lee Chiaramonte, "Lesbian Safety and AIDS: The Very Last Fairy Tale," *Visibilities* 1, no. 1 (January–February 1988), p. 5.

15. 같은 글, p. 7.

16. Cindy Patton, *Sex and Germs: The Politics of AIDS* (Boston: South End Press, 1985); and Cindy Patton and Janis Kelly, *Making It: A Woman's Guide to Sex in the Age of AIDS* (Ithaca: Firebrand Books, 1987).

17. Cindy Patton, "Resistance and the Erotic: Reclaiming History, Setting Strategy as We Face AIDS," *Radical America* 20, no. 6 (Facing AIDS: A Special Issue), p. 68.

분명히 동성애자 운동이 이룬 중요한 성취다. 그럼에도 지금 이른바 이성애자 전문가라는 이들은 우리의 경험과 사례를 완전히 무시하고 있다. 패튼은 이 문제를 다음과 같이 지적한다.

> 1987년 로스앤젤레스 레즈비언 게이 보건의료 콘퍼런스에 참석한 우리 에이즈 활동가들은 콘퍼런스에 참석한 이성애자들이 세이프섹스에 접근하는 방식을 보고 놀라지 않을 수 없었다. 이른바 전문가라는 그들은 세이프섹스가 동성애자 커뮤니티의 노력으로 만들어졌다는 사실을 완전히 무시하고 있다. 이성애자들은 동성애자 커뮤니티가 이미 세이프섹스라는 훌륭한 지침을 마련해놓았는데도, 마치 아무것도 없는 상태에서 처음부터 다시 시작해야 하는 것처럼 어쩔 줄 몰라 하고 있었다. 동성애자 커뮤니티는 이미 세이프섹스의 틀을 갖추어놓았고, 그 세이프섹스를 통해 수많은 이들의 목숨을 구하는 데도 성공했다. 그런데도 이성애자들은 동성애자 커뮤니티에 어떤 조언도 구하지 않는다. 이는 이성애자들의 동성애혐오가 얼마나 뿌리 깊은지를 잘 보여준다.[18]

신디 패튼이 지적했듯이, 세이프섹스를 발명한 이들은 게이들이었다. 우리는 단 한 사람과만 섹스를 해야 한다거나 아예 섹스를 하지 않아야 한다는 지침은 안전한 지침이 될 수 없다는 것을 알았다. 무조건 섹스를 금지할 때 사람들은 결국 안전하지 않은 섹스를

---

18. 같은 글, p. 69.

한다. 우리가 세이프섹스를 발명할 수 있었던 것은 감염병 위기의 시기건 그 외의 시기건 섹스가 규범적인 삽입 섹스로 제한되지 않는다는 것을 우리가 그 어떤 이들보다 잘 알고 있었기 때문이다. 우리는 고도로 발달한 우리의 성적 문화를 통해 성적 쾌락도 잘 알고 있었지만, 성적 쾌락이 얼마나 다양한 형태를 띨 수 있는지도 잘 알고 있었다. 이렇듯 우리의 섹스에 대한 정신적인 준비 과정, 실험, 의식적인 작업이 있었기에, 잔혹한 '전환 치료'가 한 세기가 넘는 세월 동안 아무것도 이루지 못한 것과 달리, 우리는 우리의 성적 행동을 짧은 시간 안에 극적으로 변화시킬 수 있었다. 이런 점에서 볼 때 실츠와 크레이머가 동성애자 정치가 우리의 섹슈얼리티에 기반해 형성되었음을 비난하는 것은 매우 도착적인 태도다. 그들은 우리의 문란이 우리를 파괴할 것이라고 주장한다. 아니다. **우리의 문란이야말로 우리를 구할 것이다.** 패튼의 지적대로 "남성 동성애자의 정교한 성적 문화는 비록 에이즈 위기 초기에 에이즈 확산의 일부 요인이 되기도 했지만, 이제 에이즈의 확산을 억제하면서도 성적 해방을 억압하지 않는 중요한 수단이 되고 있다. 그럼에도 보수적인 미국 사회는 이 중요한 발명에 놀라울 정도로 적대적인 태도를 취하며 이를 받아들이지 않고 있다."[19]

어떤 이들은 남성 동성애자의 섹스는 친밀감을 맺는 것을 두려워하는 데서 오는 성적 강박이라고 주장하는데, 이들은 자신이 가지고 있는 편견을 돌아봐야 한다. 강박은 쉽게 극복하거나 방향을 바

---

19. 같은 글, p. 72.

꿀 수 있는 것이 아니기 때문에 그것이 정말 강박이었다면 남성 동성애자들은 세이프섹스를 발명하고 받아들이지 못했을 것이다. 남성 동성애자의 성적 문화는, 제도화된 섹슈얼리티의 협소한 틀에 쾌락을 가두지 않는다면 누구나 성적 쾌락을 추구하고 누릴 수 있음을 보여주는 긍정적인 모델로 평가되어야 한다.

남성 동성애자들이 자신들의 성적 경험을 자원으로 삼아 새로운 삶의 방식을 고안한 것과 달리, 이성애자들은 "감염병의 시대에 섹스하는 법"을 찾는 데 여전히 큰 어려움을 겪고 있다.[20] 이성애자를 대상으로 하는 에이즈 예방 자료들은 설령 그것이 성에 대해 부정적인 태도나 도덕주의적인 입장을 취하지 않은 자료인 경우조차도 에이즈 예방에 적합하지 않은 지침을 싣고 있는 것이 대부분이다. 한 사람과만 성관계를 맺으면 안전하다는 식의 지침이 전형적인 예다. 한 유명 쇼닥터는 〈투데이 쇼〉에 출연해 이렇게 조언한다.

> 세이프섹스 따위는 잊어버리세요. HIV를 막을 수 있는 유일한 방법은 세이프섹스 같은 게 아니라 '세이프 파트너'입니다. HIV에 감염되지 않은 상대를 찾으세요. 그러면 그 상대와 무엇을 한다 해도 HIV에 감염될 일은 없으니까요.[21]

---

20. 『감염병의 시대에 섹스하는 법(How to Have Sex in an Epidemic)』(1983)은 최초의 세이프섹스 안내 책자다. 40쪽 분량의 이 책자를 쓴 이들은 남성 동성애자들이다.

21. Art Ulene, M.D., *Safe Sex in a Dangerous World* (New York: Vintage Books, 1987), p. 31.

여기서 작동하고 있는 것은 '우리'와 '너희들'을 나누는 이분법이다. 이런 이분법은 최초의 에이즈 환자가 발견된 후 질병통제예방센터가 "에이즈는 남성 동성애자와 약물 사용자만이 걸리는 질병"이라고 정의했던 때부터 지금까지 항상 작동해왔다.[22] 하지만 이제는 그렇게 '우리'와 '너희들'을 나눠서는 이성애자들을 에이즈로부터 보호할 수 없다는 것을 이성애자들도 안다. 그래서 그들은 '우리'와 '너희들'을 나누는 새로운 기준으로 HIV 검사에서 음성이 나왔는지 여부를 든다. 이 쇼닥터는 HIV 음성인 파트너와만 성관계를 맺으면 모든 것이 해결된다고 주장한다.[23] 그는 한 가지 방법을 더 제시한다. "쉽지는 않지만, HIV 감염자 수가 적은 주로 이사 가는 것도

[22] 언론은 지금도 이성애자도 HIV에 감염될 수 있다는 사실을 끊임없이 부인하고 있다. 이를테면 《뉴욕 타임스》는 HIV 감염 통계를 정기적으로 업데이트하면서, 교묘한 편집을 통해 중산층 백인 이성애자들은 안심해도 괜찮다는 메시지를 내보낸다. 최근에는 언론인 마이클 푸멘토가 《코멘터리》지에 "에이즈, 과연 이성애자가 걱정할 일인가?"를, 그리고 의사 로버트 굴드가 《코스모폴리탄》지에 "의사가 말합니다. 이성애자는 에이즈를 걱정하지 않아도 좋습니다"라는 글을 기고했다. 이들의 기사는 동성애혐오와 인종주의에 동시에 기댄다. 푸멘토는 항문과 달리 여성의 질을 통해서는 HIV가 전염되지 않으며, 흑인과 달리 백인은 HIV로부터 안전하고, 아프리카인들과 달리 미국인들은 HIV로부터 안전하다고 주장한다. 굴드의 인종주의는 여기서 한 발 더 나간다. 그는 아프리카인들은 미국인들보다 훨씬 과격한 성행위를 하기에 HIV에 훨씬 취약하다고 주장한다. "아프리카 남성들은 성행위 시 여성들을 가혹하게 다룬다. 많은 경우 그들의 일상적 성행위는 미국 기준으로 보면 강간 수준에 해당할 정도로 폭력적이다. 이런 특징 때문에 아프리카 여성들은 질에 상처를 입어 HIV에 더 쉽게 전염된다."
[23] 신디 패튼은 1985년 미국 애틀랜타에서 열린 국제에이즈대회에서 질병통제예방센터 전문가조차 이와 같은 엉터리 주장을 조언이라고 했다고 비판한다. "질병통제예방센터에서 나온 전문가라는 이조차 HIV 음성끼리라면 마음껏 섹스해도 에이즈에 걸리지 않는다는 말을 세이프섹스 지침이라고 했다. 게이 문화는 거대한 데이트 문화가 아니다. 이런 조언은 오히려 세이프섹스가 확산되는 데 방해가 될 뿐이다. 이런 지침은 비인간적일 뿐 아니라, 유용하지도 않다."

HIV 감염을 막을 수 있는 좋은 방법입니다. 네브래스카 같은 주는 지금까지 에이즈 확진자가 네 명밖에 없는 깨끗한 동네죠. 이 상황이 영원히 지속될지는 알 수 없지만, 뉴욕처럼 에이즈 환자가 득시글거리는 곳과 이런 곳의 차이는 상당히 오랫동안 계속될 것입니다."[24]

물론 이성애자 에이즈 예방 자료를 만드는 이들도, 사람들이 단 한 사람과만 섹스하는 것도 아니고 에이즈를 피하려고 네브래스카 주로 이사하는 것도 아니라는 걸 안다. 그렇기 때문에 이성애자들의 에이즈 예방 자료에도 콘돔 사용법은 포함된다. 하지만 이런 자료들에는 심각한 문제가 있다. 많은 자료가 콘돔을 사용하는 일을 남성이 자발적으로 해야 할 일이 아니라, 여성이 남성에게 설득해야 하는 일로 기술하고 있다. 1987년에 나온 한 성교육 책자의 제목은 심지어 『남자친구가 콘돔을 사용하도록 설득하는 방법들』이다. 물론 이성애자 에이즈 예방 자료가 전부 그렇지는 않다. PBS에서 방영된 세이프섹스 교육 프로그램 〈에이즈: 규칙 바꾸기〉(1987)에서는 연예인들이 나와 바나나를 이용해 콘돔 사용법을 보여주었다. 하지만 이 프로그램이 텔레비전에서 방영되자 황당한 일이 벌어졌다. 국제바나나협회가 PBS에 항의한 것이다. 콘돔은 게이들이나 쓰는 것, 에이즈에 걸릴 만한 이들이나 쓰는 것인데 그런 물건을 바나나와 연관시킨 것에 바나나 회사들이 반발한 것이다. 이성애자들이 콘돔을 어떻게 생각하는지 보여주기 위해 그 우스꽝스러운 항의 서한을 옮겨본다.

---

24. Ulene, *Safe Sex*, p. 49.

발신: 국제바나나협회

수신: PBS 방송국

최근 방영된 〈에이즈: 규칙 바꾸기〉에서는 콘돔 사용법을 설명하며 바나나를 소품으로 사용했습니다. 국제바나나협회는 이에 깊은 유감을 표합니다. PBS의 선택으로 바나나는 콘돔을 연상시키는 과일이 되었습니다. 이는 바나나 업계에 치명적인 피해를 미치고 있습니다.

바나나는 미국 가정의 98%가 일상적으로 구입하는 과일입니다. 또, 남미 경제에도 중요한 역할을 하는 과일입니다. 이런 중요한 과일인 바나나의 이미지가 PBS의 잘못된 선택으로 크게 훼손되었습니다.

PBS는 바나나의 사용이 바나나 업계에 어떤 영향을 미칠지 고려해야 했음에도, 바나나 업계와 아무 협의도 없이 바나나를 불미스러운 소품으로 사용했습니다. 이로 인해 바나나 업계가 입게 될 모든 피해의 책임은 PBS에 있음을 강력히 주장합니다.

지금 많은 이성애자가 보이고 있는 콘돔에 대한 거부감, 더 일반적으로 말해 세이프섹스 교육에 대한 거부감은 충분히 미리 막을 수 있는 수많은 죽음을 방치하게 한다는 점에서 우려스럽다. 이런 상황은 동성애자 공동체가, 또 HIV에 직접 영향을 받고 있는 이들이 발명한 안전한 실천이 어떻게 폄하되고, 왜곡되고, 파괴되고 있는지를 잘 보여준다. 특히 다음 장면은 국가 권력이 우리의 세이프

섹스 교육을 어떻게 망가뜨리고 있는지를 잘 보여준다.[25]

1987년 10월 14일, 노스캐롤라이나주 상원의원이자 끔찍한 동성애혐오자인 제시 헬름스는 의회에서 이렇게 말했다. "지난 주말 워싱턴에서 폭도들이 끔찍한 난리를 피웠습니다." 1987년 10월 11일 열린 역사적인 제2회 워싱턴 전미 동성애자 행진을 일컫는 것이었다. 이 행진은 50만 명이 넘게 참가한 거대한 규모의 집회로, HIV 감염인들과 에이즈 활동가들이 주도했다. 이날은 에이즈 메모리얼 퀼트가 처음으로 그 모습을 드러낸 날이기도 했다. 에이즈 메모리얼 퀼트는 에이즈로 세상을 떠난 이들의 이름이 적힌 퀼트를 전시하는 행사였다. 망자들의 친구들, 가족들, 연인들이 만든 가로 2미터, 세로 1미터 정도 크기의 퀼트 1920장이 워싱턴 내셔널 몰에 축구장 두 개 넓이로 가득 펼쳐졌다. 흐느끼는 울음소리 사이로 세상을 떠난 이들의 이름이 한 명씩 호명되었다. 1920명은 에이즈로 세상을 떠난 이들 일부에 불과했다. 하지만 영원히 끝나지 않을 것처럼 이어지는 그 호명 의식 속에서 우리는 우리가 얼마나 많은 이들을 잃었는지 절실히 느낄 수밖에 없었다.

동성애혐오자들의 반응은 달랐다. 레이건 행정부의 에이즈 정책을 설명하는 역할을 맡고 있는 백악관 보좌관 게리 바우어는 곧바로 한 보수적 대학언론에 에이즈 메모리얼 퀼트를 폄하하는 글을 기고했다. 기고문과 함께 실린 삽화에는 커다란 퀼트 두 장이 하나

---

25. 제시 헬름스 논쟁과 관련한 3장의 인용은 모두 다음에서 발췌한 것이다. *Congressional Record*, October 14, 1987, pp. S14202~S14220.

로 꿰매어진 채 놓여 있다. 왼쪽 퀼트 위에는 '항문섹스 동성연애자', 오른쪽 퀼트 위에는 '마약중독자'라는 글자가 적혀 있다. 바우어는 기고문에서 이렇게 주장한다.

> 저들이 말하는 '세이프섹스 교육'이라는 것은 실은 에이즈에 대한 진실을 은폐하는 교육이다. 많은 이들이 세이프섹스 교육 때문에 에이즈에 걸리지 않기 위해서 알아야 하는 정보에서 차단되어 있다. 지금 행해지는 이른바 세이프섹스 교육은 어떤 성행위가 에이즈를 잘 옮기는지 밝히지 않는다. 에이즈와 성병을 가장 잘 옮기는 성행위가 항문섹스라는 사실은 이미 연구에 의해 밝혀졌다. 왜 그런지는 굳이 말하지 않아도 알 것이다. 이런 중요한 정보가 널리 알려지지 않는 이유는 무엇일까? 동성애자 운동의 힘이 막강해지고 있기 때문이다. 동성애자 운동은 동성애자에 대한 관용을 요구하는 수준을 넘어 이 사회를 완전히 장악하려 하고 있다.[26]

워싱턴 전미 동성애자 행진이 열린 지 3일 후 의회에서는 헬름스가 발의한 예산안 수정안의 표결이 진행되었다. 헬름스는 1988년도의 보건복지부 세출예산안에 에이즈 연구 및 예방 사업으로 10억 달러가 배정된 것을 보고 다음과 같은 수정안을 제출해둔 상태였다. "질병통제예방센터 예산으로, 동성 간 성행위 또는 마약 사용을 조장, 권장, 묵인하는 교육, 정보, 활동을 지원할 수 없다." 헬름스가

---

26. Gary Bauer, "AIDS and the College Student," *Campus Review*, November 1987, pp. 1, 12.

발언을 시작했다.

두 달 전 의원실로 GMHC가 제작한 만화로 된 세이프섹스 교육 자료라는 것이 한 권 도착했습니다. GMHC는 뉴욕에 있는 에이즈 단체로, 지금까지 에이즈 교육 예산 명목으로 국가 예산을 무려 67만 4679달러나 강탈한 단체입니다. 책자를 살펴보았습니다. 동성연애자 두 명이 주인공으로 등장해, 남자들끼리 성관계 맺는 법을 아주 노골적으로 보여주는 만화책이었습니다.

GMHC가 이 책을 펴낸 이유는 동성연애자들의 변태적 성행위를 변화시키기 위해서가 아닙니다. 그들은 남성들 사이의 항문 성교를 더 퍼뜨리기 위한 목적으로 이 책자를 만든 것입니다. 우리 국민들께서 보신다면 경악하실 만한 내용이 책자에 담겨 있습니다. 저는 문제의 심각성을 알리고자 해당 책자를 복사해 동료 상원의원 스무 분에게 보내드렸습니다. 너무 끔찍한 내용이라 봉투 겉면에 '의원님 외 열람 금지'라는 경고 문구까지 써야 했을 정도입니다. 의원님들은 모두 책자를 보고 충격을 받으셨습니다. 그리고 제게 이 경악할 만한 에이즈 교육의 실태에 대해 레이건 대통령님께 말씀드리는 것이 좋겠다고 말씀해주셨습니다.

의원님들의 말씀을 듣고 열흘 전 레이건 대통령님을 찾아뵈었습니다. 문제의 만화책을 보여드리고 에이즈 교육이라는 이름으로 자행되는 끔찍한 일들을 전해드렸습니다. 대통령님께서는 책자를 살펴보시고는 고개를 저으시더니 분노를 참지 못하시고 주먹으로 책상을 내리치셨습니다.

GMHC의 세이프섹스 책자는 GMHC의 자체 예산으로 제작된 것임에도, 헬름스는 이 책자가 정부의 예산 지원으로 제작되었다며 분노한다. 그리고는 GMHC가 전해에 제출했던 정부 예산 지원신청서를 읽어나간다. "동성애자들에게 성적 표현은 자신의 동성애자 정체성을 확인해주는 중요한 요소다. 그렇기 때문에 많은 남성 동성애자들은 에이즈 위기 이후 등장한 세이프섹스라는 새로운 지침을 억압적인 조치로 받아들이거나 거부감을 보이는 경향이 있다. 우리는 이와 같은 남성 동성애자들의 심리적 장벽을 고려해 에이즈 예방 교육을 실시하고자 한다." GMHC의 예산 지원신청서는 동성애자들의 심리적인 거부감을 고려해 세이프섹스를 하겠다는 내용에 불과했다. 하지만 헬름스는 이 특별히 문제 될 것이 없는 내용을 비난한다.

저는 완벽한 인간이 아닙니다. 오랜 시간을 살아오면서 잘못된 일도 여러 번 저질렀을 것입니다. 하지만 지금 이 순간만큼은 하나님을 믿는 크리스천으로서 올바른 일을 해야 한다는 책무를 느낍니다. 입에 담기도 어려운 이 끔찍한 일들을 바로잡아야 한다는 사명감을 느낍니다.

우리는 잘못된 것을 잘못된 것이라고 말할 수 있어야 합니다. 동성연애자들이 하는 짓은 명백한 변태적 행위이고, 옳지 않은 행위입니다. 에이즈의 원인은 예외 없이 동성 간 성행위입니다.

미국이 지난 20년 동안 이 나라를 망쳐온 성 해방의 시대로 다시 돌아가는 것을 막으려면, 에이즈 교육에 국가 예산을 지급하는 현

재의 예산안을 반드시 개정해야 합니다.[27]

저는 강제 에이즈 검진을 대대적으로 실시하고, 에이즈 환자를 격리해야 한다고 생각합니다. 인권이니 뭐니 계속 떠들며 꾸물거리다가는 에이즈를 막을 수 없습니다. 과거 우리는 장티푸스 환자와 성홍열 환자를 격리했지만, 그때는 아무도 그것을 인권침해라고 말하지 않았습니다.

헬름스의 발언이 끝난 후, 두 명의 의원이 헬름스와는 조금 다른 의견을 표명했다. 플로리다주의 로튼 차일스 의원과 코네티컷주의 로웰 와이커 의원이었다.

먼저 차일스 의원이 나섰다. "저는 이 수정안이 통과되면 이성애자들이 효과적인 에이즈 예방 교육과 치료를 받지 못하게 될 것을 우려하지 않을 수 없습니다. 어린이 환자들의 치료도 문제가 됩니다. 어린이 환자들이 제대로 된 에이즈 치료를 받지 못하게 되는 상황이 발생할 수 있습니다. 아무런 죄도 저지르지 않은 어린이들이 그런 고통을 당해서는 안 되지 않겠습니까." 차일스 의원은 동성애자들이 죽거나 사는 문제에는 아무 관심이 없다. 그저 자신의 지역구인 플로리다주의 이성애자들에 대해 신경 쓸 뿐이다. 그러고는 많은 이들이 그러는 것처럼, 아무 잘못도 없이 고통받는 이들의 예로 어린이 감염인을 이야기한다. 하지만 이것은 감염인을 자신의 잘

---

27. 제시 헬름스의 이 말은 〈더 노멀 하트〉의 주인공 네드가 하는 대사와 놀랄 정도로 비슷하다. "성 해방의 물결 이후 이 나라가 어떤 지경이 되었는지 보라. 이 나라는 지금 미쳐 날뛰고 있다."

못으로 감염되었으므로 고통받아 마땅한 이들, 그리고 자신은 잘못하지 않았지만 다른 사람 때문에 억울하게 감염된 이들로 나누는 전형적이고 악의적인 수사다(위선적이게도 어린이 감염인을 이야기하는 이들의 상당수는 보육이나 교육을 포함한 아동복지의 문제에 대해서는 예산 증액을 반대한다).

이어 코네티컷주의 로웰 와이커 의원이 의견을 개진했다. "헬름스 의원님께서 말씀하시는 GMHC의 책자를 저도 살펴보았습니다. 저역시 GMHC의 책자가 모욕적이고 혐오스럽다고 생각합니다. 다만, 저는 헬름스 의원님의 '이념'[28]을 따르는 것으로는 에이즈 문제를 해결할 수 없다고 생각합니다. 우리가 해야 할 일은 '이념'이 아니라 '과학'을 따르는 것입니다. 우리가 지금 해야 할 첫 번째 일은 에이즈 연구 예산을 늘리는 일이고, 두 번째 일은 에이즈 예방 교육 예산을 늘리는 일입니다. GMHC의 세이프섹스 교육자료 같은 것은 에이즈 문제 해결에 아무 도움도 되지 않습니다."

GMHC의 세이프섹스 책자가 아무 도움도 되지 않는다는 와이커 의원의 발언은 사실과 거리가 멀다. GMHC의 세이프섹스 책자는 이미 검증된 내용만을 담고 있는 훌륭한 세이프섹스 자료이고, GMHC는 미국에서 가장 많은 세이프섹스 자료를 제작하고 배포한

---

28. 의회 회의록에서 와이커 의원은 헬름스의 입장을 무려 '이념'이라고 부르고 있다. "에이즈를 막으려는 노력은 이 행정부에서 전혀 효과적으로 이루어지고 있지 않습니다. 질병통제예방센터가 세이프섹스 자료 발송 예산으로 요청한 예산 2000만 달러를 의회는 6개월 전 승인했습니다. 하지만 아직도 세이프섹스 자료는 한 부도 발송되지 않았습니다. 질병통제예방센터의 잘못이 아닙니다. 보건복지부의 문제도 아닙니다. 백악관과 제시 헬름스 의원님의 이념적 입장 때문에 아직도 제대로 된 세이프섹스 자료가 발송되지 않고 있습니다."

공신력 있는 에이즈 단체다. 에이즈 예방 교육과 관련해 아무런 실적이 없는 미국 정부와 비교하면 더욱더 그렇다.[29]

헬름스 의원, 차일스 의원, 와이커 의원의 의견은 조금씩 달랐지만, GMHC의 세이프섹스 책자가 "쓰레기"라는 데는 모두 의견을 같이했다. 헬름스는 차일스 의원의 의견을 받아들여서는 "마약 사용"에 관한 부분을 삭제했고, 와이커 의원의 의견을 반영해서는 "묵인"이라는 단어를 삭제했다. "동성 간 성행위를 조장하거나 권장하는"은 "동성 간 성행위를 직접적·간접적으로 조장하거나 권장하는"으로 바꾸었다. 최종 수정안 문구는 다음과 같이 되었다. "질병통제예방센터 예산으로, 동성 간 성행위를 직접적·간접적으로 조장, 권장하는 교육, 정보, 활동을 지원할 수 없다."

이 수정안에 대한 호명 투표가 진행되었다. 로웰 와이커 의원과 대니얼 패트릭 모이니핸 뉴욕주 상원의원 두 명만이 반대표를 던졌다. 나머지 상원의원 94명은 모두 이 수정안에 찬성표를 던졌다. 민

29.　《뉴 사이언스》지의 보도는 이를 뒷받침한다. "샌프란시스코시 보건국장의 의회 증언에 따르면, 1983년 동성애자 대상 에이즈 예방 프로그램이 실시된 시점을 기점으로 HIV 전파 속도가 현저히 줄어들었다고 한다. 동성애자 대상 세이프섹스 교육과 에이즈 예방 교육은 짧은 기간에도 HIV 전파를 낮추는 데 획기적인 성공을 거두었다. 이는 금연 캠페인이 거의 효과를 거두지 못하고 있는 것과 크게 대비된다."("Safe Sex' Stops the Spread of AIDS," *New Science*, January 7, 1988, p. 36.) GMHC와 정신과 교수 마이클 쿼들랜드가 함께 진행한 연구 결과에 따르면, 설명, 책자, 영상 등 다양한 방법을 사용한 세이프섹스 교육 가운데, 실제 성관계 영상이 포함된 세이프섹스 교육자료가 가장 효과가 높은 것으로 나타났다. "담배를 끊게 하거나, 안전띠를 매도록 하는 교육에서는 공포심을 활용하는 것이 효과적일 수도 있습니다. 하지만 세이프섹스 교육은 다릅니다. 공포심을 조장하는 방식으로는 사람들에게 안전한 섹스를 하게 하기 어렵습니다. 사람들이 공포심을 주입한다고 섹스를 포기하지는 않으니까요."(Gina Kolata, "Erotic Films in AIDS Study Cut Risky Behavior," *New York Times*, November 3, 1987.)

주당 의원들은 동성애자 인권법을 지지한다면서도 이 수정안을 통과시켰다. 에드워디 케네디 민주당 의원은 이렇게 변명했다. "수정안이 통과되긴 했지만 큰 문제는 없을 것입니다. 이 예산안 수정안이 통과돼서 에이즈 예방에 도움이 되는 것은 아니지만, 그렇다고 문제가 되는 일도 없을 것입니다." 하지만 그의 말과는 달리 이 수정안이 통과됨으로써 많은 동성애자 에이즈 단체들은 당장 큰 문제에 직면할 것이다. 이제 많은 에이즈 단체들은 정부 예산 지원 자격을 박탈당하게 된다. 가령 남성 동성애자들이 설립하고 운영하는 GMHC의 활동이 "동성 간 성행위를 직접적·간접적으로 조장하거나 권장하는 활동"에 포함되지 않을 수 있을까?[30] GMHC는 미국에서 가장 오래되고, 가장 규모가 큰 에이즈 단체다. GMHC는 수많은 HIV 감염인 동성애자와 이성애자에게 직접적인 도움을 제공하고 있다. 문제가 된 GMHC의 세이프섹스 만화 책자는 음란물이 아니라 남성 동성애자의 세이프섹스를 돕는 교육자료다. GMHC는 지금까지 수많은 이들의 생명을 살렸다. 이 모든 성취에도 GMHC는 앞으로 정부 예산에 지원조차 못 하게 된다.

섹스, 그리고 약물 사용과 같은 행동은 단기간에 변화시키기에 상당한 심리적 저항감을 동반하는 복잡한 문제다. 국가 주도의 에이즈 예방 캠페인은 동성애자 공동체가 진행하는 생산적인 실천들

---

30. 상원이 헬름스 수정안을 통과시킨지 며칠 후, 하원 역시 368대 47로 수정안을 통과시켰다. 에이즈 단체와 활동가들은 양원 협의회에서 이를 무효화하기 위해 즉각적으로 전면적인 로비 활동에 들어갔다. 하지만 결과적으로 수정안은 "간접적으로"가 빠지고 다음 사항이 추가되는 선에서 그대로 유지되었다. "헬름스 수정안의 문구는 HIV 감염의 위험을 저감하는 수단의 기술을 금지하는 것으로 해석되지 않는다."

과 달리 HIV 감염에 취약한 이들의 문화적 특수성과 문화적 감수성을 세심하게 고려하지 않는다. 정부 관료, 보건 공무원, 가톨릭 추기경, 교육 관계자들은 에이즈 예방 교육에서 중요한 것은 '공동체의 가치'를 훼손하지 않는 것이라고 강조한다. 이들이 말하는 공동체는 HIV 감염에 취약한 이들의 공동체가 아니다. 이들은 애초에 HIV 감염에 취약한 이들의 공동체에는 관심도 없다. 국가가 주도하는 에이즈 예방 캠페인은 HIV에 감염되기 쉬운 이들의 공동체가 더 쉽게 이해할 수 있는 언어를 사용하지 않는다. 추상적인 언어로 "HIV의 주요 감염 경로는 체액 교환입니다"라고만 써서는 안 된다. "성관계를 할 때 상대의 항문 안에 사정해서는 안 됩니다", "정맥주사나 피하주사로 약물을 투입하면서 주사기 바늘, 주사기, 물, 약솜 등을 타인과 나눠 써서는 안 됩니다"[31]처럼 HIV에 감염될 기회에 노출되기 쉬운 이들이 실제로 사용하는 구체적인 언어를 사용해 그들이 지침을 실천할 수 있도록 해야 한다. '공동체의 가치'를 존중한다는 명목으로 실제 HIV에 감염되기 쉬운 이들에게 필요한 구체적인 지침을 빠뜨려서는 안 된다. '공동체의 가치'야말로 우리에게 중요한 가치다. 하지만 그 공동체는 보편이라는 이름으로 표현되는 추상적인 공동체여서는 안 된다. 우리가 중요하게 여겨야 할 공동체는 HIV에 감염되기 쉬운 이들의 진짜 공동체여야 한다.

정부가 광고회사들에 발주해 제작하는 에이즈 공익광고들은 이상할 정도로 공포라는 감정에만 의존한다. 광고업계는 자동차 광고

---

31. 해당 문구는 약물 사용 위해감축 단체인 ADAPT(Association for Drug Abuse Prevention and Treatment)의 에이즈 예방 안내 책자에서 가지고 온 것이다.

에서 하다못해 세제 광고에 이르기까지 성적 요소를 활용하는 것으로 악명 높지만, 정작 사람들에게 콘돔을 쓰라고 해야 하는 에이즈 공익광고에서는 성에 대해 억압적이다. 프로파간다를 그 누구보다 정교하게 생산해내는 광고업계는 에이즈 공익광고에서만큼은 섹스를 다루는 방법에 대해 어쩔 줄 몰라 한다. 이는 이른바 "공동체의 가치"를 준수해야 하는 정부 발주 공익광고의 제약 때문이기도 하고, 에이즈 공익광고를 만드는 이들이 HIV에 감염되기 쉬운 이들에게 말을 걸 생각이 없어서이기도 하다.

영국 정부가 세계 최대의 광고회사 사치앤사치에 발주해 제작한 에이즈 포스터들도 그렇다. 한 포스터를 보면, 예쁜 크리스마스 선물 상자 위에 이런 문구가 쓰여 있다. '이번 크리스마스에는 얼마나 많은 이들이 이것을 받게 될까요?' 그 옆에 쓰인 글자는 '에이즈'다. 또 다른 포스터. 하트 안의 문구는 이렇다. '여러분이 다음에 만날 성적 파트너는 매우 특별한 사람이 될 수도 있습니다.' 이어지는 문구는 '여러분에게 에이즈를 선사할 사람'. 두 공익광고 모두 성에 대한 부정적인 관점을 기반으로, 여러 사람과 섹스를 하면 에이즈에 걸린다고 협박한다.[32]

이런 에이즈 공익광고는 어디에나 흔하다. 메트라이프 생명보험이 후원한 뉴욕시의 지하철 공익 포스터들도 크게 다르지 않다. 그중 한 포스터에는 일간지의 파트너 구인광고란이 크게 확대되어 있다. 문구는 이렇다. "저는 부주의한 만남 때문에 에이즈에 걸렸습니다."

---

32. Watney, *Policing Desire*, p. 136.

또 다른 포스터에는 침대에 함께 누워 있는 남녀의 모습과 두 개의 말풍선이 보인다. "설마 이 남자 에이즈 같은 것 안 걸렸겠지?", "설마 이 여자 별문제 없겠지?" 포스터 하단의 문구. "설마가 여러분의 목숨을 위태롭게 합니다."

뉴욕시의 이 문제적인 공익광고 포스터를 보고, 일부 독립예술가들이 '메트로폴리탄보건연합'이라는 이름의 게릴라 그룹을 만들어 행동에 나섰다. 이들은 세이프섹스 방법과 약물 사용자용 안전한 주사기 사용법을 명시한 포스터를 제작해, 뉴욕시가 만든 공익광고들 위에 덧붙였다. 또 하나하나 띠지 작업을 해 "저는 부주의한 만남 때문에 에이즈에 걸렸습니다"를 "저는 에이즈 위기에 대한 정부의 방관 때문에 에이즈에 걸렸습니다"로, "설마가 여러분의 목숨을 위태롭게 합니다"를 "정부의 무책임한 에이즈 위기 대응이 여러분의 목숨을 위태롭게 합니다"로 바꿔놓았다.[33] 하지만 올바른 정보로 사람들의 생명을 구하는 데는 아무 관심 없는 뉴욕시는 이들의 작업을 바로 철거했다.

공포 전략은 청소년을 대상으로 하는 텔레비전용 에이즈 공익광고에서도 사용된다. 이런 광고들은 청소년들이 즐거운 한때를 보내는 장면을 보여준 다음, 그 즐거움의 대가가 얼마나 끔찍할 수 있는지 보여주는 전략을 사용한다. 한 공익광고를 보자. 공익광고가 시작하면 디스코 음악이 나온다. "같이 내 방으로 가자. 밤새 즐거움

---

33. 뉴욕시 공익 포스터가 유통하는 정보가 악의적인 교란정보(disinformation)라면, 메트로폴리탄보건연합의 게릴라 활동은 교란정보를 정정해 가치 있는 정보로 재정보화(reinformation)하는 문화적 실천이다.

을 나누는 거야'라는 가사가 들리는 가운데, 차 안에서 키스를 하고 진한 애무를 하는 남녀 청소년의 모습이 보인다. 음악이 뚝 끊기고 장면이 바뀐다. 카포시 육종으로 가득한 얼굴의 소년이 침대 위에 혼자 외롭게 누워 있다. 들리는 내레이터의 목소리. "즐거움을 나누기 전에 자신에게 물어보세요. 정말 '그것'을 원하고 있는지. Don't Get It." 여기서 '그것'은 섹스인 동시에 에이즈다. 광고는 의도적으로 '그것'이라는 대명사를 사용함으로써 '섹스는 곧 에이즈'라는 메시지를 청소년들에게 전달한다. 이 광고는 카포시 육종으로 '에이즈의 얼굴'을 재현하는 미디어의 관습을 그대로 따른다. 성적 즐거움의 장면 바로 다음에 카포시 육종으로 가득한 남자 청소년의 얼굴을 배치함으로써 청소년들에게 에이즈에 대한 공포를 주입한다. 미국인들에게 익숙한 전형적인 콜라 광고의 관습을 생각해보자. 디스코 음악을 배경음악으로 잘생기고 예쁜 청소년들이 보이고, 마지막 장면에서는 해당 브랜드의 콜라를 마시라는 의미로 "Get It"이라는 목소리가 나온다. 에이즈 공익광고는 청소년들에게 익숙한 이런 광고의 관습을 활용해 청소년들에게 끔찍한 메시지를 전달한다. 이런 광고를 본 청소년들이 심리적인 충격을 받으리라는 것은 짐작하기 어렵지 않다. 에이즈는 청소년들에게 심리적인 충격을 준다고 해서 예방할 수 있는 것이 아니다. 청소년의 HIV 감염을 막으려면 청소년들의 성을 긍정하고 존중하면서 청소년들에게 필요한 정보와 청소년들이 알고 싶어 하는 정보를 올바르게 제공해야 한다.

온 나라를 휩쓰네요

에이즈 공익광고 증후군ADS이라는 감염병이
후천성 섹스 공포 증후군Acquired Dread of Sex이라는 감염병이

이 병의 원인은
공익광고와 영상에 흘러넘치는
섹스에 대한 공포와 공황

이 공익광고는 〈베네치아에서의 죽음〉이 아니에요
동성을 사랑하면 죽는다고 말하는
도덕적인 메시지들은 무시하자고요
이 공익광고는 〈베네치아에서의 죽음〉이 아니에요

영화감독 존 그레이슨의 뮤직비디오 〈에이즈 공익광고 증후군/후천성 섹스 공포 증후군〉(1987)에 나오는 노래 가사다. 영화 〈베네치아에서의 죽음〉을 패러디하는 이 작품에서 감염병은 콜레라가 아니라 후천성 섹스 공포증이다. 이 공포증은 미디어와 에이즈 공익광고가 조장하는 공포와 공황에 노출되면 걸리는 병이다. 아센바흐는 편견에 빠져 있다 '후천성 섹스 공포증'에 걸리고 말지만, 청소년 타지오는 '세이프섹스'를 배워 명랑하게 지낸다. 그레이슨의 작품은 토론토 근교의 대형 쇼핑센터 스퀘어원에 모니터 36대로 전시된 작품이다. 이 작품은 청소년을 대상으로 하고 있고, 청소년에게 익숙한 장르를 차용해 제작된 에이즈 교육 영상물이라는 점에서 앞에서 본 에이즈 공익광고와 같다. 하지만 이 작품은 그 공익광고와 결정

존 그레이슨, 〈에이즈 공익광고 증후군/후천성 섹스 공포 증후군〉, 1987.

적인 차이를 갖는다. 그것은 이 작품이 섹스를 긍정하고 있다는 점, 그리고 HIV에 노출되기 쉬운 이들 가운데 하나인 청소년 남성 동성애자에게 말을 걸고 있다는 점이다. 작품의 코믹하고 유쾌한 톤 때문에 간과하기 쉽지만 이는 매우 중요한 지점이다. 지금까지 캐나다 정부와 미국 정부는 여러 에이즈 공익광고를 통해 HIV 감염인의 상당수가 남성 동성애자라는 점은 끊임없이 강조해왔으면서도, 정작 동성애자들을 향해 말을 건 경우는 단 한 번도 없었다.

기존의 에이즈 공익광고를 비판하는 또 다른 중요한 영상 작품으로는 영국 작가 아이작 줄리언의 〈이것은 에이즈 공익광고가 아니야〉(1987)가 있다. 이 작품에서 줄리언은 도덕주의적인 메시지를 전혀 담지 않는다. 그 대신, 특수한 역사적 국면 속에서 남성 동성애자가 겪는 복잡한 주관과 경험, 구체적으로 말하면 에이즈 위기의, 인종주의적이고 동성애혐오적인 대처 시대를 흑인 남성 동성애자 예술가로서 살아가는 경험을 표현한다.[34] 베네치아와 런던에서 찍은

---

34. 영국은 1987년 후반 지방정부법에 헬름스 수정안과 유사한 제28조(Section 28)를 추가했다.

"제28조(교육 및 출판물을 통한 동성애 권장 금지)

(1) 지방자치단체는 다음을 할 수 없다.

(a) 지방자치단체는 동성애를 권장하거나, 동성애를 권장하는 문서를 출판해서는 안 된다.

(b) 교육기관에 속한 모든 교사는 동성애를 가능한 가족의 형태로 교육해서는 안 된다.

(2) 위 (1)항을 이용하여, 에이즈 치료 및 확산 방지를 위한 행위를 막아서는 안 된다."

영국 지방자치법 제28조는 동성애 관련 출판물을 헬름스 수정안보다 더 전면적으로 금지하지만, 에이즈 치료 및 확산 방지를 위한 행위를 막아서는 안 된다고 규정한다는 점에서 헬름스 수정안과 차이를 보인다.

아이작 줄리언, 〈이것은 에이즈 공익광고가 아니야〉, 1987.

푸티지들을 이용한 이 작품은 두 부분으로 나뉜다. 전반부에서는 시적이면서도 애달픈 이미지와 음악이 흘러나온다. 하지만 후반부가 시작하면 음악은 브론스키 비트의 전자음악으로 바뀌고, 전반부에 나왔던 이미지에 남성 동성애자의 성적 욕망을 표현하는 이미지들이 덧붙는다. 이미지 위에서 반복되는 브론스키 비트의 가사는 이렇다. "이것은 에이즈 공익광고가 아니야. 너의 욕망에 죄책감 느낄 필요 없어."

존 그레이슨과 아이작 줄리언의 작품들은 남성 동성애자들이 에이즈 위기에 대응하는 방식이 새로운 단계에 접어들고 있다는 신호다. 지금까지 우리는 사랑하는 친구들을 지지하고 애도하는 법을 배워왔다. 지금까지 우리는 공포, 혐오, 억압, 방관과 투쟁해왔다. 지금까지 우리는 우리 자신과 친구들을 보호하기 위해 우리의 성적인 삶을 기꺼이 바꾸어왔다. 이제 되찾을 때가 왔다. 우리의 주체성과 우리의 공동체와 우리의 문화를. 그리고 그 무엇보다도 섹스에 대한 우리의 문란한 사랑을.

4
감염인의 재현

1988년 11월 캐나다 웨스턴온타리오대학교가 주최한 〈에이즈 재현하기: 위기와 비평〉 콘퍼런스에서 발표한 글이다. 다음 책에도 수록되어 있다. *Cultural Studies*, ed. Lawrence Grossberg, Cary Nelson, and Paula Treichler (New York: Routledge, 1992).

1988년 가을, 뉴욕 현대미술관에서 니컬러스 닉슨의 사진전 〈사람들의 초상Pictures of People〉이 열렸다. 여러 주제의 사진들이 망라된 이 전시에서 눈에 띈 것은 HIV 감염인들의 사진이었다. 감염인들이 죽음에 이르는 과정을 일정한 시간 간격을 두고 기록한 사진들이다. 닉슨은 이 작업의 목표를 이렇게 말한다. "저는 에이즈에 대해 이야기하고자 했습니다. 에이즈라는 병이 어떤 병인지, 그리고 에이즈가 감염인과 감염인의 연인들, 가족들, 친구들에게 어떤 영향을 미치는지 살펴보고자 했습니다. 저는 가장 파괴적인 질병인 에이즈가 지금 이 시대의 가장 중요한 사회적, 의학적 문제임을 보이고자 했습니다."[1] 닉슨의 이 작업은 많은 평론가들에게 격찬을 받

---

1. Nick and Bebe Nixon, "AIDS Portrait Project Update," January 1, 1988; "People with AIDS: Work in Progress," press release, New York, Zabriskie Gallery, 1988에서 재인용.

았다. 한 미술평론가는 닉슨의 작업을 다음과 같이 높이 평가한다. "닉슨의 카메라는 물리적으로도, 은유적으로도 감염인에 아주 가까이 다가간다. 이 가까운 거리를 통해 관객은 감염인이 아무것도 감추고 있지 않다는 것을 진심으로 느낄 수밖에 없다. 우리는 사진을 찍은 이와 사진에 찍힌 이들 사이에서 느껴지는 서로에 대한 신뢰에 경탄하지 않을 수 없다. 우리는 사진을 보면서 에이즈에 대해 원래 가지고 있던 편견이 어느 순간 사라지는 것을 경험한다."[2] 《뉴욕 타임스》의 사진비평가도 닉슨의 작품을 호평한다. "닉슨의 사진에서 환자들은 시간이 흐를수록 눈에 띄게 수척해진다. 그것 자체는 놀라운 일이 아니다. 사진 장르에서 뼈만 남은 앙상한 육체는 이미 에이즈에 대한 일종의 상징이 되었다. 하지만 닉슨의 작업에서 압도적인 점은, 시간이 경과함에 따라 환자들이 카메라 앞에서 정제된 자세를 취하지 않거나 못하게 되는 과정을 생생히 포착해 보여준다는 것이다. 환자들은 처음 사진에서는 카메라 앞에서 어떻게든 자세를 취하려 하지만, 마지막 사진에 가까워질수록 카메라를 거의 개의치 않는다. 이들이 사진 작업을 의식하지 않게 됨에 따라 사진에서 카메라의 존재도 보이지 않게 된다. 궁극적으로 이미지와 그 이미지를 보는 우리 사이의 경계가 사라진 것이다."[3] 이 전시를 기획한 뉴욕 현대미술관 수석 큐레이터 피터 갈라시는 닉슨과 닉슨이 찍은 이들 사이의 관계를 다음과 같이 쓴다. "모든 인물 사진은

2.   Robert Atkins, "Nicholas Nixon," *7 Days*, October 5, 1988.
3.   Andy Grundberg, "Nicholas Nixon Seeks a Path to the Heart," *New York Times*, September 11, 1988, p. H37.

사진가와 사진가가 찍은 이들 사이의 협력의 산물이어야 한다. 닉슨의 사진들은 그와 같은 원칙의 결과다. 닉슨이 에이즈 환자인 톰 모런을 찍은 사진을 보면 시간이 지날수록 닉슨과 모런의 관계가 풍부해지고 친밀해지는 것을 느낄 수 있다."[4] 갈라시는 HIV 감염인은 저마다 모두 다르기 때문에 어떤 사진도 HIV 감염인 사진의 전형이 될 수는 없다고 설명한 후 다음과 같이 결론 맺는다. "우리는 닉슨이 찍은 감염인의 사진을 보면서 그의 육체와 영혼을 있는 그대로의 모습으로 본다. 그 사진 속에서 모런의 삶과 죽음은 누가 뭐래도 그 자신의 것이다."[5]

이 평자들은 모두 사진가 닉슨이 사진에 찍힌 인물들과 긴밀한 합의와 교감을 나누면서 사진을 찍었다고 주장한다. 나는 이런 평가에 질문을 던지지 않을 수 없다. 정말로 닉슨이 자신이 찍은 이들과 친밀감을 확장하면서 작업을 했을까? 나는 닉슨이 자신이 찍는 이들로 하여금 카메라 앞에서 모든 것을 자포자기하고 자신을 놓아버리도록 유도한 다음 사진을 찍었다고 생각한다. 또, 닉슨이 정말로 감염인의 고유한 삶과 죽음을 그대로 사진에 담은 것일까? 나는 닉슨이 감염인의 삶과 죽음을 착취하고 타자화한 후 그것을 자신의 것으로 만들어 사진에 담았다고 생각한다.

그동안 언론과 미디어가 HIV 감염인을 재현해온 방식을 유심히 보아온 이들이라면, 닉슨의 사진이 그 이전의 재현들과 다르지 않다

---

4. Peter Galassi, "Introduction," in *Nicholas Nixon: Pictures of People* (New York: Museum of Modern Art, 1988), p. 26.
5. 같은 글, p. 27.

니컬러스 닉슨, 〈톰 모런, 이스트브레인트리, 매사추세츠〉, 1987년 9월
(Copy print ©2001 The Museum of Modern Art, New York).

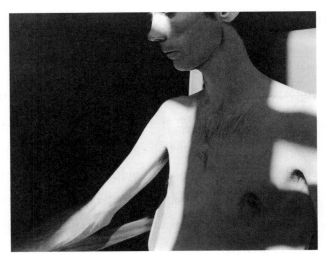

니컬러스 닉슨, 〈톰 모런, 보스턴〉, 1987년 10월
(Copy print ©2001 The Museum of Modern Art, New York).

는 점을 알 수 있을 것이다. 육신은 망가졌고, 얼굴은 허물어졌으며, 완전히 쇠약해져 있는 이들. 홀로 외롭게 있고, 절망에 빠져 있으며, "어차피 올" 죽음에 완전히 체념한 이들. 닉슨이 그리는 HIV 감염인의 이미지는 감염인에 대한 기존의 재현을 반복하고 있을 뿐이다.

액트업 활동가들은 이런 닉슨의 작업에 문제의식을 느끼고 뉴욕현대미술관에 나가 항의 시위를 벌였다. 한 활동가는 밝게 웃고 있는 나이 든 남자의 사진과 "에이즈와 함께 사셨던 제 아버지의 생전 모습입니다"라는 피켓을 들었다. 다른 활동가는 '에이즈를 가진 사람들의 연합'이라는 모임의 창립멤버 데이비드 서머스가 열변을 토하는 모습이 담긴 사진과 "에이즈와 함께 살았던 제 친구 데이비드 서머스입니다"라는 피켓을 들었다. 활동가들은 전시를 보러 온 이들에게 사진의 의미를 설명하면서, 다음과 같은 내용이 적힌 전단을 나눠주었다.

맥락 없는 HIV 감염인 사진은 이제 그만!

감염인을 재현하는 방식은 단순히 감염인에 대한 인식에만 영향을 미치지 않습니다. 에이즈 예산, 에이즈 정책, 에이즈 교육과 같은 문제들에도 큰 영향을 미칩니다.

니컬러스 닉슨의 전시는 감염인을 연민과 공포의 대상으로, 고립되고 무기력한 존재로 대상화합니다. 그러면서도 감염인이 일상적으로 대하는 다음과 같은 현실에 대해서는 언급하지도, 문제를 제기하지도 않습니다.

• 이제 감염인은 과거에 비해 훨씬 오래 생존할 수 있습니다. 치료

제 역시 계속 개발되고 있으며, 감염인의 건강관리에 대한 정보
도 점점 더 잘 제공되고 있는 상황입니다. 이는 모두 감염인들이
자신들의 삶을 직접 결정하기 위해 싸우고 노력한 결과입니다.

- 뉴욕의 경우, 감염인의 상당수는 유색인 여성입니다. 많은 유색
  인 여성 감염인은 제대로 된 의료 서비스는커녕 에이즈에 대한
  기본적인 정보조차 제공받지 못하고 있습니다. 이런 이유로 유
  색인 여성 감염인의 감염 진단 후 생존 기간은 다른 인구군에
  비해 짧습니다.

감염인의 건강이 단순히 HIV 때문에 악화되는 것은 아닙니다. 감
염인의 건강을 악화시키는 더 큰 원인은 정부의 의도적인 방관, 낮
은 의료 서비스 접근성, 그리고 감염인을 보이지 않게 만드는 이
사회의 제도화된 이성애주의, 인종주의, 성차별주의입니다.

이 사회는 감염인이 병들어 죽어가는 모습만 보여줍니다. 우리는
감염인의 좀 더 다양한 모습을 보여줄 것을 요구합니다. 활기찬
모습도, 분노한 모습도, 사랑스러운 모습도, 섹시한 모습도, 아름다
운 모습도, 저항하는 모습도, 투쟁하는 모습도 보여줄 것을 요구합
니다.

더 이상 우리의 이미지를 보기만 하려 들지 마세요.
우리의 목소리에도 귀 기울여주세요.

액트업 활동가들이 '우리의 이미지를 보기만 하려 들지 마세요'라
고 요구한 데는 맥락이 있다. 에이즈 위기 초기부터 예술사진 분야
에서는 전형적인 자유주의적 입장에서 "에이즈에 인간의 얼굴을 부

여하는 사진"이 거의 하나의 장르를 이루고 있다. 올해 1988년에 열린 에이즈 사진전만 해도 두 편이다. 하나는 앞에서 소개한 닉슨의 〈사람들의 초상〉 전시이고, 다른 하나는 뉴욕대학교 그레이아트 갤러리에서 열린 로절린드 솔로몬의 〈에이즈 시대의 초상Portraits in the Time of AIDS〉전이다. 〈에이즈 시대의 초상〉전은 동성애자이자 에이즈 활동가인 그레이아트 갤러리의 관장 토머스 소콜롭스키가 기획한 전시다. 소콜롭스키는 카탈로그 서문 〈거울을 바라보며〉에 이렇게 쓴다. "우리는 에이즈와 관련한 통계 자료를 통해 에이즈를 인식해왔을 뿐, 에이즈의 얼굴과는 마주한 적이 없다. 우리는 감염인이 몇 명인지, 에이즈 사망자가 몇 명인지는 알지만, 에이즈의 실체에 대해서는 보지 못했다. 우리는 에이즈를 관념으로만 알고 있을 뿐이다. 하지만 솔로몬의 사진은 우리가 보지 못했던 에이즈의 얼굴을 보여주고 있다."[6] 그는 이어 에이즈로 사망한 동성애자 작가 조지 휘트모어의 글을 인용한다. "나는 에이즈 환자인 짐의 모습에서 나의 모습을 발견한다. 우리는 서로를 비추는 거울상이다. 우리는 똑같은 사람이다." 하지만 에이즈로 세상을 떠난 동성애자 작가의 글까지 인용하는 이 소개글에서 우리가 마주하는 것은 일종의 방어기제다. 소콜롭스키는 감염인을 자신만의 개성을 지닌 한 사람이 아닌 그저 우리와 같은 인간 중 하나로 만듦으로써, 감염인이 지닌 차이를 부정하고 그를 타자화한다.

니컬러스 닉슨이나 로절린드 솔로몬의 예술 사진이 감염인을 재

---

6.   Thomas Sokolowski, preface to *Rosalind Solomon: Portraits in the Time of AIDS* (New York: Grey Art Gallery and Study Center, New York University, 1988), np.

현하는 방식은 그들의 주장과는 달리 텔레비전 방송이 감염인을 부정적으로 재현하는 전형적인 방식과 전혀 다르지 않다. 1986년, CBS 방송국 시사 프로그램 〈식스티 미니츠〉는 에이즈 특집 〈우리를 강타하기 시작한 에이즈AIDS Hits Home〉를 방영했다. 프로그램은 소콜로프스키의 글과 거의 똑같은 말로 시작한다. "HIV 감염인들은 저나 시청자 여러분과 똑같은 사람들입니다." 이 특집의 제목이 가리키는 '우리'는 누구일까? 그것은 백인 중산층 이성애자다. 감염인은 여기에 포함되지 않는다. 이 에이즈 특집이 방송된 1986년은 폴라 트라이클러가 지적했듯이 "미국의 주요 시사 프로그램들이 에이즈 위기에 대한 오랜 침묵을 멈추고 한참이나 늦게서야 에이즈 문제를 다루기 시작한 해였다. 그들은 에이즈가 이성애자에게도 큰 위험이 될 수 있음을 깨닫자 그제야 비로소 에이즈 문제에 주목하기 시작한 것이다."[7]

이 특집 프로그램이 감염인을 묘사하는 방식은 전형적이다. 이 프로그램은 딱 달라붙는 리바이스 501 청바지를 입고 게이 거리인 카스트로를 배회하는 샌프란시스코의 남성 동성애자들, 더 이상 팔에 주사기 바늘 꽂을 자리도 없는 약물 사용자들, 극도로 가난한 흑인들, 남성들을 호객하고 있는 성노동자들의 모습을 차례로 보여준다. 소수지만 이성애자도 몇 명 나온다. 그들은 클럽과 바와 유흥업소를 전전하며 섹스 파트너만 찾아다니는 이성애자들이다. 이 프

---

7. Paula Treichler, "AIDS, Homophobia, and Biomedical Discourse: An Epidemic of Signification," in *AIDS: Cultural Analysis/Cultural Activism*, ed. Douglas Crimp (Cambridge: MIT Press, 1988), p. 39.

로그램의 논리에 따르면 이들은 섹스만을 찾아다니는 사악한 게이들과 다를 바 없는 이성애자들이다. 게다가 이들은 모두 백인이다. HIV 감염으로 가장 많은 피해를 보고 있는 이들이 유색인들임에도 이 프로그램은 그런 문제에는 관심을 두지 않는다.

진행자는 이렇게 말한다. "이번 에피소드는 일부 보기 힘든 장면을 포함하고 있습니다. 하지만 저희는 에이즈 문제를 해결하기 위해서는 이 장면들을 보여드려야 한다고 판단했습니다." 그러나 정작 이어지는 장면들에서 프로그램은 감염인의 모습을 보이기보다는, 오히려 보이지 않게 지우고 삭제한다. 이들에게 감염인은 얼굴을 드러내서는 안 되는 수치스럽고 끔찍한 존재이기 때문이다. 프로그램은 얼굴을 다양한 기법으로 지운다. 역광을 이용해 지우기도 하고, 테러리스트, 불법 약물 밀매 조직의 거물, 아동 성추행범의 모습을 뉴스에 내보낼 때처럼 지우기도 한다. 의사나 간호사의 몸으로 가려 얼굴을 안 보이게 하기도 하고, 얼굴을 제외한 몸만 카메라에 담기도 한다. 또는 아예 극단적인 얼굴 클로즈업으로 처리해 알아볼 수 없게 만들기도 한다. 가장 비인간적인 경우는 감염인의 얼굴을 흐릿하게 뭉개는 경우다. 프로그램은 에이즈로 아내를 잃은 한 양성애자 감염인의 모습을 보여준다. 아니, 정확히 말하면 보여주지 않는다. 얼굴이 뭉개진 남자에게 기자가 묻는다. "쉽지 않은 질문이지만 그래도 묻겠습니다. 아내분을 에이즈에 감염시켜 살해하신 것에 대해 어떻게 생각하십니까?"

하지만 〈식스티 미니츠〉가 모든 감염인의 얼굴을 지우는 것은 아니다. 어떤 감염인의 얼굴은 그대로 남겨둔다. 그것은 '무고한 피해자로 여겨지는 이들의 얼굴이다. 대표적으로 여성 이성애자 감염인들의 얼굴이 그것이다. 이 프로그램은 게이 감염인은 얼굴을 지워야 하는 죄인으로 그리지만, 여성 이성애자감염인은 다른 방식으로 재현한다. 프로그램은 이 평범한 여성들이 어떻게 HIV에 감염되었는지를 보여준다. 프로그램은 약물 사용자 남자친구나 양성애자 연인이나 배우자 때문에 HIV에 감염된 이 여성들이 상대가 감염인일 것이라고는 상상도 못 하고 있다가 무방비로 당한 무고한 피해자라는 사실을 거듭 강조한다. 어린아이들의 얼굴도 마찬가지다. 등장하는 아이들은 혈우병 치료를 받다가 HIV에 감염된 중산층 백인 가정의 아이들이다. 이 어린이 감염인들은 여성 감염인들보다도 더 무고한 피해자로 그려진다.

지워지지 않은 얼굴 중에는 남성 동성애자도 있다. 하지만 이 남성 동성애자는 매우 특별한 동성애자다. 그는 이성애자인 일란성 쌍둥이 형을 두고 있는 남성 동성애자다. 이 프로그램보다 3년 앞선 1983년, ABC 방송국의 시사 프로그램 〈20/20〉도 이 남성을 다룬 적이 있다. 이 프로그램들의 메시지는 분명하다. 동성애자인 동생은 에이즈에 걸렸고, 이성애자인 형은 건강하게 살고 있다. 두 프로그램은 시청자들에게 자신들의 도덕주의적인 교훈을 전달하기 위해 이 동성애자의 얼굴을 지우지 않았다.[8]

---

8. 두 프로그램이 이 쌍둥이 형제를 내보낸 표면적인 이유는 HIV 감염인 동생이 골수이식을 통한 실험적인 HIV 치료의 대상인데, 이 실험에는 쌍둥이 형제가 필요하기 때문이다. 하지만 HIV에 감염되지 않은 쌍둥이 형이 이성애자임을 줄곧 강조하고 있음을 보면 실제 이유는 둘을 비교하기 위함임을 쉽게 알 수 있다.

이 프로그램들의 사악한 의도는 너무나 명백해서 여기서 굳이 장황하게 다루지는 않지만, 두 가지 지점만은 지적하고 넘어가야겠다. 첫째, 이런 프로그램들은 감염인들이 아무 희망도 없는 존재라는 관념을 강화한다. 이를테면 〈식스티 미니츠〉 에이즈 특집은 에이즈 환자가 조금이라도 희망 섞인 이야기를 하는 장면 뒤에는 예외 없이 그의 사망을 알리는 장면을 보여준다. "그는 이 말을 한 뒤 6주 후 사망했습니다." 이 프로그램의 결말은 전형적이다. 진행자 댄 래더가 말한다. "보신 것처럼 HIV 감염인들은 승리는 기대하지도 못한 채, 예정되어 있는 패배만을 기다리고 있습니다. 마지막으로 오늘 보신 감염인들이 지금 어떤 상태인지 알려드리며 프로그램을 마치겠습니다." 프로그램에 등장한 감염인 몇 명의 근황이 간략하게 소개된 다음의 마지막 장면. 프로그램에 등장한 환자 한 명인 빌이 침대에 누워 있고, 곁에는 가톨릭 사제가 서 있다. 카포시 육종으로 뒤덮인 환자의 얼굴에 신부가 손을 얹고 임종 기도를 한다. 진행자 댄 래더의 목소리가 끼어든다. "빌은 지난 일요일 사망했습니다." 곧바로 이어지는 신부의 목소리. "아멘." 프로그램은 그렇게 끝난다.

둘째, 이런 프로그램은 HIV 감염인의 사적인 삶은 심각한 수준으로 침해하면서도, 에이즈 위기에 대한 국가의 공적 책임에 대해서는 무서울 정도로 침묵한다. 이 프로그램은 보호해야 할 감염인의 프라이버시와 개인적 생각과 감정을 모조리 폭로해 시청자의 구경거리로 전락시킨다. 하지만 애초 에이즈를 위기로 만든 국가와 사회의 공적 책임에 대해서는 한마디도 언급하지 않는다. 감염인들을 그저 개인적인 비극의 주인공으로 그릴 뿐이다. 국가는 에이즈는 동성애자들만 걸리는 병이라며 에이즈 연구와 치료제 개발에 힘을 쏟지 않았고, 에이즈 예방 교육도 실시하지 않았다. 사보험에 의존하는 미국 공중보건 체계는 엉망이다. 그럼에도 〈식스티 미니츠〉는 에이즈 위기가 이와 같은 국가의 방치로 크게 확대되었다는 것에 대해서는 함구한다. 심지어 한 학교가 HIV에 감염된 학생을 퇴학시킨 경우를 소개할 때조차 이를 사회적 문제가 아닌 일부 편견 어린 개인들의 문제로 축소한다. 에이즈에 대한 공포와 편견이 점점 더 공고해지는 것은 주류 언론이 에이즈 문제를 이런 식으로 보여주기 때문이다. 물론 〈식스티 미니츠〉는 이런 언론의 문제에 대해서 다루지 않았다.

언론과 미디어가 감염인의 얼굴을 지우는 것도 문제지만, 반대로 감염인에게 얼굴을 부여하는 방식도 문제다. 언론과 미디어는 HIV가 발견된 그 순간부터 감염인들에게 부정적인 얼굴을 부여해왔다. 큐레이터 소콜롭스키는 로절린드 솔로몬이 그 문제를 극복했다고 주장한다.

그동안 HIV 감염인의 모습이 제대로 다루어지는 경우는 거의 없었다. 다루어진다고 해도 그들을 에이즈와 함께 사는 이들이 아닌 피해자로만 보는 선정적인 언론에서 다루어질 뿐이었다. 하지만 로절린드 솔로몬은 감염인을 다르게 대한다. 솔로몬은 감염인을 에이즈에 대한 어떤 추상적인 이미지가 아니라, 에이즈와 함께 살아가고 있는 구체적인 인물들로 사진에 담는다. 솔로몬의 사진은 감염인들이 처한 삶의 조건을 상징한다. 그는 자신이 지난 10개월 동안 만난 75명의 구체적인 삶을 사진에 담는다. 솔로몬은 말한다. "나는 내가 만난 감염인들의 모습을 닥치는 대로 찍었다. 그들이 내게 들려준 그들의 삶을 모두 사진에 담고자 노력했다." 이와 같은 노력의 결과로 탄생한 75장의 사진은 우리에게 에이즈의 진정한 얼굴을 보여준다."[9]

소콜롭스키의 진술은 모순적이다. 그는 솔로몬이 감염인을 추상적인 이미지로 환원하지 않는다고 쓴다. 하지만 바로 이어지는 문장에서는 솔로몬의 사진이 HIV 감염인들이 처한 삶의 조건을 상징한다고 쓴다. 감염인이 처한 삶의 조건은 추상적인 관념이 아니란 말인가? 더 큰 문제는 그다음이다. 소콜롭스키는 중세미술의 형식을 꼼꼼히 검토하는 미술사가의 태도로 솔로몬의 사진을 분석한다. 한 사진을 설명하면서는 관객들에게 사진 속 환자의 얼굴에 난 카포시 육종의 패턴을 18세기 화가 앙투안 바토가 그린 〈피에로 질〉의 단추 패턴과 비교해보라고 주문한다. 또 다른 사진을 분석하면서는 쩨찍질당하며 고난을 겪는 예수를 그린 도상을 일컫는 '이마고 피에타니스'와 같은 미술 용어를 동원한다. 그는 솔로몬의 사진들을 '오스텐타티오 불네리스', '메멘토 모리', '이마고 클리페아타'와 같은 온갖 중세의 도상들을 이용해 설명하고, 벨라스케스나 고야의 그림과 비교한다.[10]

---

9. Sokolowski, preface to *Rosalind Solomon: Portraits in the Time of AIDS*.
10. Sokolowski, "Looking in a Mirror," in *Rosalind Solomon: Portraits in the Time of AIDS*.

우리는 에이즈 사진을 보면서 그 사진들을 미술사 속의 역사적 사진들과 비교하고 평가할 마음이 없다. 사진의 형식미나 구도를 따지고 싶지도 않다. 소콜롭스키의 주장과 반대로, 우리는 솔로몬이 지금까지 언론이 한 것과 정확히 똑같은 방식으로 감염인을 다루었다고 생각한다. 1989년 3월 18일 에이즈로 사망한 뉴욕 뉴 뮤지엄의 큐레이터 윌리엄 올랜더 역시 그 점을 지적한다.

솔로몬의 사진 속 HIV 감염인은 대부분 병원이나 집에 혼자 누워 있는 모습이다. 열 장 중 아홉 장 이상이 남성 동성애자의 사진인데, 그들이 게이 연인이나 게이 친구와 함께 있는 사진은 거의 찾기 어렵다. 솔로몬은 감염인 한 명 한 명의 고유한 모습을 보여주고자 했다고 말한다. 하지만 솔로몬의 사진에서 그들 각자의 개성을 찾기란 불가능하다. 솔로몬의 사진 속에서 그들은 그저 심각하게 병든 사람들일 뿐이다. 솔로몬은 에이즈로 몸이 심각하게 망가진 이들만 찍었다. 에이즈의 가장 가시적인 상징이라고 할 수 있는 카포시 육종이 선명하게 보이는 사진이 절반 이상이다. 솔로몬은 일터에서 열심히 일하고 있는 감염인의 모습은 한 장도 찍지 않았다. 병상 이외의 장소에서 활동하고 있는 감염인의 모습은 찍지 않았다. 솔로몬은 그들을 고유한 존재로서가 아니라 에이즈의 한 사례로서만 다룬다. 솔로몬이 그들에게 부여한 유일한 정체성은 '에이즈 피해자'다.[11]

11. William Olander, "I Undertook This Project as a Personal Exploration of the Human Components of an Alarming Situation,' 3 Vignettes (2)," *New Observations*

하지만 언론이 HIV 감염인에게 얼굴과 함께 정체성을 부여하고자 할 때, 그것은 많은 경우 또 다른 위험한 문제가 된다. 1986년 PBS 방송국은 탐사보도 프로그램 〈프런트라인〉에서 에이즈 특집 〈에이즈: 국가적 탐문〉을 방영했다. 나는 이 프로그램이 지금까지 텔레비전에서 방영된 프로그램 중 감염인을 가장 악의적인 방식으로 다루었다고 생각한다. 프로그램은 "본 에피소드는 성적인 내용을 자세히 다루고 있으므로 미리 양해를 구합니다"라고 경고하면서 시작한다. 이 에피소드는 묘하게 자기반영적이다. 이들은 자신들이 감염인을 어떻게 다루고 있는지를 그대로 드러낸다. 제작진은 자신들이 방송에 내보내기에 좋은 에이즈 이야기를 찾아 전국을 헤매고 돌아다녔다고 스스로 밝힌다. "저희 제작진이 방송 소재를 찾아 휴스턴에 처음 왔을 때만 해도, 저희는 곧 소개할 페이비언 브리지스라는 인물을 전혀 모르고 있었습니다. 그때까지만 해도 브리지스는 저희가 모르는 수많은 얼굴 없는 에이즈 피해자 중 한 명에 불과했습니다." 페이비언 브리지스는 일정한 주거가 없이 이곳저곳을 돌아다니는 흑인 HIV 감염인이다. 이 프로그램을 끝까지 보고 나면 우리는 〈프런트라인〉 제작진이 브리지스를 찾지 못했더라면 브리지스가 더 나은 삶을 살 수 있었을 것이라는 생각을 하지 않을 수 없다. 이 프로그램은 그렇지 않아도 경찰, 병원, 언론 등 이 사회의 모든 기관과 제도에 의해 모욕당하고 차별당하는 삶을 살고 있던 브

---

61 (October 1988), p. 5. 이 글에서 올랜더는 솔로몬이 "나는 나의 사진 프로젝트를 에이즈 위기에도 인간적인 요소가 있음을 탐구하는 개인적인 기회로 삼고자 한다"라고 말한 것을 비판한다.

리지스의 삶을 더욱 비참하게 만들었다. 브리지스의 이야기는 다음과 같다. 브리지스는 휴스턴의 한 공공병원에서 에이즈 진단을 받는다. 하지만 병원은 브리지스를 강제로 퇴원시킨다. 그는 인디애나폴리스에 사는 누나를 찾아가 도움을 청하지만, 누나와 매형은 자신들의 어린 자녀를 핑계로 브리지스를 거부한다. "우리 애는 아직 에이즈나 동성연애가 뭔지도 몰라. 생각해보렴. 우리 천사 같은 애가 너와 함께 있다가 그런 거라도 알게 되면 큰일이지 않겠어?" 브리지스는 자전거를 훔치다가 경찰에 붙잡힌다. 경찰은 그를 에이즈를 옮기는 더러운 존재로 취급하며 학대하고 모욕한다. 경찰에서 풀려난 브리지스는 이번에는 겨우 얻은 편도표 한 장을 가지고 어머니가 사는 클리블랜드로 향한다. 〈프런트라인〉 제작진이 지역 일간지에 난 브리지스의 뉴스를 보고, 그를 취잿거리로 삼기로 한 것은 바로 이 시점이다. "저희 제작진은 페이비언 브리지스 씨의 이야기를 추적하고자 합니다. 앞으로 보실 이야기는 브리지스의 삶을 통해 본 에이즈 피해자들이 경험하는 소외와 차별의 이야기입니다." 제작진은 이 소외와 차별을 멈추려 하기는커녕 그것을 강화하는 데 기쁘게 가담한다.

제작진은 클리블랜드의 허름한 모텔에서 브리지스를 찾아낸다. "며칠을 따라다니며 설득한 끝에 브리지스 씨로부터 그의 이야기를 방송에 내보내도 된다는 허락을 받았습니다." 제작진은 바로 다음 장면에서 브리지스가 어머니에게 전화로 도움을 요청했다가 냉정하게 거절당하는 장면을 의도적으로 보여준다. "브리지스 씨는 가진 돈이 전혀 없다고 했습니다. 저희 제작진은 브리지스 씨를 위해 밥을 사주거나 세탁비를 주었습니다. 그가 작은 휴대용 라디오가 갖고 싶다고 해서 라디오를 사주기도 했습니다." "브리지스 씨는 섹스숍이나 성인용 극장에서 남자들을 상대하며 생계를 유지하고 있습니다." 제작진은 브리지스의 프라이버시를 보호하지 않고, 브리지스가 말하는 내용을 여과 없이 내보낸다. "그 손님이랑 하면서 사정할 때쯤 빼려고 했는데, 그만 실수로 그 남자 몸 속에 사정하고 말았어요." 브리지스의 프라이버시를 심각하게 침해하는 문제적인 장면이다. "브리지스 씨의 이야기를 듣고, 저희 제작진은 고심하지 않을 수 없었습니다. 브리지스 씨가 다른 이들에게 HIV를 감염시킬 수 있는 상황에서 그를 관계당국에 신고해야 할지 말아야 할지를 놓고 심각한 논의를 나누었습니다. 저희는 그를 신고하는 쪽으로 결정했습니다."

〈프런트라인〉은 이 지점부터 HIV 감염인의 인권 때문에 공공의 안전이 심각하게 위협받고 있다는 논리를 늘어놓는다.[12] 보건당국과 경찰이 인권이라는 골치 아픈 걸림돌에 가로막혀 브리지스를 격리하지 못하고 있다는 것이다. 클리블린드 시의원 한 명은 인터뷰에서 이렇게 말한다. "HIV 감염인들은 모두 격리해야 합니다. 어떤 사

---

12. 언론은 "에이즈 보균자"가 여러 사람에게 위협을 가한다는 이야기를 좋아한다. 동성애자 기자 랜디 실츠가 『그래도 밴드는 계속 연주한다』(1987)에서 주장한 "페이션트 제로" 서사가 대표적인 예다. 이와 관련해서는 3장 「감염병의 시대에 우리의 문란한 사랑을 계속하는 법」을 참조하라. HIV 감염인에 대한 언론의 관점은 지금도 크게 바뀌지 않았다. 1990년 샌프란시스코에서 열린 국제에이즈대회에서 한 기자는 필리핀에서 복무하던 한 미군 동성애자가 40명의 성노동자에게 고의로 HIV를 감염시켰다고 주장하며, 그 근거로 그가 과거 우간다와 미국 샌프란시스코에서 게이 사우나에 자주 출입했었다는 사실을 들었다.

람이 길거리에서 사람들을 향해 총을 난사하고 다닌다고 생각해보세요." 브리지스는 자신의 장례비로 써야 한다며 어머니가 빼앗아 간 자신의 장애 연금을 찾아 휴스턴으로 도망친다.

이때부터 주요 언론들도 브리지스의 이야기를 다루기 시작한다. 《타임》은 "비참한 방랑자 페이비언 브리지스"라는 기사를 내보내고, 휴스턴 지역 뉴스들 역시 브리지스에 대한 선정적인 이야기를 다룬다. 〈프런트라인〉 제작진은 휴스턴에서 여전히 거처도 없이 남자들을 상대하며 하루하루를 버티고 있는 브리지스를 다시 찾아낸다. "저희 제작진은 브리지스가 숙소에 머물 수 있도록 사흘치 숙박비 45달러를 주었습니다. 그 대신 콘돔 없이 섹스를 하지 않고, 게이 사우나에도 가지 않겠다는 약속을 받아냈습니다." 하지만 45달러로 브리지스가 무엇을 할 수 있겠는가. 브리지스는 생계를 유지하기 위해 계속 남자들을 상대한다. 경찰은 휴스턴 보건당국의 요청에 따라 브리지스를 체포하기로 결정한다. 함정수사를 벌여 브리지스를 체포할 계획이었지만, 경찰관들은 HIV에 감염될 것을 두려워해 선뜻 나서지 않았다.

복잡한 사정 끝에 브리지스는 휴스턴 게이 커뮤니티와 휴스턴 에이즈 재단의 지원을 받게 된다. 보건당국과 경찰은 실망한다. 실망한 것은 〈프런트라인〉도 마찬가지다. "휴스턴 동성애자 공동체가 브리지스 씨를 보호하고 있어, 안타깝게도 더 이상 그를 취재하지 못하게 되었습니다." 하지만 결국 〈프런트라인〉은 자신들이 원했던 방식으로 에피소드를 마무리할 수 있게 된다. "브리지스 씨에게 결국 일어날 일이 일어났다는 소식을 들었습니다. 브리지스 씨는 휴스턴

에이즈 재단이 제공한 쉼터에 들어간 지 일주일 만에 병원으로 옮겨졌습니다. 그리고 한 달만인 1985년 11월 17일 사망했습니다. 브리지스 씨의 장례는 유족이 장례비를 내지 못해 빈민을 위한 공영 장례로 치러졌습니다. 브리지스 씨는 공영묘지에 안장되었습니다."

〈프런트라인〉의 진행자는 말한다. "이 에피소드는 에이즈에 걸린 다음에도 계속 수많은 남성과 성관계를 맺은 한 남성 동성애자에 관한 이야기입니다. 지금 샌프란시스코를 비롯한 몇몇 도시에서는 동성애자 단체들이 이 에피소드의 내용에 항의하며 시위를 벌이고 있습니다." 진행자는 동성애자 단체들의 구체적인 주장이 무엇인지 말하지 않았다. 나는 동성애자 단체들이 다음과 같은 이유로 시위를 벌이지 않았을까 생각한다. 첫째, 이 프로그램은 HIV 감염인들은 다른 이들에게 의도적으로 HIV를 퍼뜨릴 수 있는 무책임한 이들이라는 편견, 또 이들을 격리하지 않을 경우 이 사회의 안전이 위협당한다는 위험한 편견을 전달한다. 둘째, 이 프로그램은 흑인 노동자계급에 대한 사회적 편견에 기반하고 있으며, 시청률을 위해 브리지스와 그의 가족의 사생활을 철저히 착취하고 있다. 셋째, 이 프로그램은 에이즈에 대한 잘못된 정보를 대량으로 전달하고 있다. 마지막으로 넷째, 이 프로그램은 감염인의 이야기로 방송 분량을 만드는 데만 급급할 뿐, 감염인의 육체적, 정신적 건강은 철저히 무시한다. 그들은 브리지스를 에이즈 단체에 연결해주어야 했는데도, 그러는 대신 몇 끼 밥값에 불과한 돈으로 그를 방송에 나오게 유혹한 다음, 이용 가치가 다하자 그와의 신뢰 관계를 깨고는 경찰과 보건당국에 신고했다. 프로그램이 끝날 때쯤 나오는 한 장면은 우리에게 많은 것을 생각하게 한다. 클리블랜드의 한 모텔 방. 브리지스가 무감각한 목소리로 말한다. "제가 사람들에게 괜찮은 사람으로 기억될 수 있도록 도와주세요. 저도 사람들에게 좋은 사람으로 기억되고 싶어요. 죽어서 그냥 잊혀지는 것은 무서워요. 그렇게 되고 싶지 않아요."

우리는 이 장면에서 〈프런트라인〉 제작진과 페이비언 브리지스가 맺은 파우스트의 계약이 무엇이었는지 짐작할 수 있다. 〈프런트라인〉은 소외와 차별에 고통받고 있는 브리지스에게 방송에 나가면 그 고통을 극복할 수 있을 것이라고, 더는 외롭지 않을 것이라고 가짜 약속을 한 것이다. 외롭고, 아프고, 겁에 질린 한 감염인 청년에게 방송에 나가기만 하면 더는 혼자가 아니게 될 것이라고 속인 것이다.

이것이 〈프런트라인〉 제작진과 브리지스가 맺은 계약이다. 그렇다면 니컬러스 닉슨과 로절린드 솔로몬은 자신이 찍은 감염인들을 어떤 계약 조건으로 유혹했을까? 소콜롭스키는 솔로몬이 대상들에게 한 명 한 명 동의를 받았다는 점을 높이 평가한다.[13] 닉슨 전시의 기획자 피터 갈라시 역시 닉슨에 대해 비슷한 평가를 한다. "닉슨 작가님은 지금까지 줄곧 사진 작업 한길만을 걸어오셨습니다. 닉슨 작가님의 작업에서 주목할 점은 작가님이 지난 15년 동안 삼각대와 8×10인치의 필름을 사용하는 대형 카메라로만 작업해왔다는 점입니다."[14] 갈라시가 커다란 카메라의 규모를 언급하며 강조하고 있는 것은 닉슨이 대상을 마음대로 찍는 작가가 아니라, 자신이 찍는 이

---

13. Sokolowski, preface to *Rosalind Solomon: Portraits in the Time of AIDS*.
14. 1988년 10월 11일 뉴욕 현대미술관에서 한 닉슨과의 대담.

들과의 신뢰 관계를 통해 작업하는 작가라는 점이다.《보스턴 글로브》에 실린 기사 역시 비슷한 주장을 한다. "사람들이 닉슨을 신뢰하는 이유는 닉슨이 사진을 찍는 동기에 대해 스스로 당당하기 때문이다."[15] 닉슨 본인 역시 뉴욕 현대미술관 강의에서 이렇게 밝혔다. "저는 사람들에게 카메라를 들이대는 제 작업이 얼마나 잔인한지 잘 압니다. 하지만 저는 제가 이 일을 왜 하는지에 대해 확신을 가지고 있기 때문에 당당합니다."

닉슨과 솔로몬의 전시를 보았을 때, 나는 너무나도 큰 당혹감을 느꼈다. 이런 사진 작업에 대한 비판은 이미 오래전부터 이루어져 왔다. 앨런 세큘러는 「모더니즘을 해체하기, 다큐멘터리 사진을 재발명하기: 재현의 정치에 대한 수고」(1976)라는 중요한 비평에서 이렇게 지적했다. "사진에서 작가가 대상의 인간적인 면을 물신적으로 숭배하고 있다면, 그것은 작가가 대상의 '평범성'을 경멸하고 있다는 증거다. 사진에 찍히는 대상은 '타자', 이국적인 존재, 경멸의 대상이 된다. 이 과정에는 유혹, 강요, 협력, 기만과 같은 협상 과정이 개입하지만, 사진을 찍는 작가와 사진에 찍히는 대상 사이의 관계는 가장 친밀하고도 인간적인 관계로 신비화된다. 그 과정에서 있었던 '협상'은 은폐된다."[16] 나는 이런 비평이 지난 십여 년 동안 잘 받아들여졌다고 믿고 있었다. 그런데 아직도 닉슨과 솔로몬 유의 사진

15. Neil Miller, "The Compassionate Eye," *Boston Globe Magazine*, January 29, 1989, p. 36.

16. Allan Sekula, "Dismantling Modernism, Reinventing Documentary (Notes on the Politics of Representation)," in *Photography against the Grain* (Halifax: Press of the Nova Scotia College of Art and Design, 1984), p. 59.

이 이렇게 높은 평가를 받고 있다는 사실에 나는 놀라지 않을 수 없다.

닉슨은 자신이 찍은 이들과의 협상 과정에서 느낀 경멸감을 뉴욕 현대미술관 강의에서 이렇게 표현한다. "이 사진 속 환자와는 1987년 6월에 처음 작업을 시작했어요. 그는 작업에 큰 거부감을 가지고 있었어요. 말로는 작업에 참여해서 기쁘다고 했지만, 그가 하는 행동을 보면 전혀 내켜하지 않는다는 것을 쉽게 알 수 있었죠. 결국 세 번 정도 촬영한 다음 그와의 작업을 멈췄어요. 별로 원하는 것 같지 않으니 저와 진짜로 함께하고 싶은 마음이 생기면 다시 연락 달라고 했죠. 몇 개월 뒤 연락이 오더군요. 마음의 준비가 되었다고 했어요. 연락을 받고 그분과 다시 작업을 시작했습니다. 결과적으로 처음보다 훨씬 좋은 사진이 나왔어요. 사진만 봐도 그분이 사진 작업에 참여하고자 하는 것이 보이잖아요. 그분은 하반신이 마비된 환자였어요. 아마 그래서 처음에 마음을 열지 못했던 것 같아요."

사진에 찍힌 이가 작업에 거부감을 느끼고 있었다는 것이 구체적으로 무슨 의미냐는 질문을 받고 닉슨은 이렇게 답한다. "그는 처음에는 사진 작업 자체에 관심이 없었습니다. 제게는 큰 문제였죠. 그는 이렇게 생각하고 있는 것 같았어요. 당신의 작업에 참여해보고 싶기는 하지만, 나는 그 과정이 싫다, 그렇게 커다란 카메라가 날 찍는 것도 싫다, 당신이 내게 불쑥 가까이 들어와 찍는 것도 싫다, 당신에게 협조하는 것도 싫다, 당신이 내가 아픈 사람이라는 사실을 계속 상기시키는 것도 싫다고요. 그렇게 마지못한 태도로 작업에 참여하는 거예요. 제가 그분을 찍으려면 매일 차로 45분이나 운전해서 가야 하는 상황이었어요. 내켜하지도 않은 사람을 위해 그렇게까지 하고 싶지 않았어요. 저도 그렇게 한가하지는 않거든요."

앨런 세큘러가 비판한 것처럼, 닉슨은 자신과 대상의 관계를 친밀하고도 인간적인 관계로 신비화한다. 그렇다면 우리는 나와 재현의 대상과의 관계를 어떤 식으로 다르게 구축할 수 있을까?

언론과 예술사진이 감염인을 재현하는 방식이 많은 경우 모욕적이고, 남성 동성애자, 약물 사용자, 유색인, 가난한 이들에 대한 편견에 기반한다는 데 우리는 대체로 동의할 것이다. 감염인 재현이 감염인에 대한 편견과 정형화된 이미지를 새롭게 만들기도 하지만, 반대로 감염인 재현이 기존의 편견과 정형화된 이미지 위에서 만들어지는 경우도 많다. 〈프런트라인〉은 브리지스의 이야기를 한 시간 동안 보여준 후, 이어 이와 관련한 한 시간짜리 토론을 방영했는데, 이때 일부 패널도 브리지스의 이미지가 감염인 전체에 대한 정형화된 이미지로 굳어질 것을 우려했다. 많은 동성애자의 반응도 크게 다르지 않을 것이다. '저것은 사실이 아니야', '우리가 저렇진 않잖아', '나는 그렇게 행동하지 않아' 등등. 하지만 그렇다면 우리는 어떤 모습으로 보여야 하는 것일까? 동성애자나 감염인이 어떻게 재현되어야 우리는 불편하지 않게 받아들일 수 있을까? 어떤 모습이 우리를 대표할 수 있는 모습일까? 또 그렇게 재현되어야 할 이유는 무엇일까? 우리는 많은 경우 동성애자 또는 감염인이 부정적인 이미지로 그려지는 것에 반대한다. 이를테면 브리지스의 이미지가 동성애자나 감염인의 이미지로 여겨질까 봐 걱정한다. 하지만 여기에는 한 가지 문제가 있다. 우리가 우리 자신을 브리지스와 같은 이들의 이미지와 거리를 두는 것은, 브리지스와 같은 이들은 우리와 다른 타자라고 암묵적으로 동의하는 것과 다르지 않다. 우리가 해야 할 일은 그런 것이 아니다. 우리가 가장 긴급하게 해야 할 일은 브리지스를 지지하는 일이다. 브리지스가 우리 중 한 명이라고 말하는 것이다. 성노동을 하는 동성애자 감염인을 보여주는 것이 공정하지 않다고 말하는 것은 성노동자에 대한 언론의 정해진 논리에 동의하는 것이다. 성노동이 경제적 조건을 포함해 자율성을 제한하는 여러 조건 때문에 하게 되는 선택이 아니라, 도덕적 타락이라고 주장하는 언론의 논리에 무비판적으로 동의하는 것이다. 또 다른 경우를 생각해보자. 우리는 니컬러스 닉슨의 사진이 진실과 다르다고 항상 자신 있게 주장할 수 있는가? 에이즈로 고통받는 이들 중에 실제로 질병으로 육체가 망가지고, 아무런 도움도 받지 못한 채 죽음을 기다리는 이들이 없다고 주장할 수 있는가? 그런 이들은 존재한다. 물론 닉슨의 재현이 에이즈와의 싸움에 아무 도움도 되지 않는 것은 분명한 사실이다. 이런 식의 재현이 성취할 수 있는 최대치는 고작 감염인에 대한 동정심을 이끌어내는 정도인데, 동정심은 연대가 아니기 때문이다. 액트업이 니컬러스 닉슨의 사진전에 항의해 시위를 벌였던 것처럼, 감염인에 대해 대항적인 이미지를 만들어나가는 일은 분명 중요한 일이다. 하지만 그것이 전부가 아니다. 우리에게 더 중요한 것은 감염인에 대한 이미지가 언제나 '구성된 재현'이라는 것을 인식하는 일이다. 우리가 특정 이미지에 대해 행동주의적으로 어떤 요구를 할 때는, 그 이미지가 얼마나 진실에 가까운지, 얼마나 사실관계에 부합하는지를 따져 묻는 데만 매몰되어서는 안 된다. 우리는 그런 이미지를 특정한 방식으로 구성한 조건들 그리고 그 이미지가 생산하는 사회적 효과에 주목해야 한다.

　나는 그런 작품의 하나로 스타슈 키바르타스의 다큐멘터리 〈대니〉(1987)를 소개하고자 한다.[17] 〈대니〉는 HIV 감염인에 대한 부정적인 이미지를 지우고자 애써 긍정적인 이미지를 보여주려 하는 작품이 아니다. 이 작품은 나쁜 감염인 대신 좋은 감염인을, 아픈 감염인 대신 건강한 감염인을, 수동적인 감염인 대신 능동적인 감염인을, 평범한 감염인 대신 특별한 감염인으로 보여주지 않는다. 내가 이 작품을 흥미롭게 여기는 이유는 이 작품이 대항 재현을 새롭게 창조하는 대신 오히려 남성 동성애자의 성적인 측면을 강조하는 기존 스테레오타입 하나를 개의치 않고 사용한다는 데 있다. 그 스테레오타입은 노동자계급의 이상화된 남성성을 체현하는 스타일을 하고 다니는 남성 동성애자의 하위 문화, 바로 '클론clone'이다.

　〈대니〉는 미디어가 감염인을 재현하는 방식을 비평하는 것을 목표로 만들어진 작품이 아님에도, 감염인에 대한 관습적 재현을 그 어떤 작품보다도 강력한 방식으로 비판한다. 〈대니〉가 감염인에 대한 관습적인 전형을 피하지 않으면서도 그 관습적 전형에 강력한 비판을 가할 수 있는 이유는 이 작품이 감염인 상당수가 속해 있는 남성 동성애자 커뮤니티의 재현을 재의미화하기 때문이다. 〈대니〉에는 이를 성취할 수 있게 하는 중요한 차이가 있다. 카메라를 든 키

17.　〈대니(Danny)〉(1987)는 비디오데이터뱅크(Video Data Bank, VDB.org)에서 대여, 감상할 수 있다.

바르타스가 카메라 저편에 있는 대니와 관계를 구축하는 매개는 단순한 공감이나 동일시가 아니다. 그것은 바로 대니에 대한 성적 욕망이다. 이를 이해할 때, 우리는 키바르타스가 대니와 함께 이 다큐멘터리를 찍는 기획에 마음을 다하고, 대니의 게이 정체성 그리고 대니가 어렵게 성적 자유를 얻는 과정을 축하하는 이유도 이해할 수 있다.

〈대니〉는 감염인에 대한 관습적 재현을 따르는 것처럼 보이지만 많은 부분 그 의미를 재발명하거나 전복한다. 감염인을 다루는 텔레비전 다큐멘터리는 거의 예외 없이 주인공이 작품을 찍은 후 사망했다는 사실을 알리는 자막을 내보내면서 끝난다. 이와 대조적으로 이 작품은 대니가 에이즈로 사망했다는 자막으로 시작한다. 대니의 죽음을 알려주는 장면은 작품 끝에서 다시 나오지만, 이때 관객은 이 부분을 단순히 이 작품을 찍은 이후 대니가 어떻게 되었는지에 대한 정보를 주는 장면으로 받아들이지 않을 수 있게 된다. 실제로 관객은 작품 내내 키바르타스가 마치 대니가 옆에 있는 것처럼 계속해서 대니의 이름을 부르며 대니와 함께했던 순간들을 내레이션하는 것을 들으며, 이 작품이 키바르타스가 에이즈 운동의 동지로서 만난 동료이자 친구였던 대니의 죽음을 애도하고, 그 상실을 극복하는 작업이라는 것을 느낀다. 대니를 찍은 영상을 사용하는 방식도 특별하다. 키바르타스가 대니를 알게 되었을 때는 대니가 이미 HIV에 감염된 이후였다. 키바르타스는 대니를 알고 지낸 얼마 안 되는 기간 동안 찍은 대니의 영상을 그대로 사용하지 않고 움직이지 않는 스틸 이미지들로 편집한다. 그러고는 그 스틸 이미지들을, 대니가 가지고 있던 사진들, 즉 대니가 에이즈에 걸리기 전 마이애미에서 건강하게 지내던 시절 찍은 사진들과 차이를 두지 않고 똑같이 사용한다. 키바르타스가 자신의 친구 대니를 돌이켜 생각하는 방식이다.

영화는 대니의 목소리로 시작한다. 대니가 말한다. "아버지는 나를 '우리 아들'이라고 부른 적이 없어. 항상 '이 새끼', '저 새끼'라고 불렀지." 대니가 아버지와 어떤 관계였는지는 이후 대니와 키바르타스의 대화 속에서 분명해진다. 영화 중반, 대니는 키바르타스에게 카포시 육종이 심해져 화학 치료를 받기 위해 시골의 부모 집으로 들어가야 했던 때를 이야기한다. 어머니에게 자신의 상황을 이야기하기도 쉽지는 않았지만, 다행히 어머니가 잘 받아주었다고 말한다. 키바르타스가 묻는다. "아버지에게는 말 안 했어?" 대니가 답한다. "차마 말 못 하겠어. 아들이 게이라는 사실만으로도 놀랄 일인데, 에이즈에 걸렸다는 걸 어떻게 말해. 들키지 않으려고 엄청 신경 쓰면서 지내. 어머니도 마찬가지야. 텔레비전에서 에이즈 비슷한 것만 나와도 채널을 돌려버리셔. 아버지가 못 보시게 하려는 거지."

아들이 심각한 병으로 집에 들어와 누워 있지만, 아버지는 그게 어떤 병인지 궁금해하지도 않고 묻지도 않았다는 대목에서 우리는 대니와 아버지의 관계를 짐작할 수 있다. 이 다큐멘터리에서 나오는 키바르타스와 대니의 마지막 대화는 이렇다. "이번 주에 공영묘지에 연락해서 물어볼 게 있었는데 깜빡했어. 내가 거기에 들어갈 자격이 되는지 확인했어야 했거든. 거기서 나를 에이즈라고 안 받아줄지도 모르잖아. 그럼 아버지가 내가 에이즈 때문에 죽었다는 것을 알게 될 거고. 그런 최악의 상황은 원하지 않아. 내가 에이즈에 걸렸다는 것을 아버지가 끝까지 몰랐으면 좋겠어." "네가 지금 그런 일을 왜 생각하는데?" "아버지에게 상처 주고 싶지 않아." "지금 그게 중요해?" "아버지가 싫은 것은 사실이야. 하지만 아버지에게 상처 주고 싶지도 않아." "야, 대체 왜?" 키바르타스의 책망하는 듯한 목소리와 함께 둘의 대화는 끝난다.

많은 동성애자가 대니처럼 가족과 심각한 문제를 겪는다. 하지만 감염인을 다루는 지배적인 재현은 이런 문제를 외면한다. 오히려 지배적인 재현은 혈연가족을, 게이들이 아무에게도 보살핌을 받지 못하게 된 순간 마지막으로 기댈 수 있는 곳으로, 아무도 받아주지 않는 게이들을 무조건 따뜻하게 품어줄 수 있는 유일한 곳으로 미화한다. 이런 재현은 대도시 게이 커뮤니티를 타락의 공간, 게이들을 돌보지 않는 매정한 공간으로 악마화하는 반면, 집을 이른바 작은 마을의 가치를 간직한 안락한 공간, 정상성의 공간으로 그린다. 키바르타스는 이 도식을 뒤집는다. 키바르타스는 대니의 고향 마을, 피츠버그 근처의 작은 철강 마을을 "서서히 죽어가는" 숨 막히는 곳으로 묘사하는 반면, 대도시 게이 커뮤니티는 자유와 해방을 선사하는 곳으로 부른다.

키바르타스는 생물학적 가족과 게이 커뮤니티에 대한 기존의 재현 방식을 뒤집음으로써, 남성 동성애자가 어디에서 성적인 존재가 될 수 있고, 어디에서는 그럴 수 없는지를 보여준다. 대니의 아버지는 아들이 게이라는 것도, 에이즈로 죽어간다는 것도 끝까지 알아차리지 못한다. 또는 알아차리기를 거부한다. 대니가 에이즈에 걸렸다고 받아들이기 위해서는 자기 아들이 남성에게 이끌리는 성적 존재라는 것을 받아들여야 하기 때문이다. 키바르타스는 대니가 성적 존재라는 것을 숨기지 않는다. "대니야, 나는 실은 네가 집에 내려가지 말고 우리랑 지내길 바랐어. 그랬으면 우리가 너를 잘 돌봐줄 수 있었을 텐데. 가끔은 피츠버그에 있는 게이 바에 가서 놀기도 하고, 게이 클럽에 가서 근육질 남자들이 나오는 고고보이 공연도 즐기고 말이지."

　HIV에 감염되기 전 대도시 게이 커뮤니티에서 쾌락적인 삶을 만끽하던 대니의 이미지는 또 다른 미묘한 비틀기로 그 의미의 결이 다양해진다. 많은 방송 프로그램이나 다큐멘터리는 감염인을 보여줄 때 의학적 이미지, 이를테면 간호사가 감염인에게 주사를 놓는 장면, 심각한 표정의 의사가 감염인을 살피는 장면, 과학자가 실험실에서 실험 도구들을 만지는 불길한 느낌의 장면 등을 동원한다. 〈대니〉에서도 의학적 이미지가 등장한다. 의료기사인 대니가 병원에서 환자에게 경동맥 혈관 조영술을 실시하는 장면이다. 이때 대니는 일반적인 에이즈 재현에서와 달리 검사의 대상이 아니라 검사의 주체로 등장한다. 그렇다고 대니를 전문직업을 가진 모범적인 게이로 미화하는 것도 아니다. 이 장면이 지나면, 대니가 과거 정맥주사 약물을 사용했던 경험을 회고하는 목소리가 들린다. 대니는 1981년 무렵 여러 사람과 주사기 바늘을 돌려쓰며 코카인을 맞곤 했다고 말한다. 그때는 주사기 바늘을 공유하는 것이 HIV 감염의 주요한 경로라는 사실이 아직 알려지기 전이었다. 남성 동성애자와 정맥주사 약물 사용자는 HIV 감염에 취약한 대표적인 이들이다. 에이즈에 대한 지배적인 재현은 이 두 인구군을 서로 겹치지 않는 별도의 그룹으로 그리는 경향이 강하다. 남성 동성애자는 중산층 백인으로, 약물 사용자는 빈곤층 유색인으로 상상한다. 키바르타스는 동성애자인 동시에 약물 사용자였던 대니의 모습을 통해 이런 정형화된 이미지도 해체한다.

에이즈 서사를 도덕주의적인 교훈담으로 만들기 위해 언론은 많은 경우 에이즈 환자의 '비포 사진'과 '애프터 사진'을 나란히 놓고 이를 악의적으로 비교하는 방식을 쓴다. 스튜어트 마셜이 영국의 채널 4 다큐멘터리 〈밝은 눈〉(1984)에서 탁월하게 분석했듯이, 영국 타블로이드 《선데이 피플》은 이런 목적으로 미국의 HIV 감염인 켄 램자워가 에이즈에 걸리기 전후의 사진을 나란히 게재한 바 있다. 1983년에는 미국 ABC의 시사 프로그램 〈20/20〉도 램자워를 이용했다. 선정적인 방송으로 유명한 진행자 헤랄도 리베라가 진행한 램자워와의 인터뷰는 미국 방송 최초로 방영된 HIV 감염인과의 인터뷰였다. 먼저 스튜디오에 앉아 있는 원래 모습을 알아볼 수 없을 정도로 완전히 망가진 램자워의 얼굴을 보여준다. 그다음에는 그가 에이즈에 걸리기 전 찍었던 건강하고 잘생긴 모습의 사진을 보여준다. 마지막으로 카포시 육종으로 가득한 램자워의 팔을 비춘다. 키바르타스는 〈대니〉에서 이 같은 수법의 의미도 변화시킨다. 먼저 대니가 에이즈에 걸리기 이전의 모습이다. 마이애미에서 즐겁게 살아가는 쾌락주의적 게이 청년의 건강한 모습을 담은 스틸 이미지들이 연속으로 지나간다. 영상 위로 대니가 당시를 회상하는 목소리가 들린다. 낮 동안 마이애미 해변에서 즐거운 시간을 보내다가, 집에 돌아와 선탠오일을 닦아내고, 음모를 다듬고, 샤워를 하고, 몸에 보기 좋게 달라붙는 리바이스 501 청바지를 입고, 남자들을 만나러 밤 나들이를 다니던 시기의 대니. 이 장면이 끝나자마자 보이는 것은 화학 치료로 얼굴이 퉁퉁 부어 있는 대니의 얼굴을 클로즈업한 사진들이다. 하지만 키바르타스는 지배적인 재현과 달리 대니를 여전히 성적 매력을 지닌 존재로 그린다. 정지해 있는 대니의 사진 위로 키바르타스의 목소리가 들린다. "대니야, 네가 에이즈에 걸리기 전 사진들과 그다음에 내가 너를 찍은 사진을 이렇게 보고 있으니까 독한 화학 치료 때문에 네 얼굴이 크게 붓고 변해가던 때가 기억나는구나. 한번은 네가 작업실 문을 열고 성큼성큼 걸어 들어온 적이 있었어. 어느 멋진 항만 노동자 청년이 들어오는 줄 알고 순간 깜짝 놀랐었지.[18] 남자답고 멋있는 모습에 반했던 기억이 나."

강함과 부드러움, 욕망과 슬픔 사이를 유동하는 이미지들은 이 작품의 주요 텍스트를 이룬다. 이미지들이 오가는 이 넓은 폭이야말로 남성 동성애자의 섹슈얼리티가 지닌 폭, 그리고 에이즈 위기를 살아가는 남성 동성애자가 처한 삶의 조건을 보여주는 것인지도 모르겠다. 키바르타스는 이 과정에서 대니의 팔과 가슴에 난 카포시 육종의 이미지를 여러 번 보여준다. 하지만 키바르타스가 카포시 육종을 보여주는 방식은 지배적 재현이 카포시 육종을 보여주는 방식과는 사뭇 다르다. 키바르타스는 카포시 육종을 통해 대니에게 성적 매력을 부여한다. 키바르타스는 대니의 카포시 육종을 일종의 문신이나 섹시한 상처 자국처럼 보여준다. 키바르타스의 목소리가 들린다. "대니야, 작업실에서 내가 네 모습을 카메라에 담기 시작했던 날 밤을 기억하니? 내가 네 몸에 난 카포시 육종을 카메라로 찍으면서 너를 인터뷰했던 날 말야. 너는 내게 카포시 육종을 보여주느라 상의를 탈의하고 있었지. 나는 네 등을 가만히 쓰다듬었어. 너는 감염인으로서 타인과의 관계에서 겪는 문제들, 섹스와 관련한 문제들, 이런저런 이야기들을 들려주고 있었지. 그런데 어느 순간 네가 말을 멈췄어. 잠깐 동안 작업실에 침묵이 흘렀지. 라디에이터에서 나는 쉭쉭 소리 말고는 정말 아무 소리도 나지 않았어. 방 안의 열기 때문이었을까. 또는 네 몸의 열기 때문이었을까. 너는 몰랐겠지만, 그때 내 심장이 엄청나게 두근거렸어."

〈대니〉를 보고 난 다음, 나는 HIV 감염인에 대한 기존 재현들, 특히 육신이 모두 망가진 채 뼈밖에 남지 않은 모습으로 그려지는 남성 동성애자 감염인에 대한 재현들의 의미를 깨달을 수 있었다. 그 이미지들은 그런 이미지를 만든 이들이 주장하는 것과 달리 에이즈에 대한 공포를 극복하기 위해 만들어진 이미지가 아니다. 그 이미지들은 우리가 주장하는 것처럼 감염인을 피해자나 버림받은 이들로 만들려는 목적으로 만들어진 이미지도 아니다. 정확히 말하겠다. 그 이미지들은 성적인 존재로서의 감염인에 대한 혐오의 이미지다. 감염인이 HIV에 감염된 이후에도 여전히 성적인 존재일 수 있음을 상상하면서 느끼는 공포와 혐오에서 나온 이미지다. 〈프런트라인〉에서 한 휴스턴시 공무원은 이렇게 말한다. "브리지스가 에이

---

18. 남성 동성애자의 하위문화인 클론 문화는 과잉남성적으로 여겨지는 직업을 참조하는 경향이 있다. 이와 같은 직업에는 경찰, 선원, 카우보이 등이 있다. 항만 노동자도 이런 직업에 해당한다.

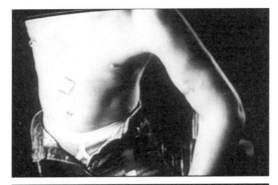

스타슈 키바르타스, 〈대니〉, 1987.

즈 진단을 받은 것이 지난 4월이니까, 아직 2년은 더 살 수 있을 거예요. 게다가 브리지스는 심지어 다시 호전되고 있기까지 해요. 겉으로만 봐서는 그가 에이즈에 걸렸는지 누가 알겠어요." 이 말은 HIV 감염인이 성적인 존재일 수 있다는 사실에 대한 공포와 혐오의 표현이다. HIV 감염인을 재현하는 이들이 감염인을 능동적인 존재, 자신의 삶을 직접 통제할 수 있는 존재, 저항하고 투쟁하는 존재로 재현하지 않는 이유는 감염인이 성적인 존재일 수 있음을 두려워하기 때문이다. 〈프런트라인〉 진행자는 이 혐오와 공포를 이렇게 표현한다. "많은 HIV 감염인은 에이즈에 걸린 다음에도 성적으로 문란하게 지냅니다."

지금 우리 사회에는, 에이즈 위기로 게이들이 문란한 섹스를 못하게 될 것이라는 희망, 또는 에이즈 위기 덕분에 게이들이 섹스 자체를 못 하게 될 것이라는 동성애혐오적 환상이 널리 퍼져 있다. 저명한 철학자 장 보드리야르는 독일 미술 잡지 《쿤스트 포럼》과의 인터뷰에서 작가 윌리엄 버로스(와 전위예술가 로리 앤더슨)의 금언인 '언어는 바이러스'라는 말에 대해 다음과 같은 혐오적인 발언을 남겼다.

언어는 특히 정보의 모든 분야에서 점점 더 정형화된 방식으로 사용되고 있습니다. 언어는 언어 자체의 공식 때문에 더 심각한 병을 앓고 있는 셈이죠. 하지만 이제 병 자체에 대해 이야기할 것이 아니라 돌연변이의 일종인 바이러스의 감염성에 대해 이야기해야 할 때입니다. 바이러스의 감염성은 아마도 언어의 완전한 붕괴를 치유할 수 있는 마지막 수단이 될 가능성이 큽니다. 1987년 일어난 연쇄 주가 대폭락 사건을 파괴적 경제 현상으로 보아야 하는지, 아니면 경제 시스템이 자체 정화하는 과정으로 보아야 하는지는 지금 말하기 어렵습니다. 하지만 저는 이 사건을 에이즈와 비슷한 것으로 이해할 수 있다고 생각합니다. 에이즈보다 더 위험한 것이 있다면 그것은 완전한 성 해방입니다. 다행히도 완전한 성 해방을 에이즈가 막아주고 있습니다. 에이즈는 섹슈얼리티의 구조가 완전히 제거되고, 섹슈얼리티가 완전히 풀어헤쳐지는 상황을 막아주는 반작용입니다.[19]

19. "Virtuelle Katastrophen" (interview with Jean Baudrillard by Florian Rötzer), *Kunstforum*, January–February 1990, p. 266. 이 글에 관해 알려준 미술가 한스 하케에게 감사한다.

5
에이즈, 미술, 행동주의

1989년 3월 오하이오주립대학교가 주최한
〈에이즈, 미술, 행동주의: 에이즈의 문화〉 콘퍼런스에서 발표한 글이다.

　나는 이 글에서 미술과 미술비평이 끔찍하게 여기는 '정치적 올바름'에 대해 이야기하고자 한다. 내가 정치적 올바름에 대해 이야기를 꺼내는 데는 이유가 있다. 내가 1987년《옥토버》에이즈 특집호를 낸 이래로 여러 게이 미술가들이 그 특집호가 예술가들에게 정치적 올바름을 강요했다고 비판하고 있기 때문이다. 한 미술비평가는《옥토버》를 싸잡아 이렇게 맹공했다. "《옥토버》에 있는 이들은 모두 스탈린주의자들이다. 나는 그들이 죽어버리기를 바란다."《빌리지 보이스》의 동성애자 미술비평가 게리 인디애나는 뉴욕 이스트 빌리지에서 창간된 어느 퀴어 독립잡지에 대해 리뷰하는 척하며 나를 이렇게 비판했다. "이번에 창간된《동지/자매》의 미덕은 '정치적 올바름'이라는 잣대로 다른 이들을 훈계하거나 교정하려 들지 않는다는 점이다. 그들은《옥토버》의 어떤 늙은 게이에게 물들지 않았다. 새로운 세대가 꼰대에게 물들지 않고 자신들이 해야 할 일을 잘 해나가고 있는 것은 무척 고무적인 일이다."

인디애나가 나를 이렇게까지 비난한 것은 그가 카탈로그 비평문을 쓴 전시 〈본성을 거스르며: 호모섹슈얼 남성 작가들의 전시 Against Nature: A Group Show of Homosexual Men〉와 무관하지 않은 것으로 보인다. 〈본성을 거스르며〉전은 1988년 로스앤젤레스 현대미술전시관Los Angeles Contemporary Exhibitions에서 열린 전시로, 소설가 데니스 쿠퍼와 미술가 리처드 호킨스가 큐레이터로 참여했다. 들리는 바에 따르면, 두 남성 동성애자 예술가는 《옥토버》 에이즈 특집호의 필진들이 예술가들에게 '정치적 올바름'을 강요한다고 여겨 반발했고, 우리의 주장을 반박하기 위해 이 전시를 기획했다고 한다.¹ 전시 카탈로그의 설명처럼, 이 전시회는 '정치적 올바름'에 대한 반작용으로 탄생한 '정치적으로 올바르지 않은' 전시였다.

내가 '정치적 올바름'이라는 말을 듣는 경우는 주로 누군가가 다른 사람에게 정치적 올바름을 강요한다고 비난할 때인 것 같다. 나는 이들이 '정치적 올바름'을 정확히 어떤 의미로 사용하는 것인지 궁금하다. 사람들이 "나는 정치적 올바름을 거부한다"와 같은 말을 할 때 그 의미는 무엇일까? 〈본성을 거스르며〉전의 카탈로그에 기고한 존 그레이슨은 전시를 이렇게 평가한다. "〈본성을 거스르며〉전은 아이러니와 캠프라는 동성애자 감수성에서 나온, 정치적 올바름과는 거리가 먼 작품들, 어쩌면 위악적으로 보일 수도 있는 도발적

---

1. "Parma Violets: A Video Script," in *Against Nature: A Show by Homosexual Men*, ed. Dennis Cooper and Richard Hawkins (Los Angeles: Los Angeles Contemporary Exhibitions, 1988), pp. 11~12.

인 작품들을 통해 에이즈 위기를 고찰한다."[2] 하지만 그레이슨의 평가와 달리 전시된 작품들은 도발적이기는커녕 대부분 매우 얌전하고 고분고분한 작품들이었다. 전시 작품만 봐서는 이 전시를 기획한 이들의 의도를 전혀 파악할 수 없다. 그 대신, 나는 이 전시의 다른 부분에서 두 동성애자 예술가 큐레이터들의 기획 의도를 짐작해보고자 한다. 두 큐레이터는 전시의 부제를 '호모섹슈얼 남성 작가들의 전시'라고 붙였다. 전시 카탈로그에서도 일관되게 '호모섹슈얼'이라는 단어를 사용한다. 나는 이 단어의 사용 자체가 두 큐레이터가 정치적 올바름을 의도적으로 거부한 예라고 생각한다. 우리는 오랜 기간 《뉴욕 타임스》를 상대로 '호모섹슈얼'이라는 문제적인 단어 대신 '게이'라는 단어를 쓸 것을 요구해왔다. 《뉴욕 타임스》는 끈질기게 우리의 요구를 거부하고 '호모섹슈얼'이라는 단어를 고집하다가 1988년부터야 겨우 조금씩 '게이'라는 말을 쓰기 시작했다. 이런 상황에서 두 큐레이터는 굳이 '호모섹슈얼'이라는 단어를 선택한 것이다. '호모섹슈얼 남성 작가들의 전시'라는 전시 제목을 사용하는 것은 흑인 작가들의 전시에 '니그로 작가 전시'라는 제목을 붙이는 것이나 마찬가지다.

이들이 《옥토버》 에이즈 특집호의 어떤 부분 때문에 전시의 부제를 저렇게 지었는지 짐작이 간다. 그들은 영국의 미술사가이자 에이즈 활동가인 사이먼 와트니가 《옥토버》 에이즈 특집호에 쓴 「에이즈

---

2. John Greyson, "Parma Violets for Wayland Flowers," in *AIDS: The Artists' Response*, ed. Jan Zita Grover (Columbus: Hoyt L. Sherman Gallery, Ohio State University, 1989), p. 12.

의 스펙터클」이라는 글에서 '호모섹슈얼'이라는 단어를 사용해서는 안 된다고 한 주장을 '정치적 올바름'에 대한 강요로 본 것이다. 와트니는 다음과 같이 썼다. "'호모섹슈얼한 육체'라는 개념은 동성애자의 유동하는 욕망을 '잘못된 육체'에 갇힌 병리적 욕망으로 만들려는 야심에서 발명된 개념, 동성 간 성행위가 도착적이라는 허구적 주장을 뒷받침하기 위해 발명된 개념이다. '호모섹슈얼'은 처음부터 이런 이유로 발명된 인간 유형의 식별 범주다."[3]

「에이즈의 스펙터클」에서 와트니는 '호모섹슈얼'이라는 개념과 용어가 동성애자를 어떻게 병리화하고 있는지 정밀하게 분석한 후, '호모섹슈얼'이라는 용어를 사용하지 말아야 한다고 주장했다. 와트니의 작업은 근대와 함께 동성애자가 병리화되기 시작했다는 미셸 푸코와 제프리 윅스의 주장과 맥락을 같이한다. 에이즈를 다룬 최초의 장편 다큐멘터리인 스튜어트 마셜의 〈밝은 눈〉(1984) 역시 같은 궤에 있다.[4] 데니스 쿠퍼와 리처드 호킨스는 대체 어떤 이유로 이런 맥락을 무시하고 '호모섹슈얼'이라는 단어를 굳이 사용한 것일까? 전시의 제목 '본성을 거스르며Against Nature'는 조리 카를 위스망스가 쓴 상징주의 소설 『거꾸로À rebours』(1884)의 영어판 제목이기도 하다. 큐레이터들은 동성애가 등장하는 이 데카당트한 상징주의 소설을 경유해 성과학 문헌들에서 '호모섹슈얼'이라는 말이 특정한

---

3. Simon Watney, "The Spectacle of AIDS," in *AIDS: Cultural Analysis/Cultural Activism*, ed. Douglas Crimp (Cambridge: MIT Press, 1988), p. 79.

4. See Martha Gever, "Pictures of Sickness: Stuart Marshall's *Bright Eyes*," in *AIDS: Cultural Analysis*, pp. 109~126.

이들을 병리화시키는 용어로 등장하기 시작한 19세기라는 역사적 시기로 관객을 돌려보내고 싶었던 것일까? 하지만 기획자들의 진짜 의도가 무엇이었는지는 알 수 없다. 미셸 푸코, 제프리 윅스, 스튜어트 마셜이 자신들의 입장을 분명히 밝히고 있는 것과 달리, 데니스 쿠퍼와 리처드 호킨스는 자신들의 의도에 대해 끝까지 입을 열지 않았기 때문이다. 나는 두 큐레이터가 오직 '정치적 올바름'을 거부하기 위한 이유 하나만으로 '호모섹슈얼'이라는 단어를 썼다고 생각할 수밖에 없다.⁵ 그들이 '호모섹슈얼'이 아니라 설령 '퀴어queer'나 '패것faggot' 같은 다른 멸칭을 사용했다면 나는 차라리 그 선택을 이해했을 것이다. 그랬다면 나는 그들의 시도를 피억압자가 억압자의 언어를 재전유하는 정치적 전략으로 받아들였을 것이다. "그래, 나 패것이다. 그래서 어쩔래?"처럼 말이다. '호모섹슈얼'은 다르다. '호모섹슈얼'은 처음부터 동성애자를 도착적인 정체성을 지닌 병리적 인간 유형으로 만들기 위해 고안된 본질화의 용어다. '호모섹슈얼'은 애초부터 재전유할 수 있는 성격의 용어가 아닌 것이다.

카탈로그의 기고자 가운데 한 명인 그레이슨은 〈본성을 거스르

5. "About *Against Nature*," in *Against Nature*, p. 4. 전시 카탈로그에서 큐레이터들이 밝히는 기획 의도 전문은 다음과 같다. "우리 큐레이터들은 〈본성을 거스르며〉를 우리의 개인적인 계보를 중심으로 짰다. 우리는 누구인가? 우리 두 큐레이터는 모두 게이 예술가로서, 성적 욕망이 우리 큐레이터들과 비슷한 예술가들의 작품에 어떻게 영향을 미치고 강화하는지에 특별히 관심이 있다. 우리가 생각할 때 우리와 비슷하다고 생각하는 예술가들은 (우리가 우리 자신을 지나치게 높이 평가하고 있다고 생각할 수도 있겠지만) 케네스 앵거, 장 주네, 윌리엄 버로스, 마크 아몬드, 덴턴 웰치 등이다. 이 예술가들은 두 가지 특징을 공유한다. 첫째, 이 예술가들은 이성애자들이 부과한 문화적, 도덕적 기준을 온전히 무시한다. 둘째, 이 예술가들은 남성 육체를 숭배하고 욕망한다. 〈본성을 거스르며〉에 전시되는 작품들도 이와 같은 특징을 갖는 작품들이다.

며)가 중요한 사회적 논쟁을 촉발했다고 평가했지만, 나는 잘 모르겠다. 두 큐레이터는 전시 카탈로그에서도 그 밖의 기회를 통해서도 자신들이 이 전시를 기획한 의도와 목적에 대해 한 번도 토론에 응한 적이 없다. 여러 미술계 인사들이 이 전시회에 대한 공개토론을 요청했지만, 두 기획자는 그 요구들을 모두 거부했다. 두 큐레이터가 답하지 않는 한, 그들이 왜 '게이'라는 말을 두고 군이 '호모섹슈얼'이라는 말을 사용했는지는 알 수 없는 일이다. 주최 측인 로스앤젤레스 현대미술전시관이 쿠퍼와 호킨스에게 남성 동성애자 작가들의 전시를 요청한 것도 아니었다.[6] 현대미술전시관이 에이즈에 관한 전시회를 요청했는데도 두 기획자는 주최 측의 의도까지 거스르며 전시의 제목을 "호모섹슈얼 남성 작가들의 전시"로 지었다.

로스앤젤레스는 1988년을 기점으로 샌프란시스코보다 에이즈 환자 수가 많은 도시가 되었다. 이 중 89%가 남성 동성애자다. 전시의 장소가 로스앤젤레스인만큼 두 기획자는 이런 지역적 상황을 고려해 에이즈 전시의 초점을 동성애자 예술가들이 에이즈 위기에 대응하는 방식에 맞추었을 수도 있다. 그런 맥락에서 에이즈 전시를 남성 동성애자 작가들의 전시로 바꾼 것이라면, 그리고 그렇게 밝혔더라면 그것 자체는 납득 가능한 일이었을 것이다. 하지만 기획자들

---

6. Joy Silverman, "Introduction/Acknowledgments," in *Against Nature*, p. 3. 로스앤젤레스 현대미술전시관 관장은 전시 카탈로그에 다음과 같이 쓰고 있다. "우리 미술관은 두 큐레이터가 전시회를 '호모섹슈얼 남성 작가들의 전시'로 꾸민다는 소식을 듣고 이 전시가 에이즈 운동을 고취하려 했던 우리의 원래 의도에 어긋나는 것이 아닐까 우려했다. 하지만 우리는 에이즈 운동과 동성애자 운동에 대해 두 큐레이터가 가지고 있는 경험과 지식을 존중해 전시를 그들에게 전적으로 맡기로 결정했다.

은 자신들이 왜 에이즈 전시를 남성 동성애자 작가들의 전시로 만들었는지 그 의도를 끝내 밝히지 않았다. 혹시 이런 맥락을 설명하면 자신들이 기획한 전시가 정치적 올바름을 실천하는 전시로 여겨질까 봐 두려웠던 것일까?

이제 《옥토버》 에이즈 특집호의 입장을 변호해보겠다. 첫째, 두 큐레이터는 권력에 저항하고자 하는 주장을, 권력을 행사하는 주장으로 잘못 이해하고 있는 것 같다. 두 큐레이터는 자신들을, '정치적 올바름'을 강요하는 권력에 맞섬으로써 예술가의 자유를 당당하게 요구하는 투사라고 믿고 있는 것처럼 보인다. 하지만 사이먼 와트니는 예술가의 자유를 금지하는 권력의 위치에 있지 않다. 와트니가 '호모섹슈얼'이라는 단어를 써서는 안 된다고 주장한 것은 동성애자들에게 권력을 휘두르기 위해서가 아니라, 우리와 함께 권력에 대항해 싸우기 위해서다. '호모섹슈얼'이라는 단어야말로 권력의 용어다. 의학적 권력, 과학적 권력, 국가적 권력의 용어다. 권력을 가진 이들이 우리의 자기동일시, 우리의 인권, 우리의 쾌락, 그리고 무엇보다도 우리의 삶 자체를 거부하고 부인하기 위해 사용하는 용어다. 그렇기 때문에 와트니는 '호모섹슈얼'이라는 단어를 사용하는 이들과 싸워야 한다고 주장한 것이다.

둘째, 두 큐레이터는 우리를 정치적 올바름을 강요하는 권위주의자들이라고 비난하지만 우리는 일정한 논거를 통해 권위를 갖춘 주장을 펼쳤을 뿐, 권위주의를 휘두른 적이 없다. 권위주의자가 권위를 자의적으로 행사하며, 많은 경우 자신들의 입장을 정치적인 것과는 무관한 것으로 포장하는 이들이라면, 우리는 반대로 자의적인 권위 행사에 저항하고자 하는 입장을 정치적으로 주장했다. 우리는 정당한 논거를 갖추어 '호모섹슈얼'이라는 단어를 사용하지 말 것을 이 사회에 요구해왔다. 하지만 권력을 지닌 이들은 아랑곳하지 않고 계속해서 자의적으로 '호모섹슈얼'이라는 단어를 사용하고 있다.《뉴욕 타임스》를 보라. 우리가 스톤월 혁명 이후 20년 동안 '호모섹슈얼'이라는 단어를 쓰지 말 것을 요구하고 있는데도, 이 신문은 아직도 그 단어를 사용하고 있다.

이런 상황에서 데니스 쿠퍼와 리처드 호킨스가 굳이 '호모섹슈얼'이라는 단어를 써서 얻은 것은 무엇인가? 권위에 저항하는 데 성공을 거두었나? 오히려 권위에 굴복한 것 아닌가? 또는 그들 자신이 일종의 권위를 행사한 것 아닌가? 전시의 큐레이터들은 전시에 참여한 작가들이 모두 자발적으로 자신들을 '호모섹슈얼 남성 작가'로 지칭하는 데 동의했다고 확신할 수 있는가? 큐레이터라는 자신들의 권위를 이용해 참여 작가들이 자신들의 결정을 따르도록 한 것은 아니었을까?

셋째, 나는 두 큐레이터가 특별히 기행을 벌인 것이라기보다는 미술계의 통상적인 면모를 그대로 이어나가고 있는 것이라고 생각한다. 내가《옥토버》에이즈 특집호의 「에이즈: 문화적 분석/문화적 행동주의」를 통해 하고자 한 것은 에이즈를 다루는 예술이라면 무엇을 해야 하고 무엇을 하면 안 되는지에 관한 교조적인 지침을 전달하는 것이 아니었다. 내가 하고자 한 것은 에이즈를 다루는 문화예술계의 방식이 지나치게 협소함을 비판하는 일이었다. 당시 문화예술계는 다른 여러 활동에는 무심한 채 오직 에이즈 기금 마련 행사에만 참여하고 있었다. 우리는 이런 경향이 자칫하면 에이즈 문제 해결을 민간의 책임으로 돌리려 하는 미국 정부의 입장에 힘을 실어줄 수 있음을 지적하고자 했다. 당시 문화예술계는 또 에이즈로 인한 상실을 표현하는 예술, 에이즈를 이른바 '초월'하려는 예술작품에만 매달리고 있었다. 예술은 보편적이고 시대를 초월한다는 관념에서 나오는 이런 경향은 예술이 에이즈 위기를 끝내는 투쟁에 직접 참여할 수 있는 가능성을 지운다. 나는 「에이즈: 문화적 분석/문화적 행동주의」에서 예술가들도 에이즈와의 싸움에 직접 참여할 수 있음을 밝혔다. 다행스럽게도 그 이후 예술가들이 에이즈와의 싸움에 직접 참여하는 사례는 꾸준히 늘어나고 있다. 하지만 여전히 미술관들은 에이즈와의 싸움에 참여하려 들지 않는다. 뉴욕 현대미술관은 1988년 〈인쇄 매체와 사회운동〉이라는 전시를 열었다. 여기에 에이즈 운동과 관련한 작품은 한 편도 없었다.[7] 현대미술관은 전시할 만한 에이즈 관련 작품이 없었다고 밝혔다. 현대미술관은 분홍색 삼각형과 '침묵=죽음'으로 이루어진 그 유명한 액트업 포스터를 한 번도 본 적이 없단 말인가? 1989년이라는 늦은 시기에 드디어 뉴욕 현대미술관도 에이즈를 주제로 한 전시를 열었지만, 그 전시란 것이 바로 니컬러스 닉슨의 문제적인 〈사람들의 초상〉전이었다. 액트업이 미술관에서 항의 시위를 벌이는 동안에도 미국에이즈연구재단은 우아하게 에이즈 기금 마련 행사 '에이즈와 싸우는 예술'만을 열고 있었다.

7. Deborah Wye, *Committed to Print: Social and Political Themes in Recent American Printed Art* (New York: Museum of Modern Art, 1988).

문화예술계의 이런 상황은 지금도 크게 바뀌지 않았다. 우리는 이를 바꿔나가야 한다. 우리가 설득력 있는 논거를 들어 주장하는 데도 이를 '정치적 올바름'에 대한 강요라고 비난하는 사람들이 있겠지만, 우리는 이에 대비해가며 이 상황을 바꾸기 위해 계속 싸워야 한다.

비디오 아티스트 그레그 보도위츠의 말을 소개하며 글을 마치고자 한다. "문화예술계는 현실에 직접 개입하고자 하는 작품을 수준 낮은 예술로 평가하는 경향이 있습니다. 예술가라면 어떤 미친 짓을 해도 상관없지만, 현실에 직접 개입하는 일만은 피해야 한다는 주의가 팽배해 있죠. 현실에 깊게 관여하는 것은 문화예술계의 커다란 금기입니다. 하지만 저는 현실에 직접 개입하는 것이야말로 예술가의 임무라고 믿습니다."[8] 많은 이들이 정치적인 예술을 낮은 수준의 예술, 또는 프로파간다라고 폄하한다. 이런 시각은 문화예술계에서 일종의 교리가 되어 있다. 데니스 쿠퍼와 리처드 호킨스는 바로 이 교리를 섬기며 정치적 올바름을 거부한다. 그들은 자신들의 예술적 작업에 '정치적 올바름'이라는 딱지가 붙는 것을 무서워한다. 보도위츠는 이런 비겁한 태도를 멋지게 받아친다. 한 강연에서 보도위츠는 자신의 작업을 프로파간다라고 선언한다. 한 청중이 묻는다. "그럼 작가님의 목표는 작품을 활용해서 이성애자를 동성애자로 바꾸는 것입니까?" 보도위츠가 답한다. "만약 예술작품으로 누군가를 정말 동성애자로 만들 수 있다면, 그것이야말로 제가 하

---

8. "Art and Activism: A Conversation between Douglas Crimp and Gregg Bordowitz," in *AIDS: The Artists' Response*, p. 9.

고 싶은 작품이겠군요." 이런 말이 비천한 호모섹슈얼의 입에서 나
올 수 있는 말이라고 생각하는가? 아니다. 이 말은 그 누구보다도
치열하게 싸우는 패것의 입에서만 나올 수 있는 말이다. 이 말은 정
치적으로 올바른 말일까? 그 판단은 여러분에게 맡긴다.

6
에이즈의 초발환자 서사 '페이션트 제로'

1989년 4월 뉴욕시립대학교 CLAGS 레즈비언·게이연구센터에서 발표한 글이다.
후반부의 '뮤지컬로서의 역사, 존 그레이슨의 〈제로 페이션스〉'는 1996년에 추가한 부분이다.
다음 책에도 수록되어 있다. *A Queer World: The Center for Lesbian and Gay Studies Reader*, ed.
Martin Duberman (New York: New York University Press, 1997).

1989년 4월, 미니애폴리스 세인트폴 국제공항. 한스 파울 페르후 프라는 한 네덜란드인이 샌프란시스코 레즈비언 게이 의료보건 콘퍼런스 및 에이즈 포럼에 참석하기 위해 미국에 입국하는 과정에서 HIV 감염인이라는 이유로 입국금지된 후 구금되는 사건이 발생했다. 1989년 현재 미국은 HIV 감염인의 입국을 금지한다. 미국 이민귀화국은 "해당 외국인의 입국을 허용해야 하는 인도주의적인 사유가 존재하지 않는 상황에서, 그가 미국에 입국할 권리를 보장하는 것보다, 그의 입국을 금지함으로써 위험을 사전에 방지하는 것이 더 중요하다"는 입장을 밝혔다.[1] 말도 안 되는 소리다. 미국은 세계보건기구의 권고를 무시하고 HIV 감염인의 입국을 금지하는 소수의 국가 중 하나다. 이런 조치는 에이즈에 대한 잘못된 상식과 HIV 감염

---

1. "Alien with AIDS Is Ordered Freed," *New York Times*, April 8, 1989, p. A9.

인에 대한 편견에 기반한다. HIV 감염인과 접촉만 해도 HIV에 감염된다거나, HIV 감염인들은 의도적으로 다른 사람들에게 HIV에 감염시키려는 이들이라는 편견이 있기에 이런 조치가 존재할 수 있는 것이다. 이런 편견은 직접적으로는 에이즈와 관련한 잘못된 법과 정책, 그리고 감염인에 대한 차별과 폭력으로 이어진다. 간접적으로는 제대로 된 치료와 교육을 어렵게 만듦으로써 수많은 이들을 죽음으로 몰아간다.

1989년 3월, 《샌프란시스코 크로니클》에서 에이즈 전문 기자로 활동하고 있는 동성애자 언론인 랜디 실츠가 《에스콰이어》에 기고문을 실었다. 실츠는 에이즈 위기를 취재한 책 『그래도 밴드는 계속 연주한다』(1987)를 써서 베스트셀러 작가로 큰 성공을 거둔 상태였다. 그는 이 기고문에서 자신의 책을 자화자찬하면서도 자신이 에이즈에 대한 인식, 언론의 보도 행태, 에이즈 정책을 변화시키는 데 결국 모두 실패했다고 너스레를 떤다. "나는 이 책으로 상상도 할 수 없는 큰 성공을 거두었다. 하지만 이 책으로 목표했던 바를 이루는 데는 처절할 정도로 실패했다."[2] 그러고는 자신이 어떻게 실패했는지 하나씩 풀어놓는다.

첫 번째 실패담. 스톡홀름 에이즈 콘퍼런스에 참석한 실츠는 그곳에 온 다른 미국 기자들을 만난다. 그는 기자들에게 자신이 『그래도 밴드는 계속 연주한다』의 유럽 홍보 행사에 다니느라 에이즈 취재를 전혀 못 하고 있다고 말한다. 그러고는 에이즈 신약 개발이

---

2. Randy Shilts, "Talking AIDS to Death," *Esquire*, March 1989, p. 124.

늦어지는 이유가 국립보건원에 있으니 바쁜 자기를 대신해 취재하면 특종이 될 것이라고 귀띔한다. 실츠의 예상과 달리, 기자들은 실츠가 알려준 정보에 시큰둥하다. 한 기자가 물었다. "『그래도 밴드는 계속 연주한다』가 이제 곧 텔레비전 미니시리즈로 만들어진다는데, 주인공 역은 어느 배우가 맡는지 혹시 들으셨나요?"[3] 실츠는 개탄한다. "기자라는 이들이 에이즈 치료제 개발과 같은 중요한 뉴스에는 아무 관심도 기울이지 않는다. 기자들은 '섹시'한 기사에만 관심이 있다."[4]

두 번째 실패담. 실츠는 토크쇼 〈모튼 다우니 주니어 쇼〉에 출연한다. 실츠는 방송에 들어가기 전 진행자 모튼 다우니 주니어에게 에이즈 문제를 신중하게 다뤄달라고 요청한다. 진행자는 자신의 형도 감염인이라며 그러겠다고 답한다. 하지만 막상 방송에 들어가자 진행자는 방청객을 대상으로 감염인을 격리수용해야 하는지 여부를 투표에 부치며 동성애혐오를 부추긴다. 실츠는 한탄한다. "방송에 윤리를 기대한 내가 잘못이었다. 그들의 유일한 관심사는 에이즈를 이용해 시청률을 높이는 것뿐이었다."[5]

세 번째 실패담. 실츠는 팜스프링스에서 열린 한 에이즈 기금 마련 행사에 참가한다. 할리우드 스타와 유명인사들로 가득한 이 화려한 행사에서 실츠는 주최 측으로부터 감사패를 받는다. 수상소감에서 실츠는 농담을 던진다. "어느 라디오 프로그램에 나갔을 때 이

---

3. 같은 글, p. 128.
4. 같은 글, p. 126.
5. 같은 글, p. 128.

야기입니다. 한 청취자가 질문을 보내왔어요. '에이즈에 걸린 게이 웨이터가 제가 주문한 샐러드에 몰래 정액을 섞어서 내 오면 어떡하죠?'" 좌중의 폭소를 기대하고 있던 실츠가 맞이한 것은 얼어붙은 듯한 정적이었다. "나는 그 청취자의 질문을 그저 어리석은 웃음거리로 넘겨버렸다. 하지만 다른 사람들은 그것을 농담으로 받아들이지 않았다. 사람들은 정말 그런 게이 웨이터의 존재를 공포스러워하고 있었다. 나는 너무나도 큰 충격에 빠졌다."[6]

실츠가 『그래도 밴드는 계속 연주한다』에서 주장하는 요점은 크게 두 가지다. 하나는 HIV 감염인에 대한 비이성적인 공포와 혐오. 다른 하나는 에이즈와 관련한 '섹시한' 기사들로 사람들을 오도하는 언론의 무책임. 실츠는 이 문제들을 해결하는 유일한 길은 에이즈에 대한 '객관적' 보도뿐이라고 주장한다. 하지만 나는 에이즈에 대한 '객관적'인 사실을 밝히는 것으로는 에이즈에 대한 사람들의 반응을 바꿀 수 없다고 생각한다. 에이즈에 대한 반응은 무의식과 깊이 엮여 있기 때문이다.

나는 에이즈에 대한 반응이 가지고 있는 무의식의 차원을 고려하는 것, 그리고 실츠가 신화화하고 있는 '진실'이나 '객관성'과 같은 개념을 해체하는 것이 중요하다고 생각한다. 그럴 때 우리는 『그래도 밴드는 계속 연주한다』가 지닌 심각한 문제점을 이해할 수 있게 된다.

---

6. 같은 글, p. 130.

많은 이들이 실츠의 책을 비판했고, 많은 이들이 실츠 앞에서 직접 이 책을 비판했다. 하지만 실츠는 자신을 비판하는 이들이 모두 자신의 유명세를 시기하는 것이라고 생각한다. 그는 자신이 에이즈 위기 초기를 추적한 완벽한 책을 썼다고 확신한다.

실츠가 『그래도 밴드는 계속 연주한다』의 영국 홍보 행사에 참가했을 때의 일이다. 영국 게이 작가 애덤 마스존스는 실츠의 책 가운데 가장 많은 비판을 받은 한 대목에 대해 문제를 제기한다.

"랜디 실츠 기자님께서는 어떻게 '페이션트 제로' 이야기를 책의 핵심적인 서사로 선택하게 되신 건가요?"

"'페이션트 제로' 이야기가 이 책에서 가장 중요한 이야기는 아닙니다만, 무척 매력적인 이야기인 것은 사실이죠. '페이션트 제로'를 취재한 부분은 탐사 저널리즘의 모범입니다."

"뒤가가 게이 사우나에서 다른 남성과 섹스하는 장면을 마치 직접 보신 것처럼 쓰셨습니다. 그가 칠흑 같은 암실에서 섹스를 한 다음, 라이터 불로 자신의 얼굴에 난 카포시 육종을 가리키면서 '나 곧 에이즈로 죽어. 너도 곧 그렇게 될 거야'라고 말하는 장면 말입니다. 직접 보신 것은 아니실 텐데, 그 장면은 어떻게 쓰셨는지요?"

"실제 있었던 일을 쓴 것뿐입니다. 제가 상상한 내용이 아닙니다. 다수의 사람에게 확인했습니다."

"근거가 없는 이야기라고 알고 있습니다."

"소문이 아닙니다. 뒤가와 직접 관계를 맺은 이들에게 확인했습니다. 그것도 여러 사람에게 확인했습니다. '페이션트 제로' 이야기는 팩트입니다. 지금 저와 팩트를 두고 논쟁하시려는 건 아니죠?"

"《뉴 스테이츠먼》의 던컨 캠벨 기자가 확인한 바에 따르면, 질병통제예방센터의 윌리엄 대로 박사는 뒤가가 최초의 에이즈 환자도 아니고, 그가 HIV를 여러 사람에게 옮겼다는 주장도 사실이 아니라고 확인해주었다고 하던데요."

"잘못 알고 계신 겁니다. 저는 '페이션트 제로'와 관련한 부분은 모두 윌리엄 대로 박사에게 확인을 받고 썼습니다. 지금 이야기가 엉뚱한 방향으로 흘러가고 있는 것 같은데요."[7]

이들이 이야기하는 것은 이 홍보 행사 직전에 나온 영국 주간지 《뉴 스테이츠먼》의 기사와 관련된 내용이다. 영국의 동성애자 기자 던컨 캠벨은 질병통제예방센터의 윌리엄 대로 박사로부터 실츠의 '페이션트 제로' 이야기는 사실이 아니라는 확인을 받아 이를 기사로 내보냈다.[8] 대로 박사가 진행하고 뒤가가 참여했던 질병통제예방센터의 클러스터 분석은 HIV가 감염병인지, 특히 성관계에 의해 감염되는 병인지를 파악하는 것을 목적으로 하는 조사였고, 또 에이즈의 잠복기가 9~11개월이라는 가정 아래 진행된 조사였다. 이후 에이즈의 잠복기가 8년 정도라는 것이 밝혀지면서, 뒤가가 에이

7. See Tim Kingston, "Controversy Follows Shilts and 'Zero' to London," *Coming Up*, April 1988, p. 11.

8. Duncan Campbell, "An End to the Silence," *New Statesman*, March 4, 1988, pp. 22~23.

즈의 초발환자라는 가설, 그가 수많은 이들에게 HIV를 퍼뜨렸다는 가설은 애초 성립할 수 없는 내용이 되었다. 대로 박사는 이 사실을 실츠에게 분명히 밝혔고, 실츠에게 책에 뒤가의 실명을 써서는 안 된다고도 강력히 당부했다고 말했다(결국 실츠가 '페이션트 제로' 이야기를 책에 쓴 바람에 뒤가의 유가족들은 여러 차례 살해 협박을 받았다).

캠벨은 윌리엄 대로 박사에 이어 실츠도 인터뷰할 예정이었다. 하지만 실츠는 캠벨이 대로 박사와 이런 인터뷰를 했다는 사실을 알고는 캠벨과의 인터뷰를 취소했다. 그러고는 캠벨을 이렇게 비난했다. "게이 기자들이 저를 음해하는 경우가 많습니다. 저는 에이즈가 발견되었을 때부터 에이즈 문제를 심층 취재해왔습니다. 반면 캠벨 같은 기자는 고작 1년 전까지만 해도 벽장 속에 숨어 아무것도 하지 않고 있던 사람입니다. 그는 이제 와서 저를 그렇게 모함할 자격이 없습니다. 그가 저를 깎아내리려 하는 데는 정치적 이유가 있습니다. 게이인 그는 제가 그런 기사를 쓰면 게이들의 이미지가 나빠지니까 그것을 못 하게 하려는 것입니다. '페이션트 제로' 이야기는 엄연한 팩트입니다. 『그래도 밴드는 계속 연주한다』는 에이즈 위기 초기의 사실관계를 추적한 훌륭한 책입니다. 지난번에는 동성애자 신문인 《베이 에어리어 리포터》가 저의 책에 대한 악평을 쏟아내더니, 이번에는 삼류 잡지의 동성애자 기자인 캠벨이 저를 비방하고 있습니다. 조금도 공정하지 않은 악의적인 공격이죠. 다들 제 책을 좋다고들 하는데, 정작 게이들만 저를 비난합니다. 미국의 대형 신문사들이 쓴 제 책의 서평을 보세요. 모두 제 책을 사랑하고 있습니다."[9]

실제로 주류 언론들은 실츠의 책을 사랑한다. 하지만 실츠가 밝히지 않은 것이 있다. 그것은 실츠 자신이 주류 언론이 반길 만한 내용을 책에 썼고, 주류 언론이 반길 만한 행동을 하고 있다는 것이다. 반면 자신의 책에 조금이라도 비판적인 이들에 대해서는, 설령 그것이 미국의 《네이션》 정도에 해당하는 영국의 주요 시사지 《뉴 스테이츠먼》일지라도 삼류 잡지로 폄하하며 사정없이 깎아내린다. 실츠의 책은 주류 언론과의 동일시 속에서 나온 산물이다. 실츠는 객관성을 물신화하는 주류 언론의 태도를 무비판적으로 수용한다. HIV 감염인들은 언론을 상대로 자신들을 '에이즈 피해자'라고 부르지 말 것을 요구해왔지만, 《뉴욕 타임스》는 그들을 계속 '에이즈 피해자'라고 부른다. 실츠도 마찬가지다. 실츠는 그들을 '에이즈 피해자'라고 부르지 않는 것이야말로 특정 이해집단의 요구에 굴복하는 중립적이지 않은 태도라고 주장한다. 실츠는 동성애자 활동가, 에이즈 활동가들 역시 자신들의 권익만을 생각하는 이기적인 이해집단으로 여긴다. 그는 마스존스에게 이렇게 말한다.

"저는 어떤 정치적 입장에도 편향되어 있지 않습니다. 기자라면 그래야만 합니다. 기자는 어떤 정치적 입장에라도 문제점이 있다면 그것을 밝혀야 하는 사람이기 때문입니다." 실츠는 자신의 입장을 "객관적 입장"이라 부르며 자신의 책을 이렇게 자평한다. "진보는 에이즈를 이야기할 때 부정적인 이야기는 피하려고 합니다. 보수는 에

---

9. Kingston, "Controversy Follow Shilts," p. 11에서 재인용.

이즈에 관해서라면 아예 어떤 이야기도 꺼내지 않으려고 합니다. 하지만 저는 에이즈에 대한 총체적 진실을 알리고자 했습니다. 자신 있게 말씀드리지만 저는 진정성을 가지고 『그래도 밴드는 계속 연주한다』를 썼습니다. 제 책은 정직한 작업입니다."

실츠는 자신의 책에 아무 문제도 없다고 말하며, 자신이 '객관적 사실'에 근거해 실제 있었던 일들만 썼다고 주장한다. 하지만 객관적 사실을 나열한다고 진실이 되는 것은 아니다. 언론은 언제나 특정한 맥락 속에서 자신들의 입맛에 맞는 사실만을 선택적으로 골라 뉴스로 만든다. 『그래도 밴드는 계속 연주한다』의 이야기는 1985년이라는 시점에 끝난다. 그때는 미국 에이즈 사망자가 이미 6000명이 넘은 시점이다. 실츠는 이 6000명 중 자신의 목적에 가장 잘 부합하는 '페이션트 제로'를 자신의 책의 악당으로 선택했다. 실츠의 책은 우리에게 에이즈 위기에 대한 총체적 진실을 전달해주지 않는다. 실츠가 진실을 전달하고 있다면 그것은 그저 6000분의 1의 진실일 뿐이다.

실츠는 자신이 여러 이야기 가운데서 '페이션트 제로' 이야기를 선택한 이유를 그것이 매혹적인 이야기이기 때문이라고 밝혔다. 대체 매혹적인 에이즈 이야기는 어떤 것일까? 진실에 대한 이 선택적 의지를 설명할 수 있는 '무의식적' 기제는 무엇일까? 실츠는 언론이 대중이 좋아할 만한 '섹시'한 기삿거리만을 쫓아다닌다고 비난했다. 하지만 실츠의 '페이션트 제로' 이야기는 자신이 비판하는 기존 언론들의 이야기와 조금도 다르지 않다. 20세기 초 뉴욕에서 장티푸스 대유행이 일어났을 때 황색신문들은 메리 맬런이라는 여성을 '장티푸스 메리Typhoid Mary'라고 부르며, 장티푸스 대유행의 모든 책임을 이 여성 한 명에게 돌렸다. 실츠의 '페이션트 제로' 이야기는 '장티푸스 메리' 이야기와 얼마나 다른가? 1986년 PBS 시사 프로그램 〈프런트라인〉은 경제적인 이유로 성노동을 하며 자신의 삶을 지탱하고 있던 흑인 게이 페이비언 브리지스를 돈으로 유혹해 자신들의 필요에 맞게 착취하며 에이즈 특집 방송을 찍은 다음 그를 경찰에 신고했다. 실츠의 '페이션트 제로' 이야기는 이 〈프런트라인〉 에피소드와 얼마나 다른가? 1983년 NBC의 재연 프로그램 〈미드나이트 콜러〉는 샌프란시스코의 양성애자 HIV 감염인이 고의로 아내를 감염시켰다는 내용을 방송으로 내보냈다. 실츠의 '페이션트 제로' 이야기는 〈미드나이트 콜러〉의 이야기와 얼마나 다른가?[10] 록 허드슨이 에이즈로 사망한 후, 그의 동성 연인이 록 허드슨이 자신에게 에이즈에 걸렸다는 사실을 숨겼다며 수천만 달러의 재산권 소송을 내 이겼을 때, 언론은 이 재판 과정을 더 없이 선정적인 방식으로 보도했다. 실츠의 이야기는 당시 언론의 선정적인 보도와 얼마나 다른가? 언론은 에이즈 위험군에 속하는 성노동자와 약물 사용자를 언제나 공정하지 않은 방식으로 보도한다. 실츠의 주장은 이 언론들의 공정하지 않은 보도와 무엇이 다른가? 미국 이민귀화국은 한 외국인 감염인을 의도적으로 다른 이들에게 HIV를 감염시키려는 끔찍한 존재로 몰아갔다. 실츠의 주장은 미국 이민귀화국의

10. 동성애자 활동가들이 이에 항의하는 시위를 벌이자, 제작진은 의도적으로 다른 사람들을 감염시키는 HIV 감염인이 엄연히 존재한다고 답하며 실츠의 책을 그 근거로 들었다.

입장과 얼마나 다른가? 에이즈에 대한 언론의 이야기들은 HIV 감염인에 대한 혐오와 공포를 연료로 삼는다. 실츠는 이 사실을 끝까지 이해하지 못한다.

뒤가가 정말 HIV를 북미에 퍼뜨린 '페이션트 제로'였는지 여부는 중요하지 않다(물론 뒤가 때문에 HIV가 북미 전역에 퍼졌다는 이야기는 사실이 아니다. 질병통제예방센터의 클러스터 분석 결과, 클러스터 분석에 참여한 다른 감염인들이 HIV에 감염된 시점은 뒤가와 성관계를 맺기 이전으로 밝혀졌다.) 출판사 측에서 판매 부수를 높이기 위해 자극적인 '페이션트 제로' 이야기를 캘리포니아 지역 잡지에 게재한 것도 문제의 본질은 아니다.[11] 그렇다면 진짜 문제는 무엇일까? 그것은 실츠가 '페이션트 제로'의 이야기를 지어내기 이전부터 이미 사람들의 동성애혐오적 환상 속에는 '페이션트 제로'가 존재하고 있었다는 점이다. 그 혐오적 환상은 지금도 우리를 맴돌고 있다. 실츠는 세상을 바꾸고 싶어 『그래도 밴드는 계속 연주한다』를 썼다고 말한다.[12] 하지만 실츠가 잊고 있는 것이 있다. 이 세상은 에이즈에 걸린 게이 웨이터가 샐러드에 몰래 정액을 섞어 내오지 않을까 사람들이 진심으로 걱정하는 세상이며, 한 외국인 감염인이 미국에 입국하는 이유가 다른 사람들을 이유 없이 HIV에 감염시키기 위해서일 것이라고 판단하고 그를 입국금지시키는 세상이다. '페이션트 제로' 서사는 바로 그 혐오와 환상이 형상화된 이야기다. '페이션트 제로' 이야기가 진실인지 아닌지는 조금도 중요하지 않다.

11. *California Magazine*, October 1987 issue.
12. Shilts, "Talking AIDS to Death," p. 124.

○

1996년에 덧붙이는 글

: 뮤지컬로서의 역사, 존 그레이슨의 〈제로 페이션스〉

내가 1989년에 위의 글을 썼던 계기는 두 가지다. 당시 나는 무엇보다도 실츠의 『그래도 밴드는 계속 연주한다』가 에이즈 위기 초기의 역사를 다룬 결정적인 책으로 높은 평가를 받는 상황에 개입해야 했다. 또 다른 계기는 『그래도 밴드는 계속 연주한다』가 〈다이너스티〉의 제작자에 의해 텔레비전 미니시리즈로 제작될 것이라는 소식을 들은 것이다. 실츠의 책은 텔레비전 미니시리즈나 연속극의 형식을 충실히 따르고 있는데, 이런 형식은 빅토리아시대의 연재소설 양식에 영향을 받은 것이다. 책 속에 등장하는 수많은 이야기는 각각 별개의 이야기가 아니다. 모두 어디에선가 서로 연결되도록 세심하게 연출된 이야기들이다. 각 장은 항상 무언가 불길한 일이 일어나려는 순간에 극적으로 끝난다. 실츠는 텔레비전 미니시리즈의 '다음 회에 계속'에 해당하는 이런 장치로 독자가 책을 읽는 동안 계속해서 다음 이야기를 기대하며 긴장 상태에 있게 만든다.

결과적으로 『그래도 밴드는 계속 연주한다』는 처음 계획과 달리 미니시리즈가 아니라 HBO의 텔레비전 다큐드라마 영화 〈그래도 밴드는 계속 연주한다〉(1993)로 만들어졌다. 그렇게 된 정확한 이유는 알 수 없지만, 아마도 역사적 사건들을 보여주는 데는 미니시리즈 형식보다는 텔레비전 다큐드라마 영화라는 형식이 좀 더 적합할 것이라는 판단이 따랐으리라 짐작한다. 영화 〈그래도 밴드는 계속 연주한다〉는 꽤 높은 시청률을 올렸다. 책이 나온 지 상당히 오랜 시간이 지난 다음 영화화되었음을 생각해보면, 실츠의 서사가 여전히 많은 이들에게 먹히고 있다는 사실을 확인할 수 있다. 내가 가르치는 학부생들만 해도 자신에게 에이즈에 대한 정보를 제공한 가장 중요한 자료로 이 HBO 영화를 꼽는 학생들이 적지 않다.

수많은 인물이 한꺼번에 이야기를 끌고 가는 실츠의 책과 달리, HBO 영화에서는 단 한 명의 주인공 돈 프랜시스를 중심으로 이야기가 전개된다. 그는 에이즈 문제 해결을 위해 분투하는 질병통제예방센터의 감염병 전문가로 이 영화의 주인공이자 영웅이다. 원작에서 큰 비중을 차지했던 '페이션트 제로'의 역할은 축소되어 영화에 나오는 여러 등장인물 중 한 명으로만 그려진다. 그는 처음에는 질병통제예방센터의 클러스터 분석에 참여하기를 꺼리다가 결국 조사에 협조하는 인물로 나와, 영웅적인 연구자 프랜시스를 돋보이게 하는 역할을 맡는다. 프랜시스는 에이즈 예산 배정에 인색한 정부 관료들, 자신의 이해관계와 명예만 생각하는 과학자들, 돈 벌기에만 급급한 민간 혈액은행들, 남성 동성애자들의 섹스할 권리만을 외치는 동성애자 활동가들 사이에서 에이즈에 대한 진실을 홀로 파헤치는 영웅으로 그려진다. 이 영화의 자문은 실츠가 맡았다.

공교롭게도 1993년에는 HBO 영화 〈그래도 밴드는 계속 연주한다〉 외에도 '페이션트 제로'를 소재로 한 영화가 한 편 더 나왔다. 존 그레이슨이 연출한 캐나다의 뮤지컬 영화 〈제로 페이션스〉(1993)다. 영화의 줄거리는 이렇다. 『아라비안 나이트』의 영어 번역자로 잘 알려진 19세기 탐험가 리처드 프랜시스 버턴 경은 우연히 '불로의 샘'을 마셨다가 영원한 젊음을 얻어 100년이 훨씬 넘는 시간 동안 늙지도 않고 토론토 자연사박물관의 박제사로 일하고 있다. 박물관에 감염병 전시관을 만들던 그는 제로라는 이름의 게이가 캐나다와 미국에 고의로 에이즈를 퍼뜨렸다는 이야기를 듣는다. 그는 이 '페이션트 제로' 서사를 감염병 전시관의 주제로 삼기로 결심하고, 길버트 앤드 설리번이라는 거대 제약회사의 후원을 받아 자료를 모으기 시작한다(길버트 앤드 설리번은 빅토리아시대에 활동한 오페라 극작가와 작곡가 콤비를 일컫는 이름이기도 하다).

버턴은 제로의 친구와 가족들에게서 제로에 대한 부정적인 이야기를 따내 이를 전시 영상으로 만들려고 하지만, 제로의 친구와 가족들은 버턴의 속임수에 넘어가지 않는다. 제로의 어머니 역시 인터뷰를 거절한다. "그전에 왔던 기자도 좋은 의도로 찍는다고 해서 인터뷰에 응한 적이 있어요. 하지만 나중에 텔레비전을 보니, 제로를 남자들을 시도 때도 없이 집에 데리고 와 방탕하게 즐긴 악마 같은 놈으로 만들어놓았더라고요." 하지만 버턴은 이 장면을 몰래 찍은 다음 앞뒤 말을 모두 잘라 제로의 어머니가 제로를 "남자들을 시도 때도 없이 집에 데리고 와 방탕하게 즐긴 악마 같은 놈"이라고 비난한 것처럼 편집한다.

그러다 버튼은 제로의 유령을 만난다. 제로 앞에서 버튼은 자신이 한 일들에 대해 "진실을 보여주기 위해서는 사실을 가공해야 할 때도 있는 법"이라고 변명한다. 많은 이들은 그레이슨이 실츠가 사실을 제멋대로 가공했음을 비판하고자 한다고 생각할 것이다. 그러나 그레이슨이 이 영화를 통해 정말로 하고자 하는 말은 그런 것이 아니라, '페이션트 제로'의 억울한 누명을 벗기고 그의 명예를 회복시키는 일이다. 제로의 유령과 버튼은 (에이즈 활동가 마이클 캘런이 드랙 의상을 입고 연기하는 의인화된 바이러스) '미스 HIV'를 만난다. '미스 HIV'는 노래로 증언한다. 제로는 최초의 에이즈 환자가 아니었다고. 미국과 캐나다에 에이즈를 퍼트린 사람도 아니었다고. 그렇게 누명을 벗은 제로는 기쁜 마음으로 노래한다. "나는 아무것도 잘못하지 않았어요. 나는 최초의 에이즈 환자도 아니었고요." 이것을 본 버튼은 마음을 바꿔 감염병 전시관의 주제를 제로의 사악함에서 제로에 대한 칭송으로 바꾸기로 한다. 버튼은 영상을 다시 찍는다. "제로는 에이즈 위기 시대의 영웅입니다. 제로가 1982년 질병통제예방센터의 클러스터 분석에 적극적으로 협조한 덕분에 HIV가 성관계로 감염되는 바이러스라는 사실이 신속히 밝혀질 수 있었습니다. 제로의 협조가 없었다면, 게이 커뮤니티도 훨씬 늦게서야 세이프섹스를 발명할 수 있었을 것입니다. 제로는 악당이 아니라 영웅이었던 것입니다." 하지만 이런 버튼에게 제로는 말한다. "전혀 고맙지 않아요. 지금 당신이 한 말은 내가 정말 어떤 사람이었는지, 내가 정말 무엇을 원했는지 아무것도 말해주지 않아요. 당신은 그저 당신을 위해 또 다른 이야기를 지어내고 있는 것일 뿐이에요." 버튼은 제로가 원하는 것을 절대로 주지 못한다. 제로가 바라는 것은 이미 잃어버린, 아무도 되살릴 수 없는 자신의 삶이기 때문이다.

버튼이 어떤 이야기를 하던 그것은 버튼의 이야기일 뿐, 제로의 이야기가 될 수 없다. 그레이슨이 말하고자 하는 것은 그것이다. 이는 랜디 실츠에 대한 그레이슨의 강력한 비판이다. 실츠는 자신이 하는 모든 이야기가 객관적 사실에 의해 뒷받침되는 진실이라고 주장한다. 반면, 버턴은 자신이 만든 영화 〈제로 페이션스〉가 처음부터 끝까지 모두 만들어진 허구임을 관객에게 끊임없이 상기시킨다. 영화는 시작 장면부터가 1940~1950년대 유행했던 에스터 윌리엄스의 수중 뮤지컬 영화를 연상시키는 세트다. 이 인공적이기 짝이 없는 세트 속에서 제로는 노래한다. "계속 이야기를 지어내세요. 그래야 목숨을 구한답니다. 『아라비안 나이트』의 셰에라자드처럼요." 그레이슨이 셰에라자드 서사를 영화의 구조로 활용한 데는 충분한 이유가 있다. 그레이슨이 매우 괴상한 설정들을 채택한 것 역시 의도적인 선택이다. 영화의 두 주인공 가운데 한 명은 유령이고, 한 명은 19세기에 태어나 아직까지 살고 있는 인물이다. 이 뮤지컬의 세계는 항문들이 노래하고, 박물관의 동물 모형들이 춤추며, 에이즈 활동가 마이클 캘런이 드랙 옷을 입고 HIV가 되어 버스비 버클리 영화에서처럼 율동을 하고 노래를 부르는 세계다. 그레이슨은 〈제로 페이션스〉가 그저 또 하나의 허구적 이야기라는 사실을 관객에게 명징하게 알린다.

모든 스토리텔링은 그 스토리텔링이 일어나는 장르의 관습에 따라 이루어진다. 어떤 장르는 그 관습 자체를 잘 보이지 않게 만듦으로써, 이야기가 사실을 직접적이고 투명하게 전달하고 있다는 환영, 이른바 '진실효과truth-effect'를 창조한다. 많은 주류 저널리즘과 다큐멘터리 영화가 그렇게 한다. 창의적 논픽션 장르와 텔레비전 다큐드라마 영화는 그 정도가 덜하다. 후자가 다큐멘터리 기법과 드라마 기법을 섞고 있음을 관객에게 미리 알린다면, 전자는 부르주아 소설의 관습을 활용한다. 실츠는 자신의 책에 '창의적' 요소가 포함되어 있음을 끝까지 부정한다. "나는 이 책을 쓰면서 단 한 부분도 허구적인 내용을 추가하지 않았다. 이야기가 매끄럽게 흘러가게 하기 위해, 간혹 일부 장면이나 대화를 재구성했을 뿐이다. 경우에 따라 '그는 다음과 같이 생각했다'와 같은 전지적 시점의 표현을 사용하기도 했지만, 그것은 독자가 이야기를 따라가기 쉽게 하려는 장치에 불과하다."[13] 이처럼 실츠는 진실효과를 만들기 위해 사용된 관습, 심지어 부르주아 소설에서 차용한 관습까지도 진실이라고 착각한다. 실츠는 자신이 이른바 "진실"이라는 것을 만들어내기 위해 노력했음을 끝까지 부정한다. 그 결과 실츠는 이런 말을 하고 있을 뿐이다. "이것은 팩트이며 실제 일어난 일입니다.""저의 이야기는 매력적인 이야기, 섹시한 이야기입니다."

'섹시'한 이야기를 하는 것은 그레이슨의 〈제로 페이션스〉도 마찬가지다. 하지만 그레이슨은 그 이야기가 상상력, 정치의식, 영화적 관습을 다루는 능수능란한 솜씨를 통해 만들어진 가공된 이야기라는 사실을 감추지 않는다. 그레이슨의 이야기는 실츠의 이야기와 달리 우리가 너무나도 잘 알고 있는 이야기, 바로 동성애혐오적

---

13. 실츠는 『카스트로 거리의 시장: 하비 밀크의 삶과 죽음(The Mayor of Castro Street: The Life and Times of Harvey Milk)』(1982), 『그래도 밴드는 계속 연주한다(And the Band Played On: Politics, People, and the AIDS Epidemic)』(1987), 『동성애자 군인 이야기(Conduct Unbecoming: Gays and Lesbians in the U.S. Military』(1993) 총 세 편의 논픽션을 썼다. 이 세 권의 책 모두에서 그는 소설 양식의 전지적 작가 시점을 적극적으로 사용한다.

인 이야기를 들려주지 않는다. 그 대신 우리가 잘 알고 있다고 여기는 이야기에 대해, 우리가 그 이야기들에 익숙하게 된 이유에 대해, 그리고 우리가 이와 다른 대안적인 이야기들을 어떻게 할 수 있을지에 대해 질문하게 만든다. 실츠에게는 역사란 실제로 일어난 일들을 엮은 이야기다. 그레이슨에게는 역사란 우리가 직접 이야기를 해나감으로써 우리가 직접 만들어나가는 이야기다.

존 그레이슨, 〈제로 페이션스〉, 1993(사진: Rafy).

7
애도와 투쟁

1989년 8월 하버드대학교 영문학과가 주최한 〈비평과 남성 동성애자〉 콘퍼런스에서 발표한 글이다.
이후 《옥토버》 1989년 겨울호(제51호)에 실렸다.

1989년 퀴어이론가 리 에델먼은 학술지 《사우스 애틀랜틱 쿼털리》의 에이즈 특집호 '동성애혐오를 전치하기'에 실린 「감염된 담론」이라는 논문에서 액트업의 슬로건 '침묵=죽음'을 데리다의 이론을 적용해 해체적으로 분석한다. 에델먼은 '침묵=죽음'이 동성애혐오적인 은유의 담론들로부터 방어하기 위해 사실의 담론을 요청하고 있지만 은유에 맞서 사실을 특권화하는 이 슬로건도 결국은 사실의 형태를 띤 은유라고 분석한다. 그리고는 이것이 서구 사유를 지배하는 이항대립적 논리가 만드는 이데올로기적 얽힘을 보여준다고 주장한다.

'침묵=죽음'은 특정한 지식을 전달하려는 필요와 욕망을 사실의 형태로 표현하고 있지만 그것은 결국 은유가 될 수밖에 없다. 바로 이런 이유로 '침묵=죽음'의 담론은 언제나 필연적으로―은유에 대한 데리다적인 논리에—오염된 담론이다. 사실의 담론을 생산하려는 노력은 이른바 "사실"의 형태로 구체화되어 있지만, 결국 자신이 대항하고자 하는 의학적, 정치적 담론들의 반동적인 이데올로기들을 재생산한다. 이데올로기적 동기에서 비롯된 '침묵=죽음'의 담론적 논리는 사실과 은유, 적절한 것과 부적절한 것, 안과 밖의 구분을 어렵게 만든다. 이는 몸의 방어 체계를 공격하여 몸이 '자기'와 '비자기'를 구분하지 못하게 만드는 HIV의 작용을 복제한다.[1]

나는 에델먼이 '침묵=죽음'을 하나의 '텍스트'로 놓고 해체적으로 분석한 작업 자체가 잘못이라고는 생각하지 않는다. 하지만 나는 이 슬로건이 운동에서 어떤 중요한 역할을 하고 있는지 그가 잘 모르고 있다고 생각한다. 첫째, '침묵=죽음'이 적극적으로 활용하는 것은 사실이 아니라 시각성이다. 우리의 슬로건이 포스터, 플래카드, 버튼, 스티커, 티셔츠에 인쇄되어 운동에 널리 활용되고 있는 것은 그 강렬한 시각성 때문이다. 그러므로 이 슬로건이 로고스를 특권화하고 있다는 에델먼의 주장은 성립할 수 없다. 둘째, 이 슬로건이 요청하고 있는 것은 사실의 담론이 아니라 직접행동이다. 즉, 이 슬로건이 바라는 것은 에이즈와 관련한 서로 경합하는 사실들로 구성된 담론장 안에서 조직적이고 투쟁적인 에이즈 운동의 요구를 발화하는 것이다. 마지막 셋째, 나는 위 분석이 누구를 위해, 누구를

---

1. Lee Edelman, "The Plague of Discourse: Politics, Literary Theory, and AIDS," *South Atlantic Quarterly* 88, no. 1 (winter 1989), pp. 313~314.

향해 말을 걸고 있는지에 대해 비판적으로 이야기하지 않을 수 없다. 액트업의 슬로건을 데리다적으로 분석한 에델먼의 작업은 과연 누구를 위한 것이고, 누구를 향한 것인가? 학계에 있는 소수의 학자들, 그것도 그저 이 분석을 잠깐 흥미롭게 생각하고 넘어갈 이들을 위한 것이 아닐까?[2] 공동의 정치적 투쟁을 위해 만들어진 '침묵=죽음'이 에이즈 활동가들의 공동체에 문제를 제기한다면 그것은 에델먼이 위에서 제기하는 것과는 전혀 다른 층위의 문제일 것이다. '침묵=죽음'을 문자 그대로 받아들일 때 우리가 숙고해야 할 부분은 에델먼의 텍스트 분석이 주장하는 것들이 아닌 다음과 같은 질문이다. 우리 에이즈 활동가들이야말로 우리가 의도한 것과 달리 그동안 죽음의 문제에 대해, 또는 에이즈 위기가 초래한 죽음이 우리에게 얼마나 깊은 영향을 미치고 있는지에 대해 침묵해왔던 것은 아닐까?

에델먼처럼 나도 지금부터 자기와 비자기, 또는 안과 밖의 구분에 관해 이야기하고자 한다. 하지만 나는 그 이야기를 우리를 위하여, 에이즈 활동가들의 공동체를 위하여 하고자 한다. 애도mourning와 투쟁에 대해 쓰는 일은 내게 필요한 일인 동시에 어려운 일이다.

<hr>

2. 이 글을 쓴 이후에야 나는 에델먼의 작업이 지니는 의미를 깨닫고 그의 작업을 존경하게 되었다. 이와 같은 나의 변화에 대해서는 1장 「우울과 도덕주의: 여는 글」의 주 24번을 참조하라. 액트업의 로고 '침묵=죽음'을 분석한 작업에 대해서는 다음을 참조하라. Stuart Marshall, "The Contemporary Use of Gay History: The Third Reich," in *How Do I Look? Queer Film and Video*, ed. Bad Object Choices (Seattle: Bay Press, 1991), pp. 65~102. Douglas Crimp, with Adam Rolston, *AIDS Demo Graphics* (Seattle: Bay Press, 1990).

그동안 애도가 우리를 곤궁에 빠뜨리는 것을 너무나도 많이 보아왔기 때문이다. 여기서 '우리'란 남성 동성애자들을 말한다. 물론 남성 동성애자만 에이즈와 직면하는 것은 아니지만, 남성 동성애자들이 겪는 특정하고도 고유한 곤궁이 존재하고, 내가 잘 알고 있는 것은 남성 동성애자의 곤궁이기 때문에, 여기서는 남성 동성애자의 문제만 다룰 것이다. 그동안 수많은 여성을 포함한 동료 활동가들과 친구들이 내게 행동과 제안과 용기로 많은 영향과 영감을 주었다. 나는 이 글을 그들을 위해 썼다. 이 글에서 내가 다루는 갈등들은 나 자신의 갈등이기도 하다. 이 점이 이 글의 부족한 점을 어느 정도 설명해줄 것이다.

먼저 애도에 대한 양가감정에 얽힌 내 개인적 일화로 이야기를 시작해볼까 한다. 에이즈로 인한 죽음과 관련한 이야기는 아니지만 말이다. 1997년, 내가 잠깐 아이다호 고향집을 방문하던 시기, 아버지가 갑작스럽게 돌아가셨다. 나는 아버지와 관계가 좋지 않았기에 아버지가 돌아가셨는데도 슬픔을 느끼지도 드러내지도 못했다. 장례를 치르고는 뉴욕으로 돌아와 내가 기획했던 전시를 진행하며 다시 일상으로 복귀했다. 그런데 몇 주가 지난 후 지금까지도 코 옆에 흉터를 남긴 증상이 발생했다. 왼쪽 눈물샘이 심하게 곪으면서 종기가 골프공 크기만큼이나 커진 것이다. 마침내 종기가 터지자, 뺨을 타고 지독한 냄새가 나는 고름이 마치 독으로 된 눈물처럼 흘러내렸다. 나는 그 이후로 무의식의 힘을 의심하지 않게 되었다. 애도라는 심리적 과정을 반드시 존중해야 한다는 것도 의심하지 않게 되었다.

하지만 많은 활동가는 애도를 존중하기보다는 애도를 의심한다. "에이즈 추모 행사에 수많은 이들이 참여하는 것을 보고 있으면, 왜 이들이 추모 행사에는 그렇게 열심히 참여하면서도 에이즈 투쟁 집회에는 참여하지 않는 것인지 의아한 생각이 든다. 추모 행사에는 매우 많은 이들이 참여한다. 방송국 카메라는 이런 행사에 사람이 많이 모인 것을 즐기기라도 하는 듯 사람들을 따라다니며 중계한다. 하지만 추모 행사에 참여한 이들이 우리의 운동에도 참여하고 있는지 생각해보자. 이들은 추모 행사에 열심히 참여하는 것만큼이나 액트업이 주도하는 시민불복종 운동에도 참여하고 있는가?"[3] 래리 크레이머와 같은 에이즈 활동가는 이처럼 에이즈 추모 행사에 참여하는 이들을 정치적으로 침묵하는 이들로 보고 못마땅해한다. 반면, 추모 행사장의 분위기는 이와 다르다. 1989년 뉴욕 크리스토퍼 거리에서 열린 에이즈 추모 촛불 행진에서 사회자는 시민들을 향해 이렇게 외쳤다. "여러분 주위를 한번 둘러보시기 바랍니다. 액트업 활동가들은 이곳에 아무도 모습을 드러내지 않았습니다. 게이 커뮤니티는 그들이 아니라 이 자리에 나와 있는 바로 우리들입니다."[4] 사회자의 말에는 운동에 참여하는 것보다 세상을 떠난 이들에 대해 슬픔을 표현하고 그들을 애도하는 것이 동성애자 공동체에 더 필요한 일이고 더 진정성을 지닌 일이라는 의미가 담겨 있다. 크레이머는 이런 행사에 대한 적대감을 이렇게 표시한다. "에이

---

3. Larry Kramer, "Report from the Holocaust," in *Reports from the Holocaust: The Making of an AIDS Activist* (New York: St. Martin's Press, 1989), pp. 264~265.
4. *Outweek* 4 (July 17, 1989), p. 6.

즈 추모 행사를 폄하하고 싶지는 않지만, 나는 맥없이 그런 행사에만 참가하는 이들이 산송장 같다는 생각을 지울 수가 없다."[5]

이런 공적인 에이즈 애도 의식은 그 나름대로 정치적 힘을 지니고 있지만, 운동의 관점에서 보자면 많은 경우 자기만족적이고, 감상적이며, 패배주의적으로 보이는 것이 사실이다. 애도에 대한 활동가들의 적대는 크레이머가 언급한 것처럼 에이즈 애도 의식을 보도하는 언론이 우리를 무력한 피해자로 만들면서 더 강화된다. "애도하지 말라! 운동을 조직하라!Don't mourn, organize!" 노동운동가 조 힐이 1915년 사형당하기 전 남겼다고 전해지는 말이다. 이 말은 지금도 종종 시위 현장에서 구호로 사용된다. 경우에 따라서는 "슬픔을 분노로 바꾸세요!Turn your grief to anger!"처럼 뉴에이지풍으로 변형되기도 한다.[6] 앞의 구호는 슬퍼하지 말라고 하고, 뒤의 구호는 슬픔을 분노로 바꾸라고 한다. 이 구호들만 보면 인간이 마음만 먹으면 슬픔을 즉각적으로 투쟁으로 바꿀 수 있는 것처럼 느껴진다. 빌헬름 라이히는 스승인 프로이트에게 "우리의 고통이 어디에서 온다고 생각하십니까?"라고 따져 물은 적이 있다. 어떤 이들은 에이즈 위기를 살고 있는 우리의 고통을 우연히 지금 여기에 찾아온 자연발생적인

---

5. Kramer, "Report from the Holocaust," p. 264.
6. 노동운동가 조 힐이 남겼다는 말에 대해서는 다음을 참조하라. Michael Bronski, "Death and the Erotic Imagination," in *Taking Liberties: AIDS and Cultural Politics*, ed. Erica Carter and Simon Watney (London: Serpent's Tail in association with the ICA, 1989), pp. 219~228. 뉴에이지적인 심리치료 요법, 이를테면 사람들이 자신의 삶에 의미를 부여하기 위해 병에 걸리기로 선택한다는 정신 나간 유사 정신분석학적 주장들에 대한 비판은 다음을 참조하라. Allan Bérubé, "Caught in the Storm: AIDS and the Meaning of Natural Disaster," *Outlook* 1, no. 3 (fall 1988), pp. 8~19.

재난이라고 생각할지도 모르겠다. 하지만 에이즈 위기는 국가가 정치적으로 조장한, 막을 수 있었고 막아야만 했던 결과다. 이것이 고통의 기원을 묻는 위의 질문에 대한 우리 활동가들의 답이다. 애도를 비정치적인 것으로 보는 활동가들의 적대는 바로 이 답에서 발생한다.

이제 나는 이 거대한 질문은 잠시 제쳐두고, 운동과 애도 사이의 갈등을 먼저 살펴보고자 한다. 에이즈 위기를 사는 많은 활동가는 운동과 애도가 서로 상극이라고 여긴다. 이는 프로이트가 「애도와 우울」(1917)에서 애도를 설명하는 방식을 보면 충분히 이해할 수 있는 일이다. 프로이트에 따르면 애도는 애도하는 이의 에너지를 모조리 '흡수'해버린다. "사랑하는 대상을 잃고 깊은 애도에 빠진 이는 사랑하는 이와 연결된 것이 아니라면 모든 행동을 억제한다. 애도에 빠진 이는 애도에 온 마음을 다 바치는 나머지 다른 목적이나 이해관계에는 아무 힘도 쏟지 못한다."[7]

프로이트는 애도를 다음과 같이 설명한다.

사랑하는 대상을 상실한 이는 현실검증을 통해 그 대상이 더 이상 존재하지 않는다는 사실을 깨닫는다. 그렇다면 상실한 대상에 쏟았던 리비도를 모두 철회해야 한다. 하지만 이는 쉬운 일이 아니다. 많은 사람은 사라진 대상에 부착되어 있던 리비도를 쉽게 놓

---

7. Sigmund Freud, "Mourning and Melancholia," in John Rickman, ed., *A General Selection from the Works of Sigmund Freud* (New York: Anchor Books, 1989), pp. 125~126.

지 못한다. 심지어 사랑하던 대상을 대신할 대체물이 보장된 다음에조차 리비도를 철회하지 못한다. 이런 반발이 너무 심해 현실에 등을 돌리고, 환각 속에서 그 대상에 대한 집착을 계속 유지하기도 한다. 하지만 일반적으로는 그러다가 결국 현실로 돌아온다. 그 과정은 즉각적으로 이루어지지 않는다. 오랜 시간에 걸쳐 많은 에너지를 소비하는 과정에서 대상으로부터 리비도를 조금씩 조금씩 떼어나가게 되지만, 그러는 동안에도 잃어버린 대상은 마음속에 계속 존재한다. 이 과정에서 사랑하던 대상에 대한 기억과 기대가 되살아나면서 리비도가 대상에 과잉집중되기도 하지만, 결국에는 대상에서 리비도를 떼어내고 현실로 돌아올 수 있게 된다.[8]

퀴어이론가 마이클 문은 월트 휘트먼의 시집 『북소리』에 나오는 시들을 독해하며 에이즈 위기를 사는 동성애자들이 애도와 관련해 겪는 곤궁을 분석한다. 프로이트의 애도는 사랑하는 사람을 상실한 이가 정상적인 삶, 현실로 복귀할 수 있게 해주는 메커니즘이다. 하지만 동성애자들은 애초부터 이 사회가 규정하는 정상적인 삶에서 배제된 존재들이다. "동성애자들은 누구나 삶의 중요한 국면들에서 정상에서 완전히 배제되는 경험을 한다. 우리가 그동안 개인적인 투쟁과 공동의 투쟁에 참여하며 경험한 바에 비추어 볼 때, 프로이트의 애도는 근본적으로 정상성을 특권화하고 있다는 점에서 우리의 애도를 제대로 설명하지 못한다. 프로이트의 설명은 우리에게 애

---

8. 같은 글, p. 126.

도가 무엇을 의미하는지 설명해주지도 못하고, 우리의 애도가 지니는 의미를 풍부하게 하지도 못한다. 오히려 동성애자의 애도가 지닐 수 있는 가능한 의미들을 탐색하기 어렵게 만든다."[9]

동성애자라면 누구도 프로이트를 만족스럽게 받아들이지 못할 것이다. 하지만 하나 짚고 넘어가야 할 것이 하나 있다. 정상과 비정상을 나누고, 구조적 차별에 적응해야 한다고 강조함으로써 동성애자 억압을 강화한 이는 프로이트라기보다는, 신프로이트학파 가운데서도 프로이트의 이론을 '자아'를 중심으로 하는 내용으로 수정한 이들이다. 프로이트의 이론에도 정상성의 비전이 없는 것은 아니지만, 그 정상성은 동성애자뿐 아니라 그 누구도 온전히 획득할 수 있는 것이 아니다. 프로이트가 애도를 "애도는 삶에 대한 정상적인 태도에서 크게 벗어나는 상황을 만들기도 한다"라고 설명할 때,[10] '정상적인 태도'가 의미하는 것은 많은 동성애자가 비판하는 그런 정상성이 아니라, 그저 "다시 현실에 적응하는 상태", "애도 작업이 완료되어 자아가 다시 자유롭게 되고 억제도 모두 사라진 상태"를 말하는 것에 불과하다.[11]

동성애자들이 애도와 관련해 겪는 문제를 타개하는 방식으로 마이클 문은 애도를 페티시즘의 시각으로 독해하자고 제안한다. 페티시즘을 프로이트가 1927년 논문에서 설명한 방식에서 구원해 우리

---

9. Michael Moon, "Memorial Rags," paper presented in a session entitled "AIDS and the Profession" at the 1988 MLA convention, manuscript. 이 논문을 읽을 수 있게 해준 마이클 문에게 감사의 뜻을 표한다.

10. Freud, "Mourning and Melancholia," p. 125.

11. 같은 글, pp. 126, 127.

의 동성성애적homoerotic 관계를 이미 세상을 떠난 이들에게까지 확장하는 '의식적' 수단으로 삼자고 제안하는 것이다. 마이클 문과 달리, 나는 「애도와 우울」 바깥에서 다른 가능성을 찾기보다는 「애도와 우울」을 다시 읽으며 동성애자들이 애도와 관련해 겪는 갈등의 의미를 살피고자 한다. 여기서 미리 인정할 것이 있다. 첫째, 「애도와 우울」은 애도에 관한 논문이 아니다. 프로이트에 따르면 상실을 제대로 애도하지 못할 때 우리는 병리적 애도인 우울melancholia에 빠진다. 프로이트의 논문은 바로 이 우울을 다루는 논문이다. 마이클 문은 프로이트가 애도에 대해 기존의 통념만을 반복하고 있을 뿐이라고 지적하지만, 이는 프로이트가 이 논문에서 하고자 하는 바가 애도와의 비교를 통해 우울의 본질을 밝히려는 것이었지 애도 자체를 다루는 것이 아니었다는 점에서 당연한 일이다. 둘째, 「애도와 우울」은 동성애자 공동체의 애도 작업, 이를테면 동성애자의 장례식, 동성애자의 추모 행사, 동성애자의 촛불 행진에 대해서는 거의 설명해주지 못한다. 동성애자들이 하는 공동의 애도 작업 가운데 프로이트가 기술하는 방식에 부합하는 것은 에이즈 메모리얼 퀼트가 유일할 것이다. 에이즈 메모리얼 퀼트는—세상을 떠난 이들을 떠올리게 해주는 것들을 퀼트에 새겨 그것을 자신과 합체함으로써—사랑하는 이의 기억과 기대에 리비도를 과잉집중시켰다가 떼어내고 현실로 돌아오는 과정이라는 점에서 프로이트의 애도 과정에 부합한다. 하지만 이를 제외한 동성애자 공동체의 애도 작업은 프로이트의 설명에 들어맞지 않는다. 프로이트가 설명하는 애도는 우리가 하는 공동의 애도가 아니라 개인의 애도이기 때문이다. 여기서 애도와 관련한 우리의 문제가 발생한다. 이 사회는 동성애자가 개인적으로 애도하는 것을 사실상 금지하기 때문이다. 에이즈 활동가이자 연구자인 사이먼 와트니는 자신의 책『단속되는 욕망』을 동성애자 친구의 죽음을 애도할 수 없었던 경험으로부터 시작한다.

> 브루노의 장례식은 그의 고향인 런던 교외에 있는 한 노르만양식의 교회에서 열렸다. 어느 누구도 에이즈라는 말을 입 밖에 내지 않았다. 어느 누구도 브루노가 무슨 병 때문에 죽었는지 묻거나 답하지 않았다. 40여 명의 참석자 가운데 게이는 세 명이었다. 한 명은 나였고, 나머지 두 명은 브루노의 전 애인들이었다. 우리는 그곳에 있는 사람들 중 브루노와 가장 가까운 이들이었다. 하지만 우리는 슬픔을 억압해야 했다. 그들은 우리가 우는 것을 반기지 않았다. 브루노는 누구보다도 동성애자로서 충만한 삶을 산 친구였다. 그런 생각을 하니 장례식장의 분위기가 더 참을 수 없게 느껴졌다.[12]

자신이 에이즈 위기를 분석하는 책을 쓰게 된 이유를 설명하는 이 시작 부분에서, 와트니는 자신의 애도에 무슨 일이 일어났는지를 암시한다. 장례식에서 동성애자들은 위선을 강제하는 이 사회의 요구 앞에서 자신들의 슬픔을 억눌러야 하기만 하는 것이 아니다. 이 동성애자들은 사랑하는 친구의 기억을 떠올리며 동성애자를

12. Simon Watney, *Policing Desire: Pornography, AIDS, and the Media* (Minneapolis: University of Minnesota Press, 1987), p. 7.

향한 이 사회의 혐오를 떠올리지 않을 수 없다. 친구에 대한 기억을 다시 떠올리면서, 친구에 대한 에너지의 과잉집중은 사랑하는 친구의 세계를 혐오로부터 지켜내겠다는 방어 의지로 변한다. "장례식에서 내 친구는 브루노라는 이름으로 불리지 못했다. 그의 아버지가 내게 친구의 실명을 부르지 말라고 했기 때문이다. 친구의 이름은 그렇게 지워졌다. 에이즈를 둘러싸고 오가는 수많은 말들은 HIV 감염인들을 '피해자'로 만든다. 장례식장에서 나는 내 친구를 위해 그 말들, 에이즈와 관련한 이 사회의 담론들을 분석하고 비판하는 작업을 시작해야겠다고 결심했다."[13] 이처럼 와트니는 친구에 대한 애도를 완료하지 못한 경험 때문에 에이즈 활동가가 되었다.

많은 동성애자가 장례식장에서 비슷한 경험을 겪는다. 동성애자들은 사랑하는 친구를 기억하고 회상하면서 동성애자들을 향한 이 사회의 공격을 떠올리지 않을 수 없다. 사랑하는 이들을 상실해 고통을 겪고 있는 이들에게 사회가 지금처럼 폭력적이었던 적은 없다. 프로이트는 애도가 완료되어야 함을 강조하며 "다른 이의 애도를 방해하는 것은 무익함을 넘어 해로운 일이다"라고 경고했다.[14] 하지만 이 사회는 사랑하는 이들을 떠나보낸 동성애자들의 애도를 너무나도 일상적으로 방해한다.[15] 동성애자들이 마주하는 폭력은 가

---

13. 같은 책, p. 8.

14. Freud, "Mourning and Melancholia," p. 125.

15. 우리의 애도를 일상적으로 방해하는 대표적인 예는 언론 보도다. 《뉴욕 타임스》의 동성애혐오적 에이즈 보도는 에이즈 위기의 에이즈 보도 역사 중 가장 큰 추문에 해당할 것이다. 《뉴욕 타임스》의 문제적 보도에 대해서는 1989년 5월, 펜아메리카 주최로 열린 토론회에서 래리 크레이머가 자세히 언급한 바 있다. 1989년 6월, 《뉴욕 타임스》는 에이즈 위기

차 없다. 에이즈로 고통받는 사람이 세상에 한 명도 존재하지 않는다는 듯한 침묵과 무시의 폭력도 노골적인 혐오와 살해의 폭력만큼이나 견딜 수 없이 고통스럽다. 이런 폭력은 세상을 떠난 이들에 대한 기억을 훼손한다. 그렇기 때문에 동성애자들은 자신이 사랑했던 이들을 지키기 위해 분노에 차 일어난다. 많은 동성애자의 경우, 완료되지 못한 '애도'는 '투쟁'으로 변한다. 프로이트는 애도 작업이 방해되었을 때 어떤 일이 일어나는지는 밝히지 않았다. 하지만 우리가 세상을 떠난 이들을 방어하려는 '의식적인' 의지로 운동에 참여하게 되었다면 그것은 우리가 (애도 작업이 잘 완결되었을 때와 마찬가지로) 이미 현실을 존중하는 상태로 되돌아왔다는 것을 의미할 것이다. 그럼에도, 또는 그렇다면, 우리는 질문을 던져야 한다. 우리가 우리의 애도 작업을 방해받고도 현실을 존중하는 상태로 돌아올 수 있게 되었다면, 그것은 어떻게 가능하게 된 것일까? 우리는 그 과정에서 어떤 대가를 치르는 것일까? 우리의 '무의식'에는 어떤 일이 일어나는 것일까?

에이즈 위기를 겪는 동성애자들의 '애도'를 '투쟁'으로 변화시키

에 대한 이 신문의 전형적인 입장을 보여주는 또 한 편의 기사를 싣는다. 《뉴욕 타임스》는 자사의 독자를 모두 이성애자로 상정하며 이렇게 쓴다. "에이즈에 걸리기 쉬운 인구군은 제한되어 있다. 이 인구군에 속한 이들이 모두 에이즈에 걸린 이후에는 새로운 피해자도 점차 줄어들 것으로 전망된다." 이미 뉴욕에서만 2~4만 명이 HIV에 감염된 것으로 추정되는 상황에서 《뉴욕 타임스》는 남성 동성애자와 약물 사용자, 그리고 그들의 파트너와 자녀의 생명을 조롱하고 경시하는 기사를 쓴 것이다. 액트업은 곧바로 항의 시위를 벌였다. 액트업은 《뉴욕 타임스》를 판매하는 가판대마다 '《뉴욕 타임스》의 에이즈 보도는 절반 이상이 거짓입니다'라는 스티커를 붙였고, 신문 판매대의 동전투입구는 모두 "《뉴욕 타임스》의 에이즈 보도는 고장 났습니다"라는 스티커로 막았다. 그랜 퓨리는 해당 사설을 그대로 복제해 이를 '통제'라는 이름의 작품으로 만든 후, 《아트포럼》 1989년 10월호에 실었다.

는 조건은 하나 더 있다. 프로이트는 애도의 메커니즘을 이렇게 기술한다. "잃어버린 대상에 한때 자신이 리비도를 투자했다는 것을 입증해주는 기억이나 기대 상황과 관련하여, 자아는 현실검증을 통해 그 대상이 더는 존재하지 않는다는 것을 깨닫는다. 그러면 자아는 대상과 운명을 같이하게 될 것인가라는 고민을 멈추고, 자신이 살아 있다는 사실에서 비롯되는 나르시시즘적인 만족 속에서, 이제는 사라지고 없는 대상에 대한 집착을 끊을 수 있게 된다."[16] 하지만 에이즈 위기를 겪는 동성애자들에게는 애도 과정을 통해 상실을 받아들이고 현실로 복귀해 앞으로 나아가는 일이 그렇게 간단하지 않다. 에이즈 위기를 사는 동성애자들에게 자신이 세상을 떠난 이들과 운명을 같이하게 되지 않을 것이라고 확신하기란 너무나도 어려운 일이기 때문이다. HIV 감염인들, 그리고 HIV 감염 위험에 노출되어 있는 이들도, 자신이 살아 있다는 사실에서 비롯되는 나르시시즘적인 만족 속에서 이제는 사라지고 없는 대상에 대한 집착을 끊고자 노력한다. 하지만 살아 있다는 사실에서 비롯되는 나르시시즘을 어떻게 살아남겠다는 투지에서 떼어낼 수 있겠는가? 또 우리가 먼저 떠난 이들과 계속 동일시를 하는데, 우리만 살아남았다는 죄책감을 어떻게 갖지 않을 수 있겠는가.[17]

---

16. Freud, "Mourning and Melancholia," pp. 136~137.
17. 상실한 이들과 운명을 함께하지 않겠다는 결심, 그리고 살아남았다는 죄책감. 이 두 가지는 애도의 과정에서 누구나 경험하는 문제다. 모든 죽음은 우리로 하여금 우리 자신의 죽음과 운명을 직면하게 하기 때문에, 우리는 상실한 대상에 동일시를 느낄 수밖에 없다. 다시 말해, 이 문제는 에이즈로 누군가를 상실한 남성 동성애자들만의 문제가 아니라는 이야기다. 하지만 세상을 떠난 이들과 게이 섹슈얼리티라는 연결고리로 강력하게 연결되어 있는

이들은 세상을 떠난 친구들의 세상을 지키겠다고 투쟁으로 나아 갔던 것처럼, 자신은 반드시 살아남겠다고 다짐하며 다시 한번 투 쟁을 결심한다. 그저 애도하는 것은 무기력한 투항처럼 느껴지기 때 문이다. 하지만 우리가 알아야 할 것이 하나 있다. 투쟁을 향한 이런 의지 아래 여전히 고통스러운 감정들이 해소되지 않고 도사리고 있다는 점이다. 나만 살아남았다는 죄책감, 투병하는 친구들을 끝도 없이 돌보는 데 지친 나머지 자신이라도 살 수 있도록 그들이 이제 갈 길을 가주었으면 하고 생각했던 것을 떠올리며 자신만 살아남았음을 자책하는 고통스러운 죄책감 말이다.

이제 애도와 투쟁이 서로 양립 불가능하다는 우리의 생각을, 그리고 프로이트의 생각을 부분적으로 수정하여 다음과 같이 말할 수 있을 것이다. 남성 동성애자들은 한편으로는 동성애혐오적인 사회가 자신들의 애도를 방해하기 때문에, 또 한편으로는 세상을 떠난 이들과 자신이 운명을 함께하게 될지도 모른다는 것을 가능성으로 남겨둘 수밖에 없기 때문에, 애도를 성공적으로 완료할 수 없

만큼 남성 동성애자들이 에이즈 위기에서 특수성을 갖는다는 점을 부인할 수는 없다. 사이먼 와트니는 이를 에이즈 운동의 동기로 발전시켜야 한다고 주장한다. "에이즈가 발견되기 전에는 모두 세이프섹스를 하지 않았다. 그중 누군가는 HIV에 감염되었고, 누군가는 HIV에 감염되지 않았다. 우리가 반드시 인지해야 하는 것은 여기에는 필연적인 인과관계가 존재하지 않는다는 점이다. 에이즈 위기 이전에 다른 모든 이들처럼 세이프섹스를 하지 않았지만, 에이즈 위기 이후 HIV에 감염되지 않은 이들은 모두 이 운명의 의미를 숙고해야 한다. 지금 HIV에 감염되지 않은 우리는 모두 HIV에 감염된 이들에게 '절대적인 책임' 그리고 '무조건적인 책임'을 져야 함을 깊이 명심해야 한다."(Simon Watney, "'The Possibilities of Permutation': Pleasure, Proliferation, and the Politics of Gay Identity in the Age of AIDS," in *Fluid Exchanges: Artists and Critics in the AIDS: Crisis*, ed. James Miller [Toronto: University of Toronto Press, 1992]).

다. 에이즈로 인한 친구들의 죽음을 감당해야 하는 남성 동성애자들이 투쟁을 위해 일어설 때, 그것은 그들이 애도 작업 그 자체 '안'에서 겪는 의식적인 갈등 때문일 것이다. 하지만 애도는 심리적인 과정이기 때문에, 남성 동성애자의 반응을 외부로부터의 방해에 대한 의식적인 반응으로만 설명하는 것은 부족하다. 의식적인 측면을 살피는 일에 비해, 남성 동성애자의 반응이 우리 안에 도사리고 있는 무의식적인 갈등에 어떻게 영향받고 있는지를 살피는 일은 훨씬 더 어렵다. 그럼에도 무의식이 어떤 역할을 하고 있는지 알아야, 우리는 애도를 가로막는 외부의 방해와 애도에 대한 우리 내부의 적대가 서로 어떤 관계를 맺고 있는지 이해할 수 있게 된다. 하나는 분명히 해두고자 한다. 내가 애도의 문제를 이해하려는 이유는 애도에 대한 우리 활동가들의 적대가 우리의 정치적 운동에 부담이 되고 있다는 데 있다. 나는 에이즈 운동의 '심리적 원인론' 같은 것을 밝히고자 하는 것이 아니다. 우리가 일상적으로 마주하는 사회적·정치적 야만을 생각해본다면, 우리의 투쟁은 설명하고자 노력할 필요도 없는 당연한 것이다. 내가 지금 이해하고 설명하고자 노력하는 것은 왜 많은 이들이 정치적 침묵에 빠지게 되는가이다.

1989년 기준, 액트업 뉴욕 지부의 월요 정기 모임에는 매주 400명 정도가 참석한다. 내가 놀라는 것은 나와 같은 스톤월 세대의 게이들은 이 모임에 거의 참석하지 않는다는 점이다. 모임에 오는 이들은 대부분 스톤월 혁명 이후에 태어난 이들이다. 이들이 에이즈 위기에 경험하는 상실은 스톤월 세대가 경험하는 상실과는 한 가지 측면에서 크게 다르다. 작년 나는 액트업 회원들과 함께 뉴욕 레즈비언·게이 실험영화제에서 1970년대 초에 만들어진 영화 한 편을 관람했다. 영화가 끝나고 우리는 함께 술을 마시며 이야기를 나눴다. 어린 회원 한 명이 내가 보기에는 특별히 대단할 것도 없는 영화 속 한 섹스신에 대해 너무나도 놀랍다는 듯이 이야기했다. "저도 다른 남자의 정액 맛이 어떤지 한 번이라도 먹어볼 수 있다면 소원이 없을 것 같아요." 그 말을 듣고 나는 두 가지 이유로 가슴이 아팠다. 한 가지 이유는 그가 다른 남자의 정액 맛을 모르고 있어서였고, 또 다른 이유는 내가 다른 남자의 정액 맛을 잘 알고 있어서였다.

프로이트는 애도가 사랑하는 사람이 세상을 떠났을 때도 발생하지만, "자신이 사랑했던 추상적인 가치들, 이를테면 조국, 자유, 이상"을 잃었을 때도 발생한다고 쓴다.[18] 하지만 상실된 것이 이런 승화된 가치들이 아니라 우리의 도착적 성적 쾌락 그 자체라면, 그것은 과연 애도할 수 있는 대상들의 '문명화'된 목록에 포함될 수 있을까? 남성 동성애자들이 이 성적 이상의 상실을 애도하는 것이 과연 허용될 수 있을까? 에이즈 위기와 함께 남성 동성애자들이 상실한 것은 사랑하는 이들만이 아니다. 남성 동성애자들은 에이즈 위기와 함께 성적 가능성의 문화도 상실했다. 스톤월 이후 남성 동성애자들은 잠시나마 성적 가능성의 문화를 쟁취했다. 백룸에, 공중화장실에, 게이 서점에, 게이 극장에, 게이 사우나에 우리의 섹스가 있었다. 트럭에, 부두에, 숲속에, 호숫가에 우리의 섹스가 있었다. 골

18. Freud, "Mourning and Melancholia," p. 125.

든샤워golden shower와 워터스포츠water sports, 콕서킹cocksucking과 리밍rimming, 퍼킹fucking과 피스팅fist-fucking이라는 우리의 섹스가 있었다. 에이즈 위기가 도래하자마자 우리의 성적 실천은 모두 금지되었다. 또는 자그마한 라텍스 조각으로 가로막혔다. 하다못해 입에 들어가도 무방하다는 이유로 우리가 윤활제로 즐겨 사용했던 크리스코조차 이제는 콘돔을 녹인다는 이유로 쓸 수 없게 되었다. 섹스토이들은 우리에게 쾌락을 더해주지 않는다. 그것들은 우리가 상실한 성적 이상의 자리에 들어선 안전하고 얌전한 대체물일 뿐이다.

성기 중심의 강제적 이성애를 따르는 이들이라면, 위와 같은 것들을 상실했다는 것이 무엇을 의미하는지도 모를 것이다. 동성애자의 섹스는 에이즈가 도착하기 전에는 제대로 받아들여지지도 않았다. 에이즈가 도착한 후에는 혹독한 조사와 비난의 대상이 되었다. (가령 하원의원이자 동성애혐오자인 윌리엄 대너마이어william Dannemeyer는 1989년 6월 의회에서 '동성연애자들이 하는 변태적인 성행위'라는 제목으로 내가 위에서 예로 든 성적 실천들을 하나씩 자세히 묘사하며 동성애자들을 처벌해야 한다고 주장했다.) 우리가 사랑하는 이들을 상실했다고 말하듯이 억제되지 않은 섹스를 상실했다고 말한다면, 이 사회는 우리와 연대하기는커녕 우리를 관용하지도 않을 것이다. 물론 파졸리니가 말했듯 관용은 "고상한 형태의 비난"에 불과하다.[19] 에이즈 위기는 파졸리니의 말이 옳음을 증명했다. 그들은 우리의 쾌락을 관용하지 않았다. 우리는 우리의 쾌락을 직접

19. Pier Paolo Pasolini, "Gennariello," in *Lutheran Letters*, trans. Stuart Hood (Manchester: Carcanet New Press, 1983), pp. 21~22.

쟁취했다. 이제 우리는 에이즈 위기로 상실한 우리의 쾌락도 애도해야 한다.

게이들은 사랑하는 이들의 죽음을 애도할 때도 비난받지만, 성적 이상의 상실을 애도할 때도 비난받는다. 하지만 이때 우리가 겪는 정신적 고통의 종류는 다르다. 과거의 성적 이상에 대한 우리의 기억이 양가감정ambivalence으로 가득 차 있기 때문이다. 지금은 이미 세이프섹스가 널리 보급된 때다. 이제 우리는 세이프섹스를 통해 성적 이상의 상실을 충분히 극복할 수 있다. 하지만 스톤월 세대에 속한 많은 게이는 자신이 향유했던 과거의 성적 이상을 이상하리만큼 격렬히 부인하고 있다. 이는 우리가 우리의 성적 이상에 대해 양가감정을 가지고 있음을 보여준다. 세이프섹스가 성적 이상을 대신할 대체물로 등장했음에도, 과거의 성적 이상에서 리비도를 떼어내 새로운 대상과 관계를 맺지 못하는 것이다. 이를 명징하게 보여주는 것이 세대 차이다. 에이즈 위기 이전의 성적 이상을 경험하지 않은 새로운 세대의 남성 동성애자에게, 과거의 성적 이상은 말 그대로 하나의 이상이다. 먹어보지 못했고, 앞으로도 먹어보지 못할 다른 남자의 정액 같은 것이다. 그들에게 세이프섹스라는 새로운 방법의 섹스는 상당히 저항적인 행위로 여겨질 것이다. 젊은 활동가들에게 세이프섹스를 널리 알리는 일은 에이즈 위기에 에이즈 운동이 취할 수 있는 가장 덜 억제된 입장일 것이다. 하지만 지금은 사라진 성 해방을 직접 경험한 스톤월 혁명 세대의 게이들에게는 세이프섹스를 받아들이는 일이 저항이라기보다는 체념처럼, 완료된 애도라기보다는 우울처럼 보일 것이다. 나는 이런 성향이 병리적이라고는 조금도 생각하지 않지만, 이런 성향이 생기는 계기의 측면에서 생각해볼 때 이것이 많은 부분 프로이트가 말하는 우울의 특징이라고는 생각한다.

프로이트는 이렇게 쓴다. "우울은 사랑하는 이의 죽음 같은 분명한 상실을 경험할 때뿐 아니라 냉대를 받거나, 무시를 당하거나, 실망감을 느끼는 모든 상황에서도 발생하며, 이런 상황은 이미 존재하고 있는 양가감정을 더 강하게 만든다."[20] 우울에 대한 프로이트의 이 설명은 개인이 다른 개인과 맺는 관계에 관한 것이다. 하지만 이는 동성애자 개인과 이 사회의 관계에 적용해도 완벽하게 들어맞는다. 어떤 동성애자들은 동성애혐오적인 사회로부터 냉대받고, 무시당하고, 실망하면서 우울에 빠진다. 우울에 빠진 이들은 애도에 빠진 이들과 똑같은 특징을 보이지만, 한 가지 특징은 다르다. 그것은 바로 "자존감의 추락"이다.[21] "애도에서 빈곤해지는 것은 세상이지만, 우울에서 빈곤해지는 것은 자아다."[22] 우울을 앓는 이들의 가장 큰 특징은 "주로 도덕주의에서 비롯되는 열등감의 망상",[23] "도덕적인 이유에서 비롯되는 자아에 대한 불만"이다.[24] "우울을 앓는 이는 자신의 자아가 쓸모없고 무능력하며 도덕적으로 타락했다고 말한다. 그는 자신을 비난하고, 자신에게 욕설을 퍼붓고, 자신이 이 사회

---

20. Freud, "Mourning and Melancholia," p. 132.
21. 같은 글, p. 125.
22. 같은 글, p. 127.
23. 같은 글, p. 128.
24. 같은 글, p. 129.

에서 추방되고 처벌받기를 기대한다."[25] "그는 아주 격앙된 자기비난 속에서 자신을 편협하고 이기적이고 부도덕하고 독립심이 없는 사람으로 묘사한다. 또 자신의 약점을 숨기는 데 급급한 사람으로 표현한다."[26] "그는 자신에게 어떤 변화가 일어났다는 생각을 전혀 하지 않는다. 오히려 과거의 자기까지 비난하며, 예전에도 지금과 마찬가지로 쓸모없는 존재였다고 선언한다."[27]

도덕주의에서 비롯되는 자기비난. 에이즈 위기를 사는 우리는 일부 보수적인 동성애자 명사들과 작가들이 에이즈 위기와 관련해 이런 자기비난을 일삼는 모습을 보는 데 너무나도 익숙하다. 언론이 그들에게 기쁘게 동성애자 커뮤니티의 대변인 훈장을 달아주는 덕에 그들이 시도 때도 없이 언론에 나와 동성애자들을 비난하기 때문이다. 랜디 실츠가 대표적이다.[28] 그는 최근 1989년 6월 캐나다 몬트리올에서 열린 제5회 국제에이즈대회에서도 폐막 연설자로 나서 그 자리에 참석해 있던 에이즈 활동가들 앞에서 에이즈 운동을 도덕주의적으로 격렬하게 비난했다. 실츠보다 더 비굴한 이들도 있다. 『이제는 파티를 끝내야 할 때: 이성애자들이 동성애자에 대해 가지고 있는 공포와 혐오를 없애는 법』(1989)이라는 책을 낸 마셜 커크와 헌터 매드슨이라는 이들이다. 『그래도 밴드는 계속 연주한다』의 속편이라 해도 어색하지 않을 이 더러운 책에서 이들은 실츠의 책

---

25. 같은 글, p. 127.
26. 같은 글, p. 128.
27. 같은 글, p. 127~128.
28. 3장 「감염병의 시대에 우리의 문란한 사랑을 계속하는 법」을 참조하라.

을 권위 있는 자료로 인용하며 실츠의 '페이션트 제로' 서사를 또다시 반복한다. 두 저자는 모두 하버드대학교 사회학과 출신으로, 마셜 커크는 고지능자 전용 적성검사를 설계하는 일을 하는 신경정신병 연구자이고, 헌터 매드슨은 '침묵하는 다수' 게이들을 위해 '긍정적인 이미지'를 창조하는 일을 하는 홍보 컨설턴트다. 이들은 자신들이 사회생물학 이론에 기반해 동성애혐오를 없앨 수 있는 방법을 찾았다고 주장한다. 그들이 제안하는 방법은 홍보 전략을 활용해 동성애자에 대한 긍정적인 이미지를 보여줌으로써 동성애자도 이성애자와 다르지 않음을 보여주는 것이다. "먼저 쿠어스 맥주 광고 같은 것을 잘 참조해야 한다."[29] "그다음 그들이 사용하는 홍보 전략을 잘 모방해 동성애자에 대한 '긍정적인 이미지'를 창조해야 한다. 하지만 여기서 끝나면 안 된다. 우리는 그 긍정적인 이미지에 걸맞게 우리의 잘못된 과거를 깨끗이 청산해야 한다."[30] 그들은 이어 "드랙퀸, 래디컬 페어리, 남색꾼, 불 다이크"를 커뮤니티에서 몰아낼 것을 주문한다.

이들은 프로이트가 말한 우울을 앓는 이들의 특징을 그대로 보여준다. 이들은 동성애자 커뮤니티를 비난하는 데서 멈추지 않고 자기들 자신까지도 비난한다. "우리 역시 우리가 비판하는 혐의에서 자유롭지 않다. 하지만 그렇다고 동성애자 공동체를 비판할 자격

---

29.   Marshall Kirk and Hunter Madsen, *After the Ball: How America Will Conquer Its Fear and Hatred of Gays in the '90s* (New York: Doubleday, 1989), p. 154.
30.   이들은 심지어 '방탕했던 삶을 정리하기'라는 제목 아래 '자기 행동 점검 체크리스트'까지 제공하고 있다.

이 사라지는 것은 아니다. 오히려 그렇기 때문에 동성애자 공동체를 더 통렬히 비판할 수 있는 것이다."[31] 동성애자들에 대한 이들의 비판은 전형적이다. 두 저자는 동성애자들이 거짓말을 일삼고, 현실을 부정하며, 도덕적 기준이 없다고 비난한다. 동성애자들이 자기중심적이고, 방종하며, 자기파괴적이고, 헌신적인 관계를 유지하지 못한다고 비난한다. 동성애자들이 섹스와 술과 약물에 빠져 있다고 비난한다. 그들은 동성애자 활동가들과 동성애자 지식인들은 모두 파시스트라고 비난한다.[32]

동성애자 커뮤니티를 처음 조사하기 시작했을 때만 해도 게이들에게도 최소한의 도덕적 기준이 있으리라 생각했다. 하지만 얼마 지나지 않아 우리의 생각이 잘못되었다는 것을 깨달았다.

연구 결과에 따르면, 공상허언증 환자 중 상당수는 동성애자라고 한다.

게이 바는 온갖 종류의 추악하고 끔찍한 성행위가 벌어지는 장소다. 그곳에서 게이들은 일말의 이성도 없이 헐벗은 채 섹스에만 탐닉한다.[33]

31. 같은 책, p. 278.
32. 이 비난들은 커크와 매드슨의 책 6장 「동성애자 공동체의 상태: 동성애자 자긍심은 패망의 선봉이니라」에 등장한다.
33. 같은 책, pp. 292, 283, 313.

그들은 이렇게 주장한다. "이성애자들이 편견 때문에 우리의 참모습을 보지 못하고 잘못 알아서 우리를 혐오하는 것이 아니다. 그들은 우리의 실제 모습을 혐오하는 것이다."[34] 이 문장은 두 저자의 의도와는 전혀 다른 의미에서지만 내가 그들의 책 전체에서 유일하게 동의하는 한 문장이다. 이성애자들이 동성애자들 자체를 혐오하는 것이라면 우리는 두 저자가 제안하는 홍보 전략으로는 동성애혐오를 없앨 수 없다. 두 저자가 동성애자들에 대해 서술하는 방식을 보면 그들 자신이 동성애자에 대한 동성애혐오적인 편견에 온전히 빠져 있음을 알 수 있다. 그들은 동성애혐오를 이해하지 못한다. 그들 자신이 자신들을 거부하는 동성애혐오적인 사회와 동일시하고 있기 때문이다.

동일시, 그리고 대상의 특징을 자기 안에 심는 내사introjection도 우울을 앓는 이들에게 일어나는 정신적 과정이지만, 나는 여기서 그 점을 구태여 논하지 않겠다. 이들의 자기혐오가 아무리 극단적이라 하더라도 나는 동성애자들이 처하게 되는 이런 상태 자체를 병리적인 것으로 만들어 비난할 생각이 당연하게도 전혀 없기 때문이다. 내가 하고자 하는 것은 불완전하게 해방되었다 사라진 우리의 과거를 미성숙하고 비도덕적이라고 비난하는 이 남성 동성애자들의 상태가 우울의 상태와 유사하다는 사실에 주목하는 것이다. 하지만 그 우울이 죽음충동과 연관을 맺는다는 점만큼은 반드시 논해야겠다. 프로이트는 「자아와 이드」(1923)에 이르면 우울을 이렇게

---

34. 같은 책, p. 276.

결론 내린다. "우울을 앓는 이들의 초자아에서는 삶의 충동이 사라지고 죽음충동만이 득세한다."[35]

1987년 3월, 래리 크레이머는 뉴욕 레즈비언·게이 커뮤니티센터에서 액트업의 창립을 촉구하는 다음과 같은 유명한 연설을 했다. "저는 가끔 우리가 모두 죽고 싶어 하고 있는 것이 아닌가 하는 생각을 합니다. 아니 우리는 실제로 죽기를 바라고 있는 것이 분명합니다. 그렇지 않고서야 지난 6년간 우리의 친구들이 끊임없이 세상을 떠나는 것을 지켜보면서도 어떻게 이렇게 아무것도 안 하고 있을 수 있겠습니까? 어떤 이들은 현실이 너무 끔찍한 나머지 게이들이 그 현실을 부정하고 있다고 말합니다. 저는 그렇게 생각하지 않습니다. 우리는 그저 죽기만을 기다리고 있는 것입니다."[36]

1989년, 동성애자 언론인 대럴 예이츠 리스트는 《네이션》 지면을 통해 액트업이 여러 중요한 동성애자 의제에는 아무런 신경도 쓰지 않은 채 에이즈 문제에만 매달리고 있다고 비난했다. "버림받은 청소년들을 만난 다음 날 나는 카스트로 거리에서 활동가들과 저녁을 먹었다. 활동가들은 다른 이야기는 언급도 하지 않은 채 에이즈 이야기만 했다. 이미 죽은 이들, 죽어가는 이들 이야기만 했다. 그들의 머릿속에서는 에이즈에 걸린 이들이 샌프란시스코의 게이들 전부인 것 같았다. 에이즈 운동은 그저 그들 사이에서 인기 있는 일종의 유행처럼 보였다. 활동가 중 한 명은 지금 우리가 싸워야 할 한 가지 문제가 있다면 그것은 에이즈라고 말하기까지 했다. 숨이 막혔

---

35. Sigmund Freud, *The Ego and the Id* (New York: W.W. Norton, 1962), p. 43.
36. Kramer, "Report from the Holocaust," p. 128.

다. 게이들이 모두 죽음을 바라고 있다는 생각이 들었다."

　래리 크레이머는 에이즈 운동에 참여하지 않는다는 이유를 들어 게이들이 스스로 죽음을 바라고 있다고 비난했고, 리스트는 거꾸로 게이들이 에이즈 운동에 참여한다는 이유로 게이들이 모두 죽음을 향해 달려가고 있다고 비난했다.[37] 나는 동성애자들이 죽음을 바라고 있다는 이들의 말을 받아 글을 이어가고자 한다.

　내가 지금까지 이야기한 것만 보면, 에이즈 위기에 대한 동성애자들의 반응에 특별한 점이 없다고 느낄지도 모르겠다. 그렇게 느껴진다면 그것은 내가 프로이트의 「애도와 우울」을 도식적으로 독해했을 뿐, 에이즈 위기 시기에 남성 동성애자들이 겪는 경험을 구체적으로 이야기하지 않아서일 것이다. 나는 우리가 겪는 갈등이 얼마나 깊고 복잡한지도, 또 그 갈등이 얼마나 많은 예상치 못한 결과를 만들어내는지도 이야기하지 않았다. 이제 나는 우리가 직면하고 있는 어려움을 일부나마 나열해보도록 하겠다.

　에이즈로 사망하는 이들의 압도적인 다수는 젊은 나이의 남성 동성애자들이다. 그들을 떠나보내는 이들도 대부분 젊은 나이의 남성 동성애자들이다. 이처럼 우리는 아무런 준비도 되어 있지 않은 상태에서 상상할 수 없는 상실을 경험하고 있다. 너무나도 많은 이들을 잃는다. 연인을 떠나보내고, 친구를 떠나보내고, 지인을 떠나보

37.　Darrell Yates Rist, "The Deadly Costs of an Obsession," *Nation*, February 13, 1989, p. 181. 리스트의 비판에 대해 액트업은 1989년 3월 20일 자와 5월 1일 자 《네이션》에 반론을 기고했다. 리스트와 액트업 사이의 논쟁에 대해서는 사이먼 와트니가 다음 글에서 열정적으로 분석하고 있다. Watney, "The Possibilities of Permutation."

내고, 공동체의 성원을 떠나보낸다. 주변 사람들을 100명 가까이 잃은 이들도 적지 않다. 우리는 아픈 친구들도 살펴야 한다. 장기간 친구들을 돌봐야 한다. 친구들을 위해 수없이 여러 번 병원을 방문해야 한다. 친구들에게 감정적이고 정신적인 돌봄을 제공해야 한다. 말도 안 되는 이 나라의 보험제도 그리고 사회보장제도와 협상해야 한다. 새로 나오는 실험 치료제 정보도 계속 파악해야 한다. 그 과정에서 에이즈 치료제에 대해 의사만큼 잘 알게 된 이들도 여럿이다. 그뿐만이 아니다. 우리 자신의 건강도 살펴야 한다. 자기 자신이 HIV에 감염되었거나 에이즈에 걸리지 않았는지 수시로 확인해야 한다. HIV에 감염되었거나 에이즈에 걸렸다면 어떤 치료를 어떻게 받아야 할지도 스스로 결정해야 한다. 친구들이 계속 세상을 떠나는 와중에 자신의 건강 상태에 대한 불안과 걱정도 오롯이 혼자 마주해야 한다.[38]

우리가 이렇게 죽음과 질병으로 고통받는 동안에도, 이 사회는 우리를 돕지 않는다. 그러기는커녕 우리의 고통을 인정조차 하지 않는다. 오히려 우리를 비난하고, 무시하고, 배제하고, 조롱한다. 이 사회는 HIV에 감염되었다는 이유로 우리를 차별하고, 직장에서 해고하고, 보험 자격을 정지시킨다. 에이즈 문제를 해결해야 할 국가는 에이즈 위기에 제대로 대처하지 않고, 오히려 방치한다. 결국 우

---

38. 언론은 에이즈에 대한 불안을 반복적으로 다룬다. 주사기 바늘에 찔릴 위험에 노출되어 있는 의료인과 경찰의 불안, 자녀를 HIV 감염 아동이 다니는 학교에 보내는 부모의 불안, 양성애자 남자친구와 사귀던 적이 있는 여성 이성애자의 불안 등이 그런 예다. 하지만 나는 에이즈가 발견된 1981년 이래 언론이 에이즈에 대한 불안과 함께 살아가고 있는 수백만 게이들의 이야기를 다룬 것은 단 한 번도 본 적이 없다.

리는 스스로 HIV 단체를 만들고, 스스로 공동체를 교육하고, 스스로 HIV 기금을 마련하고, 심지어 치료법까지 직접 연구해야 했다. 우리는 파괴된 공동체와 문화를 스스로 복원하고, 우리의 성적 친밀감을 다시 구축하고, 성적 쾌락도 새롭게 발명해야 했다. 우리는 어려운 상황 속에서도 짧은 시간 동안 이 모든 일을 직접 해내야 했고, 또 그렇게 해냈다. 하지만 이런 성취에도 아무도 우리를 격려하지 않았고, 오히려 우리를 무기력하게 당하고 있는 이들로만 그렸다. 우리는 이런 언론과도 싸워야 했다.

불만과 분개와 분노와 격노, 불안과 두려움과 공포, 수치심과 죄책감, 슬픔과 절망. 지금 상황에서 우리가 이런 감정들을 느끼는 것은 놀랄 일이 아니다. 놀랄 일이 있다면 그것은 운동을 하는 이들이 많은 경우 이런 감정들을 느끼지 않는다는 점이다. 둔한 무감각과 계속되는 우울감만을 느끼는 사람들에게 투쟁적 분노는 상상조차 하기 어려운 일일 것이다. 두려움에 마비되어 있고, 자책감으로 고통받고 있으며, 죄의식에 사로잡힌 이들이 어떻게 쉽게 자기 안의 분노를 투쟁으로 조직할 수 있겠는가. 이들이 왜 이렇게 반응하게 되었는지 이해하려 하지 않고 무조건 이들을 혹독하게 꾸짖기만 하는 것은, 운동이 지닌 일종의 도덕주의이자, 우리 모두가 지금 너무나도 가혹한 폭력을 견디고 있다는 사실 자체를 부인하는 일이다. 더 중요하게는 인간의 정신적 삶과 관련한 근본적인 사실 하나를 부인하는 일이다. 우리의 고통은 우리 안에서 발생하는 폭력에서도 온다는 것을 말이다.

죽음충동death drive은 프로이트 후기에 나온 개념으로 그의 개념

중 가장 논쟁적인 개념이다. 프로이트는 인간에게는 삶을 지향하는 삶의 충동을 거슬러 자기 자신을 공격하는 자기파괴적인 죽음충동이 존재한다고 주장했다. 빌헬름 라이히를 비롯해 정신분석학을 급진적으로 정치화하고자 했던 이들은 프로이트의 죽음충동에 비판적이었다. 인간이 겪는 고통의 원인을 외부적인 것, 사회적인 것에서 찾았던 이들은 죽음충동이라는 개념이 이 사실을 보이지 않게 만든다고 생각했고, 라이히는 이 때문에 프로이트와 갈라서기까지 했다. 하지만 정신분석학자 재클린 로즈가 지적하듯, 우리는 죽음충동을 이해해야만 우리가 겪는 고통의 기원이 어디에 있는지, 그리고 우리의 사회적 삶과 정신적 삶이 어떤 관계를 맺는지를 정확히 이해할 수 있다.[39] 리스트는 에이즈 활동가들이 은연중에 죽음을 바라고 있다고 비난했지만, 나는 오히려 에이즈 활동가들이 우리 안의 죽음충동을 인정하지 않고 있다고 생각한다. 우리의 고통은 사회가 가하는 외부적 폭력 때문에도 발생하지만, 우리의 무의식 속에서 해소되지 않고 남아 있는 갈등 때문에도 발생한다. 나는 우리가 이 사실을 인정하지 않고 있다고 생각한다. 로즈의 말처럼 "고통은 전적으로 외적이고 사회적인 것에서 오는 것도 아니고, 전적으로 내적이고 정신적인 것에서 오는 것도 아니다. 고통은 사회적인 것과 정신적인 것 사이에서 계속되는 갈등 속에서 상호적으로 구성된다."[40]

39. Jacqueline Rose, "Where Does the Misery Come From?" in *Feminism and Psychoanalysis*, ed. Richard Feldstein and Judith Roof (Ithaca: Cornell University Press, 1989), p. 28.
40. 같은 글.

폭력을 모두 우리 외부에 위치하는 것으로 만들어 고통의 원인을 모조리 우리에게 적대적인 사회와 개인에서 오는 것으로 돌릴 때, 우리는 폭력이 우리의 외부에도 있지만 우리 내부의 무의식적 층위에서도 작동하고 있음을 부인하게 된다.

투쟁을 통한 외부 세계의 변화에만 몰두하고 우리 안에 있는 무의식적 과정의 부식 효과를 살피지 않는 것이 우리 자신에게 어떤 파괴적인 영향을 미치는지 보여주는 사례가 있다. HIV 검사 문제는 에이즈 위기가 시작했을 때부터 에이즈 운동의 중요한 의제였다. 1989년 캐나다 몬트리올에서 열린 국제에이즈대회에서 스티븐 조지프 뉴욕시 보건국장은 HIV 검사를 완전익명검사에서 신원을 확인하되 이를 공개하지는 않는 비밀보장검사로 바꾸고, 검사자가 접촉한 이들을 확인하겠다고 발표했다. 그렇게 해야 HIV 감염인의 면역체계를 모니터링하고 조기 치료를 실시할 수 있다는 것이 이유였다. 우리 활동가들은 즉각적으로 강력히 반대함으로써, 조지프 보건국장의 시도를 저지했다. 우리가 반대하는 이유는 이런 것들이었다. 철저한 익명검사를 실시한다면 사람들은 자발적으로 검사를 받을 것이다. 뉴욕은 지금 자발적으로 검사 받으려는 이들의 검사를 실시할 수 있는 진료소조차 충분히 갖추고 있지 못하다. HIV 감염인을 돌볼 수 있는 시설도 불충분하다. 우리는 검사, 상담, 모니터링, 조기 치료가 중요하다는 사실은 인정하면서도, 익명 검사소와 워킹스루 진료소의 확대만 요구했다. 우리는 우리의 요구가 최선이고 정당하다는 것을 확신하고 있었다. 우리는 조지프 보건국장이 그동안 어떤 잘못을 저질러왔는지, 또 뉴욕의 공중보건 체계가 얼마나 형편없는지 누구보다 잘 알고 있는 이들이었다. 우리는 조기 치료의 이점도 잘 알고 있었지만, 어떤 치료법이 있는지도 잘 알고 있었다.

하지만 에이즈에 대해 누구보다도 잘 알고 있었던 활동가들조차 미처 고려하지 못한 것이 있었다. 그것은 바로 HIV 검사와 치료에 대한 자기 자신의 양가감정이었다. 활동가들은 HIV 검사와 에이즈 치료의 확대를 위해 오랜 시간 싸우고 치열하게 토론해왔으면서도, 정작 자신들은 그렇게 얻은 기회들을 충분히 활용하지 못했고, 자신들의 불안과 망설임에 대해서도 터놓고 토론하기를 주저했다.[41] 스티븐 조지프 보건국장의 시도를 성공적으로 저지한 지 얼마 지나지 않았을 때의 일이다.[42] 액트업 치료분과에서 활동하는 에이즈 활동가 마크 해링턴이 액트업 정기모임에서 말했다. "이 회의실에 계신

41. HIV 검사를 받는 것이 절대적으로 옳은 선택이라고 주장하고자 하는 것은 아니다. 에이즈 활동가들의 주장대로 HIV 검사는 강제검사가 아니라 자발적인 의사에 따라 이루어져야 하며, 보편적 의료보장에 포함된 검사야 한다. 하지만 HIV 검사가 반드시 사회정치적인 면만 가지고 있는 것은 아니다. HIV 검사에는 심리적인 면도 관여한다. 폴 하딩 더글러스와 로라 핀스키(Paul Harding Douglas and Laura Pinsky)는 논문 「에이즈, 그리고 불필요한 죽음: 조기 에이즈 치료를 가로막는 요인들(AIDS and Needless Deaths: How Early Treatment Is Ignored)」에서 개인이 HIV 검사를 받고 조기 에이즈 치료를 받지 못하게 되는 요인에는 지원 자원 부족, 언론 홍보 부족, 의료 서비스 부족도 있지만, HIV 검사가 개인에게 뜻하는 상징적 의미도 중요하게 작용한다고 주장한다. 이 논문은 개인이 HIV 검사를 받지 않으려는 심리적 요인을 상세하게 분석하고 있다. 이 논문을 내가 읽을 수 있게 해준 더글러스와 핀스키에게 감사의 마음을 전한다.

42. 스티븐 조지프 보건국장을 상대로 에이즈 활동가들이 거둔 성공은 불행하게도 불안정한 것이었다. 조지프는 1989년 말 에드 코치 시장의 퇴임에 맞춰 보건국장직을 사퇴하면서, 에이즈 활동가들이 줄곧 반대해오던 정책들을 끝내 시행했다. 그는 HIV 확진자들의 명단을 취합하고, 확진자들의 파트너, 그리고 확진자들과 주사기 바늘을 공유한 이들을 추적한 후 그들에게 연락할 것을 뉴욕시에 요청했다.

활동가 중 세 분이 최근 폐포자충 폐렴에 걸린 것으로 알고 있습니다. 여러분, 에이즈 운동 자체는 기회감염의 예방제가 아닙니다. 적절한 검사와 치료를 받으면서 자신을 돌보셔야 합니다. 에이즈 운동을 한다고 에이즈에 걸리지 않는 것은 아니지 않습니까."

나는 우리가 죽음충동 때문에 우리 자신을 죽음으로 몰고 갈 수 있는 위험한 선택을 한다는 식의 단순한 이야기를 하고 있는 것이 아니다. 고통이 우리 내부에서도 올 수 있다는 사실을 인정하지 않고 고통을 모두 외부에서 오는 것으로 치부할 때, 우리는 우리 자신을 직면하지 못하게 되고, 상실한 대상들에 대해 느끼는 양가감정을 인정하지 못하게 되며, 해소되지 않은 채로 우리의 무의식에 남겨진 갈등에서도 고통이 온다는 점을 이해하지 못하게 된다. 우리의 운명에 치명적인 영향을 미치는 것은 뉴욕시의 보건의료제도와 스티븐 조지프 보건국장만이 아니다. 우리의 무의식적 갈등도 우리가 가는 길, 우리가 하는 선택에 치명적인 영향을 미친다. 스티븐 조지프 보건국장을 향한 우리의 분노는 거대한 상실로 고통받는 우리 자신에게 우리는 해야 할 행동을 모두 하면서 앞으로 나아가고 있다고 안심하는 방어수단이었던 것은 아닐까. 우리의 투쟁이, 해소되지 않은 우리 안의 감정들을 억압하고 부인하는 기제가 되었던 것은 아닐까.

다시 분명히 밝히겠다. 투쟁이 이런 위험한 부인의 수단이 될 수 있다고 해도, 투쟁은 중요하다. 이 사회에 지금처럼 이루 말할 수 없는 폭력이 존재하는 한 우리가 계속 투쟁에 참여해야 한다는 데는 조금도 의심의 여지가 없다. 하지만 우리를 이 사회의 일원으로 만드는 바로 그 정신적 기제들이 우리에게 끔찍한 고통을 선사하기도 한다는 점을 이해하는 것이 중요하다. 그럴 때만 우리는 비로소 우리의 분노뿐 아니라 그 분노에 억눌린 두려움, 죄책감, 깊은 슬픔까지도 억압하지 않고 받아들일 수 있다. 그럴 때만 우리는 비로소 받아들일 수 있다. 투쟁은 마땅히 중요한 것이지만, 애도 또한 중요하다는 것을. 우리에게 간절한 것은 애도 그리고 투쟁mourning *and militancy*이라는 것을.

8
내 침실의 남자들

1989년 11월 뉴욕 휘트니 미술관에서 '포스트모더니즘과 그 불만'이라는 제목으로 발표한 후,
《아트 인 아메리카》 1990년 2월호에 기고한 글이다. 다음 책에도 수록되어 있다.
The Lesbian and Gay Studies Reader, ed. Henry Abelove, Michele Aina Barale,
and David M. Halperin (New York: Routledge, 1993).

1982년 나는 필라델피아 현대미술관의 요청으로 「전유를 전유하기」라는 글을 썼다.[1] 포스트모더니즘의 전유 전략을 다룬 그 글에서 나는 로버트 메이플소프의 사진들을 낡고 구태의연한 '모더니즘적' 전유로 보며, 다음과 같이 부정적으로 평가했다.

메이플소프의 사진들은 인물 사진, 누드 사진, 정물 사진 할 것 없이 2차 대전 이전 유행했던 스튜디오 사진의 양식을 전유한다(메이플소프가 주로 찍는 사진들이 회화의 전통적인 장르와 일치하는 것은 우연이 아니다). 메이플소프의 사진들은 그 구도, 포즈, 조명, 심지어 소재(이를테면, 사교계 명사, 얼음처럼 매끈한 누드, 튤립 등

---

1. 필라델피아 현대미술관은 1989년 국립예술기금을 지원받아 메이플소프의 순회전 〈완벽한 순간〉을 전시했다가, 제시 헬름스가 제안하고 통과시킨 예산안 수정안에 따라 향후 5년 동안 국립예술기금의 지원을 받지 못하는 벌칙을 받았다.

의 소재)의 측면에서 에드워드 스타이컨Edward Steichen이나 만 레이Man Ray 같은 국제적인 예술 사진 작가들이《배니티 페어》나《보그》등의 패션 잡지에 기고했던 사진을 연상시킨다. 메이플소프는 패션 산업을 매개로 하여, 소재의 추상화라는 점에서는 조지 플랫 라인스George Platt Lynes의 신고전주의를 전유하는 한편, 대상의 추상화 및 물신화라는 점에서는 에드워드 웨스턴Edward Weston을 전유한다.[2]

반면, 셰리 레빈의 '포스트모더니즘적' 전유에 대해서는 다음과 같이 높이 평가했다.

에드워드 웨스턴의 작품을 전유하는 또 다른 인물은 셰리 레빈이다. 레빈은 웨스턴이 웨스턴의 어린 아들을 찍은 누드 사진을 전유한다. 하지만 레빈의 전유는 메이플소프와는 전혀 다르다. 레빈은 웨스턴의 사진을 조금도 바꾸지 않는다. 새로운 조합도, 새로운 변화도, 새로운 추가도, 새로운 합성도 없다. 그 대신, 웨스턴의 사진을 재촬영한 다음 그것을 자신의 작품이라고 내세울 뿐이다. 그럼으로써 레빈은 예술가의 '독창성'이라는 관념에 문제를 제기한다. 레빈은 자신의 새로운 양식을 만들려는 목적에서 웨스턴의 작품을 전유하는 것이 아니다. 레빈은 재촬영 작업을 통해 미술사의 담론에 대해, 메이플소프가 나이브하게 가담한 바로 그 담론에 대

2.   Douglas Crimp, "Appropriating Appropriation," in *Image Scavengers: Photography* (Philadelphia: Institute of Contemporary Art, 1982), p. 30.

해 코멘트를 남긴다. 레빈이 하고 있는 작업은 '전유의 전략' 그 자체에 대한 전유다. 고전주의 조각에 대한 웨스턴의 전유, 웨스턴의 사진에 대한 메이플소프의 전유, 웨스턴의 사진과 메이플소프의 사진과 사진 일반에 대한 미술계의 전유. 레빈은 이 전유들의 전략에 대해 코멘트를 남기고, 전유의 도구로서의 사진에 대해 자신의 메시지를 남기고 있는 것이다.[3]

자신의 어린 아들의 벌거벗은 몸을 찍은 에드워드 웨스턴의 사진들, 그리고 그것을 그대로 다시 찍은 셰리 레빈의 사진들. 한동안 나는 레빈의 이 사진들을 침실에 걸어놓았다. 그 시기에 '어떤' 남자들이 내 침실을 방문하는 경우가 생기면 그들은 하나같이 묻곤 했다. "그런데 저 꼬마는 누구죠?" 혹시 내가 아동성애자가 아닌지 미심쩍어하는 눈치들이었다. 그런 것이 아니라고 말하고 싶었지만, 나는 그 사진이 내게 무슨 의미를 지니는지 그들에게 쉽게 설명할 수가 없었다. 그럴 때마다 나는 그냥 어느 유명한 사진작가의 아들이라고 둘러대고 넘어갔다. 그런 식으로 나는 포스트모더니즘에 대한 이야기를 (그들이 내 침실을 방문한 목적을 생각해보았을 때) 관심도 없을 이들에게 말하지 않고 넘어갈 수 있었다.

하지만 아주 오랜 시간이 지난 후에서야 나는 그 남자들이 던졌던 질문들이 그렇게 나이브한 것이 아니라는 것을 깨달았다. 내가 문외한이라고 여겼던 내 침실의 남자들은—아들의 몸을 고전주

---

3. 같은 글, p. 30.

의 조각상의 육체로 재현한 웨스턴의 사진 형식 속에서―동성성애를 전유해 읽을 줄 알았던 것이다. 내 침실에 왔던 남자들이 읽어냈던 것을 극악한 동성애혐오자인 상원의원 제시 헬름스도 본다. 지금 1989년, 헬름스는 메이플소프의 사진이 전시되는 것을 보고, 동성애를 다루는 예술작품은 원천적으로 미국 국립예술기금의 지원을 받지 못하게 하는 예산안 수정안을 제출했다. 헬름스는 동성애를 표현한 사진은 무조건 외설물이라고 주장한다. 심지어 메이플소프가 평범한 어린아이를 찍은 사진조차 동성애자의 작품이므로 아동 포르노에 해당한다고 주장한다.[4] 물론 웨스턴의 사진과 메이플소프의 사진은 모두 '밀러 대 캘리포니아' 판결이 명시하고 있는 기준에 따라 외설물이 아니다. 하지만 미국 국립예술기금 심사 결과는 법원 판결에 따라 나오는 것이 아니다.[5] 동성애를 표현한 작품을 곧바로 외설물로 보는 법이 통과된다면, 그 법의 존재 자체가 기금을 어떤 작품에 주어야 하는지를 결정하는 이들에게 영향을 미칠 것이다. 헬름스는 예산안을 자기가 원하는 대로 바꿀 수 있다고 확

---

4. 국립예술기금에 대한 헬름스의 수정안은 다음과 같다. "국립예술기금은 음란하다고 판단되는 작품을 제작하고, 알리고, 배포하는 일체의 작업에는 수여될 수 없다. 이때 음란한 작품은 사도마조히즘, 동성애, 아동성애을 포함한, 문학적, 예술적, 과학적, 정치적 가치가 없는 일체의 작품을 말한다."(*Congressional Record—House*, October 2, 1989, p. H6407.)
5. 헬름스 수정안은 심지어 '밀러 대 캘리포니아' 판결을 노골적으로 무시하기까지 한다. 수정안은 메이플소프와 안드레 세라노(Andres Serrano)의 작품에 대해 다음과 같이 기술하고 있다. "최근 국립예술기금을 받은 작품들은 예술적 가치가 없으며, 모든 기준에서 볼 때 포르노그래피적이고 충격적이다."(*Congressional Record—House*, October 2, 1989. p. H6407.) 국립예술기금에 대한 우파의 공격과 '밀러 대 캘리포니아' 판결의 관계에 대해서는 다음을 참조하라. Carole S. Vance, "Misunderstanding Obscenity," *Art in America* 78, no. 5 (May 1990), pp. 39~45.

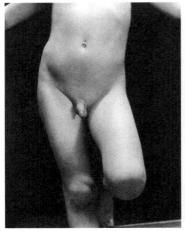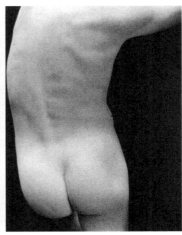

셰리 레빈, 〈무제(에드워드 웨스턴을 따라)〉, 1981.

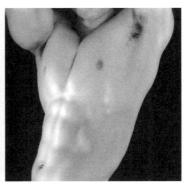

로버트 메이플소프, 〈토르소〉, 1985.

로버트 메이플소프, 〈마이클 리드〉, 1987.

신하고 있다. "동성애를 다룬 작품에 예산 지원을 하지 못하도록 하는 문제라면 자신 있다. 이런 문제라면 백이면 백 이길 수 있다."[6] 그의 이런 자신감은 공연히 나온 것이 아니다. 헬름스는 동성애자를 대상으로 하는 세이프섹스 교육자료 제작을 국가 예산으로 지원하지 못하게 하는 예산안 수정안을 1987년에 이미 손쉽게 통과시킨 적이 있다. 당시는 전체 에이즈 환자의 70% 이상이 동성애자였던 때였다. 그런데도 94명에 이르는 상원의원들은 동성애자들이 죽건 말건 헬름스의 수정안에 찬성표를 던진 것이다.[7]

나를 비롯한 이론가들이 오래전에 포스트모더니즘을 이론화했던 방식을, 동성애자의 섹슈얼리티와 삶에 대한 이 사회의 공격들을 고려해 다시 평가해본다면 우리는 무슨 이야기를 할 수 있을까? 이 글의 서두에서 말한 포스트모더니즘의 전략은 지금 우리가 받는 공격과 관련해서는 어떤 의미를 지닐 수 있을까? 나는 이 질문에 대한 답을 우리 이론가들이 이제야 비로소 숙고하기 시작했다고 생각한다.

헬름스가 수정안을 제출한 직후인 1989년 10월, 예일대학교에서는 제3회 레즈비언·게이연구센터 콘퍼런스가 개최되었다.[8] 행사가 시작한 날, 학내 청원경찰이 액트업 활동가들에게 폭력을 행사하고, 활동가 빌 돕스를 연행하는 사건이 발생했다. 돕스는 행사장

6.   Maureen Dowd, "Jesse Helms Takes No-Lose Position on Art," *New York Times*, July 28, 1989, p. A1.

7.   3장 「감염병의 시대에 우리의 문란한 사랑을 계속하는 법」을 참조하라.

8.   제3회 예일대학교 레즈비언·게이연구센터 콘퍼런스는 〈밖/안〉이라는 제목으로 1989년 10월 27~29일 개최되었다. 경찰의 폭력은 10월 27일 저녁에 발생했다.

에 헬름스 수정안에 반대하는 포스터를 붙이고 있었고, 경찰은 그 포스터를 음란물로 규정해 돕스를 체포했다. 문제의 포스터는 샌프란시스코의 예술가 그룹 '보이 위드 암스 아킴보Boy with Arms Akimbo'가 제작한 작품이었다. 오래된 성교육 교재나 성과학 문헌, 펄프 소설 등에서 가지고 온 다양한 그림 옆에 '섹스는Sex Is'이라는 문구, 또는 '그저 섹스일 뿐Just Sex'이라는 문구를 나란히 배치한 작품들이었다. 포스터의 메시지는 섹스가 사회적으로 구성된 것임을 알리는 것이었다. 보이 위드 암스 아킴보는 포스터를 샌프란시스코, 보스턴, 뉴욕, 뉴헤이븐 곳곳에 붙였고, 심지어 파리와 텔아비브에까지 배포했다. 이들은 콘퍼런스가 열리기 한 달 전에 열린 전시 〈검열에 반대하는 예술가들〉에도 포스터를 출품해 헬름스 수정안이 예술작품을 검열하는 효과를 가지고 있음을 알리고자 했다.

하지만 검열에 반대한다는 보이 위드 암스 아킴보의 메시지가 무색하게도, 언론은 예일대학교 콘퍼런스에서 일어난 사건에 대해서는 보도하면서 문제의 포스터가 헬름스가 제출한 예산안 수정안을 어떻게 비판하고 있는지에 대해서는 전혀 언급하지 않았다. 언론만 우리에게 적대적인 것이 아니었다. 예일대 총장 베노 슈미트Benno Schmidt는 포스터를 붙인 이들을 강력히 비난했다. 그는 예일대 경찰이 동성애혐오적인 폭력을 가했음에도 이에 대해 사과하기를 거부했다.[9] 그는 또 언론과의 인터뷰에서 포스터가 음란물에 해당한

---

9. 결국 경찰은 빌 돕스를 풀어주었다. 하지만 경찰관 중 한 명에게는 경고를, 한 명에게는 3일 무급 정직의 징계를 내렸을 뿐이다. 이처럼 경찰은 동성애자들에 대해 경찰관이 폭력을 행사하는 경우에도 이를 묵인하거나 경징계를 내리고 넘어가기 일쑤다.

다고 말했다. 대법원은 '밀러 대 캘리포니아' 판결을 통해 "음란물은 진지한 문학적 가치, 예술적 가치, 정치적 가치, 과학적 가치를 지니고 있지 않다"고 명시한 바 있다. 보이 위드 암스 아킴보의 포스터는 헬름스의 동성애혐오를 비판하고 있다는 점에서 정치적 가치를 지닌 작품에 해당한다. 그런데도 수정헌법 제1조의 권위자라는 슈미트 총장은 이런 사실을 완전히 무시한다.[10]

보이 위드 암스 아킴보의 작품은 미술 담론이었던 포스트모더니즘의 '전유의 전략'이 이제 운동의 전략으로도 활발히 사용되고 있음을 보여주는 한 예다. 에이즈 운동은 포스트모더니즘 이론을 잘 활용해왔다. 그중에서도 액트업 뉴욕 지부는 포스트모더니즘 이론을 활용하는 데 능숙하다. '침묵=죽음' 프로젝트와 그랜 퓨리의 여러 포스터, 디바 TV의 영상들은 모두 포스트모더니즘 이론의 전략을 직접적으로 활용한 작업들이다. 이들은 포스트모더니즘 이론의 '작가성'에 대한 비판에 영감을 받아, 익명의 공동작업을 발전시켰다. 이들은 포스트모더니즘 이론의 '원작성'에 대한 비판을 참조해, '필요한 것이 있으면 사용하라. 그것이 다른 사람의 것이라면 훔쳐라'와 같은 게릴라 전술을 만들어냈다. 이들은 미술관에 갇힌 예술 작품에 대한 포스트모더니즘의 비판을 보고, 미술관 바깥으로 나

---

10. 예일대학교 레즈비언·게이연구센터 콘퍼런스의 기조연설자로서 나는 콘퍼런스 참가자들을 대표해 베노 슈미트 예일대 총장에게 공개적인 항의 서한을 보냈다. 우리는 예일대에서 벌어진 경찰 폭력에 대해 적절한 조치를 취하고, 동성애혐오와 맞서 싸우는 우리에 대한 지지를 표명할 것을 슈미트 총장에게 요구했다. 슈미트 총장은 이에 아무 반응도 보이지 않음으로써 우리를 무시했다.

가 커뮤니티와 직접 소통했다.[11]

하지만 포스트모더니즘 이론은 그동안 중요한 것 하나를 놓치고 있었다. 포스트모더니즘 미술이론가인 내가 메이플소프의 사진에서 보아야 할 것을 보지 못했던 일은 그동안 포스트모더니즘 이론이 가지고 있던 맹점의 한 징후다. 내 침실에 온 남자들이 이미 오래전에 볼 수 있었던 것을 우리 이론가들은 이제서야 비로소 조금씩 보기 시작했다. 그것은 동성애혐오가 아주 위험하고도 살인적인 방식으로 우리 사회의 모든 측면을 구조화하고 있다는 점이다. 슬프게도 우리는 우리가 보지 못한 것이 얼마나 심각한 결과를 가지고 왔는지를 에이즈 위기와 동성애혐오라는 두 가지 고통을 겪으면서야 깨닫기 시작했다. 우리의 실수를 만회하기 위해서라도, 우리 이론가들은 예일대 총장이 끝까지 인정하지 않았던 것, 1987년 상원의원들이 끝까지 인정하지 않았던 것, 즉 이 사회의 구석구석까지 동성애혐오가 스며들어 있다는 사실을 소리 내어 알려야 한다.

메이플소프와 레빈을 이번에는, 내 침실의 남자들이 본 것을 고려해서 다시 비교해보도록 하겠다. 메이플소프의 전유와 레빈의 전유는 내가 처음에 봤던 것과 달리, 각각 전형적인 모더니즘적 전유와 포스트모더니즘적 전유의 사례를 대표하지 않는다. 레빈은 웨스턴의 아들 사진을 전유함으로써, 그 소년의 이미지를 자신이 소유한다. 남성 작가의 손에서 벗어난 소년의 이미지는 이제 더 이상 고전주의의 어휘로 창조된 보편주의적 미적 표현으로 보이지 않는다.

---

11. 다음을 참조하라. Douglas Crimp, with Adam Rolston, *AIDS Demo Graphics* (Seattle: Bay Press, 1990).

레빈이 웨스턴의 아들 사진을 전유했기 때문에, 우리는 레빈의 여성이라는 젠더가 그 사진의 의미를 변화시킨다는 것을 볼 수 있게 된다. 메이플소프는 어떨까. 메이플소프는 웨스턴의 양식을 전유함으로써, 웨스턴의 어린 아들 사진이 있던 자리에 완전히 성애화한 성인 남성의 육체를 놓는다. 그 육체를 보면서 우리는 웨스턴의 그림에 동성사회성의 이름으로 파묻혀 있던 동성성애를 비로소 똑바로 보게 된다. 우리는 작품의 형식적 양식에만 주목하는 형식주의를 버려야 한다. 레빈과 메이플소프의 작품을 형식적인 차원에서만 보지 않을 때, 우리는 비로소 볼 수 있게 된다. 웨스턴의 모더니즘 사진이 획득한 보편성은 여성이라는 젠더를 부정함으로써, 그리고 남성 동성애라는 섹슈얼리티를 부정함으로써 구성된 것이라는 점을. 이렇듯 보편성에 대한 모더니즘의 주장과 형식주의를 해체해야만 포스트모더니즘 실천으로서의 자격이 있다.

경찰과 예일대 총장을 화나게 만든 것은 그들이 주장하는 대로 보이 위드 암스 아킴보의 포스터가 외설적이어서가 아닐 것이다. 그들이 분노한 진짜 이유는 "섹스는 그저 섹스일 뿐"이라는 것을 보이 위드 암스 아킴보가 너무나도 다른 다양한 방식으로 보여주었기 때문일 것이다. 또는 헬름스가 명확히 했듯, 우리 사회에서는 다름과 다양성 그 자체가 외설이기 때문일 것이다. 이런 문제를 다루는 것이야말로 포스트모더니즘 이론이 해야 할 일이다.

9
거트루드 스타인 없는 하루

1990년 제2회 '예술작품 없는 하루' 행사의 일환으로, 뉴욕 소호 포토 갤러리에서 열린
〈미술, 행동주의, 에이즈: 에이즈 위기, 그 두 번째 10년을 맞이하며〉의 패널 토론에서 발표한 글이다.

나는 1987년 「에이즈: 문화적 분석/문화적 행동주의」를 쓰면서 문화예술계에 다음을 요청했다. "나는 사적인 슬픔을 표현하는 것 말고도 에이즈 위기 시기에 예술가가 할 수 있는 일들이 많음을 보이고자 한다. 에이즈 위기 시기의 예술은 비판적이고, 이론적이고, 행동주의적이어야만 한다. 나는 지금 우리에게 반드시 필요한 일은 에이즈 위기와 관련해 문화에 대한 우리의 관점을 광대하게 확장하는 것이라고 믿는다." 당시 나의 이 주장은 큰 반발을 불러일으켰다. 여러 예술가들은 내가 상실의 슬픔과 고통을 표현하는 작품을 폄하하고, 에이즈 운동에 기여하는 작품만을 높이 평가한다고 비판했다. 나를 비판하는 이들이 생각하는 두 가지 오해가 있다. 첫째, 「애도와 투쟁」에서도 밝혔지만, 나는 상실에 대한 애도는 어떤 경우에도 온전히 존중되어야 한다고 생각한다. 그렇기 때문에 나는 상실에 대한 개인적 슬픔을 표현한 작품 역시 온전히 존중한다. 둘째,

나는 운동과 행동주의 예술을 본질화할 수 있다고 생각하지 않는다. 어떤 예술이 정치적이고 행동주의 예술인지, 그리고 어떤 예술이 정치를 부정하는 예술인지는 생각처럼 간단히 구분할 수 있는 문제가 아니다.

세월이 꽤 흘렀지만, 상황은 크게 변하지 않았다. 지금 문화예술계가 이전과 비교해 행동주의 예술에 좀 더 많은 관심을 기울이고 있다고는 하나, 그 관심의 깊이와 폭은 여전히 제한적이다. 행동주의 예술과 관련해 미술관들이 하는 일은 지금은 어느 정도 유명해진 그랜 퓨리의 작품을 전시하는 정도가 거의 전부다. 이 지점에서 나는 "지금 우리에게 반드시 필요한 일은 에이즈 위기와 관련해 문화에 대한 우리의 관점을 광대하게 확장하는 것"이라는 말의 의미를 좀 더 자세히 설명해야 할 필요를 느낀다. 미술관들이 어느 순간 '디바 TV'의 영상과 '갱'의 공연을 전시하기 시작한다고 해서, 그것을 미술관이 문화와 예술에 대한 관점을 전폭적으로 확장한 사례로 볼 수 있을까?[1] 미술관들이 이따금 에이즈 위기를 다룬 정치적 재현 작품을 전시하는 것도 의미가 없는 것은 아니겠지만, 미술관을 포함한 문화예술 기관들은 먼저 다음 사실을 명확히 인식해야 한다. 정치적 재현은 문화예술 기관이 소개하는 작품에만 국한되는 것이 아니다. 문화예술 기관이 하는 모든 시도와 행위가 그 자체로 에이즈 위기에 대한 정치적 재현이다. 미술관은 자신들이 간접적으로든 직접적으로든 에이즈 위기와 관계 맺고 있음을 항시 인식해야

1. '디바 TV(DIVA TV, Damned Interfering Video Activist Television)'와 '갱(Gang)' 모두 액트업 뉴욕 지부 내 모임으로 출발한 예술활동가 그룹이다.

만 한다.

　매년 12월 1일, 여러 미술관에서 열리는 '예술작품 없는 하루A Day Without Art'로 이야기를 이어가보자. 이 행사 역시 그 자체로 정치적 재현이다. 1989년 제1회 행사에 비해 올해 제2회 행사는 에이즈 교육, 기금 모금, 토론회 등이 추가되면서 운동적 측면이 좀 더 보강되었다. 그럼에도 이 행사의 기조는 크게 두 가지다. 하나는 에이즈로 세상을 떠난 예술가들을 추모하는 것. 또 다른 하나는 1년 중 '하루' 동안 에이즈 위기에 관심을 표현하는 것. 여기에는 몇 가지 아쉬운 점이 있다. 이 행사는 그 하루 동안조차 국가가 에이즈 위기를 초래했고 지금도 방조하고 있다는 사실에는 크게 주목하고 있지 않은 듯 보인다. 또, 에이즈로 사망한 예술가들의 추모에서는 예술가들의 죽음이 예술가가 아닌 이들의 죽음보다 더 큰 상실이라는 일종의 특권의식이 엿보이기도 한다. 이런 점에서 '예술작품 없는 하루'는 개선의 여지가 많은, 아쉬운 정치적 재현이다.

　'예술작품 없는 하루' 동안에는 많은 미술관이 다양한 방식으로 에이즈와의 싸움에 참여한다. 문제는 미술계가 에이즈와의 싸움에 동참하는 날이 1년 중 하루에 불과하다는 점이다. 반복해서 말하지만, 문화예술계는 에이즈 위기와 관련해 예술에 대한 관점을 광대하게 확장해야 한다. 그렇게 한다면 문화예술계는 나머지 364일 동안에도 기꺼이 에이즈와의 싸움에 참여할 수 있을 것이다. 이를테면, 12월 1일 하루 동안 미술관 갤러리에서 에이즈 정보를 전시하거나 배포할 수 있다면, 같은 정보를 상시 전시하고 배포하지 못할 특별한 이유가 무엇이 있겠는가.

1989년 뉴욕 메트로폴리탄 미술관은 '예술작품 없는 하루' 행사에 참여하면서, 피카소의 유명한 작품인 거트루드 스타인의 초상화를 하루 동안 전시에서 내렸다. 우리가 거트루드 스타인의 초상화를 하루만이 아니라 에이즈 위기가 끝나는 순간까지 계속해서 내려 달라고 미술관에 요청한다고 가정해보자. 아마도 미술관 측은 그래야 하는 타당한 이유를 물을 것이다. 우리는 이렇게 답해야 하지 않을까? "그 이유는 거트루드 스타인의 초상화를 '하루' 동안 내리는 이유와 정확히 같은 이유입니다. 무엇보다 우리가 견디고 있는 상실의 거대함은 하루라는 짧은 시간에 걸맞지 않습니다." 하지만 내가 이 행사에 갖는 더 큰 불만은 다른 데 있다. 나는 미술관들이 에이즈와의 싸움 속에서 자신들의 시도가 어떤 의미를 갖는지 진지하게 숙고하지 않은 채 이 행사에 참여하고 있는 것이 불만스럽다. 이를테면 거트루드 스타인의 초상화를 내리는 행위는 에이즈 위기와의 싸움에서 어떤 의미를 지니는가? 설령 그럴듯한 의도가 있었다 하더라도 아무도 그 의도를 이해하거나 눈치챌 수 없다면 그것이 무슨 의미가 있겠는가.

메트로폴리탄 미술관이 의도를 밝히지 않았기 때문에 그들의 의도가 무엇이었는지는 알 수 없다. 그렇다면 나 나름대로 그들의 시도를 해석해보고자 한다. 거트루드 스타인은 레즈비언이었다. 나는 거트루드 스타인의 초상화가 놓여 있던 빈자리가 레즈비언과 여성의 비가시성, 특히 에이즈 위기와 관련한 레즈비언과 여성의 비가시성을 의미화할 수 있다고 생각한다. 1990년 기준 질병통제예방센터는 활동가들의 요구에도 HIV 감염의 사례 정의에 여성들이 겪는 증상을 포함시키지 않고 있다. 질병통제예방센터는 에이즈의 사례 정의를 개정하기 거부함으로써 많은 여성을 기회감염과 에이즈 발병의 위험에 노출시키고 있는 것이다. 메트로폴리탄 미술관이 자신들의 시도를 의미 있게 만들고자 했다면, 거트루드 스타인의 초상화를 내려놓는 데 그치지 않고, 이 같은 맥락을 함께 설명했어야 한다. 이런 점에서 나는 미술관을 포함한 문화예술계가 자신들 역시 에이즈 위기와 관련한 정치적 재현에 참여하고 있음을 의식하고, 이에 대해 좀 더 구체적으로 성찰하기를 바란다.

질병통제예방센터가 HIV의 사례 정의를 확대하지 않는 것도 일종의 에이즈에 대한 정치적 재현이다. 그들은 에이즈 위기에서 여성 감염인의 존재를 보이지 않게 만듦으로써 여성의 HIV 감염 예방과 치료를 어렵게 하는 정치적 재현을 펼치고 있는 것이다. 이번 주 1990년 12월 3일, 액트업은 질병통제예방센터 앞에서, 이에 항의하고 HIV 사례 정의 개정을 요구하는 중요한 집회를 연다. 액트업의 이 같은 활동도 물론 정치적 재현이다. 액트업은 재현을 둘러싼 전투에 그 어떤 이들보다 적극적으로 참여하고 있다. 나는 이런 활동이 문화에 대해 광대하게 확장된 관점을 잘 보여주고 있다고 생각한다. 부디 문화예술계도 액트업의 광대하게 확장된 관점을 받아들일 수 있기를 요청한다.

10
당신에게 동의해요, 걸프렌드!

1991년 4월 캘리포니아대학교 어바인 캠퍼스에서 발표한 글이다.
《소셜 텍스트》 제33호에도 수록되어 있다.

1990년 12월, 동성애자 활동가이자 에이즈 활동가인 비토 루소의 추모식이 열렸다. 가장 먼저 추모사를 낭독한 이는 뉴욕시장 데이비드 딘킨스였다. 딘킨스는 비토가 세상을 떠나기 며칠 전 자신에게 해준 충고를 마음에 잘 간직하겠다고 말한다. 충고는 이런 것이었다. "1776년, 영국의 사상가이자 정치인이었던 에드먼드 버크는 미국의 노예제가 폐지되어야 한다고 주장하면서 이렇게 말했다죠. '정치인이라는 자리는 국민을 위해 올바른 판단을 내려야 합니다. 인기가 떨어질 것을 두려워해 올바른 판단을 외면한다면, 그것이야말로 국민을 배반하는 일입니다.' 딘킨스 시장님께서도 부디 이 말을 명심해주시면 좋겠습니다."[1] 활동가들은 비토가 딘킨스에게 무슨 말을 하려는 것이었는지 알았다. 딘킨스 시장은 민주당 소속이

---

1. Arnie Kantrowitz, "Milestones: Vito Russo," *Outweek* 73 (November 21, 1990), p. 37.

자 흑인으로, 동성애자들의 지지를 얻어 뉴욕시장에 당선될 수 있었다. 하지만 그는 이성애자들의 눈치만 살필 뿐 동성애자들을 외면하는 정책을 펼치고 있다. 딘킨스는 동성애자에 대한 혐오범죄가 증가하고 있는데도 어떤 조치도 취하지 않고 있다. 스태튼 아일랜드의 동성애자 살인사건에 항의하는 행진에 함께해달라는 우리의 요구를 거부했고, 잭슨 하이츠에서 발생한 동성애자 살인사건이 혐오범죄에 해당하지 않는다고 말했다.[2] 그는 에이즈 활동가들의 강력한 반대를 무시하고 우드로 마이어스를 뉴욕시 보건국장에 임명했고, 전임 시장 에드 코치 때 겨우 시작된 주사기 바늘 무료 교환 프로그램을 보수적인 흑인 지도자들의 요구에 따라 폐지했다. 그는 HIV 감염 노숙인들을 칸막이도 없는 대규모 집단 격리 시설에 강제로 몰아넣어 많은 이들을 다제내성결핵과 같은 기회감염에 노출시켰다. 그리고 그러잖아도 부족한 뉴욕시의 에이즈 예산을 더 축소했다. 이런 만행을 저질러놓고도, 딘킨스는 비토의 추모식에 참석해 아무렇지도 않은 듯 비토가 해준 충고를 절대 잊지 않겠다고 말한 것이다. 딘킨스는 짧은 추모사를 다 읽고는 일부의 야유를 받으며 급히 추모식장을 떠났다.

다음으로는 비토의 오랜 친구이자 활동가인 아니 캔트로위츠가

2. 하지만 이 일이 일어난 지 몇 개월 후 딘킨스 시장은 동성애자들을 지지하는 행보를 보였다. 동성애자의 참여를 금지하는 뉴욕 성패트릭데이 조직위원회에 항의를 표명해달라는 아일랜드계 동성애자들의 요청을 받아들여 동성애자들과 함께 항의 행진에 참여한 것이다. 그 결과 딘킨스 시장은 동성애혐오자들의 비난과 뉴욕 대교구장 오코너 추기경의 질타에 시달려야 했다. 딘킨스 시장은 나중에 이때의 경험이 마치 1960년대 미국 남부 흑인 민권운동에 참여한 것 같았다고 토로한 바 있다.

나와 비토를 회고했다. 캔트로위츠는 비토가 18세기 영국 정치인의 말까지 인용할 정도로 역사에 해박한 것에 놀라지 않았냐고 운을 띄웠다. 그러고는 그것은 비토가 원래 알고 있었던 것이 아니라 뮤지컬 영화 〈1776년〉에 나오는 대사를 써먹은 것이라고 말했다. 캔트로위츠의 작은 폭로에 우리는 웃음을 터뜨렸다. 우리는 사랑했던 비토의 모습을 떠올렸다. 비토는 치열한 활동가이기도 했지만 누구보다도 영화를 사랑한 영화연구자이기도 했다. 비토는 영화가 퀴어들을 부정적으로 재현해온 역사를 꿰뚫고 있었지만, 그럼에도 영화를 정말로 사랑했다. 캔트로위츠는 비토가 자신의 집에서 친구들에게 영화를 보여주는 것을 좋아하는 게이였고, 무엇보다 주디 갈런드를 숭배하는 게이였다고 말했다. 캔트로위츠는 비토 특유의 '게이 투쟁성'을 이렇게 표현했다. "비토의 집에 있을 때는 우리 모두 주디 갈런드에게 경의를 표해야 했습니다. 안 그랬다가는 비토에게 쫓겨났으니까요."

에이즈 활동가 래리 크레이머도 나와 비토를 추모했다. 그는 캔트로위츠와는 전혀 다른 이야기를 했다. "여러분은 비토를 죽음으로 몰고 간 것이 무엇이라고 생각하십니까? 여러분은 누가 비토를 죽였다고 생각하십니까? 바로 우리입니다. 우리가 비토를 죽도록 내버려두었습니다. 여기 모인 여러분이 비토를 죽도록 내버려두었습니다. 2500만 미국 동성애자들이 비토를 죽도록 내버려두었습니다. 에이즈 위기가 시작된 지 10년이 지나도록 아무것도 하지 않은 우리가 비토를 죽인 것입니다. 아시겠습니까?"[3] 크레이머는 그 특유의 태도로 끊임없이 비난을 이어나갔다. 동성애자들을 비난했고, 동성애자 커뮤니티를 비난했고, 커밍아웃하지 않은 유명 스타들을 비난했다. "다음 달 〈양들의 침묵〉이라는 영화가 개봉합니다. 미국에이즈연구재단이 주최하는 에이즈 기금 마련 시사회에서 상영될 영화이기도 합니다. 놀랍게도 이 영화는 게이가 연쇄살인마로 나오는 영화라고 합니다. 미국에이즈연구재단의 회장 마틸드 크림은 어떻게 감히 이런 행사를 마련할 생각을 했을까요? 마틸드 크림의 남편이자 이 영화의 제작사 오라이언 픽처스의 회장인 아서 크림은 어떻게 감히 이런 영화를 제작할 생각을 했을까요? 무엇보다 조디 포스터는 어떻게 감히 이런 영화에 출연할 생각을 했을까요?"

크레이머는 비토를 죽음으로 몰고 간 책임을 동성애자들에게 돌렸다. 하지만 추모식장에는 크레이머와는 전혀 다른 의견을 표명하는 이들이 있었다. 그들은 '익명의 세 퀴어'라는 이름으로 다음과 같은 유인물을 돌렸다.

> 비토 루소가 에이즈로 사망한 바로 그날, 동성애혐오자 제시 헬름스는 4선 상원의원으로 당선되었습니다. 우리는 제시 헬름스야말로 비토 루소를 죽인 살인자라고 생각합니다. 우리가 지금 고통스럽게 겪고 있는 혐오와 차별에 단 한 사람이 책임을 져야 한다면, 그것은 바로 제시 헬름스입니다. 우리는 제시 헬름스의 모습을 보면서, 그의 손과 입에 우리 친구들의 피와 뼈가 묻어 있는 것을 공포스럽게 봅니다. 제시 헬름스는 우리의 존재 자체를 위협하고 있

---

3. Larry Kramer, "Who Killed Vito Russo?" *Outweek* 86 (February 20, 1990), p. 26.

습니다. 우리는 우리 자신을 스스로 지켜야 합니다. 우리에게는 우리를 위협하는 이로부터 자신을 방어하기 위해 폭력을 행사할 권리가 있습니다. 여러분, 우리가 만약 제시 헬름스를 암살하러 나서겠다면, 여러분께서는 우리 손에 권총을 들려주시겠습니까? 여러분, 우리가 만약 제시 헬름스를 암살하는 데 성공한다면, 여러분께서는 우리를 감추고 보호해주시겠습니까?

누가 비토를 죽였는가? 이 질문의 답으로 크레이머는 커밍아웃하지 않고 있는 스타들에게 책임이 있다고 주장했고, '익명의 세 퀴어'는 동성애혐오자들의 공격을 맞받아쳐야 한다고 주장했다. 이들의 입장은 각각 1990년대 초 작동하고 있는 퀴어 운동의 두 전략, 아우팅outing과 맞받아치기bashing back를 상기시킨다. 나는 이런 전략이 등장하게 된 운동적 맥락, 그리고 이와 관련하여 이루어진 문화적 개입들을 살펴보고자 한다. 이런 전략은 어느 정도는 에이즈 위기에 대한 반응으로 등장한 것이기도 하고, 어느 정도는 에이즈 운동 안에서 사용되기도 한다. 그런 점에서 나는 이런 전략과 에이즈 운동의 관계도 살펴볼 것이다.

이런 운동의 주장들이 비토의 추모식장에서 나오게 된 것은 우연이 아니다. 비토는 여러모로 동성애자 운동과 에이즈 운동을 상징하는 활동가였기 때문이다. 비토의 죽음은 그를 사랑했던 주변 친구들만의 상실이 아니다. 비토의 죽음은 액트업과 운동의 큰 상실이기도 하다. '익명의 세 퀴어'는 비토의 죽음을 1960년대 흑인 민권운동 지도자들의 암살에 견주었다. "우리는 비토가 죽은 날, 자고 일어나면 폭동이 일어나 있을 거라고 생각했습니다. 하지만 세상은 비토가 세상을 떠났는데도 아무 일도 없다는 듯이 돌아가고 있습니다." 비토가 이토록 사랑받고 존경받는 것은 그가 희망을 체현한 활동가였기 때문일 것이다. 1988년 봄, 전국 액트업 지부의 활동가들이 모두 뉴욕 올버니에 모여 9일간 벌인 대규모 집회에서 비토는 다음과 같은 유명한 연설을 했다.[4] "제 친구가 겪은 일입니다. 친구는 지하철에서 역무원에게 장애인 교통카드를 제시했습니다. 승무원이 무슨 장애인이냐고 묻더랍니다. 친구가 에이즈라고 말했지만, 승무원은 믿지 않았다고 합니다. 에이즈 환자가 이렇게 건강하게 다닐 수는 없다, 에이즈 환자라면 집에서 죽어가고 있을 것이다, 라고 말하면서요. 여러분 저는 지금 이 연단에 에이즈로 죽어가는 한 사람이 아니라, 에이즈와 3년째 너무나도 잘살고 있는 한 사람으로서 나왔습니다." 비토는 이렇게 연설을 끝낸다. "우리는 함께 이 에이즈 위기를 종식할 것입니다. 우리는 모두 살아남아 지금과 같은 시스템을 끝장낼 것입니다. 우리는 다시는 이런 일이 생기지 않도록 계속 싸울 것입니다."

활동가들은 '에이즈와 함께 살아가기living with AIDS'라는 말을 사용하며, 에이즈는 걸리면 죽는 병이 아니라 계속 관리해나가는 병이라고 강조해왔다. 하지만 활동가들은 비토의 죽음을 보면서 에이즈와 함께 살기가 쉽지 않음을 절감하며 희망의 불꽃이 사그라드는 것처럼 느꼈다. 물론 활동가들이 비토 한 명의 죽음 때문에 힘들

4. See Douglas Crimp, with Adam Rolston, *AIDS Demo Graphics* (Seattle: Bay Press, 1990), pp. 53~69.

어한 것은 아니다. 비토가 사망한 지 2주도 안 되는 사이에 무려 네 명의 액트업 회원이 세상을 떠난 일도 견디기 어려운 고통이었다. 하지만 활동가들이 그동안 비토의 생존을 각별히 여겼던 것은 사실이다. 비토는 오랜 에이즈 생존자로서 자신의 생존을 굳게 확신했으며, 타인의 생존을 위해 누구보다 치열하게 싸웠다. 비토는 우리의 희망을 상징하는 인물이었다. 그런 비토의 죽음과 함께 우리는 운동의 낙관주의가 끝을 맞이하는 것처럼 느꼈다.

비토가 사망한 1990년은 미국 에이즈 운동이 동력을 잃어가던 시점이었다. 액트업이 설립된 1987년부터 대략 2년 반 동안 액트업은 여러 구체적인 성과를 성취했다. 이 시기 동안 활동가들은 그동안 완전히 무시되던 에이즈에 사회적 관심을 환기하는 데 성공했고, 그 전까지는 게이들의 삶을 비난하는 데 초점이 맞춰져 있던 에이즈 담론의 방향을 공중보건 위기의 문제로 전환하는 데도 성공했다. 심지어 활동가들은 에이즈 정책과 에이즈 신약 개발 과정에 감염인들과 활동가들의 의견들을 반영하게 하는 데도 일정 정도 성과를 거두었다.

하지만 1989년 후반부터 에이즈 운동은 실패와 좌절만을 겪고 있다. 첫째, 지난 2년 동안 에이즈 신약과 관련하여 좋은 소식이 거의 나오지 않고 있다. ddI나 ddC 같은 항레트로바이러스 치료제에 대한 연구 결과는 기대에 미치지 못한다. 효과가 있는 것으로 나타난 기회감염 치료제들은 식품의약국 승인을 통과하지 못하고 묶여 있거나 살인적인 가격으로 출시되고 있다. 둘째, 우리는 이미 해결했거나 이겼다고 여겼던 문제들로 돌아가 다시 싸우고 있다. 대표적인 것이 의료인 대상 HIV 강제검사 문제다. 킴벌리 버갤리스라는 여성이 치과 치료 도중 의사로부터 HIV에 감염되는 일이 발생하면서, 모든 의료인을 대상으로 강제 HIV 검사를 해야 한다는 요구가 정치권에서 나온 것이다. 버갤리스는 자신을 HIV 감염인과 동일시하지 않았다("저는 아무 잘못도 하지 않았습니다"). 그는 자신을 HIV 감염인에게 당한 '피해자'로만 생각했다. 우리가 그동안 HIV 감염인의 목소리를 들리게 하기 위해 수많은 노력을 했지만, 언론과 정치권은 감염인의 목소리를 단 한 번도 듣지 않았다. 그러던 언론과 정치권은 버갤리스가 "제 삶은 에이즈 환자들 때문에 송두리째 파괴되었습니다"라고 증언하자 기다렸다는 듯이 그 말만 크게 보도했다.[5] 셋째, 에이즈 예산은 동결되거나 오히려 축소되고 있다. 그 실망스러운 예로 라이언 화이트 법안을 들 수 있다. 정부는 에이즈 감염인 지원에 관한 법안인 라이언 화이트 법안을 호들갑스럽게 출범시켜놓고는 매우 부실한 지원만을 하고 있다. 그 와중에 신규 감염인의 수는 증가하고 있다. 또, 그러잖아도 집도 없고, 의료보험도 없고, 병원에도 가지 못하는 취약계층은 HIV 감염에 심각하게 위협받고 있다.

이런 상황보다 에이즈 운동을 더 어렵게 만드는 것은 이른바 '에이즈의 정상화normalization of AIDS'가 이루어지면서 사람들이 에이즈 문제에 완전히 무관심해졌다는 점이다. 레이건의 1980년대에는 에이즈 위기가 애초에 존재조차 하지 않는 것처럼 다뤄졌다면, 조지

---

5. *New York Times*, September 27, 1991, p. A12에서 재인용.

H. W. 부시의 1990년대 초에는 그저 수많은 사회문제 중 하나로만 다뤄진다. 이제 에이즈 위기는 긴급한 위기가 아니라 여러 만성적인 문제 가운데 하나에 불과하다. 이런 분위기 속에서 많은 이들은 에이즈 문제에 지나치게 많은 예산이 낭비되고 있다고 주장한다. 하지만 이런 주장을 하는 이들은 에이즈가 여전히 신종 질병에 해당한다는 점, HIV 감염이 젊은 층에서 특히 많이 이루어진다는 점, 에이즈는 단순한 질병이 아닌 매우 복잡한 질병이라는 점, 그리고 무엇보다도 에이즈는 여전히 통제되지 않고 있는 질병이라는 점을 무시한다. 얄궂은 것은 저들이 에이즈를 '정상화'하고 에이즈 예산을 줄이기 위해 우리의 희망과 낙관주의가 담긴 '에이즈와 함께 살아가기'를 사용하고 있다는 점이다. 물론 HIV와 함께 너무나도 잘 사는 모습을 보여주고 있는 매직 존슨 같은 이도 있다. 하지만 우리는 그런 모습에 양가감정을 느낄 수밖에 없다. 엄청난 스타인 존슨은 바이러스와 싸워서 이길 수 있는 조건에 있는 매우 소수의 인물이기 때문이다. 그리고 에이즈가 이미 관리하며 살아갈 수 있는 질병이라는 관념이 저들에게 사용되면서 에이즈를 특별한 사람만이 아니라 모든 사람이 관리할 수 있는 질병으로 만들려는 우리의 노력을 오히려 약화하고 있기 때문이다.

여기까지가 퀴어 운동과 퀴어 운동의 전략들이 등장하고, 더 중요하게는 에이즈 운동이 고통스럽게 변모해야 했던 1990년대 초의 상황이다. 퀴어 운동과 에이즈 운동이 맺는 관계는 복잡하다. 이 관계는 시기에 따라 변화하고, 경우에 따라서는 분열하기도 한다. 두 운동 간 관계의 변화와 분열을 분석하기 위해, 나는 래리 크레이머가 비토의 추모식장에서 조디 포스터를 비난하던 장면으로 다시 돌아가고자 한다.

그 장면으로 곧바로 가기 전에, 그 장면에 등장한 '아우팅'의 간단한 역사를 잠깐 훑어보고 넘어가는 것이 좋을 것 같다.[6] 어렸을 때 얼마나 여자 같거나 남자 같다고 놀림을 받았는지와 관계없이, 커밍아웃을 언제 했는지와 관계없이, 커밍아웃을 얼마나 많은 사람에게 했는지와 관계없이, 퀴어들은 모두 '벽장'과 관련해 어떤 종류든 기억을 가지고 있다. 벽장은 숨고자 하는 동성애자가 만드는 것이 아니다. 벽장은 이 사회의 강제적 이성애라는 제도가 만드는 것이다. 나는 커밍아웃한 게이지만, 내가 모든 새로운 상황마다 주변의 모든 사람에게 내가 게이라는 사실을 알리지 않는 이상, 나를 처음 보는 사람은 기본적으로 나를 이성애자로 간주한다. 그렇다고 내가 게이라는 것을 알리기 위해 매번 택시를 탄 다음에는 택시 기사에게 게이 구역에 있는 게이 바 스파이크에 가달라고 하고, 함께 집에 가다 지하철에서 먼저 내리는 친구 제프에게 키스를 할 수는 없는 일이다. 나는 내 안전을 지키기 위해서라도 제프에게 키스하지 않을 가능성이 높다. 그렇게 되면 나는 우리를 당연히 이성애자라고 여기는 사람들의 자동적인 가정 뒤에 숨는 셈이 된다.[7]

---

6. 아우팅의 역사적 배경과 분석에 대해서는 다음을 참조하라. Larry Gross, *The Contested Closet: The Politics and Ethics of Outing* (Minneapolis: University of Minnesota Press, 1993).

7. 내가 언제나 이성애자처럼 보인다는 이야기가 아니다. 나를 게이라고 생각하는 사람도 많을 것이다. 하지만 특별히 티를 내지 않거나, 그 자리에서 공개적으로 커밍아웃하지 않을 경우, 사람들은 상대를 이성애자로 대한다.

벽장 속에 있던 우리의 경험을 더듬어보자. 이성애자인 척만 하고 만 이들도 있겠지만, 동성애자라는 사실을 들키지 않기 위해 다른 동성애자들을 혐오하는 시늉을 한 이들도 있을 것이다. 이 사회에서는 퀴어에 대한 노골적인 혐오 표현이 이성애성의 증표로 여겨지기 때문이다. 그래서 많은 동성애자에게는 어린 시절 자신을 향할지도 모르는 억압을 피하기 위해 다른 동성애자를 놀리거나 괴롭힌 기억이 있다. 이브 세지윅은 『벽장의 인식론』(1990)에서 이렇게 지적한다. "유난히 동성애혐오적인 권력자가 있다면 그가 사실 동성애자일 가능성이 높다는 것을 동성애자들은 경험적으로 잘 안다."[8] 나는 세지윅의 이 말에는 동의하지 않는다. 동성애혐오자인 상원의원 제시 헬름스, 추기경 존 오코너, 극우 정치인 패트릭 뷰캐넌이 숨은 게이일 가능성은 거의 없어 보인다. 우리는 많은 경우 동성애자로서 다른 동성애자를 괴롭혔던 자신의 경험을 투사해 권력을 쥔 동성애혐오자들을 숨은 동성애자로 읽는다.

많은 경우 우리는 동성애자인 것이 분명한데 이성애자 행세를 하는 것으로 보이는 우리의 적들을 비판한다. 가장 대표적인 경우가 전 뉴욕시장 에드 코치다. 평생 독신으로 지내고 있는 코치는 뉴욕시장 경선 때부터 공식 석상에 나설 때면 미스 아메리카 출신의 여성을 대동하고 나섰다. 같은 민주당 경쟁자인 마리오 쿠오모로부터 "호모가 아니라 쿠오모에게 한 표를!"이라는 슬로건으로 공격을 받았기 때문이다. 이런 공격에도 코치는 결국 경선에서 이겼고, 시장

---

8. Eve Kosofsky Sedgwick, *Epistemology of the Closet* (Berkeley and Los Angeles: University of California Press, 1990), p. 81.

에도 당선되었다. 코치가 당선되고 얼마 후 뉴욕은 전 세계에서 에이즈 환자가 가장 많은 도시가 되었다. 하지만 코치는 에이즈 위기에 아무 대응도 하지 않았다. 많은 이들은 그가 자신이 동성애자라는 사실을 들키지 않기 위해 의도적으로 에이즈 문제와 거리를 두고 있다고 비판했다. 그는 성적 지향은 사적인 영역에 속한 문제로 남들이 알 바가 아니라며 수년 동안 이 문제에 대해 언급하기를 일관되게 거부했다. 그러다 자신에 대한 의심이 계속되자 코치는 한 라디오 프로그램에 나가 자신은 이성애자라고 공개적으로 못 박았다. 다음날 《뉴욕 뉴스데이》의 1면에는 "에드 코치 시장 '저는 이성애자입니다'"라는 기사가 실렸다. 동성애자 활동가들은 이런 코치를 조롱했다. 1989년 3월 뉴욕 시청 앞에서 열린 초대형 액트업 집회 '시청을 점거하라Target City Hall'에서 활동가들은 이런 팻말을 들었다. "에드 코치 시장이 이성애자면, 나는 여가수 카르멩 미란다." 집회 참여자들은 "이성애자 에드 코치는! 에이즈 정책 개선하라!"라는 구호를 반복해서 외치며 퀴어한 유머로 코치를 조롱했다.

이후, 에이즈 문제 해결에 적극적으로 나서지 않는 숨은 동성애자 유명인사들의 성적 지향을 파헤치는 역할을 적극적으로 맡은 이가 나타났다. 동성애자 언론인 마이클랜젤로 시뇨릴리다. 그는 '시청을 점거하라' 집회에서 미디어 캠페인을 담당하며 액트업의 언론대응 분과에서 활동하다가, 이후 동성애자 주간지 《아웃위크》에서 활동하며 "가십 와치Gossip Watch"라는 칼럼을 썼다. 기존 언론의 가십난을 비평하는 이 칼럼에서 시뇨릴리는 (본인부터가 숨은 게이인 경우가 많은) 가십 기자들이 에이즈 위기를 해결하기 위해서는 아무 역할도 하지 않은 채, 게이 유명인들의 소문을 덮어주느라 그들의 가짜 여성 연인 소식만 실어다 나르고 있다고 혹독하게 비판했다.

숨은 동성애자를 동성애자라고 폭로하는 전략은 이렇게 시작되었다. 시뇨릴리의 처음 의도는 언론이 가십을 통해 이 사회의 공공연한 비밀을 관리하고 있음을 드러내고자 하는 것일 뿐, 누군가가 동성애자라는 사실 자체를 폭로하는 것이 아니었을 것이라고 생각한다. 나는 그의 애초 의도는 특정 유명인사가 동성애자라는 것을 모두가 알고 있음에도 이 사회의 동성애혐오가 동성애자로서의 그를 비가시화하고 있음을 폭로하는 것이었을 것이라고 생각한다. 시뇨릴리는 백만장자이자 경제지 《포브스》의 발행인인 맬컴 포브스가 사망하자 1990년 3월 《아웃위크》에 "맬컴 포브스의 게이 라이프"라는 기사를 내보냈다. 그러자 《타임》과 《뉴스위크》가 이 실천을 '아우팅'이라는 이름으로 부르기 시작했다.[9] 언론은 시뇨릴리와 《아웃위크》는 물론 퀴어들에게 공포와 혐오를 쏟아내기 시작했다. 언론이 공격적으로 나온 것은 시뇨릴리가 포브스가 동성애자였다는 공공연한 사실을 폭로했기 때문이 아니었다. 이성애자 언론이 발끈한 것은, 시뇨릴리가 이성애자 언론이 어떤 유명인사가 동성애자인지 뻔히 알고 있으면서도 동성애자를 비가시화하기 위해 그에 대해 침묵하고 있었음을 폭로했기 때문이었다. 아우팅된 것은 맬컴 포브스가 아니라, 언론의 동성애혐오였다.

9. William Henry III, "Forcing Gays Out of the Closet," *Time*, January 29, 1990, p. 67; David Gelman, "'Outing': An Unexpected Assault on Sexual Privacy," *Newsweek*, April 30, 1990, p. 66.

문제는 이성애자 언론이 먼저 이 전략에 '아우팅'이라고 이름을 붙임으로써 담론의 주도권을 선점했고, 우리는 어리석게도 그들의 주도에 이끌려갔다는 것이다. 우리는 잘못한 것도 없이 우리의 행위를 변호하기에 급급했다. 우리는 모순적인 논리를 폈다. 하나는 우리를 억압하는 이들 상당수가 숨은 동성애자기 때문에 그들을 아우팅해야 한다는 논리고, 다른 하나는 힘 있는 동성애자를 롤모델로 삼을 수 있도록 그들을 아우팅해야 한다는 논리다. 우리는 이 서로 모순되는 변명들을 하면서, 두 변명 모두 우리에게 불리하다는 사실을, 특히 에이즈 위기의 시기에는 더 그렇다는 사실을 생각하지 못했다. 에이즈는 많은 경우 부인하기 어려운 아우팅의 수단이 된다. 에이즈 위기 시기 동안 우리는 거의 매일 《뉴욕 타임스》의 부고란에서 "고인의 오랜 동반자로는 ○○○가 있다"라는 문구를 만난다. 《뉴욕 타임스》가 부고란에서 동성애자의 파트너를 완곡하게 표현하는 말인 '오랜 동반자longtime companion'라는 표현은 사망한 이가 동성애자라는 부정할 수 없는 증거가 된다. 《뉴욕 타임스》 부고란에 난 사망한 작가와 배우와 무용수가, 사망한 패션 디자이너와 모델과 인테리어 전문가가, 사망한 의사와 변호사와 증권인이, 동성애자였다는 완벽한 증거가 된다. 비극적이고 아이러니하게도, 에이즈 위기를 통해서야 스톤월 혁명의 구호가 비로소 증명된 것이다. '우리는 어디에나 있다We are everywhere.'[10]

---

10. 《뉴욕 타임스》가 부고란에 사망한 동성애자의 파트너 이름을 싣기 시작한 것은 활동가들의 오랜 노력의 결과다. 하지만 《뉴욕 타임스》는 1992년 지금도 혈연가족과 법적 배우자만 '유족'으로 부르고 있다.

미국 역사상 가장 악명 높은 두 아우팅 사례는 우리로 하여금 아우팅이라는 실천에 대해 곰곰이 생각하게 만든다. 그 두 주인공은 록 허드슨과 로이 콘이다. 두 사람은 기이한 거울상을 이룬다. 할리우드의 최고 스타였던 허드슨은 벽장 속에 머묾으로써, 동성애자들을 '빨갱이'로 몰아붙였던 1950년대의 매카시즘으로부터 도피했다. 콘은 조지프 매카시의 보좌관으로 활동하면서 벽장 속에 머물면서 매카시즘을 주도했다. 허드슨은 미국의 품위 있는 남성성을 상징하는 인물이었다. 콘은 미국의 추악한 면을 상징하는 인물이었다. 허드슨이 동성애자라는 것이 밝혀졌을 때, 사람들은 그가 동성애자로서의 본래 모습을 숨겼다고 생각하며 배신감을 느꼈다.[11] 콘이 동성애자라는 것이 밝혀졌을 때, 사람들은 그가 동성애자로서의 본래 모습에 충실했다고 생각하며 당연하다고 여겼다.[12] 허드슨

11. See Richard Meyer, "Rock Hudson's Body," in *Inside/Out: Lesbian Theories, Gay Theories*, ed. Diana Fuss (New York and London: Routledge, 1991), pp. 259~288.
12. 《네이션》의 기자 로버트 셰릴은 로이 콘에 대한 기사를 이렇게 시작한다. "로이 콘은 매우 역겨운 동성애자였다." 셰릴은 콘의 섹스에 대한 집착, 다른 추악한 우파 게이들과의 관계 등에 대해 쓴 뒤 이렇게 기사를 마무리한다. "로이 콘은 동성애자 인권을 위해 활동하는 다른 동성애자들을 전혀 돕지 않았다. 오히려 그는 다른 동성애자들의 삶을 파괴하기 위해 온 힘을 다했다. 그는 동성애자 인권을 위해 힘쓰는 게이들을 비난하고, 동성애자들을 인정해야 한다고 주장하는 정치인들을 경멸했으며, 동성애자들을 억압하는 법을 만들기 위해 노력했다. 그는 에이즈로 죽는 그 순간까지도 자신이 동성애자라는 사실을 끝까지 인정하지 않았다. 하지만 도리언 그레이를 연상시키는 그의 마지막 순간은 우리에게 많은 것을 생각하게 한다. '로이 콘은 침대에 누워 있다. 그의 피부는 완전히 망가졌고, 몸은 성한 곳이 없으며, 신체 능력은 거의 정지 직전이다. 그리고 항문 근처에는 손가락 한 마디 길이의 상처가 나 있다.'" 마지막 구절은 언론인 니콜라스 폰 호프만이 쓴 로이 콘의 전기 『권력자 콘(Citizen Cohn)』에 나오는 문장을 인용한 것이다. 여기서 호프만과 셰릴은 콘의 에이즈로 인한 건강 상태를 묘사하고 있는 것이 아니다. 콘이 동성애자임을 강조하고 있는 것이다. 아니, 동성애자가 곧 에이즈라고 말하고 있다고 보는 편이 더 정확할 것 같다. See, e.g.,

은 진실한 배우에서 삶 자체가 거짓인 게이 배우가 되었다. 콘은 삶 자체가 거짓인 매카시주의자에서 삶 자체가 거짓인 게이 매카시주의자가 되었다. 둘의 (비밀 아닌) 비밀이 밝혀졌을 때 사람들은 놀라지 않았다. 그들은 원래부터 동성애자들은 모두 사악한 거짓말쟁이들이라고 믿고 있었기 때문이다.

우리는 아우팅을 방어하면서, 우리의 억압자를 벌하기 위해, 또 우리의 롤모델을 찾기 위해 그들이 동성애자라는 것을 폭로한다고 주장했다. 그렇다면 록 허드슨과 로이 콘은 각각 어떤 경우에 해당할까? 동성애혐오자들의 논리에 따르면, 록 허드슨은 자기 자신을 억압했을 뿐 아니라 자신을 사랑해준 팬들에게 거짓말을 했다는 점에서 우리의 억압자다. 로이 콘은 이중인격적이고 비겁한 동성애자의 본성에 충실했다는 점에서 우리의 롤모델이다. 아우팅을 지지하는 이들은 어떤 유명인사가 동성애자라는 사실이 밝혀지면 동성애혐오적인 담론이 바뀔 것이라고 주장한다. 그러나 그런 생각은 환상이다. 위험한 미망이다. 세지윅은 『벽장의 인식론』에서 이렇게 쓴다. "우리에게는 개인이 동성애자라는 사실을 밝히는 일이 공적으로 구성되고 제도적으로 고착화된 억압에 미치는 영향이 지극히 제한적일 수밖에 없음을 알아야 할 이유가 너무나도 많다. 물론 이런 불균형을 인정하는 것이 커밍아웃이라는 행위의 결과가 '공적' 영역과 '사적' 영역과 같은 사전결정된 경계들 안으로 한정된다는 것을 의미하는 것도 아니고, 또 커밍아웃이라는 행위가 얼마나 강력하고

Robert Sherrill, "King Cohn," *Nation*, May 21, 1988, pp. 719~725.

파괴적일 수 있는지를 부정하는 것도 아니다. 그럼에도 우리는 위의 잔혹한 불균형을 인정해야 한다. '이미 제도화된 무시'가 그저 연극적으로 전시되고 있는 속에서는 변혁적인 잠재력을 찾을 수 없다."[13]

세지윅의 말에 비추어 본다면, 나는 시뇨릴리가 아우팅을 시작했던 처음의 의도를 계속 지켜나갔더라면 생산적인 결과를 만들어냈을 것이라고 생각한다. 시뇨릴리의 원래 의도는 벽장 속 유명인사들을 드러내는 것이 아니라, 그들을 벽장 속으로 밀어 넣은 사회적 요인을 드러내는 것이었을 테다. 동성애자의 '비밀'을 폭로하는 것이 아니라, 동성애혐오적인 이 사회의 '비밀'을 폭로하는 것이었을 테다. 폭로해야 할 더럽고 추악한 비밀은 동성애자가 아니라 동성애혐오적인 이 사회에 있다. (덧붙이자면, 동성애자의 '비밀'에 대한 가십을 이야기하는 것, 가령 어떤 유명인사의 섹슈얼리티에 대해 뒤에서 추측하고 의심하고 뒷말을 나누는 것은 퀴어들에게 주어진 일종의 특권이다.)

비토의 추모식장에서 크레이머는 "조디 포스터는 어떻게 감히 이런 영화에 출연한 것일까요?"라고 말한 뒤 이렇게 말했다. "비토라면 저에게 전적으로 동의할 것입니다. 비토가 살아서 이런 상황을 보았다면 아마도 비명을 질렀을 겁니다." 비토는 정말 크레이머와 같은 입장이었을까? 비토는 할리우드 영화 역사에 등장한 동성애자 인물을 연구한 『셀룰로이드 클로짓』의 서론에서 다음과 같이 쓰고 있다.

---

13. Sedgwick, *Epistemology of the Closet*, p. 78.

나는 대중이 동성애자 배우의 성적 지향을 아는 것 자체는 문제라고 생각하지 않는다. 우리가 이성애자 배우의 성적 지향을 알고 있듯이 말이다. 나는 성적 지향이 사적인 문제이기 때문에 공개적으로 논해서는 안 된다고 생각하지 않는다. 하지만 동성애자 배우의 성적 지향을 이 책에 싣는 것은 다른 문제다. 배우가 동의하지 않았는데 그의 성적 지향을 책에 밝히는 일은 비윤리적인 행위인 동시에 명예훼손에 해당하는 일이다. 자신의 선택으로 커밍아웃하지 않는 사람의 성적 지향을 타인이 밝히는 것은 무의미한 일일 뿐 아니라 비윤리적인 일이다. 또, 타인의 성적 지향을 밝히는 일은 그의 삶을 파괴할 수 있는 명예훼손에 해당하는 일이기도 하다. 물론 다른 사람을 동성애자라고 밝히는 것만으로도 그것이 명예훼손이 되는 상황은 우리 중 누군가가 반드시 바꿔야 할 일이다.[14]

마지막 문장은 비토의 투지와 낙관주의, 그리고 무엇을 바꿔야 하는지에 대한 그의 정확한 이해를 보여준다. 지금의 법체계에서는 누군가를 동성애자라고 부르는 것만으로도 명예훼손죄가 성립한다. 그가 진짜 동성애자인지, 그렇게 부른 사람에게 악의적인 의도가 있었는지 여부는 명예훼손이 성립하는 데 영향을 미치지 않는다.

동성애자들이 비토를 죽게 내버려두었다는 크레이머의 비난에 대해, 비토는 어떻게 생각했을까? 비토는 크레이머에게 동의하지 않

---

14. Vito Russo, *The Celluloid Closet: Homosexuality in the Movies* (New York: Harper & Row, 1987), p. xi.

앉을 것이다. 비토는 어떤 일이 있어도 동성애자들에게 손가락질을 하지 않는 친구였다. 비토가 우리를 손가락으로 가리키는 유일한 경우는 동성애자들의 용기를 칭송할 때뿐이었다. 〈양들의 침묵〉에 대해서는 어떻게 생각했을까? 비토는 할리우드 영화가 동성애자를 부정적으로 다룬 역사를 꿰뚫고 있는 영화연구자였다. 비토였다면 영화의 감독 조너선 데미가 얼마나 부주의하게 연쇄살인범 버펄로 빌을 동성애혐오적인 스테레오타입에 부합하는 인물로 만들었는지 그 누구보다도 잘 설명했을 것이다. 여러 이름 중 하필 '프레셔스'라는 이름을 가진 미니어처 푸들, 시폰 스카프, 여장 화장, 니플링, 동성 연인을 살해한 전력. 물론 〈양들의 침묵〉이 재현하는 섹슈얼리티와 병리학의 복잡한 배열 속에서라면 이런 특징들도 동성애혐오적인 스테레오타입을 강화하는 장치가 아닌 것으로 독해될 여지가 없는 것은 아니다. 하지만 할리우드가 지난 한 세기 동안 이런 장치를 통해 동성애혐오적인 재현을 생산해온 더 큰 역사와 맥락 안에서 본다면, 이 영화의 재현은 분명히 동성애혐오를 강화하는 재현이다.

조너선 데미는 클라리스 스탈링(조디 포스터 분)을 상당히 세심히 다룬다. 페미니스트 영화 비평이 대체로 이 영화를 긍정적으로 평가하는 이유는 스탈링이 강인하고 지적인 여성일 뿐 아니라 짜증스럽고 오만한 가부장적 남성 인물들로부터 독립적인 진취적인 여성이기 때문일 것이다. 스탈링이 남성들로부터 얼마나 독립적인가에 의문의 여지가 전혀 없는 것은 아니지만, 일단 스탈링은 가부장적 남성 인물들의 유혹을 무시하고, 오로지 납치된 여성을 구출하는 데만 집중한다. 하지만 데미는 이런 반가부장적 논리를 영화의 끝까지 유지하지 못한다. 영화의 반가부장적 논리는 데미가 사이코패스를 '동성애자화'하면서 무너진다. 내가 말하는 사이코패스 연쇄살인범은 버펄로 빌만이 아니다. 한니발 렉터도 포함된다. 데미가 그리는 렉터는 지적이면서도 우아한 인물, 캠피한 인물, 전형적인 남성성에서 벗어나 있는 인물이다. 딸을 납치당한 여성 상원의원에게 렉터가 "입고 계신 옷이 아름다우시군요"라는 말을 건넬 때 그가 풍기는 분위기를 생각해보라. 이 영화가 동성애혐오적인 이유는 단지 데미가 남성 동성애자를 사이코패스 연쇄살인마로 그리는 할리우드의 전통을 반복해서만이 아니다. 이 영화가 동성애혐오적인 이유는 이 영화에 그려지는 끔찍한 일들을 가부장제가 만든 것에서 이성애 남성성에서 멀리 벗어난 인물들이 만든 것으로 바꿔놓았다는 데 있다.

　토머스 해리스의 원작 소설에서 버펄로 빌은 동성애자가 아니다. 원작에서 버펄로 빌은 동성애자이기는커녕, 동성애혐오자다.[15] 버펄로 빌이 병원에서 성전환 수술을 거부당한 이유도 동성애자를 두 번이나 공격한 전력이 있어서였던 것으로 나온다. 데미는 다른 부분은 모두 원작을 충실히 따르면서도, 버펄로 빌이 동성애혐오자라

15.　토머스 해리스의 원작에서 버펄로 빌은 다음과 같이 묘사된다. "버펄로 빌은 동성애자들을 두 번 공격한 혐의로 해리스버그 경찰이 쫓고 있는 자였죠. 두 번째로 공격당한 동성애자는 치명상을 입었습니다." 이렇게도 묘사된다. "버펄로 빌은 동성애자들을 폭행한 전력이 있는 자야." 물론 원작에서 버펄로 빌이 동성애자가 아니라 동성애혐오자라고 해서, 원작에 동성애혐오적인 스테레오타입이 없다는 말은 아니다. 영화 속 버펄로 빌이라는 인물 묘사 자체가 사실 원작에서 거의 그대로 가지고 온 것이다. 하지만 소설과 영화라는 매체에서 동성애혐오적인 스테레오타입이 기능하는 방식은 각각 다르다. 소설과 영화가 동성애혐오적인 스테레오타입을 착취한 역사라는 더 큰 맥락에서 보면 이 차이는 더 벌어진다.

는 설정만은 거꾸로 바꾼다. 의아한 일이다. 연쇄살인범을 동성애혐
오자로 만들 경우 영화에서 일어나는 끔찍한 일들이 가부장제가
가지고 온 결과라는 것이 너무 여실히 드러나는 것이 두려웠던 것
일까?

　가부장제가 가져온 끔찍한 결과의 책임을 전치하는 일은 페미니
즘 영화 비평에서도 발생할 수 있다. 영화 속 여성에 대한 이미지가
긍정적인가 부정적인가를 따지는 단순한 분석을 넘어, 영화 장치가
어떻게 관객들에게 강제로 성차를 경험하게 하는지를 분석하는, 이
를테면 로라 멀비적이라 할 만한 다음과 같은 분석을 생각해보자.[16]
영화의 클라이맥스 장면. 스탈링은 암전 속에서 자신의 행위주체성
을 잃는다. 영화의 시선이 스탈링의 시선에서 버펄로 빌의 시선으로
바뀌는 순간이기도 하다. 이제 스탈링은 어둠 속에서 적외선 투시
경을 쓰고 있는 버펄로 빌의 시선의 대상이다. 동시에 버펄로 빌의
적외선 투시경을 경유하고 있는 어둠 속 관객들의 시선의 대상이
기도 하다. 이때 관객이 누구에게 동일시하게 되는지, 또 그 동일시
가 어떻게 젠더화되어 있는지는 너무나도 명확하다. 버펄로 빌의 남
성 시선은 카메라의 시선과 일치하고, 남성 시선의 대상이 되는 여
성의 이미지는 적외선 투시경으로 상징되는 영화 장치에 갇힌다. 하
지만 이때 일어나는 어떤 예상치 못한 일이 이 장면의 극적인 긴장
을 깬다. 그것은 스탈링의 총성이 아니다. 그 직전 극장의 관객석에

16.　물론 나는 고전이 된 로라 멀비의 유명한 논문 「시각적 쾌락과 내러티브 시네마」(1975)
를 염두에 두고 있다. Laura Mulvey, *Visual and Other Pleasures* (Bloomington and
Indianapolis: Indiana University Press, 1989), pp. 14~26.

서 튀어나오는 남성 관객의 외침, "저 호모 새끼 빨리 쏴버려!" 동성
애혐오와 함께 영화의 힘이 깨진다. 여성에 대한 '올바른' 호명이 실
패함과 동시에, 스탈링은 시선과 행위주체성을 되찾는다.

〈양들의 침묵〉은 페미니즘적인 동시에 동성애혐오적이다(그 페미
니즘은 부족한 반면, 그 동성애혐오는 넘친다). 한 영화를 페미니즘적
이면서도 동성애혐오적이라고 읽는 것은 불가능한 독해 방법이 아
니다. 페미니즘과 동성애혐오가 반드시 상호배타적이지만은 않기
때문이다. 하지만 〈양들의 침묵〉을 둘러싼 토론에서 문제가 되는 것
은 게이들과 레즈비언들이 둘 중 한 입장에서만 이 영화를 바라본
다는 점이다. 레즈비언들을 포함한 여성들은 대체로 이 영화를 지
지한다. 게이들은 대체로 이 영화를 비판한다. 레즈비언 영화평론가
B. 루비 리치는 《빌리지 보이스》에 "남성과 여성이 영화를 보면서
동일한 욕망, 공포, 쾌락을 경험하는 경우는 드물다. 〈양들의 침묵〉
에 대한 여성과 게이의 반응이 다른 것은 특별히 놀랄 일이 아니다"
라고 쓴다.[17] 게이들은 조디 포스터가 동성애혐오적 재현에 공모했다
고 생각한다. 여성들은 포스터가 페미니즘적인 재현에 기여했다고
생각한다. 게이들에게 조디 포스터는 억압자다. 레즈비언들에게 조
디 포스터는 롤모델이다.

게이들과 여성들이 서로 다른 반응을 보이는 것은 그들이 정체

---

17. B. Ruby Rich, contribution to "Writers on the *Lamb*: Sorting Out the Sexual
Politics of a Controversial Film," *Village Voice*, March 5, 1991, p. 59. 이 글은 《아웃위
크》 지면에서 마이클랜젤로 시뇨릴리가 〈양들의 침묵〉이 동성애혐오적이라는 문제를 제기
하자, 그에 대한 응답으로 쓴 글이다.

푸들 '프레셔스'를 안고 있는 〈양들의 침묵〉(1991)의 버펄로 빌(테드 레빈 분).

어둠 속에서 궁지에 몰린 〈양들의 침묵〉(1991)의 클라리스 스탈링(조디 포스터 분).

성이라는 개념을 받아들이는 방식과 연결되어 있다. 포스터를 억압자라고 비난하는 게이들은 포스터의 정체성을 동성애자라고 상정한다. 게이들은 포스터가 페미니즘이라는 정치적 지향보다 동성애 정체성을 우선시했어야 한다고 본다. 포스터를 롤모델이라고 칭송하는 여성들은 페미니즘 자체를 포스터의 정체성으로 본다. 리치는 이렇게 쓴다. "나는 여성들이 동일시할 수 있는 클라리스 스탈링이라는 여성 인물의 존재, 바로 그 존재가 주는 쾌감을 포기할 생각이 없다. 나는 버펄로 빌이라는 인물의 재현에 몰두하느라 이 영화가 지닌 미묘한 요소들을 놓치고 싶지 않다. 혹시 내가 연쇄살인범의 재현이 아니라 그 연쇄살인범의 대상인 여성들의 재현에만 관심을 두고 있다고 생각한다면, 양해해주시길. 나는 여성일 수밖에 없으니까." 리치는 동성애자라는 정체성이 아니라 여성이라는 정체성을 중심으로 포스터와 동일시한다. 리치는 강조점을 바꿀 수도 있었다. 리치의 정체성은 고정되어 있지도 않고 리치의 정치적 동일시를 결정하지도 않는다. 하지만 리치는 "나는 여성일 수밖에 없으니까"라며 자신의 정치적 동일시를 통해 자신의 정체성을 일시적으로 여성에 고정시킨다. 여기서 나는 이런 질문들을 던지고 싶다. 〈양들의 침묵〉에서 레즈비언은 어디에 있는가? 결국 이 영화에서도 레즈비언은 비가시화된 것 아닌가? 조디 포스터를 아우팅이 아닌 방법으로 보이게 할 방법은 없는 것일까?

에이즈 활동가, 영화감독, 레즈비언인 진 칼로무스토는 다큐멘터리 〈세상을 보는 새로운 방식 'L' L Is for the Way You Look〉을 통해 그 한 가지 가능성을 제시한다. 이 다큐멘터리에서 친구 사이인 레즈비언들은 언젠가 한 레즈비언 코미디언의 공연에 가서 어느 유명 여성 가수가 어느 유명 여성 작가와 함께 공연장에 온 것을 보고 깜짝 놀랐던 경험을 이야기한다.

> 조: 공연을 보고 있는데 낸시가 저쪽에 유명 작가 프랜 리보위츠가 있다는 거예요. 깜짝 놀랐죠. 저랑 낸시 모두 리보위츠 팬이거든요.
>
> 낸시: 저는 신기해서 공연은 안 보고 리보위츠 쪽만 보고 있었어요.
>
> 신시아: 계단 쪽 방향에서 사람들이 웅성거리기 시작했어요. 무슨 일인가 싶어 그쪽을 봤는데…
>
> 낸시: 거대하게 부풀린 사자머리가 보였어요. 딱 붙는 스판덱스 미니스커트를 입고 있었고요.
>
> 조: 저도 고개를 다시 돌렸는데, 거대한 가슴만 눈에 들어오더라고요. 깜짝 놀라서 누군지 얼굴을 봤죠. 세상에, 누구였는지 아세요? 가수 돌리 파튼이었어요.

공연장에서 돌리 파튼을 본 레즈비언들은 그 일로 그날도, 그다음 날도, 며칠 동안 돌리 파튼이 레즈비언 공연에 온 이야기로 즐거워한다. 심지어 공연을 보지 않았던 레즈비언 친구들도 그 이야기를 듣고는 "이제 나도 사람들에게 '내가 직접 봤는데 돌리 파튼이 부치처럼 짧은 머리를 하고 있었지 뭐야'라고 자랑해야지", "이제 돌리 파튼이 낸시랑 데이트하러 왔다고 소문나는 거 아니야?" 같은

진 칼로무스토, 〈세상을 보는 새로운 방식 'L'〉, 1991.

우스갯소리를 하며 재미있어한다.

이 장면은 돌리 파튼을 이야기하고 있는 것 같지만 실은 돌리 파튼과는 별 관계가 없다. 이 장면은 가십에 관한 장면이다. 가십의 대상이 돌리 파튼인 것은 맞지만, 관객이 보는 것은 돌리 파튼이 아니라 돌리 파튼을 이야기하고 있는 여성 동성애자들이다. 중요한 것은 돌리 파튼의 가시성이 아니라 이 여성 동성애자들의 가시성이다. 돌리 파튼의 부재를 중심으로 여성 동성애자들의 재현이 구성되고 있는 것이다. 나는 지금, 부재 위에 재현이 구성되었다는 식의 구조주의적인 이야기를 하는 것이 아니다. 내가 이 장면을 통해 하고자 하는 이야기는 우리가 동일시를 하는 방식, 그리고 그 동일시를 통해 공동체를 만들어나가는 방식에 관한 것이다.

물론 이들이 나누는 가십의 대상인 돌리 파튼이 아무 의미도 없는 것은 아니다. 많은 이들에게 레즈비언일 것이라고 여겨지는 돌리 파튼이 레즈비언 코미디언이 하는 공연에, 그것도 레즈비언 작가인 프랜 리보위츠와 함께 왔다는 사실은 의미심장할 수 있다. 하지만 이 장면에서 중요하게 보아야 할 것은 그것이 아니다. 돌리 파튼이 지닌 여성성의 기호들, 이를테면 커다란 가슴, 깊은 가슴골, 몸매를 드러내는 스판덱스 미니스커트에 관한 대화를 매개로 즐거운 시간을 보내는 여성들의 외양은 돌리 파튼과 사뭇 다르다. 이 장면에 등장하는 레즈비언 가운데 돌리 파튼처럼 여성적으로 보이는 이는 없다. 오히려 모두 부치에 가깝다. 여기서 이들의 욕망과 동일시는 자신과의 차이 속에서 작동한다.

동일시/정체화identification는 언제나 타자와의 동일시다. 즉, 누군가가 동일시하는 대상은 언제나 자기 자신과 차이를 지닌 존재다. 또는 자기가 구성하는 정체성에서 자기 자신은 끊임없이 자기소외된다. 정체성의 선언이 본질적으로 불완전할 수밖에 없다는 식의 이야기를 하려는 것이 아니다. 정체성은 단순히 자신을 긍정하는 선언이 아니다. 정체성은 언제나, 타자와 맺는 하나의 관계다. 테레사 드 로레티스가 실라 매클로플린Sheila McLaughlin의 영화 〈그녀는 분명히 보고 있어She Must Be Seeing Things〉를 분석하며 지적하듯, "레즈비언 관계가 가능하려면 한 명으로는 안 되고, 반드시 두 명의 여성이 있어야 한다."[18] 이처럼 정체성이 언제나 관계적이라는 점에 주목한다면, 우리는 정체성 정치를 고정된 정체성에 기반한 정치가 아니라 관계적 정체성들에 기반한 정치로 다시 만들어나갈 수 있다. 또는 끊임없이 자기 자신을 다시 만드는 정치적 동일시들을 통해 형성되는 정치로 새롭게 사고할 수 있다. 다큐멘터리 속에서 조는 이렇게 말한다. "레즈비언 공연장에서 돌리 파튼을 목격한 재미있는 상황을 우리는 말하자면 일종의 여성 연대의 기회로 삼았던 것 같아요."

세지윅은 『벽장의 인식론』에서 가십에 대해 이렇게 말한다. "소중한 기예인 가십은 유럽적인 사고에서 태곳적부터 하인, 여성적인 남성과 동성애자 남성, 모든 종류의 여성과 연결되며 평가절하되어왔다. 나는 가십이 필수적인 소식을 전파하는 수단이라기보다는, '어떤 종류의 사람들'을 그들의 세계에서 발견하기 위해 비합리적이고

---

18. Teresa de Lauretis, "Film and the Visible," in *How Do I Look? Queer Film and Video*, ed. Bad Object Choices (Seattle: Bay Press, 1991), p. 232.

임시적인 가설을 만들고, 시험하고, 적용하는 세련된 기술에 더 가깝다고 생각한다. 동성애자 남성이나 모든 종류의 여성이 가십이라는 임시분류적인 기술에 능통한 것은 아닐 것이다. 하지만 가십이 평가절하될수록 우리의 고유한 필요가 해를 입게 되는 것은 분명하다."[19]

퀴어들에게 가십이 수행하는 가장 중요한 역할은 우리의 정체성을 구축하거나 재구축하는 일이다. 퀴어라면 다른 사람이 '변태', '호모', '선머슴' 같은 언어로 괴롭힘당하는 상황을 보면서 속으로 '어, 사실은 나도 그런 사람인데'라고 생각했던 경험이 있을 것이다. 우리는 다른 퀴어에게 향하는 모욕적인 언어를 들으며 자기비하감에 빠진다. 고통스럽게도 우리는 이 자기비하감을 통해서 자신을 퀴어로 정체화한다. 이런 정체화 과정에서 퀴어들 사이에 떠도는 스타들에 대한 가십이 중요한 역할을 하기도 한다. "뭐? 그 멋진 애가 게이라고?" "정말 조디 포스터가 레즈비언이란 말야?" "조디 포스터 같은 대단한 사람이 레즈비언이라면, 레즈비언인 것 자체가 그렇게 나쁜 것일 리 없잖아!" 아우팅을 지지하는 이들 중에서는 여기서 롤모델 논리를 끄집어낼 것이다. '청소년 레즈비언들이 조디 포스터 같은 뛰어난 인물이 레즈비언이라는 사실을 일찍 알 수만 있다면, 내가 겪었던 고통스러운 자기비하를 안 겪어도 되지 않을까?' 하지만 이런 논리는 두 가지를 간과한다. 하나는 세지윅이 지적했던 것처럼 동성애혐오가 '이미 제도화된 무시'라는 점이고, 다른 하나는

---

19. Sedgwick, *Epistemology of the Closet*, p. 23.

정체성이라는 개념이다.

청소년 레즈비언이 레즈비언 스타가 커밍아웃하는 것을 볼 일은 많지 않을 것이다. 스타에게는 자신이 동성애자라는 것을 밝히는 행위가 스타로서의 커리어를 끝장낼 수 있는 위험한 행위이기 때문이다. 비토는 이런 상황을 재치있게 표현했다. "진리가 너희를 자유롭게 하리라. 하지만 그 전에 먼저 너희를 망하게 하리라." 우수하거나 모범적인 사람이 커밍아웃한다고 해도 사회의 동성애혐오는 약해지지 않는다. 우수하고 모범적인 생도 조지프 스테판이 커밍아웃을 했다고 해서 해군사관학교나 국방부의 동성애자 정책이 바뀌었는가? 올림픽에 출전한 적이 있는 엘리트 선수 출신이 게이 게임스를 만들었다고 해서 미국 올림픽위원회와 대법원이 '게이 올림픽'이라는 이름을 사용할 수 있게 허용했는가? 그렇지 않았다. 동성애혐오를, '이미 제도화된 무시'를 없애는 길은 우리의 정체성 정치 위에서 함께 힘을 모아 정치적으로 싸우는 것이다.

정체성 정치는 많은 경우 본질주의적인 것으로 이해되고 비난받는다. (어느 분야에서 정체성 정치는 '본질주의적으로 본질주의적'인 것으로 비난되기도 하는데, 다이애나 퍼스는 이런 경향을 반본질주의의 본질주의로 본다.)[20] 많은 이들은 동성애자 정체성을 가진 이들이 먼저 있고, 이들로부터 정치적 운동이 시작되었다고 생각한다. 하지만 이는 정확한 기술이 아닌 것 같다. 우리가 ('동성연애자'나 '호모파일'이 아닌) 동성애자 정체성을 발화할 수 있게 된 것은 다른 정치

20. See Diana Fuss, *Essentially Speaking: Feminism, Nature, and Difference* (New York: Routledge, 1989).

적 운동들이 새로 등장했기에 가능했던 일이 아닌가? 우리가 동성애자 운동을 형성할 수 있게 된 것은 블랙파워 운동과 페미니즘과 같은 다른 정치적 운동들과의 동일시가 있었기에 가능했던 일이 아닌가? 게이해방전선Gay Liberation Front만 해도 그 이름부터가 제3세계 해방전선과의 동일시에서 나온 단체. 하지만 이랬던 게이해방전선도 흑표당을 지지해야 할 것인가, 또 단체 내 여성 회원에게 남성 회원과 동등한 자격을 부여해야 하는가 등의 문제를 놓고 분열하다 와해되었다. 흑인 운동과 페미니즘은 우리의 정체성을 발화할 수 있게 해준 중요한 운동들이다. 그럼에도 우리의 운동은 바로 그 운동들과 연대하지 못했고, 운동 내부의 인종과 젠더 차이를 인정하지 못했다. 그렇게 되자 우리의 운동은 두 방향으로 흘러가게 되었다. 한 방향은 본질주의적인 분리주의, 또 다른 방향은 소수자의 권리만을 중요시하는 자유주의. 에이즈 위기가 오면서 우리는 우리의 분리주의와 우리의 자유주의가 가지고 온 결과를 직접 대면해야 했다. 새로운 정치적 정체성을 일컫기 위해 지금 우리가 '퀴어'라는 말을 되찾아 사용하기 시작한 것은 바로 위와 같은 정치적 국면 속에서다.

에이즈 운동을 어렵게 만드는 문제 가운데 가장 곤란한 것은 다름 아닌 운동 안에서 일어나는 문제다. 에이즈 위기가 영향을 미치는 인구군의 폭은 매우 넓고, 이들의 생존을 위해 우리가 만들어나가야 할 사회적 변화의 깊이는 매우 깊다. 에이즈 위기의 이런 폭과 깊이에 우리의 정치적 결속은 영향받을 수밖에 없다. 에이즈 위기의 전체 범위가 얼마나 큰지, 그리고 그것이 운동 안에 어떤 분파들을 만드는지 전부 기술하기는 불가능하다. 여기서는 액트업의 사례만 보겠다. 액트업은 1987년 처음 결성되었을 때만 해도 행동분과, 사무분과, 기금분과, 이슈분과, 언론대응분과, 캠페인분과 총 6개 분과뿐이었지만, 지금은 14개 분과, 21개 실무 그룹, 10개 소모임 등 총 45개 내부 모임으로 분화되었다. 내부 모임은 크게 약물 사용자 인권, 대체요법, 의료복지, 건강보험 투쟁, 저소득층을 위한 국민의료보조 제도 '메디케이드', 주사기 바늘 교환, 아동 감염, 경찰 폭력, 교도소 문제, 감염인 주거, 치료 및 정보, 청소년 교육 모임 등 특정한 이슈를 다루는 모임들과, 흑인, 아시아계, 라틴계, 레즈비언, 여성 등 특정한 정체성을 다루는 모임으로 나눠진다.

액트업의 내부 모임이 이렇게 분화되었다는 사실 자체는 문제가 아니다. 에이즈 문제는 실제로 이처럼 다양한 문제들을 제기하므로, 이는 당연한 일이다. 하지만 문제는 갈등이다. 정체성들이 충돌했고, 또 여러 정체성들에서 이루어지는 서로 충돌하고 모순되는 동일시들이 이루어졌다. 남성과 여성, 여성 동성애자와 여성 이성애자, 백인과 유색인, HIV 감염인과 비감염인 사이에 갈등이 생겼다. 또 운동의 모든 에너지를 투쟁적인 직접행동에 쏟아야 한다고 생각하는 이들과 정부 및 제약회사 관계자들과 협력하는 것이 중요하다고 생각하는 이들, 좁은 의미의 에이즈 의제에만 집중해야 한다고 생각하는 이들과 에이즈가 제기하는 더 큰 사회문제에도 힘을 쏟아야 한다고 생각하는 이들, 액트업의 직접행동을 투쟁의 최전선이라고 생각하는 이들과 직접행동은 지지 활동, 기금 마련 활동, 법적 조치, 쉼터 제공 활동 등과 같은 여러 에이즈 운동의 한 형태에 불과하다고 생각하는 이들 사이의 갈등도 존재한다. 이 갈등을 중재하고 협상하는 일은 고통스러운 일이며, 경우에 따라서는 위험한 결과가 발생하기도 한다. 실제 이런 갈등으로 일부 도시의 액트업 지부는 붕괴하여 문을 닫아야 했다.

액트업의 내부 갈등은 언제나 존재해왔지만, 지금처럼 갈등이 첨예하게 대립하는 경우는 없었다. 이전에는 갈등이 발생하더라도 우리 모두 동성애자들을 위해 활동하는 동성애자 활동가라는 공통의 인식 속에서 자연스럽게 누그러졌다. 액트업의 회원은 대부분 동성애자였다. 액트업의 회원들은 단지 에이즈를 끝내기 위해 싸우지 않았다. 한 사람의 '동성애자로서' 에이즈를 끝내기 위해 싸웠다. 우리는 동성애혐오와 싸우며, 빈사 상태에 있던 동성애자 운동에 다시 활력을 불어넣었다. 액트업 뉴욕 지부 모임은 뉴욕 레즈비언·게이 커뮤니티센터에서 열렸기 때문에, 운동에 참여하고자 하는 사람이라 하더라도 자신 안의 동성애혐오를 똑바로 대면하고서야 그 건물의 문지방을 넘을 수 있었다. 우리의 모임, 우리의 활동, 우리의 전단지, 우리의 구호, 우리의 티셔츠, 우리의 플래카드, 우리의 영상, 하다못해 우리가 사용하는 여러 줄임말까지, 액트업과 관련된 것은 모두 동성애자를 위한 것이었고, 동성애자와 관련된 것이었다. 당시 액트업 후원 파티는 동성애자들이라면 누구나 가고 싶어하는 인기 만점의 행사였다.

하지만 이런 상황은 지속되지 않았다. 에이즈 운동에 대한 백래시가 거세졌다. 의회에서는 정치인들이 에이즈 예산에 국민의 세금을 쏟아부어서는 안 된다고 공격했고, 거리에서는 동성애혐오자들이 동성애자들을 공격했다. 동성애자는 가시화되었지만, 그 대가로 공격과 혐오의 강도는 더 세졌다. 액트업은 더는 동성애혐오 문제를 다루기 벅찬 상황에 부닥쳤다. 에이즈 운동 하나만 해도 만만치 않은 싸움이었다. 하지만 동성애혐오도 전념을 기울여 싸워야 할 중요한 문제였다. 결국 1990년 퀴어 네이션Queer Nation이 액트업에서 독립된 단체로 분리되어 나와 동성애혐오 문제를 다루기 시작했다. 물론 그렇다고 그 이후로 액트업은 에이즈 의제만 다루고, 퀴어 네이션은 동성애 의제만 다룬 것은 아니다. 하지만 적어도 상징적으로는 그랬다. 그리고 액트업은 이때 생긴 여력으로 에이즈 운동의 의제를 동성애자와 관련된 것들 이상으로 확장할 수 있게 되었다.

바로 이 시점부터 액트업에서는 고정된 정체성에 기반하지 않고, 여러 정체성을 가로지르는 새로운 정치적 동일시들이 가능해지고 만들어지기 시작했다. 나는 앞에서 남성과 여성, 백인과 유색인처럼 액트업 내에서 서로 갈등하는 정체성들을 언급했다. 정체성들을 확실한 용어들로 명시해야 할 언어적 필요가 있긴 하지만, 하나 분명히 하고 싶은 것은 내가 지금 말하는 정체성은 타자와 무관한 비관계적 정체성이 아니라는 점이다. 운동이 지닌 복잡한 성격 때문에, 운동에 참여하고 있는 이가 어떤 동일시를 하고, 논쟁의 어느 편에 서게 될지 미리 예측하는 것은 불가능하다. 어느 중산층 백인 비감염인 레즈비언은 임신한 가난한 흑인 감염인 여성에 동일시하여 아동 공중보건 문제 해결을 위한 운동에 참여할지도 모른다. 또는 제약회사의 임상실험이 항바이러스제가 수직감염을 얼마나 예방할 수 있는지에만 주목하고 임신 여성의 건강에는 아무 관심을 기울이지 않는 상황에 분노하여, 에이즈 치료제 임상실험 문제를 위해 싸우는 운동에 참여할 수도 있다. 아니면 감염인 게이 친구와 동일시해 기회 감염 치료제의 개발 속도를 높이는 운동에 참여할 수도 있고, 에이즈 치료제를 구입할 여건이 되는 자신의 친구와 달리 다른 이들은 치료제에 접근할 수 없는 상황에 있다는 것을 알고 에이즈 치료제 접근권을 위해 싸우는 운동에 참여할 수도 있다. 어느 라틴계 감염인 게이는 라틴계 커뮤니티 내부의 동성애혐오와 싸우는 운동에 참여하게 될 수도 있고, 액트업 내부의 인종주의와 싸우는 운동에 참여하게 될 수도 있다. 그는 라틴계 에이즈 활동가들의 회의에서는 스페인어를 사용하고, 다른 곳에서는 영어를 사용할 것이다.

정체성을 재구성하는 이런 정치적 동일시가 우리의 공동의 정치적 투쟁에 기여할 때는, 그것이 우리 내부의 적대를 악화하는 게 아니라 연대를 확장할 때다. 하지만 운동이 관계적 정체성에 기반한 연대의 정치로 향하는 과정에서, 고정된 정체성에 기반한 오래된 적대가 다시 튀어나오기도 한다. 그때 운동은 억압, 도덕주의, 독선의 교착상태에 빠지게 된다. 이것이 바로 지금 우리 에이즈 운동이 겪고 있는 곤경이다. 다행히 희망적이게도 이야기가 여기서 끝나는 것은 아니다.

액트업은 내부의 적대로 어려움을 겪고 있는 와중에 한 가지 중요한 성공을 거두었다. 액트업의 일부 활동가들은 1990년 주사기 바늘을 약물 사용자들에게 무료로 배포하는 활동을 시작했다. 1991년에는 시민들의 주사기 바늘 소지를 금지하는 뉴욕주법이 부당하다는 기념비적인 판결을 이끌어냈다. 딘킨스 뉴욕시장으로 하여금 주사기 바늘 교환 프로그램을 반대하는 입장을 철회하게 했다. 에이즈 활동가들은 (어떤 면에서는 유감스럽고 분노스럽게도) 지금도 여전히 거의 대부분 퀴어다. 하지만 이때 '퀴어'라는 것은 무엇을 의미하는가? 이를테면, 약물 사용자들의 삶을 구하기 위해 법정에 나가 싸웠던 이들이 퀴어라는 것은 어떤 의미인가? 이 퀴어들은 자신의 성적 실천 때문에 HIV에 감염되었거나 높은 감염 위험에 노출되어 있는 이들, 그리고 그런 이유로 에이즈 운동에 뛰어든 이들일 것이다. 하지만 일단 에이즈 위기를 끝내려는 싸움에 참여하는 순간, 이들의 정체성은 이전과 같을 수 없다. 이들의 퀴어 정체성이 더는 성적 실천에 의해 정의되지 않는다는 말이 아니다. 정체성 안에 새로운 '관계'가 들어온다는 말이다. 퀴어가 아닌 수많은 이들이 HIV 감염의 위험에 노출되어 있고 에이즈 위기에 가장 큰 영향을 받은 이들과 마찬가지로 낙인, 차별, 방관에 고통받는 상황들. 에이즈 운동에 발을 디딘 이들의 정체성에는 바로 이런 상황들과 자신들의 성적 실천 사이의 관계가 들어오게 된다.

'앱솔루틀리 퀴어ABSOLUTELY QUEER'. 1991년 아웃포스트라는 이름의 그룹이 뉴욕 시내 전역에 조디 포스터의 얼굴이 찍힌 포스터를 도배했다. 포스터의 얼굴 사진 밑에는 다음처럼 쓰여 있었다. '조디 포스터: 아카데미상 수상자, 예일대 졸업, 디즈니 아역 배우 출신, 레즈비언.' 여기까지는 아마도 맞는 말이겠지만, 조디 포스터가 퀴어, 그것도 절대적인 퀴어라는 말은 어느 정도나 맞는 말일까? 포스터가 퀴어라면 그는 누구와 어떻게 동일시하고 있는 것일까?

1992년 조디 포스터가 두 번째 여우 주연상을 받은 아카데미 시상식장 밖에서 활동가들은 〈양들의 침묵〉에 대한 항의 시위를 벌였다. 이 시위에 대해 포스터는 이렇게 말했다. "시위는 헌법이 보장하는 권리입니다. 그러나 거기까지입니다. 도가 지나친 시위는 품격이 떨어지는 행동에 불과합니다."[21] 조디 포스터의 이 말을 듣고 나면, 래리 크레이머의 말처럼 비토가 비명을 지르는 모습을 상상하게 된다. 비토에게는 결연한 품격이 있었다. 하지만 그 품격은 조디 포스터가 말하는 품격이 아니었다. 주디 갈런드의 품격이었다. 살아남고 생존한 이들만 지닐 수 있는 품격이었다. 영화 연구자, 영화광, 퀴어, 활동가, 친구였던 비토를 진심으로 기리고자 한다면 잊지 말아야 할 것이 하나 있다. 비토는 주디 갈런드를 퀴어로 만들지 않았다. 비토는 자신이 사랑했던 주디 갈런드와의 동일시를 통해 자신을 퀴어로 만들었다.

---

21.   조디 포스터의 말은 동성애자 잡지 《애드버킷》의 다음 기사에서 인용했다. John Gallagher, "Protest Threats Raise Visibility at Academy Awards," *Advocate*, May 5, 1992, p. 15. 이 잡지는 포스터의 사진에 다음과 같은 캡션을 붙였다. "연기력은 일류, 의식은 삼류인 배우, 조디 포스터."

11
애도의 스펙터클

1991년 10월 비영리 단체 '태피스트리 헬스 시스템'이 주최한
〈에이즈 메모리얼 퀼트: 금지된 바늘땀이 만드는 변화〉의 패널 토론에서 발표한 글이다.

에이즈 메모리얼 퀼트에 대해 이야기하는 것은 내게 쉽지 않은 일이다. 퀼트는 내게 양가감정ambivalence을 불러일으키기 때문이다. 하지만 퀼트가 불러일으키는 양가감정은 불가피한 것일지도 모르겠다. 에이즈 메모리얼 퀼트는 애도의 작업이고, 애도에는 양가감정이 끼어들 수밖에 없기 때문이다. 프로이트가 지적했듯이, 애도는 그 자체가 상실한 대상을 계속 붙잡고 있으려는 소망과 상실한 대상을 완전히 떠나보내려는 소망이 동시에 작동하는 양가적인 과정이다.

많은 에이즈 활동가들은 에이즈 메모리얼 퀼트를 보며 양가감정을 느낀다. 나도 마찬가지였다. 하지만 1987년 제2회 워싱턴 전미 동성애자 행진 기간 동안, 내셔널몰에 펼쳐진 에이즈 메모리얼 퀼트를 직접 보았을 때, 나는 퀼트에 대해 가지고 있던 양가감정이 어느 정도 해소되는 것을 느꼈다. 퀼트 사이를 거닐면서 나는 깊이 감

동하지 않을 수 없었다. 그곳에서 본 상실의 규모는 엄청났다. 에이즈로 세상을 떠난 이들에 대한 너무나도 다양한 감정이 수없이 많은 퀼트 위에 표현되어 있었다. 내셔널몰은 살아남은 이들의 슬픔으로 가득했다. 그중에는 미셸 푸코의 이름이 들어간 퀼트도 있었다. 푸코는 내 작업에 많은 영향을 미친 분이다. 돌아가시기 1년 전에는 내 박사학위 논문이 완성되면 심사위원이 되어달라고 부탁드렸는데 흔쾌히 수락해주시기도 했다. 그런데도 나는 푸코의 이름이 새겨진 퀼트를 보았을 때보다, 매우 희미하게만 알고 있던 이들의 이름을 보았을 때 더 큰 감정의 동요를 느꼈다. 어렴풋하게만 알고 있던 이들의 이름들을 퀼트에서 발견한 순간, 나는 그제야 내가 얼마나 많은 이들을 잃었는지 절감했다. 나를 떠난 것은 크레이그, 댄, 헥터, 르네, 로버트처럼 나와 가장 가까운 이들만이 아니었다. 만나면 인사 정도만 나누던 이들, 친구의 친구들, 이름만 겨우 알던 이들을 포함한 수없이 많은 이들이 나도 모르는 사이에 모두 세상을 떠났다는 사실을 그제야 깨달았다. 나는 내 세계의 중심에 있던 이들뿐 아니라 내 세계의 가장자리에 있던 이들까지 모조리 잃은 것이다. 나는 퀼트가 감동적인 이유는 그것이 평범한 이들의 삶을 떠올릴 수 있게 해주기 때문이라고 생각한다. 오해할 사람은 없겠지만, 내가 말하는 평범함은 부정적인 의미의 평범함이 아니라 문화비평가 레이먼드 윌리엄스가 문화는 평범한 이들의 것이라고 말했을 때의 평범함이다. 언론은 유명한 이들의 죽음에는 엄청난 관심을 쏟는다. 반면 에이즈로 셀 수 없는 이들이 죽어 나가는 상황에도 언론은 이 평범한 이들의 죽음에는 아무 관심도 기울이지 않는

1987년 에이즈 메모리얼 퀼트가 공개된 첫날
(사진: Jane Rosett).

다. 나는 이와 같은 상황에 언제나 크게 분노해 있었다. 퀼트는 바로 그 평범한 죽음을 애도해주었다.

그로부터 며칠 후, 레이건 행정부에서 에이즈 정책을 담당하고 있던 백악관 보좌관 게리 바우어가 세이프섹스 교육을 비난하는 글을 한 보수적 대학언론에 기고했다. 기고문은 악의적이었고, 함께 실린 삽화는 더 악의적이었다. 잔디밭 위에 커다란 퀼트 두 장이 하나로 꿰매어진 채 놓여 있다. 왼쪽 퀼트 위에는 "항문섹스 동성연애자", 오른쪽 퀼트 위에는 "마약중독자"라는 글자가 적혀 있다. 「애도와 투쟁」에서도 썼지만, 사랑하는 이들을 상실해 고통을 겪고 있는 이들에게 사회가 지금처럼 폭력적이었던 적은 없다. 모든 에이즈 농담은 타인의 고통에 냉담하다. 하지만 이 삽화는 차원이 다르다. 이 삽화는, 저들이 우리의 삶에 공감하지 않는 것처럼 우리의 죽음에도 절대 공감을 표현하지 않겠다고 말하고 있는 것이다. 하지만 따지고 보면 이 삽화는 전혀 특별하지 않다. 저들이 에이즈 위기 동안 우리를 공격하지 않은 적은 없다. 나는 이 삽화를 보면서, 해소된 줄 알았던 에이즈 메모리얼 퀼트에 대한 양가감정이 되살아나는 것을 느꼈다. 에이즈 메모리얼 퀼트가 우리 공동체가 한 노력 중에 저들이 공격하지 않은 매우 예외적인 거의 유일한 경우라는 것을 깨달았기 때문이다.

나와 같은 이들이 퀼트에 대해 느끼는 양가감정을 정확히 이해하기 위해서는 퀼트가 하는 역할을 두 가지로 나눠서 생각할 필요가 있다. 퀼트의 첫 번째 역할은 애도의 의식을 제공하는 것이다. 퀼트는 세상을 떠난 이를 생각하며 퀼트를 직접 만든 이들에게는 개인적인 애도 의식을 제공한다. 또, 행사장을 찾은 이들에게는 공동의 애도 의식을 제공한다. 퀼트의 두 번째 역할은 에이즈 위기로 인한 상실을 경험하지 않은 이들에게 우리가 겪은 상실을 가시화해 보여주는, 말하자면 '애도의 스펙터클'을 제공하는 것이다. 퀼트에 대한 나의 양가적인 감정은 바로 퀼트의 이 두 번째 역할, 다시 말해 퀼트의 스펙터클한 측면에서 나온다. 혹시 퀼트가 그동안 에이즈 문제를 무시해왔거나 끔찍하게만 생각해왔던 이들과 언론에 죄책감을 떨쳐버릴 수 있게 해주는 손쉬운 기회를 제공하고 있는 것은 아닐까? 퀼트는 그동안 에이즈가 초래한 엄청난 비극을 가만히 앉아보고만 있던 이들에게 양심의 가책을 덜어주는 카타르시스를 제공하고 있는 것은 아닐까?

이 질문들의 의미를 선명히 드러내려면 킴벌리 버갤리스의 이야기를 꺼내야 할 것 같다. 버갤리스는 치과 치료를 받다가 의사로부터 HIV에 감염되어 에이즈에 걸린 젊은 여성이다. 버갤리스는 의회에서 이렇게 증언했다. "저는 아무런 잘못도 하지 않았습니다. 저는 에이즈 환자들의 잘못 때문에 이런 고통을 받고 있습니다. 제 삶은 완전히 파괴되었습니다." 이런 말은 언론에게도, 감염인에게 차별적인 법을 제정하기 위해 힘쓰고 있는 하원의원 윌리엄 대너마이어에게도 크게 환영받았다. 미디어 활동가 그레그 보도위츠가 지적한 대로, 버갤리스는 대중이 언론을 통해 알게 된 최초의 이성애자 감염인이었다. 그런 버갤리스가 언론에서 자신은 감염인이 아니라, 감

---

1. *New York Times*, September 27, 1991, p. A12에서 재인용.

염인에게 당한 피해자라고 말하고 있는 것이다. 버갤리스는 감염인의 한 사람으로서 증언하는 대신 감염인을 공포스러워하고 혐오스러워하는 이성애자의 입장에서만 증언했다.[2]

이런 끔찍한 언론들이 왜 에이즈 메모리얼 퀼트만은 공격하지 않았던 것일까? 우리는 버갤리스의 등장이 언론의 의도적인 선택에 의해 가능해진 것임을 잘 생각해볼 필요가 있다. 에이즈에 걸린 이성애자는 버갤리스 한 명만이 아니다. 1991년 사망한 벨린다 메이슨은 수혈 때문에 HIV에 감염되었다. 메이슨은 버갤리스와 달리 자신을 다른 HIV 감염인에게 피해를 당한 '무고한 피해자'로 정체화하지 않고, HIV 감염인으로 정체화했다. 그는 에이즈 운동에 적극적으로 참여했으며, 죽음을 얼마 남겨놓지 않은 시점에는 조지 H. W. 부시 대통령에게 HIV 감염인을 차별하는 법이 제정되어서는 안 된다는 서한을 보냈다. 버갤리스가 의회에서 증언까지 하며 제정에 힘을 실어주었던 바로 그 법을, 메이슨은 필사적으로 막고자 했다. 언론은 이런 메이슨은 선택하지 않았다. 언론 입장에서 메이슨은 '무고한 피해자'의 역할에 적합하지 않았기 때문이다.

우리는 버갤리스가 의회에서 한 증언의 진짜 의미를 안다. "저는 아무런 잘못도 하지 않았습니다"라는 말은 '저는 항문섹스를 하는 남성 동성연애자가 아닙니다', '저는 주사기로 약물을 투약하는 마

2. See Cathy Caruth and Thomas Keenan, "'The AIDS Crisis Is Not Over': A Conversation with Gregg Bordowitz, Douglas Crimp, and Laura Pinsky," *American Imago: Studies in Psychoanalysis and Culture* 48, no. 4 (winter 1991); reprinted in Cathy Caruth, *Trauma: Explorations in Memory* (Baltimore: Johns Hopkins University Press, 1995), pp. 256~271.

약 중독자가 아닙니다'라는 말의 다른 표현이다. 앞에서 설명한 삽화는 버갤리스가 부정한 "항문섹스를 하는 남성 동성연애자" 그리고 "마약중독자"가 HIV 감염인들의 실체라고 주장하고 있는 것이다(삽화 속 퀼트에 "혈우병 치료제", "수직감염", "부부간 성관계"는 새겨져 있지 않았다. 이런 '무고'한 감염경로는 자신들의 주장을 흐리기 때문이다). 나는 삽화의 이런 메시지를 주의 깊게 숙고해야 한다고 생각한다.

동성애자들과 약물 사용자들이 모조리 에이즈에 걸려 죽어야 마땅하다고 생각하는 사람은 많지 않을 것이다. 하지만 동성애와 약물 사용이 수많은 이들의 삶이라는 사실을 그대로 받아들이는 이들 역시 많지 않다. 나는 그동안 남성 동성애자에 초점을 맞추어 에이즈에 대한 글을 여러 편 쓰면서, 우리가 에이즈 위기 동안 겪고 있는 여러 고통의 가장 강력한 원인은 무엇보다 동성애혐오라는 점을 매번 강조해왔다. 그리고 그 동성애혐오를 조금이라도 용납하는 반응이 있으면 언제나 강하게 비판했다. 「감염병의 시대에 우리의 문란한 사랑을 계속하는 법」에서 나는 '페이션트 제로'의 서사를 날조해 이를 언론에 팔아넘기다시피 한 동성애자 언론인 랜디 실츠, 그리고 연극 〈더 노멀 하트〉로 남성 동성애자들을 문란하다고 비난한 동성애자 활동가 래리 크레이머를 강하게 비판했다. 「감염인의 재현」에서 나는 HIV 감염인을 찍는 사진가 니컬러스 닉슨의 작업이 동성애혐오에서 나온 이미지라고 비판했다. 닉슨은 남성 동성애자 HIV 감염인의 육체를 모두 피골이 상접한 피해자의 모습으로만 재현한다. 나는 이런 방식의 재현 속에는 에이즈에 걸린 동성애자가 여전히 성적으로 주체적인 존재일 수 있다는 공포가 숨어 있다고 보았다. 감염인을 성적이고 섹시하게 재현할 수 있는 대안적 가능성은 존재한다. 그런 가능성으로 그 글에서 나는 스타슈 키바르타스의 단편 다큐멘터리 〈대니〉를 예로 들었다. 「애도와 투쟁」에서 나는 남성 동성애자들이 에이즈로 인해 연인, 친구, 지인, 공동체의 성원도 상실했지만, 이와 함께 고도로 발달한 남성 동성애자의 성적 문화도 함께 잃었기 때문에, 둘 모두를 애도해야 한다고 썼다. 에이즈 위기로 상실한 남성 동성애자의 성적 문화를 애도하지 못할 때, 우리는 우울에 빠진다. 앞에서 말한 사악한 만평은 우리의 섹스를 공격했다. 나는 우리가 주장하고 지지해야 할 것은 바로 그 섹스의 권리라고 생각한다.

나는 에이즈 메모리얼 퀼트에서 '평범함'의 재현을 보고 감동하는 와중에, 부분적으로나마 섹스의 재현을 보았다. 직접적인 재현이 있었던 것은 아니다. 콕링이나 딜도, 먹을 수 있다는 이유로 우리가 윤활제로 쓰곤 했던 크리스코는 보이지 않았으니까 말이다. 남성 동성애자들이 자신의 성적 취향을 암시하기 위해 바지 뒷주머니에 넣던 색색깔의 손수건 정도가 있었을 뿐이다. 그런데도 나는 수많은 퀼트의 작고 사소한 부분들에서 우리의 문화, 우리의 성적 문화를 보았다. 퀼트에 이름이 쓰인 많은 이들이 마치 내가 아는 사람처럼 느껴졌다. 그들이 내가 게이 바에서, 게이 사우나에서, 거리에서, 공원에서 크루징을 하다가 만났던 사람이 아닐까 하는 생각도 들었다. 하지만 과연 다른 이들도 퀼트를 보면서 남성 동성애자의 성적 문화를 볼 수 있었을까? 다른 이들도 남성 동성애자 문화의 이런 '평범함'을 볼 수 있었을까? 바로 이것이 내가 퀼트에 대해 양가적으로 느끼는 이유다. 혹시 퀼트는 남성 동성애자의 삶을 위생화하고 있는 것은 아닐까? 또는 남성 동성애자의 삶을 감상적으로 만드는 것은 아닐까? 이 사회가 동성애자를 혐오하게 만드는 바로 그 근본적인 원인을 퀼트가 비가시적으로 만드는 것은 아닐까? 퀼트가 남성 동성애자의 성적 문화를 계속해서 부정하는 근거가 되는 것은 아닐까?

퀼트에 대한 나의 양가감정은 한편으로는 내가 앞의 만평이 우리의 애도 의식을 모독하기 위해 우리가 애도하는 이의 이름이 들어가야 할 자리에 '항문섹스'라는 성행위를 집어넣은 것에 분노하면서도, 한편으로는 내가 우리가 애도하고자 하는 이의 섹슈얼리티를 경축하기를 욕망한다는 데서 발생한다. 우리가 애도하는 이의 섹스를 경축하지 못한다면, 우리가 애도하고자 하는 이의 삶에서 가장 중요한 의미를 지닌 부분을 경축하지 못한다면 어떻게 그를 온전히 애도할 수 있겠는가?

남성 동성애자가 애도와 관련해 겪는 곤궁은 또 있다. 영문학자 제프 누노카와는 『도리언 그레이의 초상』을 독해하며, 문학 작품 속에서 남성 동성애자가 언제나 비극적인 운명을 맞는 주체로 재현되어 왔음을 지적한다. 동성애자가 19세기 성과학의 범주로 발명된 그 탄생의 순간부터 병리화되었다는 점에서, 이는 어쩌면 처음부터 예정된 것인지도 모른다.[3] 비토 루소 역시 영화 속에서 많은 동성애자

---

3. Jeff Nunokawa, "All the Sad Young Men: AIDS and the Work of Mourning," in *Inside/Out*, ed. Diana Fuss (New York: Routledge, 1991), pp. 311~323.

인물이 비극적인 운명을 맞고 있음을 밝힌다. 루소는 할리우드 영화의 동성애자 재현을 분석한 『셀룰로이드 클로짓』에서 책의 마지막 부분을 아예 영화 속에서 비참하게 죽은 수많은 동성애자의 '사망자 명부'에 할애한다.[4] 나는 이 사회의 많은 이들이 동성애자들이 죽어 없어지기를 비밀스럽게 바라고 있다고 믿는다. 이런 바람의 표현 방식 하나가 바로 퀼트일지도 모른다. 퀼트는 애도 의식이기도 하지만 남성 동성애자의 대규모 죽음에 대한 충격적인 증거이기도 하다. 동성애자의 죽음을 공개적으로 경축할 수는 없을 것이다. 하지만 그들은 퀼트를 통해서 동성애자의 죽음을 바라는 욕망을 점잖게 표현하고 있는 것은 아닐까?

내가 모든 재현에 대해 던지는 질문 하나를 퀼트에 대해서도 던지고자 한다. 지금 퀼트는 누구에게 말을 걸고 있는가? 누구를 소구 대상으로 삼고 있는가? 퀼트를 방문해달라는 요청을 받고도 이를 거부한 대통령 조지 H. W. 부시와 영부인 바버라 부시일까?[5] 헬리콥터로 퀼트 위를 빙빙 돌며 탐색하는 방송사일까? 킴벌리 버갤리스라는 허구적인 얼굴로 형상화된 일반 대중일까? 퀼트는 과연 이 평범성의 재현에서 퀼트에 쓰인 수많은 이들의 성적인 삶을 읽어

---

4. Vito Russo, *The Celluloid Closet: Homosexuality in the Movies* (New York: Harper & Row, 1981), pp. 261~262.

5. 그런데도 에이즈 메모리얼 퀼트를 주관하는 네임스 프로젝트 재단은 현재 배포하고 있는 브로셔에 조지 H. W. 부시의 입에 발린 격려사를 싣고 있다. "이 놀라운 퀼트들은 어느 한 사람도 하나의 통계 수치가 아님을 보여줍니다. 한 사람 한 사람이 자신만의 퀼트, 자신만의 색깔, 자신만의 영혼을 가지고 있습니다. 똑같은 사람은 아무도 없습니다. ─대통령 조지 H. W. 부시"

낼 수 있는 이들에게 말을 걸고 있는 것일까? 퀼트는 과연 생존을 위해 약물을 사용하게 된 이들에게 말을 걸고 있는 것일까? 퀼트는 과연 다른 사람들과 함께 애도 의식에 참여하는 데서 위안을 얻는 이들, 퀼트에 적힌 사람들이 자신의 친구, 연인, 지인이었거나, 언젠가 어둠 속에서 만났던 사람이었던 이들에게 말을 걸고 있는 것일까? 퀼트는 과연 에이즈 위기 그리고 이 사회의 무관심과 맞서 싸우는 이들에게 말을 걸고 있는 것일까?

다큐멘터리 〈커먼 스레드〉(1989)를 보면, 1988년 10월 메릴랜드주 식품의약국 시위 전날에 워싱턴 보건복지부 본부에서 열린 '지금 행동하라' 집회에서 비토 루소가 연설하는 장면이 나온다. "제가 이 집회에 나온 이유는 백악관 앞에 펼쳐진 저 퀼트에 제 이름이 새겨지는 것을 원치 않기 때문입니다." 비토는 1990년 11월 에이즈로 사망했고, 그의 이름 역시 많은 이들의 퀼트에 새겨지고 있다. 비토 역시 생전 퀼트에 양가감정을 느꼈을 것이다. 그는 자신의 이름이 퀼트에 새겨지길 원하지 않는다고 말했지만, 그 역시 자신의 연인 제프리의 이름을 퀼트에 직접 새겨야 했기 때문이다. 비토는 반드시 살아남고자 했다. 그렇기 때문에 비토는 그토록 치열한 에이즈 활동가가 될 수 있었다. 퀼트에 자신의 이름을 새기지 않겠다는 비토의 발언을 퀼트에 대한 적대감으로 해석하는 활동가도 있을 것이다. 나는 그가 퀼트에 적대적이었다고 생각하지 않는다. 비토가 적대적이었던 것은 퀼트를 필요하게 만든, 처음부터 있어서는 안 되는 너무나도 많은 에이즈 죽음이었다.

에이즈 위기 동안 일어났던 끝없는 죽음을 애초에 있어서는 안 되는 죽음이었다고 생각하는 이들에게 퀼트는 일종의 투항처럼 여겨진다. 퀼트를 받아들이는 것 자체가 그 죽음을 받아들이는 것으로 여겨지는 것이다. 하지만 여기서도 애도의 양가성이 발생한다. 에이즈 위기는 정치적 방관과 혐오의 결과로 발생해 지금도 계속되고 있다. 이런 상황에서 우리는 단 한 사람의 에이즈 죽음도 받아들일 수 없다. 하지만 죽음 그 자체를 끝까지 받아들이지 않을 수는 없다. 우리는 죽음을 받아들여야 계속 살아갈 수 있다. 하지만 우리와 저들이 죽음을 받아들이는 법을 배우는 방식은 너무도 다르다. 우리는 사랑하는 이들의 죽음을 받아들이는 법을 너무나도 힘들고 고통스럽게 배워야 한다. 반면, 저들은 우리가 사랑한 이들의 죽음을 너무나도 당연한 죽음으로 받아들인다. 이 차이는 너무나 크다. 바로 여기서 애도에 대한 우리의 양가감정이 발생한다. 혹시 에이즈 메모리얼 퀼트가 이 중요한 차이를 보이지 않게 만드는 것은 아닐까? 그 답을 누가 말할 수 있을까?

12
매직 존슨을 받아들이기

1992년 하버드대학교 문학·문화연구센터가 주최한 〈의견을 달리하는 관객들, 균열을 일으키는 광경들〉 콘퍼런스에서 발표한 글이다. 다음 책에도 수록되어 있다. *Media Spectacles*, ed. Marjorie Garber, Jann Matlock, and Rebecca L. Walkowitz (New York: Routledge, 1993).

많은 분이 에이즈는 동성애자들만 걸리는 병이라고 생각하고 계실 겁니다. 여러분 자신이 감염될 수 있다는 생각은 한 번도 해보신 적이 없을 겁니다. 여러분, 그렇지 않습니다. 동성애자가 아니라 누구라도 HIV에 감염될 수 있습니다. 이 자리에서 말씀드리겠습니다. 바로 저 매직 존슨이 HIV에 감염되었습니다.

—매직 존슨, 1991년 11월 7일 기자회견

매직 존슨이 자신이 HIV 감염되었다는 사실을 밝혔다. 어떤 면에서 이 소식은 모든 것을 바꾸어놓았다. 분명한 것은 매직 존슨이 HIV에 감염되었다고 해서 그가 '그들' 중 한 명이 된 것은 아니라는 점이다. 매직 존슨은 지금까지와 마찬가지로 앞으로도 영원히 '우리' 중 한 명에 속할 것이다.

—《뉴욕 데일리 뉴스》 1991년 11월 11일 자 기사[1]

매직 존슨은 여전히 우리 중 한 명이다.

—《스포츠 일러스트레이티드》1991년 11월 18일 자 기사[2]

그동안 HIV 감염인을 주변에서 한 번도 못 본 이들도 많을 것이다. 이제 전 국민이 최소한 한 명의 HIV 감염인은 알게 되었다.

—어느 스포츠 기사

매직 존슨이 HIV에 감염되었다는 뉴스를 들었을 때, 여러분은 어디서 무엇을 하던 중이었나요?

—매직 존슨의 HIV 감염을 존 F. 케네디 암살에 비견하는《뉴스위크》1991년 11월 18일 자 기사[3]

나의 할아버지는 농구선수셨다. 할머니도 농구선수셨다. 두 분이 농구선수 시절 팀원들과 함께 찍은 사진들이 아직도 집 어딘가에 있을 것이다. 남동생은 잘나가는 농구선수 출신으로, 지금은 대학에서 선수들을 지도한다. 여동생은 농구선수는 아니지만, 고등학교 농구부 감독과 결혼했다. 남자 조카는 농구 장학금을 받고 대학에 입학해 선수로 뛰고 있다. 여자 조카는 이제 겨우 열두 살인데 벌써 키가 170센티미터를 훌쩍 넘는, 방을 마이클 조던 포스터로 도배해

---

1. Earl Caldwell, "Magic: When 'Them' Becomes 'Us,'" *New York Daily News*, November 11, 1991, p. 29.

2. Leigh Montville, "Like One of the Family," *Sports Illustrated*, November 18, 1991, p. 45.

3. Charles Leerhsen et al., "Magic's Message," *Newsweek*, November 18, 1991, p. 58.

놓은 농구 유망주다. 나는 농구공을 한 손으로 잡을 수 있을 정도로 손이 크고, 키도 무척 큰 편이다. 하지만 어렸을 때조차 나는 농구를 좋아하지 않았다. 나는 대학에 가기 전까지 작은 마을에서 자랐다. 그곳의 어른들은 내 키와 손을 보고는 내게 농구 좋아하냐고 묻기를 좋아했다. 별로 좋아하지 않는다고 대답할 때마다 이상하게도 얼굴이 달아올랐다. 단지 그렇게 말하는 것만으로도 내가 게이라는 것을 상대가 눈치챌 것 같은 기분이 들었기 때문이다. 처음부터 농구를 좋아하지 않았던 것은 아니다. 하지만 내가 게이라는 것을 자각한 다음부터는 다른 남자아이들과 로커룸을 같이 쓰면서 뒤섞이는 것이 신경 쓰이기 시작했다. 그러면서 점점 농구와 멀어졌다. 이후 고등학교를 졸업하면서는 대도시에서 살았다. 고향 마을을 떠난 다음부터는, 농구를 좋아하지 않는다는 이유로 다른 사람들의 시선을 신경 쓰지 않아 좋았다. 도시에는 농구보다 훨씬 재미있는 일이 많았다. 그 이후로는 지금까지 농구를 하거나 경기를 본 적이 거의 없다. 1991년 11월 7일 매직 존슨이라는 사람이 자신이 HIV에 감염되었다는 사실을 발표했을 때, 나는 그가 누구인지 전혀 모르고 있었다.

하지만 반나절도 지나지 않아 나는 매직 존슨이라는 사람에 대해 너무나도 잘 알게 되었다. 온종일 그에 대한 뉴스가 끊임없이 쏟아졌기 때문이다. 그날 저녁 시사 프로그램 〈나이트라인〉 역시 존슨의 소식을 다루었다. 관련 전문가로 에이즈 활동가 래리 크레이머가 나왔다. 크레이머는 존슨이 이 사회에서 버림받을 것이고, 머지않아 세상을 떠날 것이라고 말했다. 존슨이 HIV 감염을 발표한 당일 방송에 나와 그런 사려 깊지 못한 말을 하는 모습에 나는 놀라지 않을 수 없었다. 지금까지 엄청난 사랑을 받아온 스타인 존슨이 HIV에 감염되었다는 이유만으로 하루아침에 사람들에게 버림받을 것이라는 의견에도 동의할 수 없었다. 하지만 존슨이 오래 버티지 못할 것이라는 생각은 나도 마찬가지였다.

하지만 나는 크레이머의 그런 태도가 어디에서 나왔는지는 이해할 수 있었다. 크레이머는 사실 분노해 있었던 것이다. 나는 크레이머가 어떤 상황 때문에 분노했는지 짐작할 수 있었다. 그동안 수많은 동성애자가 HIV에 감염되고 에이즈로 죽었지만, 이 사회는 꿈쩍도 하지 않았다. 하지만 매직 존슨이 자신의 감염을 발표하자 그날 당일부터 이 사회는 그전까지는 하지 않았던 말들을 처음으로 하기 시작했다. '에이즈는 동성애자만 걸리는 병이 아닙니다.' 'HIV는 사람을 구분하지 않습니다.' 'HIV는 이성 간 성관계로도 감염될 수 있습니다.' '누구나 HIV에 감염될 수 있습니다.' '에이즈는 우리 모두의 문제입니다.' 이 말들의 속뜻은 에이즈가 이성애자도 걸릴 수 있는 병이 되었으므로 이제부터는 에이즈 문제에 신경을 써야 한다는 의미일 것이다. 동성애자의 죽음과 이성애자의 죽음은 다른 죽음이란 말인가? 저들은 수많은 동성애자의 죽음에 철저히 침묵하며 에이즈 위기를 방관해왔다. 그런데 이제 이성애자 스타 한 명이 HIV에 감염되자 갑자기 에이즈 문제에 관심을 기울이기 시작한 것이다.

존슨은 기자회견 다음 날 〈아세니오 홀 쇼〉에 게스트로 출연했다. 존슨은 기자회견에서 자신이 누구와 성관계를 해서 HIV에 감염되었는지는 중요한 문제가 아니라고 말했다가 많은 사람들로부터 혹시 그가 동성애자가 아니냐는 의구심을 샀다. 존슨이 자신의 절친한 친구 아세니오 홀이 진행하는 토크쇼에 나온 목적은 하나였다. 자신이 이성애자라는 것을 밝히는 것이었다. 이 프로그램에서 그는 자신이 동성애자가 아니라고 확실히 못 박는다. "저는 동성연애자가 아닙니다. 저와 가까운 이들은 제가 어떤 사람인지 아주 잘 알고 있습니다. 그들에게 물어보세요. 저는 절대 동성연애자가 아닙니다." 존슨의 확실한 태도에 이성애자 방청객들은 수 분 동안 기립 박수를 치며 열광적으로 환호했다. 존슨은 방청객들의 반응에 안심하며 환한 미소를 지을 수 있었다. 《뉴스위크》는 이 미소를 "모나리자의 미소 이후 가장 유명한 미소"라고 묘사했다.)[4] 이성애자들은 안도했다. 자신들이 숭배해온 스타가 숨어 있던 게이가 아니라는 사실을 확인했기 때문이다. 하지만 우리는 배신감을 느꼈다. 우리는 존슨이 동성애자라는 소문이 사실이기를 내심 바라고 있었는지도 모른다.[5] 고등학교를 졸업하고도 계속 농구를 하는 게이가 있다는 것을, 그것도 엄청나게 잘하는 게이가 있다는 것을, 우리는 그런 식으로라도 보여주고 싶었던 것인지도 모른다. 그런데 "저는 동성연애자가 아닙니다"라니.

존슨은 일주일 뒤 《스포츠 일러스트레이티드》 기고문에서 자신이 동성애자가 아님을 다시 한번 강조한다. "저는 맹세코 남자와는

---

4. Jack Kroll, "Smile, though Our Hearts Are Breaking," *Newsweek*, November 18, 1991, p. 65.

5. Peter Vecsey, "Rumors Fly about Magic, but the Motives Are Selfish," *USA Today*, November 12, 1991, p. 6C.

1991년 11월 8일 〈아세니오 홀 쇼〉에 출연한 매직 존슨.

어떤 관계도 맺지 않았습니다. 솔직히 말씀드리겠습니다. 저는 지금 까지 수많은 여성을 만났습니다. 물론 수천 명의 여성과 관계를 맺었다는 월트 체임벌린 선수 수준은 아닙니다만, NBA 경기 출장으로 도시들을 돌 때마다 수많은 여성과 함께한 것은 사실입니다. 에디 머피나 아세니오 홀과 마찬가지로 제게는 열성적인 여성 팬들이 많습니다. 콘돔을 사용한 적은 거의 없습니다. 그 여성들 중 누군가 때문에 HIV에 감염된 것 같습니다. 1979년 로스앤젤레스 레이커스에 입단했을 때부터 저는 제게 다가오는 여성들을 최대한 다 받아 줬습니다.[6]

"최대한 다 받아줬습니다"? 한 여성 기자도 지적한 바 있지만,[7] 존슨은 자신이 그 여성들에게 은총이라도 베풀었다고 생각하고 있는 것일까? 평소 여성들을 얼마나 무시했으면 그런 표현을 자연스럽게 쓰는 것일까? 존슨이 여성들을 우습게 여겼음은 그의 동료 선수 패멀라 맥기가 존슨을 변호하면서 한 말에서도 드러난다. "매직 존슨이 여자를 좋아한다는 사실은 우리 친구들이 보장할 수 있어요. 그는 자신에게 몰려드는 여자들을 꿀통들이라고 부르곤 했어요. 그러면서도 그 여자들과 하룻밤 즐기는 것은 정말 좋아했죠."[8] 존슨은

---

6. Magic Johnson, with Roy S. Johnson, "I'll Deal with It," *Sports Illustrated*, November 18, 1991, pp. 21~22. 존슨의 말 중 "거의 없습니다"는 '전혀 없습니다'로 고쳐야 한다. 존슨은 《애드버킷》과의 인터뷰에서 "딱 한 번 콘돔을 사용하려 한 적이 있으나 그마저도 느낌이 좋지 않아 결국 쓰지 않았다"고 밝힌 바 있다(Roger Brigham, "The Importance of Being Earvin," *Advocate*, April 21, 1992, p. 38.)

7. Barbara Harrison, "Do You Believe in Magic?" *Mademoiselle*, March 1992, p. 94.

8. Pamela McGee, "Friend: Magic Had Plenty of One-Night Stands," *New York Newsday*, November 10, 1991, p. 4.

〈아세니오 홀 쇼〉에서 동성애혐오에 기대어 자신을 방어했다면, 이번에는 여성혐오에 기대어 자신을 방어한다. 그는 잘못한 건 자신이 아니라 자신에게 접근한 여성들이라고, 자신은 그저 헤픈 여성들을 마지못해 받아주었을 뿐이라고 말한다. 그는 《스포츠 일러스트레이티드》 기고문에서 이렇게 쓴다. "남성 스타들이 자신을 향해 몰려드는 여성들의 유혹을 물리치기란 쉬운 일이 아닙니다. 바로 제가 그 유혹을 물리치지 못해 HIV에 감염된 주인공이죠. 제 경우가 다른 남성 스타들이 여성 팬들에 대해 경각심을 가질 수 있는 계기가 되기를 바랍니다."⁹ 바이러스 감염에 더 취약한 이들은 남성이 아니라 여성이다. 하지만 매직 존슨이 관계한 여성들의 감염 여부에 대해 묻는 이는 아무도 없다. 여성을 그저 바이러스를 전파하는 매개이자 질병의 원인으로 비난할 뿐이다. 이 사회가 매직 존슨을 대하는 태도에는 성별을 둘러싼 거대한 이중잣대가 작용하고 있다. 레즈비언 테니스 스타 마르티나 나브라틸로바가 매직 존슨에 대한 의견을 밝히며 정확히 지적했듯, 만약 여성 운동선수가 수백 명의 남자와 잤다고 고백하는 일이 일어난다면, 그 여성 선수는 존슨처럼 영웅으로 지지를 받기는커녕 '창녀'나 '걸레'라는 오명과 함께 사회에서 매장될 것이다.¹⁰

여러 사람과의 성관계를 어떤 방식으로 이야기해야 하는가는 에이즈 예방 교육을 실시하는 이들에게 상당히 까다로운 문제다. 게

---

9. Johnson, "I'll Deal with It," p. 22.

10. Martina Navratilova, interviewed in the *New York Times*, November 21, 1991, p. B16.

이들 중에는 이성애자에게 자신이 관계한 남자의 수를 말했다가 그 이성애자가 경멸을 표현하면서도 속으로는 그럴 수 있는 동성애자들을 은근히 부러워하고 있다는 인상을 받아본 이도 있을 것이다. 그런데 이제 이성애자들의 스타 매직 존슨이 평범한 동성애자들보다 훨씬 많은 파트너와 관계를 맺은 것이 밝혀졌다. 이제 이성애자들은 독점적이지 않은 관계에 대해 갖는 생각을 바꿀 것인가? 동성애혐오는 줄어들 것인가? 그렇지 않을 것이다. 존슨이 자신은 절대 동성애자가 아니라고 밝혔을 때 방청객들이 보낸 열렬한 환호는 그들은 자신들의 영웅이 '호모'라는 사실을 죽는 한이 있더라도 받아들일 생각이 없음을 표현한 것이었다. 만약 존슨이 여자들이 아니라 남자들과 잤다가 HIV에 감염되었다고 고백했다면 어땠을까? 방청객들은 여전히 만족스러워했을 것이다. 역시 에이즈는 동성애자의 병이라고, 자신들은 에이즈에 걸리지 않을 거라고 생각하며 안도의 한숨을 쉬었을 것이다.

에이즈를 이성애자와 무관한 병으로 만들기 위해, 대표적인 이성애자 성인 잡지인 《플레이보이》가 어떻게 반응했는지도 주목할 만하다. 《플레이보이》는 자신들의 가장 큰 임무가 남성 이성애자들이 세이프섹스처럼 걸리적거리는 것 없이 계속 이전처럼 HIV에 신경 쓰지 않고 마음껏 섹스할 수 있게 하는 것이라고 믿는 듯 보인다. 그래서 그들은 마이클 푸멘토의 『이성애자는 에이즈에 걸리지 않는다』(1990)[11]와 같은 위험천만한 책까지 동원하며 억지 논리를 펼친

11. 마이클 푸멘토는 『이성애자는 에이즈에 걸리지 않는다(Myth of Heterosexual AIDS)』(New York: Basic Books, 1990)에서 HIV가 이성 간 성관계를 통해 감염될 수 있다는 주

다. 이들은 질은 항문과 달리 격렬한 성관계를 견딜 수 있으므로 이성 간의 성기가 결합하는 성관계는 HIV로부터 안전한 성관계라고 주장한다.[12] 이들은 아프리카의 에이즈와 미국의 에이즈는 서로 다른 병이라고, 미국인들이 섹스하는 법과 아프리카인들이 섹스하는 법은 다르다고 인종주의적인 주장을 펼치며, 미국은 HIV로부터 안전한 지역이라고 강조한다. 또, 만약 미국에 에이즈가 있다 하더라도 그것은 사우스브롱크스 같은 흑인 지역에만 존재할 따름이라는 더욱 인종주의적인 주장을 펼치며, 미국에서도 백인 지역은 HIV로부터 더 안전하다고 강조한다. 이들은 이성애자는 HIV에 감염되지 않으며, 이성애자가 HIV에 감염된다는 주장 자체가 게이들이 에이즈 예산을 받아내기 위해 날조한 가짜 뉴스라고 강조한다.[13]

그렇다면 그들은 매직 존슨의 경우는 어떻게 설명할까?《플레이보이》는 매직 존슨이 이성 간 성관계로 HIV에 감염되었다는 사실 자체를 확신하지 않는다. 또는 그를 지극히 예외적인 경우로 만든다. "매직 존슨은 정말 동성 간 성관계로 HIV에 감염된 것일까? 우리는 그가 다른 사람과 나누어 쓴 주사기 바늘로 스테로이드를 맞

장은 언론, 정치인, "강력한 게이 로비스트"들이 에이즈 예산을 확보하기 위해 날조한 것이라고 주장한다. 그는 또 이성 간 성관계로 HIV에 감염된 경우는 지극히 예외적인 경우라고 주장한다.
12. 항문은 HIV 감염에 취약하지만, 여성의 질은 HIV 감염으로부터 안전하다는 식의 주장은 이미 1985년부터 등장했다. 이런 동성애혐오적 에이즈 담론에 대한 분석은 다음을 참조하라. Paula Treichler, "AIDS, Homophobia, and Biomedical Discourse: An Epidemic of Signification," in *AIDS: Cultural Analysis/Cultural Activism*, ed. Douglas Crimp (Cambridge: MIT Press, 1988), pp. 31~70.
13. Patersen, "The Playboy Forum: Magic," p. 43.

다가 감염되었거나, 치과 치료 도중 의사에게 감염되었을 가능성을 배제할 수 없다. 그가 이성 간 성관계로 HIV에 감염되었을 가능성은 매우 낮다. 설령 존슨이 정말로 이성 간 성관계로 감염되었다 하더라도 그것은 보통의 인간에게는 일어날 수 없는 지극히 예외적인 경우로 봐야 한다. 그가 관계한 여성의 수는 평범한 사람들이 접근할 수 있는 수준이 아니다. 그는 보통의 남성들과 달리 가볍게 미소 짓는 것만으로도 수많은 여성의 마음을 사로잡을 수 있는 세계 최고의 초대형 스타다. 그에게 여자들의 마음을 사는 것은 농구공을 가지고 노는 것만큼이나 쉬운 일 아니었겠는가. 그는 농구장에서 포인트가드의 역할을 완전히 새롭게 정의했듯, 한 남성이 관계할 수 있는 여성의 수도 완전히 새롭게 정의한 매우 예외적인 인물이다."[14]

《플레이보이》는 이렇게 매직 존슨을 예외적인 경우로 만든다. 이성애자도 HIV에 감염될 수 있다는 사실을 받아들이면, 세이프섹스도 받아들여야 하기 때문이다. 남성 이성애자들에게 '호모들'처럼 콘돔을 사용하는 것은 죽기보다도 끔찍한 일이다. 하지만 정말 세이프섹스가 '죽기'보다 끔찍한 일일 수 있을까? 에이즈 위기를 겪고 있는 우리 남성 동성애자들은 절대로 그렇지 않다는 것을 안다. 우리는 동성애자들의 죽음에 대해서는 그 누구도 신경 쓰지 않는 사회에서 스스로 살아남아야 했다. 그래야 했기에 우리는 아무도 알려주거나 강제하지 않았음에도 세이프섹스를 직접 발명했고, 직접 실천했다. 역설적이지만 바로 이런 점 때문에 우리는 이제 매직 존

---

14. 같은 글, p. 41.

슨을 어떻게 받아들여야 할지 진지하게 검토해야만 한다.

존슨은 기자회견을 한 순간부터 지금까지 줄곧 HIV 감염을 막을 수 있는 최선의 방법이 세이프섹스임을 강조해왔다.[15] 입장을 바꾸라는 외부의 압력이 쏟아져도 그는 자신의 신념을 굳게 고수하고 있다. 물론 그도 외부의 요청을 받고 어쩔 수 없이 청소년들에게 "HIV에 감염되지 않는 가장 안전한 방법은 아예 섹스를 하지 않는 것"이라는 식의 조언을 할 때도 있다. 하지만 그는 그런 조언은 하나 마나 한 조언이라는 사실을 스스로 잘 안다. 섹스를 하지 않으면 당연히 안전하다. 하지만 그런 말을 하는 것이 무슨 성교육이겠는가. 존슨은 흑인 잡지 《에보니》와의 인터뷰에서 금욕을 강조하는 HIV 예방 교육은 현실과 동떨어진 잘못된 교육이라고 강조한다. "제가 HIV에 감염된 것을 보고 청소년들이 성관계를 자제할까요? 그렇지 않습니다. 청소년들은 어쨌든 성관계를 합니다. 그렇다면 올바른 세이프섹스에 대해 가르치는 것이 가장 최선의 방법 아닐까요?"[16] 존슨이 세이프섹스의 중요성을 강조하는 것은 놀라운 일이 아니다. 놀라운 일이 있다면 그것은 지금까지 세이프섹스를 완강하게 거부해오던 이 사회가, 존슨이 세이프섹스를 해야 한다고 주장하자 하루아침에 세이프섹스를 받아들이고 있다는 점이다.

우리가 발명한 세이프섹스는 HIV 감염률을 낮추는 데 지대한 역할을 했다. 그럼에도 이성애자들은 세이프섹스를 받아들이려 하지

15. Pico Iyer, "It Can Happen to Anybody. Even Magic Johnson," *Time*, November 18, 1991, p. 26.
16. "Magic Johnson's Full-Court Press against AIDS," *Ebony*, April 1992, p. 108.

않았다. "세상에 안전한 섹스는 있을 수 없다"부터 "안전한 섹스safe sex는 없고, 상대적으로 더 안전한 섹스safer sex만 있을 뿐이다"에 이르기까지 사람들은 세이프섹스에 온갖 의구심을 제기하며 세이프섹스의 효과를 부정했다. 그런데 매직 존슨이 세이프섹스의 필요성을 주장하자 상황이 갑자기 바뀌었다. 많은 이들은 그전까지 그토록 거부하던 세이프섹스를 하루아침에 받아들이기 시작했다. 무엇이 달라진 것일까? 이 질문에 대한 힌트를《에보니》인터뷰에서 찾을 수 있을 것 같다. "언젠가 워싱턴의 한 고등학교에서 세이프섹스 특강을 했습니다. 제가 HIV에 감염된 지금도 아내와 매일 키스한다고 했더니, 학생들이 좋아서 난리가 난 거예요. 얼마나 크게 박수를 치고 소리를 지르던지 수업 끝나는 종소리가 하나도 들리지 않을 지경이었죠."[17] 환호하는 학생들의 모습은 〈아세니오 홀 쇼〉 방청객들의 모습과 포개진다. 당시는 존슨의 아내가 HIV에 감염될까 두려워 존슨에게 자신의 몸에 손도 못 대게 한다는 소문이 돌던 때였다.《에보니》인터뷰는 이와 같은 소문을 불식시키기라도 하려는 듯 존슨 부부의 화목한 모습을 부각하는 데 치중한다. 존슨의 아내가 말한다. "그런 소문은 전혀 사실이 아니에요. 오히려 지금이 전보다 더 각별한걸요." 존슨이 덧붙인다. "부부관계도 전과 다를 바 없이 똑같이 하고 있어요."[18]

매직 존슨을 받아들이기. 우리 퀴어들에게 매직 존슨을 아무렇

---

17. 같은 글.

18. Laura B. Randolf, "Magic and Cookie Johnson Speak Out for First Time on Love, Marriage, and AIDS," *Ebony*, April 1992, p. 106

지도 않게 받아들이는 일은 쉬운 일이 아니다. 이성애자들은 세이프섹스를 무시하며 "세상에 안전한 섹스는 있을 수 없다"라고 말해 왔다. 그들이 이런 말을 가장 많이 할 때는 청소년 성교육 시간이다. 이런 식의 교육이 전제하는 것은 청소년은 섹스를 해서는 안 되는 존재라는 것이다. 청소년에게 섹스는 사치이거나 방종이며, 언제나 금지된 것이라는 뜻이다. 이는 동성애자에게도 그대로 적용되고, 동성애자 청소년에게는 이중으로 적용된다. 이 사회는 이성애자의 섹스와 동성애자의 섹스를 전혀 다른 차원의 것으로 취급한다. 이성애자들은 동성애자의 섹스를 애초에 금지되어 있는 방탕이라고 생각한다. 바로 그 이유 때문에 이성애자들은 동성애자들이 세이프섹스를 발명해 에이즈 예방에 큰 성과를 거두었는데도 이를 따르기를 거부했다. 그런데 매직 존슨이 HIV에 감염되었다. 세이프섹스를 하고 있고, 아내와 행복한 부부 생활을 하고 있다. 사람들은 존슨을 보고서야 비로소 세이프섹스를 안전한 섹스로 받아들였다. 《플레이보이》조차 이렇게 쓴다. "존슨 부부는 사랑으로 에이즈의 공포를 이겨냈다. 그들은 '죽음이 두 사람을 갈라놓을 때까지'라는 말의 진정한 의미를 몸소 보여준다. 이들의 모습이야말로 부부간 사랑의 참모습이 아닐까?"[19]

매직 존슨을 받아들이기. 이는 퀴어들에게 모순을 받아들이는 일이다. 매직 존슨 이후 세이프섹스는 결국 이 사회에 받아들여졌다. 매직 존슨 이후 청소년들에게도 세이프섹스 교육이 실시되고

---

19.   Patersen, "The Playboy Forum: Magic," p. 45.

있다. 당혹스러운 사실은 이런 변화가 가능해진 가장 큰 이유가 세이프섹스가 이성 간 결혼의 신성함과 특권을 보호할 수 있다고 여겨져서라는 점이다. 매직 존슨을 받아들이기. 이는 퀴어들에게 에이즈 담론에서 계속되는 동성애혐오를 받아들이는 일이다. 세이프섹스는 수용되었지만, 에이즈 담론은 예나 지금이나 변함없이 동성애혐오적이다. 세이프섹스는 수용되었지만, 에이즈 담론은 에이즈가 '게이 관련 면역 결핍증Gay-Related Immune Deficiency, GRID'이라는 동성애혐오적인 이름으로 불리던 때와 비교해 특별히 더 나아지지 않았다.

우리가 오랜 시간 끊임없이 노력했음에도 끝까지 성취하지 못했던 것을 존슨은 별다른 노력 없이 가뿐히 성취했다. 우리는 여기서 동성애혐오를 본다. 그리고 그 혐오를 고통스럽게 견딘다. 언론은 그동안 HIV와 에이즈를 구분하지 않았다. 우리는 그런 언론을 상대로 매우 오랜 기간 동안 HIV와 에이즈를 구분해 써달라고 요청했지만, 언론은 거부해왔다. 그런 언론이 존슨이 HIV에 감염되자 바로 HIV와 에이즈를 구분하기 시작했다. 이성애자인 존슨은 HIV 감염인일 뿐, 에이즈 환자가 아니라는 것을 알려야 했기 때문이다.[20] 언론은 그동안 HIV 감염인의 모습을 보여줄 때면 거의 항상 침대

---

20. 존슨도 자신이 처음에 HIV와 에이즈를 구분하지 못한 것은 언론 탓이 컸다고 지적한 바 있다. "의사가 말하길, 저는 HIV에 감염된 것이지, 에이즈에 걸린 것은 아니라는 거예요. 하지만 그런 말은 제 귀에 하나도 들어오지 않았어요. 저 역시 그때까지는 별생각 없이 언론 보도만 들어왔기 때문에, HIV와 에이즈의 차이를 전혀 모르고 있었거든요. 그러니 의사가 아무리 HIV라고 말해도, 제 귀에는 모두 에이즈로 들린 거죠."(Johnson, "I'll Deal with It," p. 18.)

위에서 죽음을 기다리고 있는 무기력한 감염인의 모습만을 보여주었다. 우리가 아무리 평범한 삶을 사는 HIV 감염인들의 모습도 함께 보여달라고 요구해도 언론은 거부해왔다. 그런 언론이 이성애자인 존슨이 HIV에 감염되고 나자 건강한 모습으로 올스타 경기에 출전해 코트를 누비는 존슨의 모습을 보여주었다. 《뉴욕 타임스》는 조지 H. W. 부시 행정부가 에이즈 문제를 의도적으로 방관하고 있는 상황에 침묵을 지켰다. 우리가 부시 행정부의 범죄를 보도해달라고 끊임없이 요구했지만, 《뉴욕 타임스》는 끝까지 거부했다. 그런 《뉴욕 타임스》는 이성애자인 존슨이 HIV에 감염되고 나서야 "매직 존슨을 우리의 대통령으로"라는 사설로 뒤늦게 부시를 비판했다.[21] 부시는 에이즈 문제를 방관했다. 우리가 부시에게 에이즈 문제에 적극적으로 개입해달라고 요구했지만, 부시는 거부했다. 부시는 이성애자인 존슨이 HIV에 감염되고 나서야 자신들의 에이즈 정책이 미흡했음을 인정하고, 존슨을 국가에이즈위원회 위원으로 위촉했다.[22]

전미흑인지위향상협회 어워드NAACP Image Awards, 아메리칸 뮤직 어워드, 텔레비전 토크쇼 등 존슨이 가는 곳 어디에서나 사람들은

21. "Magic Johnson, as President," New York Times, November 9, 1991, p. 22.
22. 존슨은 국가에이즈위원회의 위원으로 활동하던 1992년 1월, 조지 H. W. 부시 대통령에게 에이즈 예산을 증액해야 한다는 편지를 전달했다. 그는 편지에서 에이즈 예산을 증액하여, 에이즈 신약 개발 기간을 단축시키고, 라이언 화이트 법안을 온전히 지원하며, 메디케이드가 에이즈 환자뿐 아니라 아직 에이즈에 걸리지 않은 HIV 감염인까지 지원할 수 있도록 힘써달라고 요청했다. 같은 해 7월 존슨은 국가에이즈위원회 위원직에서 사임하겠다는 의사를 밝혔다. "에이즈 문제를 해결하기 위해서는 예산이 필요합니다. 하지만 부시 대통령은 예산 요청을 매번 거부하고 있습니다." 존슨은 1992년 9월 국가에이즈위원회에서 사임했다.

그의 용기를 칭송했다. 올스타 경기에서는 별도의 식순을 마련해 동료 선수들이 한 명씩 존슨을 포옹하는 행사까지 했다. 이처럼 HIV 감염인이 많은 사람에게 사랑받고 존경받는 모습을 보는 일은 우리에게 그 자체로 기쁜 일이어야 한다. 하지만 우리는 이 장면들을 보며 온전히 기뻐할 수 없었다. 그가 HIV 감염인으로서 사람들에게 사랑받고 존경받을 수 있게 된 유일한 이유가 자신은 이성애자임을 강력하게 선언했기 때문이라는 것을, 그가 자신은 동성애자가 아님을 강력하게 못 박았기 때문이라는 사실을 우리는 너무나도 잘 알기 때문이다.

게이 커뮤니티와 함께 에이즈의 짐을 부당하게 감당하고 있는 또 다른 이들은 유색인 커뮤니티다. 지금 시점에서 에이즈에 걸리는 이들의 압도적인 다수는 유색인이다. 흑인 인구는 미국 인구의 12%에 불과하지만, 전체 에이즈 환자 중 25%를 차지한다. 여성 에이즈 환자 중 흑인의 비율은 50%를 넘는다. 여성 에이즈 환자 4명 중 3명, 아동 에이즈 환자 10명 중 9명, 청소년 에이즈 환자 2명 중 1명은 흑인과 라틴계다.[23] 존슨은 HIV가 게이들만 감염되는 것으로 알았기 때문에 세이프섹스를 해야 한다는 생각조차 못 했다고 말했다. 존슨은 그 정도로 아무것도 모르고 있었다. 그런데 생각해보니 나도 매직 존슨이라는 세상이 다 아는 스타를 그 이름조차 모르고 있었다. 하지만 지금 내가 매직 존슨에 대해 잘 알고 있듯이, 존슨도 이제 HIV에 대해서나, 흑인 공동체가 에이즈 위기로 혹독한 피

---

23. 미국 질병통제예방센터의 1992년 4월 기준 통계.

해를 입은 것에 대해서나 잘 알고 있다. 그래서 존슨은 에이즈 퇴치를 위해 힘쓰겠다는 의지를 피력해왔고, 이는 에이즈 공동체에서도 대체로 반가운 일로 여겨진다. 니켈로디언 채널에서 방영된 〈매직 존슨과의 대화〉라는 특집 프로그램에서 진행자는 한 HIV 감염인에게 묻는다. 수많은 감염인이 세상의 무관심 속에서 죽어가고 있는 와중에 매직 존슨만이 이렇게 큰 관심을 받고 있는 상황에 대해 어떻게 생각하느냐고. 질문을 받은 HIV 감염인은 이렇게 답한다.

> 물론 매직 존슨만 이렇게 큰 조명을 받는 게 공정하다고 생각하지는 않아요. 하지만 매직 존슨 때문이라도 사람들이 에이즈가 모든 사람의 문제라는 것을 깨닫고 있는 것은 사실이죠. 그의 이름을 이용해서라도, 정부를 움직일 수 있고 에이즈 예산을 늘릴 수 있다면, 그래서 에이즈를 치료할 길이 생긴다면 그렇게라도 해야 하는 것 아닐까 싶어요. 공정하건 그렇지 않건 이제 와서 무슨 큰 의미가 있겠어요.[24]

매직 존슨을 받아들이기. '공정하건 그렇지 않건'은 의미가 없는 것이 아니라 매우 중요한 문제다. 공정은 사람들의 생명을 살리지만, 불공정은 사람들의 생명을 죽이기 때문이다.

사람들은 에이즈 퇴치를 위해 힘쓰겠다는 존슨의 말을 진정성 있게 받아들인다. 문제는 대중이 존슨의 말을 받아들이게 된 이유

---

24. Linda Ellerbee, "Magic TV and Kids," *TV Guide*, March 21-27, 1992, p. 10.

가, 그가 동성애자가 아님을 강조하고 아내에게 충실한 이성애자임을 확실히 보여줬기 때문이라는 것이다. 이것이 동성애자들에게 어떤 영향을 미칠까? 흑인 남성 동성애자들에게는 어떤 영향을 미칠까? 흑인 동성애자 잡지 《BLK》의 편집위원 찰스 스튜어트는 흑인 남성 동성애자들이 백인 위주의 게이 커뮤니티에서는 흑인이라는 이유로, 이성애자 위주의 흑인 커뮤니티에서는 동성애자라는 이유로 이중의 배제를 겪고 있다고 지적하며, 다음과 같이 우려를 표한다. "흑인 남성 동성애자는 에이즈로 가장 커다란 피해를 입은 인구 집단임에도, 그들의 건강과 안전은 언제나 가장 뒷전으로 밀려난다. 문제는 매직 존슨이 자신은 절대 동성애자가 아니라고 밝힌 후, 이런 현상이 더 심해졌다는 점이다. 매직 존슨은 분명 에이즈에 대한 낙인을 줄이는 데 기여했다. 하지만 그 대가로 HIV 감염에 가장 취약한 이들이라 할 수 있는 흑인 남성 동성애자들에 대한 낙인은 더욱 강화되고 있다."[25]

국가에이즈위원회의 첫 번째 회의에 참석하기 전, 존슨이 조지 H. W. 부시에게 보낸 편지를 보면 그는 자신이 HIV와 에이즈에 대해 애초 자신이 원했던 것보다 훨씬 많이 알게 되었다고 쓰고 있다.[26] 그는 청소년들을 대상으로 한 예방 교육에 관심이 많다고 알려져 있다. 하지만 존슨은 다음과 같은 사실도 알아야 할 것이다.

---

25. Charles Stewart, "Double Jeopardy: Black, Gay (and Invisible)," *New Republic*, December 2, 1991, pp. 13, 15.
26. Letter from Earvin Johnson, Jr., to President George Bush, January 14, 1992.

- 주사기 바늘을 사용하는 약물 사용자에게는 새 바늘을 무상으로 제공해야 한다. 이는 약물을 사용하는 당사자뿐 아니라 그 파트너 및 자녀의 감염까지도 예방할 수 있는 강력한 예방책이다.
- 이성 간 성관계 시, 여성이 HIV에 감염될 확률이 남성보다 높다.
- 남성과 성관계를 맺는 흑인 남성 중 상당수는 자신을 동성애자로 정체화하지 않는다. 많은 경우 그들은 '저는 절대 동성연애자가 아닙니다'라고 부인한다.
- 남성과 성관계를 맺으면서 여성과도 성관계를 맺는 남성도 많다.
- 청소년 가운데도, 흑인 청소년 가운데도, 심지어 농구를 잘하는 청소년 가운데도 퀴어가 있을 수 있다.

1987년 PBS는 〈에이즈: 규칙 바꾸기〉라는 프로그램을 방영했다. 미국 텔레비전에서 방영된 최초의 세이프섹스 교육 프로그램이다. 문제는 이 프로그램이 세이프섹스는 이성애자 그리고 성인에게만 필요하다는 인식에서 제작되었다는 점이다. 이 프로그램은 동성애자들은 기본적으로 세이프섹스에 대해 잘 알고 있다고 가정한다. 이런 전제는 두 가지 면에서 문제적이다. 첫째, 이는 다른 남성과 성관계는 맺지만 제대로 된 세이프섹스 교육을 받지 못하는 남성들의 존재를 간과한다. 그들 중에는 자신을 동성애자로 정체화하지 않아 교육을 받지 않는 경우도 있고, 지역적 환경 때문에 동성애자 단체를 방문하지 못하는 경우도 있다. 또, 민족적·인종적·계급적 위치 때문에 교육을 못 받기도 한다. 둘째, 성적 지향, 이를테면 '남성 동성애자'는 태어나면서부터 정해지는 고정된 범주가 아니다. 청소년의 성적 지향은 계속 변화하는 과정에 있다. 그러므로 세이프섹스 교육 프로그램은 청소년을 반드시 그 대상에 포함해야 한다.

이 문제는 이후에도 다시 반복된다. 1992년에는 매직 존슨과 아세니오 홀이 직접 〈타임 아웃: 매직 존슨과 함께 에이즈 알아보기〉라는 에이즈 교육 영상을 제작했다. 이 작품 역시 이성애자의 HIV 예방을 그 주제로 하고 있다. 동성애자가 나오는 장면이 없는 것은 아니지만, 그런 장면들조차 동성애자의 HIV 예방을 위한 것들이 아니다. 교실에서 청소년들을 인터뷰한 장면을 보자. 첫 번째로 나오는 이성애자 백인 여학생은 가장 친한 친구가 레즈비언이라며 자신은 친구가 레즈비언인 것이 전혀 상관없다고 말한다. 두 번째로 나오는 라틴계 남학생은 자신을 커밍아웃한 게이라고 밝히며, 동성애자들이 세이프섹스를 이미 잘 알고 있고, 또 세이프섹스 교육을 잘 조직했기 때문에 HIV 감염률을 크게 줄일 수 있었다고 강조한다. 세 번째로 나오는 백인 여학생은 열네 살 때 커밍아웃한 레즈비언으로, 자신이 알던 이들 중 에이즈로 사망한 사람이 벌써 열네 명이나 되며, 그중에는 아내를 HIV에 감염시킨 기혼자 남성도 있다고 말한다. 이 학생들은 다음과 같은 메시지를 전달하기 위해 동원된 이들이다. 첫째, 동성애자는 관용의 대상에 불과하다는 것. 둘째, 동성애자는 에이즈에 대해 이미 잘 알고 있기 때문에 세이프섹스 교육이 필요 없는 이들이라는 것. 셋째, 동성애자는 이성애자에게 HIV를 감염시키는 존재라는 것.

이 작품에는 여러 인물이 등장하지만, 위 장면에 나오는 청소년들을 빼면 동성애자라고는 브라질계 미국인 딱 한 명이 더 등장한다. 그는 이렇게 말한다. "그때 제 연인이 함께 있어줘서 정말 큰 힘이 되었어요. 그 친구도 저랑 같이 검사를 받았는데, 그는 음성이 나오고 저만 양성이 나온 거예요. 결과가 나왔을 때 그가 옆에서 많이 위로해주었어요. 너무나도 고맙게도 제가 양성이 나왔는데도 헤어지자고 하지 않더라고요."

하지만 이 작품이 가장 중점적으로 보여주는 인물은 스물두 살의 백인 이성애자 감염인 제이슨이다. 제이슨은 탄탄한 몸으로 체육관에서 덤벨을 들고 있는 멋진 청년의 모습으로 등장한다. "저를 보시면 사람들이 흔히 생각하는 감염인의 모습과는 좀 다르다고 생각하실 거예요. 보통 감염인 하면 동성애자, 나이 든 사람, 병든 환자의 이미지를 떠올리죠. 저는 전혀 그렇지 않아요." 실제로 그렇다. 제이슨은 이성애자고, 젊으며, 건강하다. HIV 음성인 제이슨의 여자친구도 함께 나온다. 이 장면의 의도는 HIV 감염인도 연애하고 성생활을 할 수 있음을 보여주는 것이다. 제이슨과 여자친구의 모습은 누가 봐도 예쁘게 그려진다.

운동으로 잘 관리한 제이슨의 외모를 보면서 나는 나도 모르게 게이 클럽에서 볼 수 있는 젊은 게이들의 모습을 얼핏 떠올렸다. 그래서였을까? 나는 제이슨과 여자친구의 연애 장면을 보면서 다음과 같은 상상을 하지 않을 수 없었다. 제이슨이 이성애자가 아니라 동성애자로서 남자친구와 함께 등장했다면, 또는 제이슨 커플이 백인 커플이 아니라 유색인 커플이었다면, 사람들은 그들의 모습에 대해 제이슨 커플을 볼 때와 똑같이 반응할까?

우리는 감염인에 대한 부정적인 이미지와 싸우는 과정에서 감염인에 대한 긍정적인 이미지를 갈망한다. 하지만 제이슨이 등장하는 부분은 우리의 이런 전략에 의문을 제기한다. 제이슨이 많은 시청자에게 감염인에 대한 긍정적인 이미지로 여겨졌다면 그것은 그가 젊고, 건강한 이성애자였기 때문일 것이다. 이는 바꿔 말하면 제이슨이 나오는 부분이 늙고, 병든 동성애자 감염인은 부정적인 존재라는 관념을 강화한다는 말도 된다.

〈타임 아웃〉이 세이프섹스 교육 프로그램으로서 전혀 가치가 없는 것은 아니다. 콘돔 사용법을 가르쳐주는 부분은 정확하고, 구체적이며, 실용적이다(단, 콘돔을 사용할 때 지용성 윤활제를 사용하면 안 된다는 내용은 추가되어야 한다). HIV 검사를 받을 수 있는 방법을 알려주는 부분도 양호하다(단, HIV 검사가 반드시 익명 검사여야 하는 이유가 추가될 필요가 있다). 청소년의 또래 압력 문제도 적절히 다룬다. 이 프로그램은 많은 청소년들이 또래집단의 압력으로 성관계를 경험하게 되는 경향에 대해, 자신이 원할 때 합의된 상대와 관계를 맺는 것이 중요하다고 강조한다. 청소년 배우가 랩을 한다. "나는 아직 준비되어 있지 않아!" 아세니오 홀이 랩으로 맞받아친다. "괜찮아! 너는 아무것도 증명하지 않아도 돼!"

하지만 정작 아세니오 홀에게는 증명하고 싶어 하는 것이 있어 보인다. 〈타임 아웃〉의 한 장면에서 홀은 여성들이 할 말을 어처구니없이 자신이 내뱉는다. "여자들은 왜 이렇게 콘돔을 안 쓰려고 하는지 모르겠어. 한번은 새로 만난 여자에게 콘돔을 써야 한다고 말했다가 큰 봉변을 당했지 뭐야. 자신이 그렇게 헤픈 여자처럼 보이냐고 무척 화를 내더니, 그냥 가버리더라고." 존슨은 홀의 말을 귀

담아듣지 않는다. 존슨은 로스앤젤레스의 여성들이 모두 자신이나 자신의 친구 아세니오 홀 같은 스타와 자고 싶어 안달이 났다고 믿는 인물이다. 여자 한 명 떠난 것이 무슨 큰 비극이겠는가.

〈타임 아웃〉은 존슨과 홀이 농구장에서 나누는 대화를 중심으로 진행된다. 프로그램이 시작하면 존슨과 홀이 농구 시합을 하고 있는 모습이 보인다. 그들은 곧 시합을 멈추고 쉬면서 에이즈에 관한 대화를 시작한다. 친한 친구들 사이의 편한 대화다. 이들이 이렇게 주제를 잡으면, 이는 곧 다른 연예인이 진행하는 이 주제와 관련한 에피소드로 이어진다. 이 에피소드가 끝나면 다시 존슨과 홀의 대화로 돌아온다. 이런 형식적 구성은 중요하다. 이 형식이 프로그램의 소구 대상을 설정하고 있기 때문이다. 농구장에서 대화를 나누는 이 두 남성 이성애자가 누구에게 말을 걸고 있을지 생각해보라.

우리는 〈타임 아웃〉을 보면서, 특히 제이슨의 에피소드를 보면서, 긍정적인 동성애자 이미지가 결여되었다고 느낀다. 그러고는 그런 이미지를 더 갈망한다. 또는 자기 자신을 긍정적으로 인식하는 흑인 동성애자가 단 한 명이라도 나왔으면 하고 생각한다. 우리가 이런 생각을 하게 되는 것은 이 프로그램에 그런 이미지, 그런 인물이 없어서이기도 하지만, 더 중요한 이유는 존슨과 홀이 프로그램을 진행하면서 소구 대상으로 염두에 두고 있는 이들이 이성애자이기 때문이기도 하다. 이를 통해 우리는 '에이즈는 동성애자만 걸리는 질병이 아니다'라는 진술과 또 한 번 마주하게 된다. 이 진술은 물론 맞는 말이다. 중요한 것은 이 당연한 진술이 아니라 그다음에 이어지는 말이다. 일단 〈타임 아웃〉에서 그다음에 이어지는 말은 이 프로그램을 보는 사람이 이성애자인지 동성애자인지는 HIV 예방에 중요한 문제가 아니라는 말이다. 하지만 우리는 그 말을 액면 그대로 받아들일 수 없다. 우리는 저들이 이성애자의 HIV 감염과 동성애자의 HIV 감염을 다르게 본다는 것을 잘 안다. 〈타임 아웃〉이 매우 미미한 분량이나마 동성애자를 등장시킨 유일한 이유는 이성애자 시청자에게 교훈을 주기 위해서다. 존슨과 홀은 자신들이 동성애자에게 말을 걸 수 있다는 사실을, 그리고 말을 걸어야 한다는 사실을 상상조차 하지 못한다. "지금 보고 계신 분이 동성애자시라면…"처럼 동성애자를 대상으로 하는 말은 프로그램이 끝날 때까지 단 한 마디도 나오지 않는다. 흑인 동성애자는 아예 프로그램에 등장조차 하지 않는다. 우리가 상상하고 요구해야 하는 세이프섹스 교육 프로그램은 제이슨 대신 긍정적인 모습의 동성애자 흑인 남성을 출연시키는 프로그램이 아니다. 우리가 상상하고 요구해야 하는 세이프섹스 교육 프로그램은 다음과 같이 말을 거는 프로그램이다. "저희는 모든 게이, 레즈비언 여러분, 그리고 모든 청소년 게이, 레즈비언 여러분께 말씀드립니다. 저희는 여러분의 성적 지향을 존중합니다. 저희는 이 프로그램을 통해 HIV 예방에 필요한 정보를 전해드리고자 합니다. 저희는 모든 HIV 감염인 여러분께 말씀드리고 싶습니다. 이제부터 저희는 여러분을 위해 에이즈와 싸워나가고자 합니다. 왜냐하면 지금까지 여러분께서 저희를 위해 용감히 싸워주셨으니까요." 그리고 이런 장면을 상상만 할 것이 아니라, 어떻게 〈타임 아웃〉과 같은 에이즈 예방 교육 프로그램과는 다른 프로그램을 만들지 구체적으로 구상해야 한다. 〈타임 아웃〉에서 말하는 '에이즈는 동성애자만 걸리는 질병이 아니다'라는 진술의 함의는 에이즈가 동성애자만 걸리는 질병이었다면 이런 프로그램은 애초 만들 생각도 안 했을 것이라는 뜻이다. 〈타임 아웃〉은 매직 존슨이 자신은 절대 동성애자가 아니라고 밝혔던 〈아세니오 홀 쇼〉의 재탕이다. 〈타임 아웃〉은 존슨과 홀이 자신들이 이미 했던 말을 다시 한번 강조하는 기회에 불과한 것이다. "저는 동성연애자가 아닙니다. 저를 아는 분이라면 잘 알고 계시겠지만, 저는 동성연애자가 아닙니다."

존슨은 자서전 『나의 삶』(1992)에서 자신의 자아를 슈퍼스타 농구선수이자 호색한인 '매직 존슨'과 에이즈 예방 활동가이자 애처가인 '어빈 존슨' 두 명으로 분리한다. '여성들과 나'라는 챕터에서 그는 이렇게 쓴다. "사람들은 내가 많은 여자를 만났다는 사실만 보고, 내가 아내를 사랑하지 않으리라 판단한다. 하지만 어빈 존슨으로서의 나는 단 한 순간도 아내를 사랑하지 않은 적이 없다. 매직 존슨으로서의 내가 그러지 못했던 것뿐이다."[27]

그는 편리하게 '매직 존슨'과 '어빈 존슨'이라는 두 자아 사이를 왔다 갔다 하며 서로 다른 두 목소리를 낸다. 그는 '매직 존슨'의 목소리로는 여자들과 마음껏 즐기던 때를 이야기하다가 '어빈 존슨'의 목소리로 아내와 더 일찍 결혼하지 않은 것을 후회한다. 그는 쾌락주의자가 되었다가 도덕주의자가 되는가 하면, 세이프섹스를 해야 한다고 강조하다가 일부일처제의 삶을 찬양한다. 그는 '매직 존슨'으로서 아내와의 결혼을 계속 미루다가 자신이 HIV에 감염되었

---

27. Earvin "Magic" Johnson, with William Novak, *My Life* (New York: Random House, 1992), p. 227.

다는 사실을 안 다음에는 곧바로 '어빈 존슨'이 된다. 이후 올스타 게임과 바르셀로나 올림픽 드림팀에서 뛰어난 활약을 벌이고 로스앤젤레스 레이커스에 현역으로 복귀하면서 다시 '매직 존슨'이 되었다가, HIV 양성 판정을 밝힌 때로부터 약 1년이 지난 시점에 두 번째로 은퇴를 선언하며 '어빈 존슨'으로 완전히 정착한다. 떠들썩했던 첫 번째 은퇴와 달리 두 번째 은퇴는 매우 조용하게 이루어졌다. 존슨이 다시 은퇴하게 된 표면적인 이유는 다른 NBA 선수들이 존슨과 함께 경기하는 것을 두려워한다는 것이었다. 동료 선수인 칼 말론과 제럴드 윌킨스가 존슨과 함께 경기할 경우 자신들이 HIV에 감염될 위험에 처할 수 있다고 항의하는 일도 있었다.[28] 하지만 존슨과 함께 경기장을 뛰다가 HIV에 감염될 수도 있다는 과도한 우려 뒤에는 말해지지 않는 다른 이유가 숨어 있다. 그것은 존슨이 동성애자일지도 모른다는 그동안의 소문과 관계가 있다. 브루클린 네츠의 샘 보위는 이렇게 말했다. "많은 NBA 선수들은 자신들도 여성들과 관계를 맺다 HIV에 감염될 수도 있다는 사실을 받아들이고 싶어 하지 않습니다. 다들 지금까지처럼 에이즈 걱정 없이 마음껏 즐기고 싶어 하죠."[29]

존슨은 이에 대해 칼 말론이 자신과 경기를 하는 것을 그렇게 두려워하고 있었다면 언론에 직접 이야기를 하기 전에 먼저 자신과

---

28. Harvey Araton, "Messages of Reality and Mortality," *New York Times*, November 1, 1992, section 8, p. 1.
29. Harvey Araton, "The N.B.A. Discovers It Can't Outleap Reality," *New York Times*, November 3, 1992, p. B11에서 재인용.

의논을 해야 했다고 말한다. 존슨은 자신이 동성애자라는 소문을 낸 아이재아 토머스에 대해서도 불만을 표하며, 자신이 동성애자가 아님을 또 한 번 강조한다(아이러니하게도, 존슨이 HIV에 감염되기 전까지만 해도 친한 동료 사이였던 존슨과 토머스는 매 경기가 시작할 때마다 일종의 의식으로서 서로의 뺨에 키스를 하곤 했는데, 이는 존슨이 동성애자라는 의심을 사는 데 큰 역할을 했다).

앞에서 나는 래리 크레이머가 〈나이트라인〉에 나와 존슨이 이 사회에서 곧 매장될 것이라고 말했을 때 그의 예측에 동의하지 않았다고 썼다. 나는 크레이머가 에이즈혐오는 동성애혐오라는 기반 위에 존재한다는 사실을 제대로 이해하지 못한다고 생각했다. 지금 나는 나 역시 에이즈혐오와 동성애혐오가 얼마나 단단하게 얽혀 있는지 충분히 이해하지 못했었음을 깨닫는다. 놀랍게도 그 사실을 가장 잘 알고 있었던 이는 매직 존슨이다. 이성애자인 존슨은 HIV에 감염된 이상 자신의 이름이 동성애라는 오명 내지 얼룩과 어떤 식으로든 얽혀서는 안 된다는 점을 본능적으로 잘 알고 있었다. 〈타임 아웃〉에서 한 고등학생은 "여기 오하이오 시골 마을에는 에이즈 같은 건 없어요. 에이즈는 할리우드 같은 문란한 곳에서나 걸리는 병이잖아요"라고 말한다. 존슨이 '어빈 존슨'을 택한 것은 그로서는 당연한 선택이었다.

존슨이 에이즈 때문에 사망할 수도 있다는 크레이머의 의견에는 나도 동의했다. 존슨이 HIV 양성 사실을 발표한 직후, 한 시사지는 존슨이 1985년 대상포진에 걸린 적이 있음을 근거로 그의 상태가 이미 에이즈로 이행했을지도 모른다는 가능성을 조심스럽게 제기하기도 했다.[30] 대상포진이 HIV 감염인에게 비교적 흔히 발생하는 기회감염이라는 것을 아는 이들에게 존슨에게 대상포진 이력이 있다는 것은 분명 심상치 않은 사실이다. 우리는 T세포 숫자를 포함해 존슨의 면역체계가 어떤 상황인지 어떤 구체적인 내용도 들어본 바가 없다. 그저 그의 외양만 보고 그가 건강하다고 추측할 뿐이다. 그가 《스포츠 일러스트레이티드》에 쓴 글도 의미심장하다. "지금 나는 내게 닥친 시련을 이겨내고자 한다. 1980년과 1983년, 필라델피아 세븐티식서스와 싸울 때 나는 모리스 칙스와 겨뤄 이겼다. 보스턴 셀틱스와 싸울 때는 래리 버드, 데니스 존슨 같은 뛰어난 선수들과 겨뤘다. 디트로이트 피스턴스와 싸울 때는 아이재아 토머스, 데니스 로드먼이 경쟁 상대였다. 최근에는 마이클 조던과 상대해야 했다. 나는 이 어려운 임무를 완수해왔던 것처럼, 지금 내게 닥친 시련도 어떻게든 이겨낼 것이다."[31] 매직 존슨은 이 기고문에서 HIV와 싸워나가겠다고 다짐한다. 하지만 그의 결심이 굳건할수록 동성애자인 우리는 오히려 더 큰 실망과 좌절을 경험한다. 우리는 지금까지 그와 같은 말들을 수없이 많이 들었다. 그때마다 우리는 그 말들을 간절히 믿었지만 번번이 실망하고 좌절해야 했다. 이제 우리는 더 이상 그 약속들에 매달릴 수 없다. 그동안 우리는 너무 많은 것을 받아들였다. 이제 '어빈 존슨'과 함께라면 좀 달라질까? 모르겠다.

30. Leerhsen et al., "Magic's Message," p. 62.
31. Johnson, "I'll Deal with It," p. 21.

13
군대니까 말하지도 말라고?

1993년 10월 라이스대학교 문화연구센터가 주최한 〈문화연구의 관점에서 본 에이즈의 전유〉
콘퍼런스의 기조 연설로 발표한 글이다.

"이제 아무도 에이즈를 이야기하지 않습니다." 1993년 여름, 액트
업이 뉴욕 시내에 붙인 포스터의 문구다. 액트업은 총 세 종류의 포
스터를 붙였다. 첫째 포스터의 문구는 이렇다. "이제 아무도 에이즈
를 이야기하지 않습니다. 우리는 세상을 떠난 이들의 삶을 퀼트로
도 만들어보았고, 우리의 분노와 운동을 빨간 리본으로도 만들어
보았습니다. 하지만 이제 우리는 다시 행동에 나서야 합니다."[1] 둘
째 포스터. "죽은 다음에는 빨간 리본도 달 수 없습니다. 죽은 다음

---

1. 액트업의 유인물 문구를 옮기면 다음과 같다. "이제 아무도 에이즈를 이야기하지 않습
니다. 에이즈로 죽는 사람들만 있을 뿐입니다. 사람들은 이제 에이즈 운동에 참여하려 하지
않습니다. 에이즈 운동은 이제 너무나도 고통스러운 일이 되었기 때문입니다. 우리는 매일
아침 누군가가 에이즈로 죽었다는 소식을 들어야 합니다. 우리는 매일 낮 에이즈로 위독한
누군가의 병문안을 가야 합니다. 우리는 매일 저녁 누군가의 장례식과 추모식에 가야 합니
다. 싸우기에는 너무 지쳤고, 희망을 품기에는 너무 상처 입었습니다. 그래서 우리는 세상을
떠난 이들의 삶을 퀼트로도 만들어보았고, 우리의 분노와 운동을 빨간 리본으로도 만들어
보았습니다. 하지만 이제 우리는 다시 행동에 나서야 합니다."

에는 군인으로도 복무할 수 없습니다. 죽은 다음에는 성패트릭데이 행진에도 참여할 수 없습니다. 죽은 다음에는 동반자 등록도 할 수 없습니다." 마지막으로 셋째 포스터. "에이즈 문제 해결에 전력을 다하겠다는 클린턴이 대통령이 된 지금 수많은 이들이 에이즈로 죽어가는 것은 왜일까요?"

셋째 포스터의 문구는 빌 클린턴이 1992년 대선 캠페인에서 자신이 대통령이 되면 에이즈 문제 해결에 전력을 다하겠다고 공약해 놓고는 막상 대통령이 되자 별다른 노력을 하지 않고 있는 상황을 꼬집고 있다. 나는 이 문구를 보면서 1989년 2월 동성애자 언론인 대럴 예이츠 리스트가 《네이션》에 기고한 "에이즈 운동에 전력을 다한 바람에 치명적인 대가를 치르고 있는 동성애자 커뮤니티"라는 기사를 떠올리지 않을 수 없다.[2] 액트업이 세 포스터를 통해 동성애자 운동의 초점이 에이즈 문제에서 동성애자 군 복무와 동성 동반자 등록 문제와 같은 동성애자 권리 문제로 바뀌고 있는 상황을 비판했다면, 리스트는 3년 전 이와는 정반대의 주장을 펼쳤다. 리스트는 동성애자 운동이 에이즈 문제에만 집중하느라 다른 중요한 동성애자 의제들을 모조리 무시하고 있다고 주장했다. 그는 동성애자 운동이 에이즈 문제에만 치중하고, 동성애자 청소년 문제, 혐오범죄 문제, 동성결혼 합법화 문제를 무시한다고 주장했다. 그는 운동이 에이즈 단체만 지원하느라 청소년 동성애자 단체인 헤트릭마틴협회 Hetrick-Martin Institute나 동성애자 단체인 내셔널 게이·레즈비언 태스

---

2. Darrell Yates Rist, "AIDS as Apocalypse: The Deadly Costs of an Obsession," *Nation*, February 13, 1989, pp. 181, 196~200.

YOU CAN'T WEAR A RED RIBBON IF YOU'RE DEAD.

You can't serve in the military if you're dead.

You can't march in the Saint Patrick's Day parade if you're dead.

You can't register as domestic partners if you're dead.

ACT UP!

Take direct action to end the AIDS crisis.
Come to our weekly meetings on Monday nights at 7:30
at the Lesbian & Gay Community Services Center,
208 West 13 Street

One person can make a difference.

알레산드로 코다뇨네(Alessandro Codagnone),
액트업 포스터, 1993.

크포스National Gay and Lesbian Task Force 같은 단체들은 전혀 지원하지 않는다고 주장했다. 그는 또 에이즈 활동가들이 공포를 조장하기 위해 HIV 감염인의 수를 고의로 부풀리고 있다고 주장하며, 에이즈 운동이 부유한 백인 게이들에게 멋대로 휘둘리고 있다고 비난했다. 그는 자신이 샌프란시스코 게이 커뮤니티의 돈 많고 영향력 있는 한 게이 인사에게 에이즈 문제보다 청소년 동성애자 문제가 더 중요하다는 이야기를 꺼내자 그가 자신의 의견을 전혀 받아들이지 않았다고 주장하며 이렇게 썼다. "에이즈 활동가들의 심장은 동성애자 청소년 문제에 대해서는 뛰지 않는다. 에이즈 활동가들의 심장은 특정 연령, 특정 인종, 특정 계급, 특정 성별에만 뛴다." "결국 분노한 레즈비언들이 이렇게 묻는 지경에 이르렀다. 부르주아 계급의 게이들이 원하는 것은 그저 섹스나 즐기면서 계속 예전처럼 벽장 속에 숨어 있는 것 아니냐고. 그들이 에이즈 치료제에 그렇게 안달하는 것도 다시 좋았던 옛날 시절로 빨리 돌아가고 싶어서 아니냐고."

리스트는 에이즈 활동가들이 매우 특별한 종류의 벽장 속에 숨어 있다고 비난한다. "이제 에이즈 운동에 관심을 보이는 것은 커밍아웃하지 않고도 다른 게이들에게 자신이 게이임을 암시하는 편리한 방법이 되었다."[3] 리스트는 자신이 에이즈 활동가들이 동성애자

3. "나는 맨해튼에 있는 체육관에 갈 때마다 게이들이 액트업의 '침묵=죽음' 로고 스티커를 체육관 여기저기 붙여놓은 것을 본다. 그들이 액트업이나 GMHC의 티셔츠를 입고 운동하고 있는 모습도 본다. 그들은 사람들이 많은 곳에서 그런 티셔츠를 입고 운동하고 있는 자신의 모습을 용기 있는 행동이라고 생각하고 있는 듯하다. 하지만 나는 이들 중 단 한 명도 동성애자임을 좀 더 가시적으로 드러내는 옷을 입고 있는 것을 보지 못했다. 그들은 자신을 온전히 드러내지 않는 안전한 선에서만 자신을 과시하고 있는 것이다."(Rist, "AIDS as

운동을 제대로 하지 않고 있음을 적절하게 비판하고 있다고 생각했을 것이다. 나는 리스트가 백인 게이들이 인종과 계급의 문제에 대해서는 무관심한 채 자신들의 이해관계만을 생각하는 이기적인 목적에서 에이즈 운동을 하고 있다는 주장을 여러 매체 중 하필 《네이션》에 기고한 것부터가 문제라고 생각한다. 《네이션》은 진보, 자유주의 성향의 주간지이지만, 그동안 줄곧 동성애자 운동을 정체성 정치라고 비판하고 비난해온 잡지다. 《네이션》은 로이 콘을 비판할 때를 제외하면[4] 동성애자가 벽장 속에 숨어 있든 말든 어차피 신경 쓰지 않는다. 리스트의 주장 가운데 《네이션》이 반긴 것은 그런 내용이 아니라 부르주아 게이들이 인종과 계급 문제를 무시하고 있다는 부분이었을 것이다. 즉, 리스트는 동성애자 운동이라는 새로운 사회운동을 정체성 정치로만 보는 매체에 그들의 구미에 딱 맞는 공격거리를 제공한 것이다.

액트업이 그동안 계급, 인종, 젠더, 연령과 관련한 문제들, 그리고 에이즈 문제와 직접 연관되지 않은 동성애자 문제들을 해결하기 위해 헌신해왔다는 사실은 지금 시점에서는 새삼 따로 언급하지 않아도 무방할 것 같다. 물론 액트업이 지금까지 벌여온 모든 활동이 최고의 본보기라고 할 수는 없다. 하지만 액트업이 해온 일들은 리스트가 주장한 것보다 훨씬 칭찬받고 존중받을 만한 일들이고, 동시에 리스트가 생각한 것보다 훨씬 복잡한 일들이다.[5]

리스트는 (비열하게도 레즈비언들의 의견을 빙자해) 액트업 활동가

Apocalypse," p. 200.)
4. 로이 콘에 대해서는 10장 「당신에게 동의해요, 걸프렌드」를 참조하라.

들을 커밍아웃하지 않고 계속해서 섹스만 즐기려는 게이들로 묘사했다. 하지만 이 글의 첫 부분을 기억한다면, 액트업이 죽은 다음에는 할 수 없다고 쓴 것 가운데 섹스는 없었다. 액트업이 죽은 다음에는 할 수 없다고 쓴 것은 군 복무, 성패트릭데이 행진, 동성 동반자 등록 세 가지다("죽은 다음에는 빨간 리본도 달 수 없습니다"라고도 썼지만, 내 생각에 빨란 리본은 죽은 다음에도 달 수 있을 것 같다). 액트업은 운동의 초점이 에이즈 운동에서 이 세 가지로 바뀌고 있는 상황을 간접적으로 비판했다. 하지만 나는 운동의 관심이 넓어진 상황 자체를 비난의 대상으로 볼 수는 없다고 생각한다. 그것은 운동의 의제를 지나치게 좁게 설정하는 일이다. 액트업의 비난이 성립될 수 없음은 액트업 포스터의 문구를 다음과 같이 바꾸어보면 좀 더 명확해진다. '죽은 다음에는 일자리도 얻을 수 없습니다.' '죽은 다음에는 어퍼머티브 액션의 혜택도 누릴 수 없습니다.' '죽은 다음에는 임신중지도 할 수 없습니다.'

운동이 에이즈 운동에만 집중해야 한다는 액트업의 입장에 동의하지는 않지만, 동성애자 운동의 핵심 의제가 더 이상 에이즈가 아니게 된 것은 분명한 사실이다. 1987년 제2회 워싱턴 전미 동성애자 행진과 1993년 제3회 워싱턴 전미 동성애자 행진을 비교해보면 이런 변화를 확연히 실감할 수 있다. 1987년 행진을 이끈 이들은 HIV 감염인들이었다. 반면, 1993년 행진에서 가장 눈에 띈 이들은

5. 액트업에 대해서는 10장 「당신에게 동의해요, 걸프렌드!」 그리고 다음을 참조하라. Douglas Crimp, with Adam Rolston, *AIDS Demo Graphics* (Seattle: Bay Press, 1990), pp. 84~95.

HIV 감염인들이 아니라 군복을 입은 동성애자들이었다. 1993년 행진의 슬로건은 '공정하고 정의로운 세상'이었다. 동성애자가 이성애자와 마찬가지로 군에 입대할 권리의 문제가 공정과 정의의 문제라는 것은 많은 사람에게 당연하게 여겨질 것이다. 하지만 에이즈 문제라면 어떤가? 에이즈 문제와 공정과 정의는 어떻게 연결되는가? 이는 그렇게 간단하지 않다. 에이즈 문제는 권리들의 문제와 달리, 공정과 정의에 대해 좀 더 복잡한 질문을 제기한다.

운동의 중심이 에이즈에서 다른 동성애자 권리의 문제로 이동했다는 액트업의 비판에서 가장 큰 문제가 되는 것은 그 입장이 가지고 있는 도덕주의적 태도. 액트업은 동성애자 운동이 에이즈 문제에 소홀하게 된 이유로 무관심, 잘못된 신념, 이기주의, 비겁함 등을 든다. 또 동성애자 운동이 대선에서 이기기 위해 동성애자 의제를 이용한 클린턴에게 어리석게도 속아 넘어갔기 때문이라고 비판한다.[6] 액트업의 셋째 포스터 문구를 구체적으로 바꾼다면 아마도

6. 여러 이성애자 전문가들은 클린턴이 동성애자 군 복무 허용 문제를 대통령 임기 초기라는 너무 빠른 시기에 꺼낸 것 자체가 큰 정치적 실수였다고 주장한다. 이들은 클린턴이 아무에게도 중요하지 않고 아무도 관심을 두지 않는 동성애자 군 복무 문제를 꺼내는 바람에, 국가와 국민에게 훨씬 더 중요한 문제들, 이를테면 경제와 같은 문제들이 의제의 뒷전으로 밀려났다고 주장한다. 이들은 어떻게 동성애자 군 복무 문제를 아무도 관심 갖지 않는 문제라고 말할 수 있는 것일까? 이들이 말하는 국가와 국민은 이성애자만을 의미하기 때문이다. 동성애자 언론인인 랜디 실츠 역시 이런 주장과 공명하는 주장을 펼친다. 실츠는 스톤월 혁명 이후 모든 동성애자 활동가들은 1960년대의 반문화적인 분위기에 영향을 받아 거의 무조건적으로 군대 자체를 반대했다고 주장했다. 실츠는 동성애자 활동가들이 1970년대와 1980년대 내내 동성애자의 군 복무 권리를 완전히 무시했다고 단순화한다. 실츠의 보수적인 성정치에 대해서는 다음을 참조하라. Randy Shilts, *Conduct Unbecoming: Gays and Lesbians in the U.S. Military* (New York: St. Martin's Press, 1993).

"클린턴 대통령은 에이즈 문제 해결에 전념을 다하겠다고 공약해놓고, 당선된 후에는 동성애자 군 복무 문제에만 신경 쓰고 있습니다." 정도가 될 것이다. 하지만 그것이 반드시 클린턴의 속임수였다고 볼 수만은 없을 것 같다. 우리도 그렇게 될 것을 어느 정도 알면서 자발적으로 속아 넘어가는 척했던 것은 아닐까? 내가 이런 질문을 던지는 이유가 있다. 실은 나 역시 동성애자 운동이 에이즈 문제에서 멀어지고 있음에 비판적인 사람 가운데 한 명이었다. 하지만 그런 나도 에이즈 문제에서 멀어졌음을 인정하지 않을 수 없다. 고백하자면 나도 지금 동성애자 군 복무와 관련된 모든 뉴스에 온 정신을 쏟고 있다. 노골적인 동성애혐오, 피해자 때리기, 남성성이 위협받고 있다는 가짜 주장들, 상원 청문회에 등장한 조작된 증언들, 잘못된 정책 입안. 나는 이 모든 것이 만드는 공포와 분노 속에서도, 또는 바로 그 공포와 분노 때문에, 동성애자 군 복무가 만드는 엄청난 스펙터클에서 눈을 떼지 못하고 있다. 《뉴욕 타임스》에는 다음과 같은 기사가 공공연히 실린다. 한 해군이 걱정한다. "동성애자들이 군대에서 커밍아웃을 해도 되도록 법이 바뀌면, 저는 이제 무서워서 어떻게 배를 타겠어요." 커밍아웃을 안 하고 감춘다는 것도 아니고, 오히려 커밍아웃을 해서 모두에게 자신이 동성애자임을 알린다는 것인데, 뭐가 무섭다는 것일까.[7]

---

7. Larry Rother, "The Gay Troop Issue: Off Base, Many Sailors Voice Anger Toward Homosexuals," *New York Times*, January 31, 1993. For an analysis of this "epistemophobia," see Kendall Thomas, "Shower/Closet," *Assemblage* 20 (April 1993), pp. 80~81.

나는 지금 동성애자 운동이 에이즈 문제를 소홀히 하게 된 것을 정당화려는 것도, 반대로 그것을 반성하려는 것도 아니다. 내가 하고자 하는 일은 현재의 변화하는 상황이 에이즈 운동에 주는 시사점을 함께 살펴보는 것이다.

동성애자 운동이 활동의 초점을 에이즈 문제에서 동성애자 군복무 문제로 바꾼 것은 무의식적 방어기제 가운데 전치displacement에 해당한다. 전치는 자신이 에너지를 투자하는 대상이 감당할 수 없는 대상일 때, 자신이 에너지를 쏟는 방향을 문제가 되는 대상에서 문제가 되지 않는 대상으로 바꾸는 방어기제다. 1993년 지금, 우리에게 에이즈 문제는 더 이상 감당하기 어려운 고통스러운 문제가 되었다. 우리는 그 고통으로부터 스스로를 방어하고 싶어 한다. 하지만 액트업은 운동의 도덕주의에 빠져 이런 상황 자체를 인정하려 들지 않는다. 1989년 나는 「애도와 투쟁」에서 우리의 슬픔을 인정하고 애도해야 할 필요성을 존중하지 못할 때 도덕주의가 등장한다고 썼다. 나는 지금 커뮤니티가 겪고 있는 절망의 깊이를 운동이 헤아리지 못하는 것을, 그래서 도덕주의가 다시 등장하는 것을 본다. 운동이 절망을 부인하는 것은 어느 정도는 이해 가능한 일이다. 절망은 운동의 발목을 잡기 때문이다. 하지만 이미 퍼져 있는 절망을 부정하고 절망에 빠진 이들을 꾸짖는 것은 무엇에도 도움이 되지 않는다. 절망은 그런 식으로 극복할 수 있는 것이 아니다.

우리는 왜 지금 절망하고 있는가? 답은 명확하다. 1987년 액트업이 처음 생겼을 때 운동은 수많은 이들의 삶을 구할 수 있었다. 하지만 지금 우리는 그렇지 못하다. 당시 우리는 운동이 성장하는 모습을 보면서 우리의 삶을 스스로 구할 수 있다는 희망을 품을 수 있었다. 하지만 지금 그런 생각을 하는 이들은 거의 없을 것이다. 물론 우리는 아직도 해야 할 것이 많다는 것을 안다. 계속해서 예방 캠페인을 벌여야 한다는 것을 안다. 감염인에 대한 차별을 막기 위해 노력해야 한다는 것을 안다. 의료접근성을 높이기 위해 싸워야 한다는 것을 안다. 에이즈 연구가 더 진척되도록 요구해야 한다는 것을 안다. 우리는 이 모든 것을 안다. 하지만 우리는 너무나도 지쳤다. 우리 자신과 우리 친구들에 대한 희망을 잃었다. 그렇기에 우리는 이 싸움들로부터 점점 고개를 돌리고 있다. 하지만 우리가 지금 겪고 있는 절망이 완전한 패배를 의미하지는 않는다. 우리에게는 분명 에너지가 있다. 단지 그 에너지를 동성애자 군 복무라는 다른 정치적 대의에 투자하고 있는 것일 뿐이다. 그렇기 때문에 우리는 현 상황을 극복하기 위해서라도 우리가 지금 겪고 있는 이 '전치'의 방어기제를 잘 이해해야 한다.

우리는 왜 에이즈 문제에 쏟던 에너지를 이제 동성애자 군 복무 문제에 쏟고 있는 것일까? 그 답은 간단하다. 동성애자 군 복무 논쟁은 동성애자의 육체에서 HIV 감염인의 병든 이미지를 떼어내고, 그 대신 군인의 건강한 이미지를 부착할 수 있는 절호의 기회이기 때문이다. 이와 같은 전치의 욕망은 갑자기 등장한 것이 아니다. 우리는 에이즈 운동 초기부터 긍정적인 동성애자 이미지를 강력하게 요구해왔다. 이를테면, 사진작가 니컬러스 닉슨이 HIV 감염인을 병들고 망가진 육체로만 재현했을 때, 액트업은 그의 작품을 전시한 뉴욕 현대미술관에 HIV 감염인의 긍정적인 이미지를 강력하게 요구했다. 액트업은 활기찬 이미지, 분노한 이미지, 사랑스러운 이미지, 섹시한 이미지, 아름다운 이미지, 저항하는 이미지, 투쟁하는 이미지를 요구했다.[8] 자, 이제 우리는 그런 이미지의 가시성을 얻었다. 하지만 우리가 얻은 것은 HIV 감염인의 가시성이 아니라 동성애자 군인의 가시성이다. 우리는 왜 우리가 처음에 요구했던 HIV 감염인의 긍정적인 이미지 대신 동성애자 군인의 이미지를 가시화한 것일까? 우리가 동성애자 군인의 이미지를 건강하고 긍정적인 이미지로 여기는 이유는 무엇일까? 왜 우리는 에이즈 문제에 대한 절망을 방어하기 위해 동성애자 군인의 이미지를 끌어들이게 된 것일까?

○

동성애자 기자 랜디 실츠는 동성애자라는 이유로 군대에서 강제로 전역당한 이들의 이야기를 엮어 『동성애자 군인 이야기』(1993)라는 책을 냈다. 책에 나오는 동성애자 군인은 여러 명이지만 그들의 모습은 하나같다. 그들은 모두 모범적인 시민상에 부합하는 인물들이다. 등장하는 이들은 대부분 군인 가정에서 태어나 모범적인 청년으로 성장한, 애국심 강하고 보수적인 이들이다. 누가 시키지 않았는데도 나라를 지켜야 한다는 마음으로 군에 자원한 이들이다. 뛰어난 군인인 것은 말할 것도 없다. 하지만 이들에게는 말

---

8.   니컬러스 닉슨의 사진에 대한 액트업의 시위에 대해서는 4장 「감염인의 재현」을 참조하라.

못 할 비밀이 하나 있다. 동성을 사랑하는 것이다. 그들은 자신을 바꾸려 노력하지만, 당연히 그러지 못한다. 결국 그들은 자신이 동성애자임을 받아들인다. 커밍아웃한다. 군의 조사가 이루어진다. 불명예 전역을 당한다. 군대는 뛰어난 군인을 잃는다. 이것이 바로 『동성애자 군인 이야기』를 관통하는 서사다. 동성애자라는 이유로 1976년 해군에서 강제로 전역당한 버논 카피 버그를 묘사하는 대목을 보자.

> 버논 E. 버그 3세. 그는 존경받는 해군 중령 버논 버그의 아들로, 아버지를 빼닮았다고 해서 주로 버논 '카피' 버그라는 이름으로 불린다. 그는 매우 우수한 학생이었다. 그는 고등학교에서 최고의 육상선수로 활동하면서 동시에 학생회장까지 맡았다. 그는 모범적인 보이스카우트였다. 뛰어난 학생들만 참가할 수 있는 리더십 프로그램인 보이스 스테이트에서도 훌륭하게 활약했다. 라이온스클럽이나 로터리클럽의 학생 대표로 연설을 했다. 이런 그에게도 자신감을 잃을 때가 있었다. 그는 아무에게도 말하지 못한 자신의 성적 지향을 떠올릴 때마다 위축되는 기분을 느꼈다.

이 책이 묘사하는 카피 버그는 "강한 책임감을 지닌 흠잡을 데 없는 인물"이다. 우리는 이런 표현, 그리고 이런 동성애자 군인의 모범적인 이미지에 매우 익숙하다. 바로 지금 우리가 동성애자의 군 복무 금지 규정을 폐지해야 한다고 주장하면서 모범적인 동성애자 군인들을 언제나 이렇게 묘사하고 있기 때문이다. 이제는 미국인들의 귀에 익숙한 뛰어난 동성애자 군인들만 해도 여럿이다. 레너드 매틀로비치, 미리엄 벤샐럼, 마거릿 캐머마이어, 더스티 프루잇, 키스 마인홀드, 호세 주니가, 그리고 조지프 스테판.[9]

　조지프 스테판은 해군 사관학교 생도였다가 1987년 동성애자라는 이유로 장교 임관 직전에 퇴교당했다. 그는 자서전 『명예를 걸고』에서 자신의 삶을 다음과 같이 기술한다.[10] 스테판은 미네소타 북부의 작은 마을에서 나고 자랐다. 그의 고향은 마을 사람들이 서로 모두의 이름을 아는 미국의 전형적인 작은 시골 마을이다. 그는 이 작은 마을에서 사람들의 기대를 한 몸에 받는 모범적인 학생이었다. 그는 뛰어난 고등학교 장거리 육상선수였고, 과학 경시대회 수상자였다. 다른 친구들과 달리 장난으로라도 술은 한 방울도 입

9.　언제나 항상 "강한 책임감을 지닌 흠잡을 데 없는 인물"로 살아갈 수 있는 사람은 세상에 많지 않다. 동성애자의 군 복무 논쟁에서 흔히 동원되는 이와 같은 이상화된 긍정적인 동성애자 이미지가 문제적인 이유다. 또 한편, 이들을 국가를 위해 헌신하고자 군대에서 복무하고자 하는 이들로만 그리는 일은 많은 이들의 현실을 삭제하는 일이다. 현재 미군에 자원하는 이들의 상당수는 노동자계급의 흑인과 라틴계다. 이들 중 많은 인구는 자신이 속해 있는 어려운 환경을 벗어나 일을 하고 교육을 받기 위한 마지막 돌파구로 군대에 자원한다. 이런 이유와 함께 동성애자들에게는 군에 입대하는 또 다른 동기가 있다. 미국 시골의 작은 마을에서 자란 이들이라면 잘 알겠지만, 많은 동성애자들은 자신을 둘러싼 숨 막히는 환경에서 벗어날 방법을 찾는다. 군대도 이들의 생존을 위한 전략에 포함된다. 나는 미국 북서부 아이다호주의 작은 마을에서 나고 자랐기 때문에 잘 안다. 아이다호주는 백인우월주의 단체 '아리안 네이션스'의 본부가 들어선 곳이다. 그런데도 언론이 아이다호주와 같은 곳의 작은 마을의 가치를 모범적이고 선량한 시민들의 장소로 묘사할 때마다 나는 깜짝 놀라지 않을 수 없다.

10.　Joseph Steffan, *Honor Bound: A Gay Naval Midshipman Fights to Serve His Country* (New York: Avon Books, 1992). See also *Gays and the Military: Joseph Steffan versus the United States*, ed. Marc Wolinsky and Kenneth Sherrill (Princeton: Princeton University Press, 1993).

에 대지 않았다. 청소년 성경 모임에서 성경을 공부했고, 성가대에서 노래를 불렀다. 우수한 학생만 나갈 수 있는 보이스 스테이트 캠프에도 학교를 대표해 참가했다. 졸업식에서는 학생 대표로 연설을 했다. 졸업과 함께 해군 사관학교에 입학했는데, 여기서는 더 큰 두각을 나타냈다. 4학년 때는 해군 사관학교에서 셋째로 높은 직책인 대대장을 맡아 생도 수백 명을 직접 지휘했다. 해군사관학교 대 육군사관학교의 미식축구 대항전에서는 당시 대통령 레이건 앞에서 국가까지 불렀다. "내가 대통령 앞에서 국가를 부르던 날, 고향에 계시던 부모님은 마을 사람들과 함께 텔레비전 앞에 앉아 내가 나오기를 간절하게 기다리셨다고 한다. 재향군인회관에 모인 마을 사람들도 원래 하던 조찬 기도도 미룬 채 텔레비전만 보고 있었다고 한다. 그날 고향 사람들은 모두 내가 대통령 앞에서 국가를 부르는 모습이 전국에 생중계되는 장면을 보고 있었던 것이다." 하지만 이런 스테판에게도 아무에게도 말하지 못하는 비밀이 있다.

나는 심한 우울감에 시달렸다. 나를 괴롭힌 건 내가 동성애자일지도 모른다는 생각이었다. 그런 생각 자체를 하지 않으려고 했지만 그럴수록 고통은 더 커질 뿐이었다. 내가 중요한 것을 피하고 있다는 생각을 멈출 수 없었다. 나는 내 마음을 통제할 수 있다고 생각했지만, 그러지 못했다. 중간고사를 앞둔 어느 밤이었다. 그날따라 공부에 집중할 수가 없었다. 가슴이 답답하고 머릿속이 복잡했다. 마침내 더는 견딜 수 없다는 생각이 들었다. 읽던 책을 덮고 방문을 열고 나섰다. 교정을 걸으며 생각했다. 그동안 나는 나의 문제를 계속 회피하고 있었다. 하지만 더 이상 나를 속일 수 없다는 생각이 들었다. 그 거짓말 때문에 내가 병들고 있다는 생각이 들었다. 나는 이미 내가 게이라는 것을 확신하고 있었다. 한 시간 정도 걸으며 생각을 정리했다. 동성애자로 사는 것이 어떤 삶일지는 짐작조차 할 수 없었다. 할 수만 있다면 이성애자로 '평범'하게 살고 싶었다. 그편이 훨씬 편할 것 같았다. 하지만 나는 그날 내가 동성애자라는 사실을 인정하기로 굳게 마음먹었다. '커밍아웃'이라는 길고도 긴 과정을 시작한 것이다. 그러자 갑자기 마음이 편해졌다. 더는 진짜 내 모습을 부정하느라 괴로워하지 않아도 되었다. 나 자신을 속이기는 불가능하다는 사실을 깨달았다. 동성애는 내가 선택할 수 있는 문제가 아니기 때문이다. 동성애는 분명 정체성의 문제이기 때문이다.

이처럼 스테판은 자신의 자서전 내내 동성애자로서의 자신의 '정체성'에 대해 매우 확신을 가지고 이야기한다. 하지만 동성애자로서할 수 있는 '행위'에 대해서는 책이 끝나는 순간까지 한 마디도, 어떤 암시도 하지 않는다. 스테판은 군에 자신이 동성애자임을 밝힌다. 그는 원래 몇 주 후 가장 우수한 생도들만 갈 수 있는 잠수함대에 배치될 예정이었다. 하지만 커밍아웃을 한 스테판은 졸업을 6주 앞두고 해군사관학교에서 제적된다.

스테판은 곧 제적 처분 부당 소송을 제기했다. 이 소송에서 주심을 맡은 판사 올리버 개시의 동성애혐오는 큰 논란이 되었다. 개시는 재판 과정에서 스테판을 여러 차례 '저 호모'라고 불렀다. 재판 과정에서 스테판 측이 가장 우려한 것은 판사가 '동성애자 정체성'과 '동성 간 성행위'를 구분하지 않는 것이었다. "우리 변호인단은 스테판에게 어떠한 잘못도 없다고 확신한다. 관건은 개시 판사의 동성애혐오적 성향이다. 그는 과거 군대 내 '동성 간 성행위'와 관련한 재판에서 군의 손을 들어준 전력이 있다. 물론 이번 재판은 그 재판과는 전혀 다른 경우다. 당시 재판에서는 그 동성애자 군인이 '동성 간 성행위'를 한 것이 문제가 될 수 있었지만, 우리 재판은 다르다. 이번 재판은 '동성 간 성행위'가 아니라 '동성애자 정체성'에 관한 것이기 때문이다. 개시 판사가 이 명백한 차이를 구분할지 우리는 매우 걱정하고 있다." 개시는 군대에서 동성애자 군인을 전역시키지 않으면 에이즈로부터 군대를 보호할 수 없다고 주장하며 스테판에게 패소를 판결했다.

이렇게 주장하는 이는 개시 판사만이 아니다. 나는 동성애자 군 복무와 관련한 수많은 텔레비전 토론에서 동성애자 군 복무를 허용해서는 안 된다고 주장하는 이들이 에이즈를 이유로 드는 장면을 여러 번 보았다. 놀랍게도 그들과 싸우는 측에서 이 주장에 적극적으로 반박하는 경우를 나는 한 번도 보지 못했다. 너무 터무니없는 주장이라서 그런 면도 조금은 있겠지만, 나는 이 반박의 부재가 무엇인가를 암시한다고 생각한다.

동성애자 군 복무를 주장하는 이들은 에이즈를 근거로 대는 이들에 대해 다양한 식으로 대처할 수 있다. 이를테면, 현재의 군 정책에는 군인이 HIV에 감염되었을 경우 그의 건강 상태를 정기적으로 파악하고 확인해야 한다는 규정만 있을 뿐 해당 군인을 전역시

켜야 한다는 규정은 없다고 반박할 수 있다. HIV는 바이러스를 지닌 사람과 안전하지 않은 섹스를 하거나 주사기 바늘을 나누어 쓸 때 감염될 뿐, 이는 성적 지향과는 아무 관계가 없다고 반박할 수도 있다. 여성 동성애자는 HIV에 감염되는 비율이 상대적으로 낮은 인구군에 해당하는데 여성 동성애자 군인의 강제 전역률은 남성 동성애자 군인의 다섯 배나 되는 부조리한 상황을 지적할 수도 있다. 남성 동성애자는 HIV에 감염되는 비율이 상대적으로 높은 인구군에 해당하지만 남성 동성애자 군인의 세이프섹스 실천율이 이성애자 군인보다 훨씬 높다는 사실을 강조할 수도 있다. 남성 동성애자만 HIV에 감염된다는 비과학적 입장을 계속 고수하면 이성애자들이 세이프섹스 교육을 받을 수 있는 기회가 줄어들어 군인들을 더 높은 감염 기회에 노출시킬 수 있음을 경고할 수도 있다. 군대에는 군인들의 성적 지향과 무관하게 언제나 동성 간 성행위가 존재해왔으므로 HIV 감염을 예방하기 위해서는 이와 같은 동성 간 성행위의 존재를 인정하고 세이프섹스 교육을 하는 것이 중요하다는 것을 지적할 수도 있다. 동성애자의 군 복무를 허용하고 군대에서 발생하는 동성 간 성행위의 존재를 인정한다면 이와 같은 성행위로 인한 감염 예방 교육을 적극적으로 실시할 수 있어 군대 내 전체 HIV 감염률을 낮출 수 있다고 주장할 수도 있다.

하지만 아무도 이렇게 반박하지 않는다. 그저 그 부분을 건드리지 않고, 건드리지 않기 위해서만 노력한다. 이런 대응이 의미하는 바는 분명하다. 위와 같은 말을 하려면, 필연적으로 동성애자의 '섹스'라는 단어를 소리 내 언급해야 하기 때문이다. 그렇게 되면 이 문제를 동성애자라는 '존재'의 문제로 끌고 갈 수 없다. 그렇기 때문에 모두가 에이즈 문제에 대해서는 결사적으로 언급을 피한다. 동성애자 군 복무 논쟁은 처음부터 존재 대 행위, 정체성 대 성행위의 프레임에 갇힌 채로 시작했다. 클린턴 대통령이 '묻지도 말고 말하지도 말라Don't Ask, Don't Tell' 정책을 승인해 동성애자 인권을 크게 후퇴시켜놓고도 자신이 동성애자 인권에 기여했다고 믿는 있는 것은 바로 이런 프레임 때문이다. '묻지도 말고 말하지도 말라' 정책은 '벽장'을 법제화하고, 동성애혐오의 수단을 제도화한다. '묻지도 말고 말하지도 말라' 정책은 자신이 직접 동성애자라고 말하지 않는 이상 동성애자도 군대에서 복무할 수 있다는 정책이다. 이 정책에는 이런 조항이 있다. "군인이 자신이 동성애자라고 진술할 경우, 군은 이를 해당 군인이 이미 동성 간 성행위를 했거나 향후 동성 간 성행위를 할 의도가 있는 것으로 해석할 수 있다." 다시 말해, 군대는 '저는 동성애자입니다'라는 말을 자동으로 '저는 이미 남색을 했고 하고 있습니다' 또는 '저는 앞으로 남색을 할 것입니다'로 받아들이겠다는 말이다. 클린턴은 '행위'를 건드리지 않은 채 '존재'의 문제만을 내세우는 '묻지도 말고 말하지도 말라' 정책을 제안했고, 그 정책을 승인했다. 위와 같은 논리에 따라 그 정책은 자신의 '존재'를 말한 동성애자를 '행위'의 이름으로 처벌하는 수단이 되었다.

1993년 봄 백악관에서 '대통령과의 대화' 행사가 열렸다. 한 목사가 '묻지도 말고 말하지도 말라' 정책이 군의 사기를 저하시키고 국방을 약화시킨다며 대통령의 생각을 물었다. 클린턴은 미국 정부는 동성애자들의 '라이프스타일'을 지지하지 않는다고 답했다.[11] 클린턴은 무슨 뜻으로 '라이프스타일'이라는 단어를 사용했을까? 게이들이 벨칸토 오페라를 듣는 것? 아니면 레즈비언이 컨트리음악을 즐기는 것? 레즈비언이 할리 데이비슨을 모는 것? 그것도 아니라면 게이가 하이힐을 신는 것? 모두 아닐 것이다. 클린턴은 동성애자의 섹스, 특히 남성 동성애자의 항문섹스를 의미하는 말로 '라이프스타일'이라는 말을 사용했다.

'묻지도 말고 말하지도 말라' 정책이 존재와 행위를 연결하는 방식은 역설적으로 우리로 하여금 동성애자 정체성 정치에서 섹스는 어떤 의미를 지니고 있는가라는 생산적인 질문을 던지게 한다. 군대는 '묻지도 말고 말하지도 말라' 정책 이전부터 동성애자 정체성과 동성 간 성행위를 연결시켜왔다. 군대는 예나 지금이나 군대 안에 동성애자가 있다는 사실을 알고 있다. 하지만 군대는 동성 간 성행위를 한 군인이 자기 자신을 이성애자라고 여기는 한 그들이 한 행위는 동성애가 아니라 이성애자가 어쩌다 벌인 행동으로 본다. 군대는 그 행위를 한 이들이 자신을 스스로 동성애자라고 말할 때만 비로소 그들을 동성애자로 본다. 군대가 인정하건 안하건 군대는 동성 간 성행위가 자주 일어나는 공간이지만, 군대는 이런 식으로 행위와 정체성을 분리하는 방식으로 자신들의 공간에서 흔히 벌어지는 성적 행위들에 일종의 여지를 제공한다.

---

11. "미국 국민들이라면 특별한 경우가 아니라면 국가나 군대가 동성애자 라이프스타일을 권장해서는 안 된다고 생각하실 것입니다. 맞습니다. 우리 정부는 동성애자 라이프스타일을 지지하지 않습니다."("Excerpts from Clinton's Question-and-Answer Session in the Rose Garden," *New York Times*, May 28, 1993, p. A14.)

이전 시대의 동성애자의 정체성 정치에서는 섹스를(이를테면 성적 행위, 성적 욕망, 성적 환상을) 동성애 정체성과 떨어뜨려놓아야 했던 이유가 있었다. 우리 자신은 동성애 정체성이 성적 욕망과 성적 행위에 대한 가정을 통해 사회적으로 구성된다는 것을 이해하고 있었지만, 이 사회를 대상으로 우리의 동성애 정체성을 주장할 때만큼은 그 강조점을 성적 욕망과 성적 행위가 아니라 우리가 받는 억압, 우리의 공동체, 우리의 문화에 두어야 할 이유가 있었다. 우리는 '호모섹슈얼'이라는 단어에 반대하며 다른 용어들을 활성화시키고자 했다. 오래전에는 '호모파일homophile'이라는 단어를 사용했고, 그다음에는 '게이'와 '레즈비언', 최근에는 '퀴어'와 같은 용어를 제안했다. 우리가 그래야만 했던 것은 '호모섹슈얼'에 포함된 '섹스'가 우리를 필연적으로 성적 존재로만 환원하기 때문이다. 이 사회는 우리를 성적이기만 한 존재로 만듦으로써 우리를 섹스에만 집착하는 이들, 성적으로 탐욕스러운 이들, 성적 괴물로 낙인찍는다. 동성애자에 대한 이런 스테레오타입은 동성애자 군 복무 논쟁에서도 끊임없이 등장했다. 많은 이들이 동성애자들의 성적 폭력 때문에 이성애자 군인들이 위험해질 것이라는 논리로 동성애자 군 복무를 허용해서는 안 된다고 주장했다.

이런 공격을 피하기 위해 동성애자의 군 복무를 지지하는 이들이 택한 전략은 '존재 대 행위', '정체성 대 행동'의 수사를 동원해 섹스의 문제를 아예 피하는 것이었다. 그들은 동성애자 군인들이 문란한 성적 괴물이 아니라 모범적이고 우수하며 애국적인 군인임을 강조했다. 반면, 동성애자 군인이 애초에 왜 동성애자인지에 대해서는 의도적으로 함구했다. 불행하게도 이 '감히 그 이름을 말할 수 없는 사랑'의 전략은 아무 효과도 거두지 못했다. 이 전략은 '묻지도 말고 말하지도 말라' 정책을 가능하게 했다. 오히려 이 전략 때문에 동성애자들은 자신의 '정체성'마저도 '행위'의 이름으로 처벌받게 되었다.

이렇게 생각하는 사람이 있을지도 모르겠다. '묻지도 말고 말하지도 말라' 정책이 한 주체의 성행위 대신 그 주체가 스스로 발화하는 바에 더 주목하는 것이라면, 오히려 정체성을 덜 본질주의적인 방식으로 이해하고 있는 것으로 바라볼 수도 있지 않을까? 그렇지 않다. 이 정책을 만든 이들은 여전히 섹스를 정체성을 결정하는 근거로 본다. 군대가 동성애자라는 진술을 자동적으로 해당 군인이 이미 동성과 섹스했거나 향후 동성과 섹스할 것이라는 진술과 동일한 것으로 본다면, 그것은 군대가 '본질적으로' 섹스를 정체성의 근거로 본다는 의미다. 동성애자의 군 복무를 지지하는 이들 가운데 이 본질주의에 대해 비판한 이는 없다. 왜냐하면 동성애자 군 복무를 지지하는 이들이 자신들의 정체성 정치의 기반으로 삼고 있는 것은 (그들이 명시적으로 밝히든 그렇게 하지 않든, 강조되도록 노력하든 강조되지 않도록 노력하든) 바로 '섹스'이기 때문이다.

하지만 우리가 이렇게 정체성 정치의 본질주의적 형태를 주장할수록 우리는 더욱더 처벌 장치에 갇히게 된다. 이를 알려준 이는 물론 미셸 푸코다. 푸코는 섹스가 섹슈얼리티를 정상화하는 체제에 앞서 처음부터 존재하는 물질적 기반으로 보지 않았다. 푸코는 섹스를 규범적 담론과 힘 관계들 안에서 문화적으로 구성되는 허구적인 관념이라고 보았다. 푸코는 이렇게 쓴다.

> 섹슈얼리티의 장치는 해부학적 요소, 생물학적 기능, 행동, 감각, 쾌락이 결합된 섹스라는 허구적인 개념을 만들어낸다. (…)
> 근대 이후 개인은 이 '섹스'라는 상상적 지점을 통과해야만 자신을 해독할 수 있고, 자기 육체의 총체성에 접근할 수 있으며, 자신의 정체성을 확보할 수 있게 되었다. (…)[12]

그래서 푸코는 다음과 같이 경고한다.

> 섹스를 해방하는 것이 곧 권력에 저항하는 것이라고 착각해서는 안 된다. 섹스를 긍정하는 것으로는 권력을 부정할 수 없다. 그렇게 하는 것은 오히려 규범적 담론의 의도대로 섹슈얼리티의 장치 안에 얌전히 머무르는 것이다. 우리는 섹슈얼리티의 장치를 뒤집는 전술들을 사용해, 섹스라는 심급에서 아예 벗어나야 한다. 그래야만 권력에 맞서 육체, 쾌락, 지식의 다양성 및 저항 가능성을 내세울 수 있다. 섹슈얼리티의 장치를 반격할 수 있는 거점은 섹스-욕망sex-desire이 아니다. 육체와 쾌락bodies and pleasures이다.(157쪽)

---

12. Michel Foucault, *The History of Sexuality: An Introduction* (New York: Vintage, 1990), pp. 154~156. 이후 푸코가 다시 인용될 경우 이 『성의 역사』 영어판의 쪽수를 괄호 안에 표기했다.

푸코의 이런 전략은 엄연히 존재하는 섹스의 문제를 마치 그것이 존재하지 않는 듯이 회피한다는 비판을 받기도 한다. 섹슈얼리티의 장치를 반격할 수 있는 거점이 '섹스 욕망'이 아니라 '육체와 쾌락'이어야 한다는 말부터 너무 모호하다. 퀴어이론가 리오 버사니는 그 유명한 논문 「항문은 무덤인가?」에서 푸코에 비판적인 태도를 내비친다. 버사니는 푸코가 포르노를 반대하는 앤드리아 드워킨과 캐서린 매키넌처럼 섹스를 "교화pastoralizing"하고, "구제하여 재창조redemptive reinvention"하려 한다고 보았다.[13] 버사니가 이런 비판을 하는 맥락을 살펴보자. 버사니는 동성애자를 곧 섹스로 환원하는 동성애혐오적 스테레오타입을 분석한다. 버사니의 분석에서 이 스테레오타입은 매우 구체적인 형상을 띤다. 그것은 다른 남성에게 삽입당하는 성인 남성의 이미지, 버사니의 악명 높은 표현을 그대로 쓰자면, "여성이 된다는 자살적인 황홀경에 빠져 공중에 다리를 활짝 벌리고 있는 성인 남성"의 이미지다. 버사니는 1987년 플로리다주의 아케이디아라는 마을에서 주민들이 혈우병 치료제 때문에 HIV에 감염된 초등학생 삼형제의 집을 불태운 사건을 언급하며, 이 "작은 마을의 평범하고 선량하다고 여겨지는 주민들"이 초등학생에 불과한 삼형제의 모습에서 본 것이 바로 "여성이 된다는 자살적인 황홀경에 빠져 공중을 향해 다리를 활짝 벌리고 있는 성인 남성"의 이미지였다고 쓴다. 이 이미지는 물론 살인적인 결과들을 가져오는

---

13. Leo Bersani, "Is the Rectum a Grave?" in AIDS: Cultural Analysis/Cultural Activism, ed. Douglas Crimp (Cambridge: MIT Press, 1988), p. 215.

이미지다. 하지만 동시에 버사니는 이 이미지 속에서 남성 동성애자의 섹스가 지닌 급진적인 가능성을 본다. 남성 동성애자는 자신을 동성애자로 정체화하는 과정에서 남성성과 "사랑하는 동일시loving identification", "통제 불가능한 동일시uncontrollable identification", "거의 광기에 가까운 동일시nearly mad identification"를 하는데, 남성 동성애자가 동일시하는 그 남성성이란 동성애를 부인하고 억압하는 남근중심주의적이고 동성애혐오적인 남성성이다. 바로 이 지점에서 남성 동성애의 급진성이 발생한다. "남성 동성애자는 바로 그 남성성이 파괴되는 지점에서 끝없이 쾌락을 느끼기 때문이다." 다시 말해, 남성 동성애자는 다른 남성에게 삽입되며 겪는 자기비하, 자기파열 속에서 남성성이라는 정체성을 끊임없이 약화시킨다. 이것이 버사니가 말하는 남성 동성애자의 반남근중심주의적 성정치의 급진적 가능성이다. 버사니가 어떻게 생각하는지는 모르겠지만, 여기서 혼동하지 말아야 할 것이 있다. 버사니가 경축하는 남성 동성애자의 섹스에 해당하는 것은 푸코의 '섹스 욕망'이 아니라 '육체와 쾌락'이다. 버사니가 경축한 것이 정체성을 와해시키는 섹스였다면, 그것은 결국 정체성의 기반이 되는 '섹스 욕망'이 아니라, 정체성과 무관한 '육체와 쾌락'일 수밖에 없다.

버사니는 글의 마지막 부분에서 자신의 이론이 에이즈 위기의 시대에 지니는 위험한 함의를 이렇게 밝힌다. "항문이 자랑스러운 주체성의 남성적 이상이 죽어 묻히는 무덤이라면, 그 무덤이 지니고 있는 죽음의 가능성은 경축되어야 한다. 하지만 비극적이게도 에이즈 위기는 그 죽음의 가능성을 죽음의 확실성으로 바꾸어놓았고,

이에 따라 이성애는 항문 섹스를 자기소멸과 더 강력하게 연결지을 수 있게 되었다."

버사니가 우려한 바는 이미 실현된 듯이 보인다. 극악한 동성애혐오자 상원의원 제시 헬름스는 1987년 의회에서 "에이즈의 원인은 동성 간 성행위다"라고 발언했다.[14] 헬름스의 주장은 사실관계라는 점에서는 완전히 틀렸지만, 에이즈의 '재현'과 관련해서는 완전히 정확하다. 이 사회는 아케이디아의 "선량하고 평범한 사람들"이 HIV에 감염된 초등학생을 보면서 무의식중에 보았던 그 이미지, 즉 "여성이 된다는 자살적인 황홀경에 빠져 공중에 다리를 활짝 벌리고 있는 성인 남성"의 이미지를 HIV 감염인을 볼 때마다 마치 그 사람의 유령적 잔상처럼 함께 보는 사회다. 나는 여기서 질문을 던지고자 한다. 그 유령적 잔상을—무의식적으로라도—조지프 스테판과 같은 모범적이고 남성적인 동성애자 군인의 모습에서도 본다는 것이 가능할까?

○

1993년 여름 뉴욕에서는 액트업의 포스터들 외에도 또 다른 포스터 두 종을 시내 곳곳에서 볼 수 있었다. 이 포스터들은 뷰로Bureau라는 이름의 예술가-활동가 그룹이 만든 작품이었다. 뷰로의 포스터는 어디에서나 두 종류가 한 세트로 붙어 있었다. 왼쪽 포

14. 3장 「감염병의 시대에 우리의 비규범적인 섹스를 계속하는 법」을 참조하라.

스터는 해군에서 무전병으로 근무하다 동성애자라는 이유로 살해 당한 앨런 신들러의 사진이었고, 바로 옆에 나란히 붙은 오른쪽 포스터는 신들러를 살해한 해군 항공이등병 테리 헬비의 사진이었다. 신들러의 젊고 잘생긴 얼굴 사진 위에는 'To die for'라는 문구가 쓰여 있다. 앨런 신들러 살해 사건은 동성애자 군 복무 논쟁에서 자주 언급되는데, 사건의 전말은 이러하다.[15] 신들러는 해군에서 가장 힘들고 열악한 곳 중 하나인 일본 사세보 해군기지의 USS 벨로우드호로 전근된다. 신들러는 그곳에서 자신이 동성애자임을 깨닫는다. 그는 당시 목숨의 위협을 느꼈다. 신들러는 1992년 10월 2일 자 일기에 "나에 대해 눈치챈 사람이 더 많아진 것 같다. 두렵다. 누군가가 나를 해치거나 죽이려 한다는 기분이 든다"라고 적고 있다. 그의 공포는 공연한 것이 아니었다. 이 일기를 쓴 지 한 달도 지나지 않아 신들러는 기지에서 세 블록 떨어진 공중화장실에서 테리 헬비와 공범 찰스 빈스에게 심한 구타를 당해 사망했다. 군은 신들러의 가족에게 그가 공원에서 구타를 당해 사망한 채 발견되었다고 알렸을 뿐, 누가 어떤 동기로 그랬는지에 대해서는 은폐하려 했다. 신들러가 범인들에게 얼마나 참혹하게 당했는지 그의 얼굴은 알아볼 수 없을 정도로 훼손되었고 어머니조차 팔의 문신을 보고서야 시신이 아들이 맞다는 것을 겨우 확인할 수 있었다. 군은

---

15. See, e.g., "Death of Gay Sailor Is Investigated as Bias Crime," *New York Times*, January 10, 1993, sec. 1, p. 17; "Gay Sailor Tells of a 'Living Hell,'" *New York Times*, March 8, 1993, p. A15; Eric Schmitt, "Inquiry on Sailor's Killing Tests Navy on Dealing with Gay Issues," *New York Times*, May 10, 1993, p. A11.

뷰로, 〈앨런 신들러를 추모하며〉, 1993.

1989년 '아이오와 주포 폭발 사고'가 일어났을 때 폭발 사고의 원인을 동성애자 승조원의 치정 관계로 돌리려 했듯이, 이번에도 신들러가 살해된 원인을 동성 간 치정 사건의 결과로 은폐하려 했다.

뷰로의 포스터가 동성애자 군인을 재현하는 이미지는 동성애자 군 복무 허용을 주장하는 이들이 사용하는 긍정적인 이미지들보다 훨씬 복잡한 의미를 담고 있다. 뷰로의 포스터에는 이중적 의미와 모호함이 기입되어 있다. 두 포스터에 각각 인쇄된 신들러와 살인범 헬비의 모습은 모두 건강한 미국인 청년의 모습에 완벽히 부합하는 이미지다. 두 청년의 모습은 카피 버그와 조지프 스테판의 이미지를 연상시킨다. 또 해병대 대령 프레드 펙이 묘사한 그의 동성애자 아들의 모습과도 다르지 않다. 프레드 펙 대령은 동성애자 군 복무 관련 공청회에 나가 자신의 동성애자 아들을 이렇게 소개했다. "제 아들은 우수한 인재입니다. 180센티미터가 훨씬 넘는 건장한 체격에 아름다운 파란색 눈과 금발 머리의 준수한 용모를 지니고 있습니다."[16] 공교롭게도 모범적이고 우수한 군인 이미지에는 금발이 넘쳐난다. 신들러도 일기장에 마음에 드는 이들을 '금발 것들'이라고 표현하곤 했다. 하지만 두 장의 포스터에 각각 인쇄된 멋있는 청년 두 명 중 한 명은 이성애자고, 한 명은 동성애자다. 한 명은 살인자고, 한 명은 그에게 살해된 자다.

포스터의 문구 'To die for'. 무언가를 위해 목숨을 바친다는 뜻이다. 하지만 무참히 살해당한 신들러는 정확히 무엇을 위해 목숨

---

16. "A Recruiter's Dream," *New York Times*, May 13, 1993, p. A22.

을 바친 것일까? 국가일까? 남성성일까? 'To die for'에는 누군가가 죽여주게 멋있다는 뜻도 있다. 문구는 누가 멋지다고 말하고 있는 것일까? 앨런 신들러일까? 테리 헬비일까? 또는 두 명 다일까? 우리는 둘을 구분할 수 있을까? 우리는 둘 중 누가 더 멋지다고 말할 수 있을까? 우리는 누구에게 삽입하고 싶은가? 우리는 누구에게 삽입되고 싶은가? 버사니의 분석을 따른다면, 우리의 동일시나 욕망, 또는 그 둘 모두는 결국 테리, 살인자에게로 향할 수밖에 없는 것일까?

뷰로가 만든 포스터는 긍정적 이미지가 갖는 양가성과 쾌락과 위험을 이야기한다. 또 그런 이미지 안에 무엇이 숨겨져 있는지도 이야기한다. 뷰로의 포스터가 뉴욕 시내에 등장했던 그 여름, 내가 자주 다니던 게이 바 스파이크에 가면 '동성애자 군 복무 금지 규정을 철폐하라' 같은 문구가 쓰인 티셔츠가 벽에 죽 붙어 있었다. 관련 인권단체의 후원 정보도 함께 적혀 있었다. 반면, 남자 화장실에는—여자 화장실이 따로 있는 것도 아니지만—매달 첫 수요일마다 제복 입은 남자들을 좋아하는 이들을 위한 '제복 나이트' 행사가 열린다는 안내문이 붙어 있었다. 보이는 곳에서는 인권 행사를 안내하고 있고, 화장실에서는 성적 하위문화 행사를 안내하는 장면이다. 나는 이것을 비판하려는 것이 아니다. 나는 뷰로가 동성애자 군 복무 문제에 대해 논평하기 위해 두 명의 이미지를 함께 활용한 방식이 우리가 실제 우리의 욕망을 따라 살아가는 정치학에 훨씬 더 가깝다고 생각한다. 폴 캐드머스Paul Cadmus의 그림들과 톰 오브 핀란드Tom of Finland의 그림들, 케네스 앵거Kenneth Anger의 영화들, 피에르와 질Pierre et Gilles의 사진들. 이 게이 예술가들이 재현하는 이미지들이 보여주듯, 남성 동성애자들의 주요한 성적 환상 하나는 제복을 입은 남자들이다. 동성애자 군 복무를 허용해야 한다고 주장한 이들은 동성애자 군인의 긍정적인 이미지를 적극적으로 활용해 우리의 성적 욕망과 성적 쾌락을 감추고자 했지만, 실상 제복을 입은 동성애자 군인의 이미지에는 그들이 숨기고자 했던 바로 그 성적 욕망과 쾌락이 이미 기입되어 있었던 것이다.

'To die for'. 푸코는 우리가 기꺼이 목숨과도 바꾸고자 하는 것은 바로 섹스라고 쓴다.

> 섹스는 수세기를 거치면서 우리의 영혼보다 중요한 것, 심지어 우리의 생명보다 더 중요한 것이 되었다. 이 비밀에 비하면 이 세상의 수수께끼는 모두 너무나 가벼워 보인다. 섹슈얼리티의 장치는 우리 안에 다음과 같은 파우스트의 계약을 새겨 넣었다. 섹스 자체를 얻으려면, 섹스의 진실과 주권을 얻으려면, 삶 전체를 내놓아야 한다는 것. 섹스는 죽음과 비견할 만한 것이 되었다. 이런 역사적 맥락 속에서 섹스에는 죽음의 본능이 스며들게 되었다.(156쪽)

푸코는 섹스에 기반한 정체성이 발명된 바로 그 역사적 국면에서 섹스에 죽음의 본능이 스며들게 되었다고 쓴다. 우리는 버사니가 주장한 것처럼 섹스와 죽음의 이 불가피한 연동이 다른 남성에게 삽입되어 파열되는 급진적인 아스케시스ascesis, 즉 자기수행을 통해 극복되었다고 말하고 싶을지도 모른다. 하지만 에이즈 위기가 오면서 그 이미지, "공중에 다리를 활짝 벌리고 있는 성인 남성"의 이미지는 HIV 감염인에게 완전히 들러붙고 말았다.

우리는 우리의 섹스와 죽음이 단단하게 연결되어버렸다는 절망에서 벗어나기 위해, 우리의 관심을 에이즈에서 동성애자 군 복무 문제로 전치했다. 그렇게 하면 우리는 우리의 죽음을 나라를 위해 기꺼이 목숨을 바치고자 하는 모범적이고 건강한 동성애자 이미지라는 전혀 다른 이미지로 바꿀 수 있으리라고 생각했다. 하지만 그렇게 해도, 뷰로의 작업이 보여주듯 섹스는 은밀한 방식으로 군인의 이미지에 남아 있다. 그리고 그 은밀함은 섹스와 죽음을 다시 연동시킨다. 운동의 방향을 에이즈 문제에서 동성애자 군 복무 문제로 전치한 것은 활동가들의 의도와는 달리 우리의 싸움에 너무나도 치명적이었다.

○

1993년 여름 뉴욕 시내 곳곳에서 볼 수 있던 또 다른 포스터 하나를 소개하며 이 글을 마무리하고자 한다. 이 포스터는 에이즈 활동가 겸 창작집단 그랜 퓨리의 멤버들이 제작한 작품이다. 앞의 포스터들과 달리 전체적인 크기도 작고, 그 안에 쓰인 글자도 작다. 무언가 내밀한 느낌을 주는 작품이다. 포스터 위에 보이는 것은 흰색 배경 위에 검은색으로 적힌 다음 네 개의 질문뿐이다. 이 포스터는 에이즈 운동이 좌절했던 시기 액트업이 부인했던 공동체의 복잡하고 불확실한 감정과 상황을 곰곰이 생각하게 한다.

- 감염인들에게 화가 나 있나요?

- 비감염인들을 믿나요?

- 치료에 대한 희망을 잃었나요?

- 마지막으로 울었던 게 언제인가요?

14
로자의 쾌락

1994년 5월 뉴욕 뉴스쿨대학교가 주최한 〈내전: 이론과 운동〉 콘퍼런스에서 발표한 글이다.

뉴페스트 영화제[1]에서 로자 폰 프라운하임의 다큐멘터리 〈연인들의 군대 혹은 변태들의 혁명〉(1979)을 보았다. 영화 속에서 폰 프라운하임은 내레이션을 통해 게이들이 게이 바와 게이 사우나에 머물며 섹스 상대만 찾을 것이 아니라 정치적 투쟁에 참여해야 한다고 끊임없이 외친다. 폰 프라운하임의 꾸짖는 목소리는 1970년대 동성애자 해방운동의 슬로건 '게이 바에서 나와 거리로!Out of the bars and into the streets!'를 상기시키기도 하고, 또 운동에 참여하지 않는 동성애자들을 자기애에 빠진 수동적인 이들로, 운동에 참여하는 동성애자들은 정치적이고 능동적인 이들로 보는 현재 에이즈 운동의 수사를 떠올리게 하기도 한다. 하지만 퀴어이론가 리 에델먼이 「거울과 탱크」라는 글에서 날카롭게 지적하듯이, 이와 같은 이분법적 시

---

1. 뉴페스트 영화제(NewFest)는 뉴욕에서 열리는 LGBT 영화제다.

각은 남성 동성애자를 언제나 수동적이고 나르시시즘적인 섹스를 하는 존재로 보는 동성애혐오적 시각을 재생산하며 강화할 뿐이다.[2]

하지만 이 다큐멘터리에는 영화의 이런 이분법적 시각을 스스로 깨뜨리는 균열의 지점, 또는 기묘한 자기비평의 지점이 존재한다. 폰 프라운하임은 게이들이 섹스에만 몰두한다고 반복적으로 꾸짖지만, 이 영화에는 폰 프라운하임 자신이 남자들과 섹스를 하는 노골적인 장면이 여러 번 등장한다. 이를테면 폰 프라운하임이 한 게이 포르노 배우와 게이 성노동 업계에 관해 나눈 인터뷰 내용이 보이스오버로 들리는 가운데 그가 그 배우와 섹스하는 장면이 보여진다. 그가 샌프란시스코미술대학에서 학생들에게 영화를 가르치는 장면도 마찬가지다. 폰 프라운하임은 학생들에게 자신이 다른 남성과 섹스하는 장면을 카메라에 담게 한 다음 그 장면을 이 다큐멘터리에 포함시킨다.

나는 이 작품의 내적 분열에서 시작해, 여전히 레즈비언·게이 운동이라고 불러야 할 운동과 퀴어이론 사이의 어떤 분열에 대해 이야기해보려 한다. 현장과 학계의 차이를 나누려는 의도가 아니다. 내가 이야기하고 싶은 것은 퀴어이론의 어떤 실패다. 나는 퀴어이론가들이 자신들이 참여하고 있는 투쟁에 이론을 통해 변화를 일으키고자 했지만 불행하게도 그 작업에 크게 성공하지 못했다고 생각한다. 퀴어이론가들은 정체성이 고정적이고 본질주의적인 것이 아

2.   Lee Edelman, "The Mirror and the Tank: 'AIDS,' Subjectivity, and the Rhetoric of Activism," in *Homographesis: Essays in Gay Literary and Cultural Theory* (New York: Routledge, 1994), pp. 93~117.

니라 유동적이고 변화 가능한 것임을 다양한 방식으로 주장해왔다. 하지만 퀴어이론가들은 자신들이 말하고자 하는 바를 다른 이들, 이를테면 활동가들과 소통하는 데 성공하지 못했다. 동성애자의 삶과 인권이 심각하게 위협받는 사건들이 있다. 그런 사건이 발생할 때마다 많은 경우 운동은 정체성이 사회적으로 구성되는 것이라고 주장하기보다는, 고정적이고 본질적인 것이라고 주장하는 전략을 편다. 1992년 미국 콜로라도주가 동성애자들을 차별에서 보호하는 조례를 주민투표를 통해 무효화하려 한 일이 있었다. 이때 동성애자 활동가들이 전문가 증언을 요청한 이는 신경과학자 사이먼 르베이였다. 르베이는 동성애자와 이성애자가 태어날 때부터 생물학적으로 결정되어 있다는 주장을 한 인물이다. 사회구성주의 이론가 캐럴 밴스가 성적 지향은 생물학적으로 결정되는 것이 아니라 사회적으로 구성되는 것임을 주장하며 르베이를 통찰력 있게 비판했지만, 결정적인 시기에 활동가들은 밴스의 말에 귀를 기울이지 않고 르베이에게 도움을 요청했다. 1988년에는 해군사관생도 조지프 스테판이 동성애자라는 이유로 퇴학당하는 일이 발생했다. 스테판의 퇴학 취소 소송을 위해 동성애자 활동가들이 전문가 증언을 요청한 이는 정신과 의사 리처드 그린이었다. 그린은 '시시보이 증후군'이라는 이론을 통해 본질주의적인 정체성을 그것도 여성성 혐오적인 방식으로 주장한 성과학자다. 퀴어이론가 이브 세지윅이 그린의 주장을 날카롭게 비판했지만,[3] 결정적인 시기에 활동가들은 세지윅에

---

3. Eve Kosofsky Sedgwick, "How to Bring Your Kids Up Gay: The War on Effeminate Boys," in *Tendencies* (Durham: Duke University Press, 1993), pp. 154~164.

게 귀를 기울이지 않고 그린에게 도움을 요청했다.[4]

그렇다면 퀴어이론은 이런 문제들에 아무런 도움이 되지 않는 존재일까? 그렇지 않다. 나는 법정에 동원된 르베이나 그린의 의견이야말로 우리에게 큰 해를 끼치는 위험한 의견이라고 생각한다. 퀴어이론은 이런 위험을 판별할 수 있도록 해주는 수단이고, 퀴어이론가들은 그런 수단을 발전시키는 이들이다.

작년 1993년 여름, 나는 뉴욕 시내 곳곳에 액트업이 붙여놓은 포스터들을 보았다. 그 포스터는 1993년 4월에 열린 워싱턴 전미 동성애자 행진을 기점으로 동성애자 운동이 운동의 초점을 에이즈 문제에서 동성애자 군 복무 문제로 바꾸었음을 비판하고 있었다.[5] 나는 왜 그런 변화가 일어났는지, 그런 변화가 에이즈에 대해 우리가 가지고 있는 공동체의 감정에 무엇을 의미하는지 살펴보는 글을 쓰기 시작했다. 그 글을 쓰기 시작한 데는 '묻지도 말고 말하지도 말라' 정책이 갖는 위험성을 지적하고자 하는 이유도 있었지만, 더 개인적인 이유도 있었다. 나는 당시 진행되고 있던 동성애자 군 복무 논쟁에 정신을 완전히 빼앗기고 있었고, 동시에 내가 과거만큼 에이즈 문제에 관심을 기울이고 있지 않다는 사실에 죄책감을 느끼고 있었다. 그러면서도 다른 이들과 공동체가 에이즈 문제에 소홀하

---

4. See *Gays and the Military: Joseph Steffan versus the United States*, ed. Marc Wolinsky and Kenneth Sherrill (Princeton: Princeton University Press, 1993), especially "Affidavit I of Richard Green: On Homosexual Orientation as an Immutable Characteristic," pp. 56~83; and "Affidavit II of Richard Green: On Recent Developments in the Field of Brain Research," pp. 171~173.

5. 13장 「군대니까 말하지도 말라고?」를 참조하라.

기 시작했다고 한탄하는 모순적인 태도를 보이기도 했다. 이런 것들을 살펴본 글이 「군대니까 말하지도 말라고?」다. 그 글의 요점은 이런 것이었다. 우리는 에이즈 운동에 대해 우리가 느끼는 절망을 인정하지 못하고 있다. 그것을 인정할 때만 우리는 앞으로 나아갈 수 있다. 그래야만 우리가 외부의 억압과도 싸울 수 있음은 물론, 내부의 공포와 슬픔도 극복하고 계속 싸워나갈 수 있기 때문이다.

하지만 이 글을 쓰는 과정에서 내 글의 방향도 달라졌다. 나는 처음에는 활동가들이 동성애자 군 복무를 금지하는 규정의 철폐를 요구하며 사용했던 모범적인 동성애자 이미지들을 분석하는 데 초점을 두고 있었다. 그런데 글을 쓰다 보니 '섹스'의 문제를 함께 고려해야 한다는 사실을 깨달았다. 더 정확히 말하면 그 이미지들을 분석하는 데 '섹스'의 문제를 경유하지 않을 수 없었다. 에이즈 운동의 초점이 에이즈 운동에서 동성애자 군 복무 문제로 변화하게 된 큰 이유는, 우리가 동성애자의 이미지를 에이즈 환자의 병든 육체에서 떼어내 동성애자 군인의 건강한 육체에 부착하기를 욕망했기 때문이다. 우리는 동성애자 군인의 건강한 육체 이미지를 모범적이고 정결한 이미지로 내세우고자 했다. 하지만 문제는 그렇게 간단하지 않았다. 군인의 이미지는 남성 동성애자들에게는 결국 우리가 그렇게 숨기고 싶어 했던 이미지, 즉 '섹스'의 이미지, 성적 욕망의 이미지이기도 하기 때문이다.

나는 동성애자라는 이유로 해군사관학교에서 퇴학당한 조지프 스테판의 법정 투쟁에서 동성애자 활동가들이 사용한 전략을 분석했다. 활동가들은 동성애자 '정체성'과 동성 간 '성행위'는 다르다고 주장하는 전략을 폈다. 하지만 이 전략은 실패할 수밖에 없다. 군은 결국 동성애자 정체성과 동성 간 성행위를 구분하지 않기 때문이다. 군은 동성애자 정체성을 가진 이를 자동적으로 이미 동성 간 성행위를 했거나, 향후 동성 간 성행위를 할 의도를 가진 이로 간주한다. 법원 역시 동성애자 정체성과 동성 간 성행위를 불가분의 관계라고 본다. 그럼에도 스테판을 비롯해 동성애자라는 이유로 군에서 강제 전역당한 이들과 그들의 지지자들은 동성애자 정체성과 동성 간 성행위를 분리하는 데 필사적이었다. 행위는 개인이 선택해서 하는 것이지만, 동성애자 정체성은 개인이 선택하거나 바꿀 수 있는 것이 아님을 강변했다. 전문가 진술을 요청받은 리처드 그린은 그런 취지로 재판정에서 스테판을 다음과 같이 옹호했다.

성관계를 억제하며 지내는 동성애자들도 많이 존재합니다. 이를테면 제2차 세계대전 동안 군에 복무하던 동성애자들은 처벌을 피하기 위해 성관계를 전혀 하지 않았습니다. 이처럼 동성애자 정체성을 가졌지만 동성 간 성관계를 억제하는 것은 가능한 일입니다. 성관계를 억제하며 사는 삶도 자발적으로 선택한 것이기만 하다면 건강한 삶의 방식이 될 수 있습니다.

그린의 마지막 문장이 대체 무슨 뜻인지는 아무도 파악하지 못할 것이다. 하지만 내가 제기하고자 했던 가장 큰 질문은 이런 것이다. 우리의 정체성을 다루는 이론에서 '섹스'의 자리는 과연 어디에 있는가? 퀴어이론의 반본질주의는 '정체성 대 행위'라는 잘못된 이분법을 헤쳐나가는 데 과연 조금이라도 도움이 되고 있는 것일까? 퀴어이론이 운동에 도움이 된다면(당연히 도움이 되어야만 하지만), 단순히 군대에서 복무할 권리를 주장하는 데뿐만이 아니라, 우리의 성적 쾌락을 주장하는 데는 어떻게 얼마나 도움이 되고 있는가?

나는 이 질문들에 대한 실마리를 푸코에게서 찾았다. 이는 역설적인데, 푸코 역시 내가 앞에서 비판한 전략, 즉 정체성에서 성적 욕망을, 또는 섹스를 떼어내는 전략을 제안하기 때문이다. 하지만 푸코가 그렇게 하는 것은 섹스를 부인하기 위함이 아니다. 리처드 그린은 성적 욕망 대신 정체성을 주장하는 방법을 취했다. 하지만 그 정체성은 여전히 성적 욕망에 근거한 정체성일 수밖에 없다. 심지어 섹스를 하지 않고 사는 동성애자의 정체성조차 결국은 성적 욕망에 근거한 정체성일 수밖에 없다. 그에 반해 푸코는 성적 욕망이 아닌 '육체와 쾌락'을 주장한다.

나는 '욕망desire'이 아니라 '쾌락pleasure'을 주장할 것을 제안한다. 욕망에는 자연적이고 생물학적인 의미가 붙지만, 쾌락에는 그런 의미가 붙을 수 없기 때문이다. 욕망은 정상성을 가늠하고 측정하는 좌표이자 눈금으로 사용되어왔다. '너의 욕망을 말하라. 너의 욕망을 근거로 네가 정상인지 비정상인지 판별한 후, 너의 욕망을 승인하거나 거부하겠노라.' 역사적으로 보면 기독교의 정욕 개념, 성과학의 성본능 개념, 정신분석의 욕망 개념이 모두 그런 예다. 욕망은 주체에게 우연히 발생하는 사건이 아니라, 주체에 영구적으로 붙어 있는 것으로 여겨진다. 바로 그 이유로 욕망은 주체를 심리적으로, 의학적으로 평가하는 근거가 된다.

반면, 쾌락에는 아무 의미도 붙을 수 없다. 욕망과 달리 쾌락은 '병리적'이거나 '비정상적'일 수 없다. 쾌락은 '주체의 외부'나 '주체의 경계'에서 그저 우연히 일어나는 사건일 뿐이기 때문이다.[6]

'묻지도 말고 말하지도 말라' 정책이 가져온 결과를 보면, 푸코의 전략이 옳다는 것을 알 수 있다. 우리가 욕망에 근거한 동성애자 정체성의 권리를 주장하는 한, 정상성의 제도는 우리의 욕망을 비정상적인 것으로 규정한 다음, 우리가 행동 규칙을 이미 어겼다는 이유로, 또는 우리가 행동 규칙을 앞으로 어길 의도를 가지고 있다는 이유로 우리를 처벌할 것이다. 그렇지 않더라도, 성관계를 자발적으로 억제하며 살아야만 동성애자 정체성을 권리로서 얻을 수 있다면 그것은 투쟁해야 할 가치가 있는 권리가 아니다.

그렇다면 〈연인들의 군대 혹은 변태들의 혁명〉의 급진적인 부분은 게이들이 클럽과 바에서 나와 운동에 참여해야 한다고 외치는 폰 프라운하임의 목소리가 아니라, 감독 자신의 성적 쾌락을 전시하는 장면일 것이다. 하지만 이것이 내가 하고자 하는 말은 아니다. 무엇이 급진적이고 무엇이 그렇지 않은지 분별하는 것이 퀴어이론의 임무는 아니다. 내가 하고자 하는 말은 퀴어이론이 갈등, 특히 우리가 쾌락에 대해 경험하는 갈등을 진지하게 받아들여야 한다는 것이다. 나는 폰 프라운하임의 영화 속 목소리와 장면의 어긋남

---

6. David M. Halperin, *Saint Foucault: Towards a Gay Hagiography* (New York: Oxford University Press, 1995), pp. 93~94에서 재인용.

을 보면서 운동과 이론의 간극을 받아들이기 시작했다. 하지만 쾌락에 대해 우리가 경험하는 갈등은 우리가 어느 한편을 택해야 하는 그런 종류의 것이 아니다. 우리는 이 갈등을 주관성 그 자체로밖에 경험할 수 없다. 이는 정신분석학의 중심 전제를 받아들인다는 점에서 푸코적이지 않은 진술이다. 하지만 푸코 자신이 이 갈등을 경험하지 않았더라면, 그가 왜 그토록 줄곧 '타자 되기'의 필요성을 이야기했겠는가?

이 갈등에 세심히 주목해야만 이론과 운동의 간극을 극복할 수 있다. 갈등은 전략의 차이에서만 오는 것이 아니다. 우리는 같은 억압을 공유하지만, 그 억압 속에서 그리고 그 억압에 대항하는 투쟁 속에서 각자 다른 감정을 경험한다. 갈등은 이 감정의 차이에서도 생긴다. 우리는 그 사실을 받아들이기 시작해야 한다. 그럴 때 우리는 비로소 이론과 운동의 간극을 좁혀나갈 수 있을 것이다.

15
운동의 절망을 재현하기

1994년 8월 일본 요코하마 제10회 국제에이즈대회에서 활동가단체 연대체 '러브 플러스'(비주얼 에이즈 도쿄, 삿포로 스톱 에이즈, 덤 타입, 교토 에이즈 포스터 프로젝트)가 주최한 콘퍼런스에서 발표한 글이다.

조너선 데미가 감독한 〈필라델피아〉에서 가장 유명한 장면은 앤디(톰 행크스 분)가 조르다노의 오페라 〈안드레아 세니에〉를 크게 틀어놓고는 링거대를 끌고 다니며 음악에 심취해 있는 장면일 것이다. 이때 흐르는 노래는 마달레나의 아리아 〈어머니는 돌아가시고〉. 목소리는 오페라를 사랑하는 게이들이 절대적으로 숭배하는 디바 마리아 칼라스다. (HIV 감염인 대상 월간지 《포즈》는 칼라스의 목소리를 몽셰라 카바예의 목소리라고 잘못 썼다가 일부 게이 독자에게 혹독한 비판을 들어야 했다.)[1] 앤디는 칼라스가 부르는 아리아를 들으며 일종의 황홀경에 빠져 있다. 앤디의 변호사 조(덴젤 워싱턴 분)는

---

[1] "La Mamma Morta-fied," *Poz* 6 (February–March 1995), p. 16. 내가 칼라스를 게이들이 절대적으로 숭배하는 디바라고 쓴 것은 게이라면 모두 칼라스를 숭배한다는 뜻은 아니고, 게이들에 대한 흔한 통념을 그저 반복해 쓴 것일 뿐이다. 실제로 내가 제일 좋아하는 성악가는 칼라스가 아니라 몽셰라 카바예다. 하지만 누가 내게 제일 좋아하는 '디바'를 묻는다면 나도 칼라스라고 대답할 수밖에 없을 것 같다.

그런 앤디의 모습을 놀란 듯 쳐다본다. 앤디는 조에게 아리아의 이탈리아어 가사가 담고 있는 의미를 자세히 번역해준다. 조는 앤디의 설명을 가만히 듣는다. 아리아가 끝나자 조는 서둘러 자리에서 일어난다. 더 있다가는 앤디가 자신을 유혹할까 봐 겁이라도 난 걸까? 아니면 HIV에 감염될 것이 두려웠을까? 자신의 집으로 돌아온 조는 태어난 지 얼마 안 된 잠든 딸에게 키스하고, 아내 옆에 눕는다. 이미 앤디의 집이 아니라 조의 집임에도, 들려오는 배경 음악은 여전히 칼라스가 부르는 마달레나의 아리아다. 말없이 아내 옆에 누워 있는 조는 무언가를 조용히 깨달은 듯 보인다. 조의 표정은 그가 머릿속으로 무엇을 생각하고 있는지를 잘 보여준다. 그는 사랑은 사랑일 뿐이라고 생각하고 있는 것이다. 에이즈에 걸린 사람의 사랑이건 그렇지 않은 사람의 사랑이건, 동성애자의 사랑이건 이성애자의 사랑이건, 사랑은 사랑일 뿐이라고.

하지만 나는 이 장면에서 배신감을 느낀다. 에이즈에 걸렸건 그렇지 않건, 동성애자건 이성애자건 사랑이 그저 사랑일 뿐이라면, 마리아 칼라스의 목소리가 들리는 장면에서 조너선 데미가 보여주었어야 할 장면은 오페라에 아무 관심도 없는 조가 아내와 함께 침대에 누워 있는 장면이 아니라, 마리아 칼라스를 숭배하는 앤디가 그의 연인 미겔(안토니오 반데라스 분)과 함께 누워 있는 장면이었어야 하지 않을까. 질문 하나. 조는 어떤 관객들이 동일시하는 인물일까? 답은 쉽다. 조는 비감염인 이성애자 관객들의 동일시를 위한 인물이다. 데미는 조처럼 오페라를 잘 모르는 관객들을 위해 앤디의 입으로 그 오페라가 지닌 '보편성'을 자세하게 설명한다. 앤디는 남들과

〈필라델피아〉(1993)에서 오페라 〈안드레아 셰니에〉의 아리아가 품은 의미를
조(덴젤 워싱턴 분)에게 설명하는 앤디(톰 행크스 분).

는 다른 존재이긴 하지만, 결국 사랑의 보편성을 호소하는 인물이 된다. 다시 말하면, 데미는 칼라스를 숭배하는 앤디에게서 칼라스를 빼앗아 칼라스가 누구인지도 모르는 조와 그의 '이성애자 정상 가족'에게 선사했다(세어보지는 않았지만 〈필라델피아〉에는 퀴어들보다 아기들이 더 많이 나오는 것 같다).

많은 게이가 〈필라델피아〉를 보면서 오페라 장면에 집중하는 이유는 마리아 칼라스가 앤디의 퀴어성을 보여주는 영화의 유일한 기표이기 때문이다. 나는 그 유일한 기표가 단 한 번 보여진 다음, 그 의미를 삭제당하는 것을 보면서 배신감을 느낀다. 데미는 이렇게 말하고 있는 것이기 때문이다. 사람들이 퀴어의 죽음을 슬프게 받아들이게 하려면, 퀴어를 퀴어로 만드는 것을 없애버림으로써 퀴어를 퀴어가 아닌 존재로 만들어야 한다고.

○

에이즈와 관련해, 더 정확히 말하자면 에이즈에 관한 지식과 관련해, 서로 상충하는 두 가지 명제가 있다. 한 가지 명제는, 에이즈 지식은 특정 시기, 특정 공간에서 끔찍한 시행착오를 거치면서 습득하고 축적한 지식일지라도(이를테면 1994년 9월 30일 기준, 4만 7000명이 사망한 뉴욕의 사례라도) 다른 시기, 다른 공간에서 같은 시행착오를 거치지 않도록 하는 데 도움이 된다는 것이다. 다른 한 가지는 반대로, 에이즈 지식은 특정한 시기와 공간에 긴밀하게 얽혀 있기 때문에, 다른 시기, 다른 공간에는 적용하기 어렵거나 별 도움이 되지 못한다는 것이다.

상충하는 두 명제를 이렇게 바꿔 표현할 수도 있다. 에이즈는 글로벌한 감염병이다. 하지만 에이즈는 동시에 HIV의 감염경로, 에이즈가 미치는 영향, 에이즈에 걸리는 인구군이 국가와 지역마다 크게 차이가 나는 로컬한 감염병이기도 하다. 또는 이렇게도 표현할수 있겠다. 어떤 에이즈 지식은 언제 어느 상황에나 적용할 수 있는객관적인 지식이다. 하지만 어떤 에이즈 지식은 특정한 상황에만 적용할 수 있는 주관적인 지식이다.

우리는 에이즈에 관한 주관적 지식을 예술이 특히 잘 전달하고있다고 생각한다. 우리는 과학이 에이즈와 관련한 수치와 자료를 전달하는 역할을 하고, 예술은 에이즈에 인간의 얼굴을 부여하는 역할을 한다고 생각한다. 우리는 예술이 에이즈와 무관한 사람들로부터 감염인에 대한 동정을 이끌어내고, 감염인의 개인적 경험을 공통의 경험으로 번역해주는 역할을 맡고 있다고 생각한다. 1987년나는 내가 에이즈에 대해서 처음으로 쓴 글인 「에이즈: 문화적 분석/문화적 행동주의」를 발표하면서, 과학은 객관적이고 예술은 주관적이라는 이런 통념에 문제를 제기했다. 나는 에이즈에 대해 확고한 기정사실로 여겨지는 사실조차 객관적 사실과 거리가 멀다고주장했다. 사회학적 사실, 과학적 사실, 의학적 사실을 포함해 모든사실은 객관적인 것으로 보이지만, 실은 여러 개념, 가정, 실험, 연구, 조사, 기술, 협상 위에 주관적으로 구성된 것임을 주장했다. 나는 또한 예술도 과학만큼이나 객관적인 주장을 할 수 있다고 주장했다. 예술은 사랑, 돌봄, 상실, 애도, 공포, 절망, 분노의 감정을 표현하는 일도 할 수 있지만, 에이즈에 대한 지식과 정보를 제공하고, 정보를 통해 에이즈 위기를 방치하고 조장하는 정부와 언론을 비판하는 역할도 할 수 있다고 주장했다. 나는 과학적 지식이건 예술적 지식이건 절대적으로 옳은 객관적 지식은 없으며, 모든 지식은 우리의 이해관계 속에서 생산되는 지식임을 강조하고자 했다.

하지만 그로부터 8년이라는 시간이 흐르는 동안 나는 내가 한 가지 중요한 것을 간과했음을 깨달았다. 나는 지식 생산의 주관성을 의식적인 이해관계와 관련된 것으로 보았다. 하지만 이럴 경우 우리는 주관성의 매우 중요한 특징 하나를 놓치게 된다. 그것은 바로 우리의 주관성에는 의식만 있는 것이 아니라, 의식에 반해 작동하는 무의식도 있다는 사실이다. 에이즈에 대한 국가의 무책임한 대응도, 우리 개인들의 대응도 많은 경우 이 무의식적인 부분에 의해 결정된다.

조금 긴 예를 들어보겠다. 미국에서 가장 최초의 에이즈 환자로 보고된 이들은 남성 동성애자들이었다. 처음에는 에이즈가 본질적으로 동성애와 관계있는 것으로 여겨졌지만, 곧 동성과의 성경험이 전혀 없는 이들 중에서도 HIV 감염인이 발견되면서 에이즈와 동성애가 무관하다는 것이 밝혀졌다. 하지만 에이즈와 동성애 사이의 연결고리는 끊어지지 않고 있다. 이제 사람들은 '에이즈는 동성애자들만 걸리는 병이 아닙니다', '에이즈는 우리 모두의 문제입니다' 같은 말들을 한다. 하지만 길거리에 나가 누군가에게 '에이즈는 어떤 사람들의 질병입니까?'라는 질문을 던져보자. 많은 이들이 여전히 남성 동성애자라고 답할 것이다. 여기에는 여러 이유가 있지만,

우선 다음과 같은 간단한 이유를 생각해볼 수 있다. 감염인 중 남성 동성애자 비율이 점점 낮아지고 있기는 하지만, 여전히 감염인의 상당수는 남성 동성애자다. 또 언론에 보여지는 감염인은 실제보다 더 높은 비율로 남성 동성애자다. 또 에이즈와 관련된 활동을 하는 이들 중 우리가 보는 이들의 상당수가 동성애자다. 에이즈와 싸우는 에이즈 활동가와 에이즈 단체 관련자, 자원활동가와 지지자, 의사와 변호사 상당수가 동성애자다. 그뿐만 아니라 에이즈에 대한 대안적 재현 작업을 하는 미술 작가, 영화, 작가들의 상당수도 동성애자다.

물론 이제 이성 간 성관계, 주사기 바늘 공유, 수혈, 수직감염 등으로도 HIV에 감염될 수 있다는 사실이 널리 알려져 있다. 하지만 그럼에도 에이즈가 동성애자들의 병이라는 관념은 여전히 놀랄 정도로 공고하다. 매직 존슨만 해도 에이즈가 동성애자만 걸리는 병인 줄 알았기 때문에 세이프섹스를 하지 않았다고 말한 바 있다. 그가 HIV에 감염된 1991년은 이미 동성애자, 이성애자 할 것 없이 흑인 커뮤니티가 에이즈 문제로 큰 고통을 겪고 있던 시기다. 매직 존슨은 평소 흑인 커뮤니티에 많은 애정과 관심을 표현해온 인물이다. 그런 그조차 수많은 흑인 이성애자들이 HIV에 감염되고 있다는 사실을 까맣게 모르고 있었던 것이다. 어떻게 그럴 수 있었을까?

이 질문에 대한 한 가지 힌트를 이후 매직 존슨이 겪은 일에서 찾을 수 있을 것 같다. 매직 존슨은 1991년 HIV 감염을 발표하며 은퇴했지만, 이듬해 로스앤젤레스 레이커스에 성공적으로 복귀한다. 하지만 그는 불과 한 달 만에 다시 은퇴를 해야만 했다. 공식적인 이유는 동료 NBA 선수들이 그와 함께 경기를 뛰면서 신체 접촉을 하게 되는 상황을 꺼림칙하게 여긴다는 것이었다. 하지만 들리는 바에 따르면 그가 또다시 은퇴할 수밖에 없었던 진짜 이유는 따로 있었다. 일부 선수들이 매직 존슨이 게이라는 소문을 퍼뜨리고 다녀서라는 것이다. 나는 그런 소문을 낸 이들조차 매직 존슨이 게이라고 믿었다고 생각하지 않는다. 그들이 매직 존슨을 억지로 게이로 만들면서까지 믿고자 했던 것은 이런 것이 아니었을까? '에이즈는 나의 문제가 아니다. 나는 에이즈를 걱정할 필요가 없다. 나는 지금까지와 다를 바 없이 여자들과 마음껏 즐길 것이다. 콘돔 따위는 절대 쓰지 않을 것이다.'

'에이즈는 내 문제가 아니다.' 많은 이들이 이런 생각을 한다. 이 생각은 에이즈에 대한 가장 끈질기고도 위험한 생각이다. 바로 이런 관념이 전 세계의 수많은 에이즈 위기를 지속시키고 강화시키는 데 가장 큰 책임이 있다고 해도 과언이 아니다. 정부는 에이즈의 위험을 무시하고, 제대로 된 에이즈 예방 교육을 실시하지 않고, 에이즈 연구에 예산을 지원하지 않고, HIV 감염인에 대한 차별적인 정책을 실시한다. 이것이 정부가 에이즈는 자신들의 문제가 아니라고 말하는 방식이다. 제약회사는 생명보다 이윤을 중시한다. 이것이 제약회사가 에이즈는 자신들의 문제가 아니라고 말하는 방식이다. 커뮤니티는 HIV에 감염된 공동체의 성원에 돌봄과 지원을 제공하지 않는다. 이것이 커뮤니티가 에이즈는 자신들의 문제가 아니라고 말하는 방식이다. 개인은 자신을 HIV 감염인과 거리를 두려고 애쓴다. 이것이 개인이 에이즈는 자신들의 문제가 아니라고 말하는 방식이다. 이 모든 것들의 결과가 합쳐져 점점 더 많은 이들이 HIV에 감염되고 있다.

'에이즈는 내 문제가 아니다'는 여러 가지 다른 방식으로 표현되기도 한다. '에이즈는 게이들의 병이다', '에이즈는 마약 중독자들의 병이다'가 대표적인 예다. '에이즈는 매춘부의 병이다', '에이즈는 서구의 병이다', '에이즈는 아프리카의 병이다', '에이즈는 동남아시아의 병이다'도 모두 '에이즈는 내 문제가 아니다'의 다른 표현이다.

'에이즈는 내 문제가 아니다'와 같은 생각을 극복하는 것이 중요하다는 데는 대다수 사람이 동의할 것이다. 하지만 정작 '에이즈는 내 문제가 아니다'라는 생각이 얼마나 강력한 힘을 지니고 있는지 이해하는 이들은 많지 않다. 나는 그 무의식적 힘이 얼마나 강력한지를 직접 경험했다. 1981년 여름, 나는 《뉴욕 타임스》에서 남성 동성애자들 사이에서 희소한 암이 발견되었다는 기사를 처음 읽었다. 얼마 지나자 뉴욕의 남성 동성애자들 사이에서 이 병이 빠른 속도로 퍼지고 있다는 소식이 퍼졌다. 시간이 지나면서 이 병이 남성 동성애자들이 많이 걸리는 병이라는 사실이 확실해졌다. 나는 내가 이 병에 절대 걸릴 수 없는 이유를 지어내기 시작했다. '이 병은 게이 사우나에 다니는 게이들이나 걸리는 병이야', '이 병은 약을 하는 게이들이나 걸리는 병이야', '이 병은 성병이 있는 게이들이나 걸리는 병이야'라며 나는 내가 '그들'과 다른 이유를 계속 만들어냈다. 나는 게이 사우나에 가봤다. 약도 해봤다. 성병에 걸린 적도 있다. 그런데도 나는 단지 에이즈가 발견된 그 시점에 내가 그러지 않았다는 이유만으로 나는 그들과 다르다고 굳게 믿었다. 내가 그렇게 필사적인 주문을 외우도록 한 것이 바로 무의식의 힘이다. 그러던 중 가까운 친구가 에이즈에 걸렸다는 소식을 들었다. 그는 나와 매우 비슷한 방식의 삶을 사는 친구였다. 그제야 나도 에이즈에 걸릴 수 있다는 사실을 인정하기 시작했다. 그제야 나는 '에이즈는 내 문제다'라고 말하기 시작했다. 그제야 나는 세이프섹스를 실천하기 시작했다. 이미 너무 늦은 시기였을 수도 있는 때였다. 이것이 내 이야기의 뼈저린 교훈이다. 에이즈가 자신에게 직접 영향을 미칠 때까지 기다린다면, 내 가족, 내 친구, 내 연인에게 직접 영향을 미칠 때까지 기다린다면, 그때는 이미 너무 늦었다는 것.

에이즈가 처음 발견된 1981년은 많은 게이에게 이미 늦은 때였다. 하지만 바로 그 이유 때문에 게이들은, 그리고 게이들의 레즈비언 친구들은 에이즈 위기에 이성애자들과는 완전히 다른 방식으로 대응할 수 있었다. 우리는 다른 이들과 달리 '에이즈는 우리의 문제다'라고 받아들였다. 이것을 인정하자 엄청난 차이가 생겼다. 우리는 스스로 학습할 수 있는 것을 모두 학습했다. 그리고 이를 필요한 이들에게 교육했다. 우리는 우리 자신과 우리가 접촉하는 사람들을 스스로 보호했다. 우리는 돌봄과 지지의 체계를 세웠다. 우리는 사회와 정부에 우리의 권리를 요구했다. 우리는 언론을 상대로 싸웠다. 우리는 우리의 언론을 만들었다.

하지만 여기에는 큰 위험이 따랐다. 우리가 에이즈를 '우리'의 문제로 받아들이는 순간, 저들은 '그래, 에이즈는 너희의 문제야'라고 나온다. 더 잔인하게는 '너희 존재 자체가 문제야'라고 나온다. 이것이 전부가 아니다. 우리는 용감하게도 우리의 삶을 크게 바꾸었다.

하지만 여전히 엄청난 혐오와 상실 때문에 큰 고통을 겪고 있는 것도 사실이다. 우리는 대체 얼마나 더 지금 같은 상황을 견디고 감당할 수 있을까? 지금 에이즈 운동을 하고 있는 이들의 상당수는 자기 자신이 이미 에이즈에 걸린 이들, 또는 주변 사람들을 에이즈로 잃은 이들이다. 이들은 언제까지 자기 자신을 희생하면서 이 일을 계속할 수 있을까?

에이즈를 주제로 하는 문화예술 작품을 만드는 이들은 본인이 HIV에 감염되었거나, 감염인의 가족, 친구, 연인, 공동체 성원인 경우가 대부분이다. 어떤 예술가들은 에이즈와 대면하면서 경험하는 감정들을 다루는 작품들을 만든다. 이들은 육체적인 고통을 겪을 때 느끼는 감정, 아픈 이들을 돌볼 때 느끼는 감정, 죽음을 대면하며 느끼는 감정, 죽음을 애도하며 느끼는 감정, 분노의 감정, 패배의 감정을 다룬다. 그런가 하면, 에이즈와 직접 싸우는 작품을 만드는 이도 있다. 이들은 세이프섹스를 교육하는 작품, 에이즈의 위험을 알리는 작품, 차별과 싸우는 작품, 정부와 언론의 거짓말을 폭로하는 작품, 분노를 이끌어내고 운동에 참여하도록 독려하는 작품을 만든다.

내가 「에이즈: 문화적 분석/문화적 행동주의」(1987)를 썼을 때만 해도, 나는 후자의 예술, 에이즈와 직접 싸우는 예술이 더 중요하다고 생각했다. 나는 예술가들에게 운동과 정치적 투쟁에 기반한 작품을 만들어야 한다고 호소했다. 상실과 절망의 감정을 표현하는 예술을 반대했던 것은 아니지만, 나는 투쟁하는 예술을 훨씬 더 선호했다. 시간이 흐르면서 나는 내가 두 에이즈 예술을 너무 엄격하게 가르고 있었다는 것을 깨달았다. 나는 상실과 절망의 감정을 표현하는 예술도 투쟁의 예술만큼이나 필요한 예술이라는 것을 나중에서야 이해하게 되었다.

1987년, 영상활동가 그룹 '한계를 시험하기'는 단편 다큐멘터리 〈한계를 시험하기〉를 만들었다. 〈한계를 시험하기〉는 '에이즈 운동'을 기록한 최초의 다큐멘터리 영상으로, 뉴욕의 동성애자 공동체와 에이즈 활동가들이 투쟁하는 모습을 잘 담고 있다. 이 작품은 활동가들에게 큰 영감을 주었고, 운동을 조직하는 효과적인 도구의 역할을 했다. 1991년 그룹 '한계를 시험하기'는 이 작품의 성공에 힘입어 액트업의 활동을 중심으로 에이즈 운동을 기록한 다큐멘터리 〈전선으로부터의 목소리〉를 선보였다. 상영 시간은 온전한 장편 분량으로 길어졌고, 완성도 역시 전작보다 훨씬 뛰어났다. 〈한계를 시험하기〉가 제한적인 관객들에게만 보여졌던 것과 달리, 이 작품은 베를린 영화제에서 테디베어 다큐멘터리상을 수상했고, 독립영화극장에서 상영했으며, HBO에서도 방영되는 등 훨씬 많은 관객과 만날 수 있었다. 〈전선으로부터의 목소리〉는 여러 관객에게 액트업이 정연하게 조직된 운동을 통해 정치적 승리를 거두는 모습을 잘 보여주었다. 하지만 문제가 있었다. 이 다큐멘터리는 분명 관객들, 운동의 바깥에 있는 이들에게는 원하는 메시지를 잘 전달했지만, 운동의 내부에 있던 이들, 그러니까 정작 이 작품 속에 등장하는 이들에게는 아무런 에너지도 전달해주지 못했다. 이 다큐멘터리는 활동가들에게 지나간 시절에 대한 향수를 불러일으키고, 지금 상황에 대한 절망감만을 전달했을 뿐이다. 이유는 간단하다. 다큐멘터리가 과거의 성공 경험에 얽매여 현재 에이즈 운동이 겪고 있는 좌절을 제대로 담고 있지 못하기 때문이다.

〈전선으로부터의 목소리〉의 마지막 장면을 보자. 영화연구자이자 에이즈 활동가인 비토 루소가 1998년 식품의약국에서 열린 액트업 집회에서 연설한다. "우리는 에이즈 위기를 반드시 끝장낼 것입니다. 우리는 모두 기필코 살아남아 이 정의롭지 않은 사회 시스템을 끝낼 것입니다. 다시는 지금과 같은 비극이 일어나지 못하게 할 것입니다." 이 장면이 끝나면 "동지들을 추모하며"라는 자막이 나온 후, 다큐멘터리에는 등장했지만 다큐멘터리가 완성되기 전에 사망한 이들의 모습이 한 사람씩 비춰진다. 가장 마지막으로 나오는 이는 비토 루소다. 그리고 영화는 끝난다. 우리는 비토가 정의롭지 않은 사회 시스템을 끝내기 위해 기필코 살아남겠다고 외치는 감동적인 장면을 본다. 그리고 그 장면 바로 뒤에서 그의 죽음을 확인한다. 고통스러운 장면이다. 영화가 상영된 이후에도 영화 속에 나온 많은 이들이 세상을 떠났다.

그레그 보도위츠의 다큐멘터리 〈패스트 트립, 롱 드롭〉을 보면 〈한계를 시험하기〉를 공동 제작한 영화감독 진 칼로무스토가 자신의 경험을 회고하는 장면이 나온다. 칼로무스토는 영상 편집실에 앉아 다음과 같이 말한다.

에이즈 운동 초기, 우리는 엄청난 에너지로 가득 차 있었어요. 우리는 항상 모여서 더 새롭고 창조적인 투쟁의 방법이 없을까 끊임없이 고민하고 토론했죠. 절대 지치거나 힘들어하지 않았어요. 하지만 몇 년이 흐르는 동안 달라졌어요. 편집실에 앉아 찍어둔 영상을 작업하다 보면 그 영상 속에 찍힌 많은 친구가 이미 세상을 떠났다는 사실을 떠올리지 않을 수 없어요. 그 영상이라도 있어서 떠난 친구들의 생전 모습, 그리고 아직 다행히 살아 있는 친구들의 건강했던 모습을 볼 수 있다는 마음도 들고요. 우리가 찍은 영상들의 의미가 점점 세상을 떠난 친구들에 대한 기록 영상으로 변해갔어요. 처음에는 우리에게 힘과 의지를 북돋워주던 영상들이 이제는 우리에게 슬픔을 주는 존재가 된 것이죠. 영상은 그대로인데 시간이 지나면서 영상의 의미가 완전히 변화한 것입니다.[2]

'의미의 변화'는 내가 에이즈와 예술의 관계를 고찰할 때 항상 중요하게 여기는 것이다. 나는 에이즈에 대한 글을 쓰기 시작한 이후 줄곧 의미의 변화를 이론적으로 주장하고자 했다. 에이즈 위기와 싸우려는 정치적 동기에서 비롯된 예술작품은 그 작품이 창조된 맥락과 긴밀하게 엮여 있기 때문에 그 작품의 시간과 공간에 속하지 않은 이들에게는 원래의 의미가 전달되기 어렵다. 내가 『에이즈 데모 그래픽스』라는 책에서 분석한 포스터들이 그런 예다. 나는 그 책에서 특정한 시위, 특정한 집회, 특정한 목적을 위해 만들어진 기념품, 문서, 포스터를 분석했다. 그 작품들은 당시에는 구체적인 의미를 전달하고 있었지만, 지금은 그 작품을 보는 이들에게 별 의미를 전달하지 않는다. 그 좋은 예가 1988년 뉴욕 시청 집회에 사용

2. 〈패스트 트립, 롱 드롭〉(1993)은 비디오데이터뱅크(Video Data Bank, VDB.org)에서 대여, 감상할 수 있다.

된 포스터다. 이 포스터는 당시 뉴욕시장 에드 코치의 얼굴과 "뉴욕 에이즈 사망자 수 1만 명. 저 잘하고 있죠?"라는 문구를 나란히 보여준다. "저 잘하고 있죠?"는 에드 코치가 재직 시절 시민들을 만날 때마다 건네던 그 특유의 말버릇이었다. 당시 뉴욕에 살고 있던 사람들이라면 모두 저 말을 알고 있었다. 당시조차 뉴욕에 사는 사람이 아니면 코치가 저런 말버릇을 가지고 있다는 것을 거의 몰랐다. 하물며 지금 저 문구를 보고 그 의미를 알 수 있는 사람은 없다고 봐야 할 것이다. 뉴욕 에이즈 사망자 수가 1만 명을 넘은 지 한참 지난 지금 저 포스터는 별다른 의미를 지니지 않는다. 창작집단 그랜 퓨리가 1988년 제작한 피묻은 손바닥 포스터도 마찬가지다. 그 포스터에는 피 묻은 손바닥 자국이 그려져 있고, "에드 코치 시장은 30분에 한 명씩 HIV 감염인을 살해하고 있습니다"라는 문구가 쓰여 있다. 하지만 불과 2년 후 그랜 퓨리는 이 문구를 "에드 코치 시장은 12분에 한 명씩 HIV 감염인을 살해하고 있습니다"로 바꿔야 했다. 한 도시의 에이즈 사망자 수가 1만 명을 넘었다는 사실, 그리고 에이즈로 30분에 한 명씩 사망하고 있다는 사실은 1988년 당시에는 상상할 수 없을 정도로 충격적이고 끔찍한 사실이었다. 하지만 지금 상황에서 우리는 과거의 저 문구들을 보면서 에이즈로 인한 죽음이 저 정도에서 멈추었더라면 그나마 얼마나 다행이었을까라는 부질없는 생각을 하게 된다.

이렇듯 작품의 의미는 변화한다. 하지만 칼로무스토가 말하는 의미의 변화는 이런 의미의 변화를 가리키는 것이 아니었다. 칼로무스토는 운동에 대해 느끼는 주관적 감정의 변화를 말하고 있는 것이다. 〈전선으로부터의 목소리〉는 공동체의 운동을 통해 진보적인 변화를 가져올 수 있음을 보여주고, 더 많은 이들을 운동에 참여하도록 이끌기 위해 만들어진 작품이다. 당시 액트업에서 활동하지 않은 이들이라면 큰 무리 없이 이 작품을 생산자들이 의도한 대로 받아들일 수 있었을 것이다. 하지만 이 다큐멘터리의 대상이 된 액트업 활동가들은 그럴 수 없었다. 우리는 우리의 삶이 지나치게 단순화되고 미화됨으로써 왜곡되었다고 느꼈다. 그것도 우리에게 적대적인 저들의 매체가 아니라, 우리의 목소리를 전달하기 위한 우리 자신의 매체에 의해서 왜곡되었다고 느꼈다. 저들의 매체가 우리를 이 사회의 불가촉천민으로, 에이즈의 '피해자'로 그렸다면, 우리의 매체는 우리를 불굴의 영웅으로 만들었다. 우리는 불가촉천민이나 피해자가 아닌 만큼 불굴의 영웅도 아니다. 우리는 평범한 사람일 뿐이다. 평범한 사람으로서 에이즈 위기와 싸워나가며, 여러 가지 고통과 곤란을 전전긍긍하며 헤쳐나가고 있는 사람들일 뿐이다. 그레그 보도위츠가 〈패스트 트립, 롱 드롭〉에서 쓴 유머러스한 표현을 빌리자면, 우리는 그저 "에이즈와의 싸움으로 기진맥진해 있는 사람들, 마음이 너덜너덜해진 사람들, 심각한 정신붕괴에 빠진 사람들"일 뿐이다.

나는 〈전선으로부터의 목소리〉가 에이즈 운동을 정직하지 않은 방식으로 그렸다고 비판할 생각은 없다. 내가 하고 싶은 말은, 에이즈 위기에서 우리는 일상적으로 커다란 감정적 대가를 치르고 있는데, 운동이 우리가 경험하고 있는 이 대가를 인정하지 못하고 있다는 것이다. 〈전선으로부터의 목소리〉는 그런 에이즈 운동의 한 단면을 보여준다. 〈한계를 시험하기〉와 〈전선으로부터의 목소리〉의 차이를 이렇게 정리할 수 있을 것이다. 〈한계를 시험하기〉는 에이즈 운동이 희망과 낙관주의를 가지고 힘차게 시작했을 그 희망과 낙관주의를 그렸다. 〈전선으로부터의 목소리〉는 그 희망과 낙관주의가 공허해지고 더 이상 사실이 아니게 되었는데도 여전히 그 희망과 낙관주의를 그리고 있다. 또는 이렇게 바꿔 말할 수도 있겠다. 우리가 객관적 지식이라고 생각하는 것은 결국은 언제나 항상 주관적 지식이다.

객관적 지식과 주관적 지식의 관계는 에이즈를 다루는 문화적 작업에서 어떤 의미를 지닐까?

나는 문화예술 생산자들이 작품을 만들 때 가장 중요하게 여겨야 하는 것은 자신이 말을 걸고자 하는 대상을 상상하고 그들과 소통하는 방식이라고 생각한다. 문화예술 생산자들은 작품을 만들 때 자신이 채택한 수사가 '지금 이 순간'에 충실한지 끊임없이 점검해야 한다. 어떤 수사가 과거 한때 잘 작동했다고 해서 지금 상황에 맞지 않는데도 그 수사를 계속 고수해서는 안 된다. 『에이즈 데모그래픽스』에서도 썼듯, 액트업은 기존 문화예술계의 에이즈 예술들과는 달리 자신들이 누구에게 말을 걸려고 하는지를 정확히 알고 있는 단체였다.

에이즈 행동주의 작가들은 에이즈 운동의 과정에서 집단적으로 축적된 지식을 활용한다. 그리고 그런 지식에 기반해 생산된 에이즈 행동주의 예술은 다시 에이즈 행동주의에 기여한다. 그들은 운동의 쟁점들을 구체적인 형상으로 표현함으로써 에이즈 행동주의 예술을 운동의 중요한 도구로 활용한다. 에이즈 행동주의 작가들은 필요한 정보와 정치적 입장을 압축적인 형태로 가공한 후, 이를 통해 다양한 이들에게 말을 건다. 그들은 HIV 감염인들에게 말을 걸고, 집회를 구경하는 이성애자들에게 말을 걸며, 에이즈에 대한 잘못된 정보와 뉴스를 전달하는 주류 미디어에 말을 건다. 하지만 이들이 가장 열정적으로 말을 걸고자 하는 대상은 바로 에이즈 운동 그 자체다. 그들은 에이즈 행동주의 예술을 통해 무엇보다도 에이즈 운동을 위해, 그리고 에이즈 운동을 향해 말을 걸고자 한다. 그들의 역할이 있기에, 또 에이즈 행동주의 예술이 있기에, 우리의 목소리가 비로소 들리게 되고, 우리의 모습이 비로소 보이게 된다.[3]

보도위츠 역시 《옥토버》 특집호에 쓴 「연대의 장면을 상상하기 또는 찍기」라는 글에서 〈한계를 시험하기〉에 대해 쓰며 나와 비슷한 이야기를 했다.

이런 상영회 장면을 상상해보자. 장소는 레즈비언·게이 커뮤니티 센터. 모니터에서는 운동 현장을 찍은 영상이 나오고 있다. 그 앞에는 에이즈와의 싸움에 참여하는 여러 사람이 모여 앉아 자신들의 모습이 찍힌 영상을 함께 보고 있다. 모니터 속 그들은 서로가

---

3. Douglas Crimp, with Adam Rolston, *AIDS Demo Graphics* (Seattle: Bay Press, 1990), pp. 19~20.

서로에게 질문을 던지고 답을 한다. 이들은 이 영상을 보면서 자신이 자기 주변에 앉아 있는 동료들과 어떤 관계 안에 있는지 확인한다.

이제 영상을 함께 보는 일이 갖는 의미를 생각해보자. 둘러앉아 우리가 찍힌 영상을 함께 보며 우리가 맺고 있는 관계성을 확인하는 일. 나는 이것이야말로 에이즈 영상활동가들의 수단인 동시에 목표가 되어야 한다고 생각한다. 에이즈 운동은 자기재현의 노력 속에서 모습을 갖추게 된다. 에이즈 운동의 자기재현을 확인하면서 우리는 자신이 운동 안에서 어떤 위치에 있는지, 또 다른 이들과 어떤 관계성 안에 있는지 확인하게 된다. 에이즈 운동을 찍은 영상은 미처 상상조차 못 하고 있던 우리의 협력과 연대를 상상할 수 있게 만들어주는 힘을 가지고 있다. 에이즈 운동에서 가장 중요한 일은 연대를 형성하는 일이다. 왜냐하면 우리는 공동체를 형성하지 않을 도리가 없는 이들의 공동체, 연대를 하지 않을 도리가 없는 이들의 공동체 안에 이미 들어와 있기 때문이다.[4]

에이즈 운동은 자기재현의 과정을 거치면서 비로소 존재하게 되며 더욱더 단단해진다. 이것이 보도위츠가 설명하는 에이즈 행동주의 영상의 역할이다. 반면, 〈전선으로부터의 목소리〉는 이와는 상당히 다른 역할을 수행한다. 이 작품이 말을 걸고자 하는 이들은 카메라에 찍힌 영상 속 주인공들이 아니다. 운동의 바깥에서 운동의

---

4. Gregg Bordowitz, "Picture a Coalition," in *AIDS: Cultural Analysis/Cultural Activism*, ed. Douglas Crimp (Cambridge: MIT Press, 1988), p. 195.

안을 들여다보고자 하는 이들이다. 이 작품은 운동 바깥에 있는 더 많은 이들에게 말을 걸고자 노력한다. 하지만 그 과정에서 운동의 안에 있는 이들, 이 자기재현의 중심에 있는 이들이 경험하고, 이해하고, 느끼고 있는 것들을 희생시킨다.

물론 에이즈와 싸우는 이들이 대하는 환경이 지난 10년 동안 크게 바뀌어서 어쩔 수 없었던 측면도 있었을 것이다. 에이즈 운동에 열심히 참여하던 사람 중 많은 이들이 운동에서 멀어졌다는 것이 한 변화다. 또 다른 변화는 그동안 지속적으로 감소해 왔던 HIV 감염률이 최근 다시 급격하게 높아지고 있다는 사실이다. 이는 세이프섹스를 하지 않는 이들이 다시 늘어나고 있음을 의미한다. 이런 변화는 사실 운동이 공개적으로 논하기 곤혹스러운 문제이기도 하다. 그동안 우리는 동성애자 공동체가 세이프섹스를 고안하고 받아들여 성적 생활양식을 완벽히 변화시켰다는 사실을 운동의 성취로 매우 자랑스럽게 생각해왔다. 그런데 이제 와서 세이프섹스를 하지 않는 게이들이 다시 늘고 있는 상황을 어떻게 받아들여야 한단 말인가. 더 큰 문제는 이런 문제를 공개적으로 이야기하는 순간 그동안 동성애자들의 안녕에 '단 한 번'도 신경 쓰지 않던 이들이 우리를 맹렬히 비난하기 시작한다는 것이다. 그들은 마치 기다렸다는 듯이, 게이들을 '제 버릇 못 버리는', '무책임하고', '이기적인', '섹스 강박증 환자들'이라고 비난한다. 슬픈 것은 이런 비난을 퍼붓는 이들이 누가 봐도 명확한 우리의 적들만이 아니라는 것이다. 최근 뉴욕에서는 일부 동성애자들이 자칭 '게이·레즈비언 HIV 예방 활동가들의 모임'이라는 모임을 결성해 게이 사우나 폐쇄 운동을 벌이고 있다. 이 모임의 일원인 게이 언론인 게이브리얼 로텔로는 《뉴욕 뉴스데이》에 '게이 사우나는 에이즈의 킬링필드인가'라는 자극적인 글을 실어 게이 사우나에 가는 것은 자살 행위인 동시에 살인 행위 라고 꾸짖었다.[5]

과거 에이즈 운동이 이룬 성취를 영웅화하는 것이 우리에게 아 무 도움이 되지 않는 것처럼, 게이들을 도덕적으로 비난하는 것도 지금의 위기를 극복하는 데 아무 도움이 되지 않는다. 지금 우리가 해야 할 일은 운동이 겪고 있는 절망을 담담히 자기재현하는 일이 다. 그래야만 그것을 자원으로 삼아 잃어버린 희망을 다시 찾고 상 실을 극복할 수 있고, 우리를 향한 혐오를 이겨낼 수 있고, 우리가 결국 어떤 식으로든 남은 삶을 에이즈와 함께 살아가게 될 것이라 는 사실을 받아들일 수 있다. 우리가 처음 세이프섹스를 발명하고 그것을 실천하기 시작했을 때, 우리 대다수는 자신과 이렇게 협상 했을 것이다. '그래, 난 당분간 희생을 감수하겠어. 딱 에이즈가 종 식될 때까지만이야.' 그 희생이 끝도 없이 계속될 것이라고 생각한 사람이 있었을까? 그 누가 '영원히'가 주는 엄청난 심리적 부담감을 아무렇지도 않게 감당할 수 있단 말인가.

이와 같은 에이즈 운동의 절망을 있는 그대로 재현하는 작품이 있다. HIV 감염인이자 미디어 예술가인 그레그 보도위츠가 연출한 다큐멘터리 〈패스트 트립, 롱 드롭〉(1993)이다. 이 작품은 보도위츠 의 삶을 중심으로 하고 있기는 하지만, 그의 자전적 삶을 담는 것을

5.   Gabriel Rotello, "Sex Clubs Are the Killing Fields of AIDS," *New York Newsday*, April 28, 1994, p. A42.

목표로 하지 않는다. 작품 속에는 보도위츠의 또 다른 자아가 등장한다. 바로 보도위츠가 연기하는 '알터 알레스만Alter Allesman'이다. (이디시어로 '알터'는 '다른'이라는 뜻이고, '알레스만'은 '보통 사람'이라는 뜻이다.) 보도위츠는 에이즈 단체 GMHC에서 〈에이즈와 함께 살아가기Living With AIDS〉라는 케이블 텔레비전 프로그램을 제작하고 있다. 보도위츠는 〈패스트 트립, 롱 드롭〉에서는 이 프로그램을 패러디해 〈에이즈 완전히 이기기〉라는 가공의 프로그램을 만든 후, 그 가공의 프로그램 속 게스트 '알터 알레스만'를 연기한다. 보도위츠가 유머러스하고, 외롭고, 탐구적이며, 운명주의적인 인물이라면, '알터 알레스만'이 되었을 때의 그는 냉소적이고, 반항적이며, 분노에 차 있고, 성마르다.

〈패스트 트립, 롱 드롭〉의 핵을 구성하는 것은 보도위츠의 아버지의 죽음을 둘러싼 이야기다. 1974년, 서른 살이었던 보도위츠의 아버지는 이블 크니블이라는 유명 스턴트맨이 증기 로켓을 타고 스네이크리버 협곡을 뛰어넘는 도전에 시도하는 것을 보러 간다. 크니블은 증기 로켓의 고장으로 협곡 한가운데서 추락한다. 하지만 크니블은 큰 부상을 입지 않고 목숨을 건진다. (이때 지역 일간지의 머리기사 제목이 바로 '빠르게 날아올라, 깊이 추락하다'라는 뜻의 "패스트 트립, 롱 드롭"이었다.) 보도위츠의 아버지는 크니블이 추락한 것을 보고 협곡을 떠나 집으로 향한다. 하지만 집을 향해 걷던 중 도로를 달리던 차량 두 대에 연달아 치여 사망한다. 이 다큐멘터리에는 자동차로 벽을 뚫고 지나가는 위험한 스턴트를 찍은 흑백 자료 화면이 반복적으로 등장한다. 이 다큐멘터리는 개인의 운명이 상당

그레그 보도위츠, 〈패스트 트립, 롱 드롭〉, 1993.

부분 우연에 의해 매우 불확정적으로 결정됨을 암시한다. 크니블은 위험천만한 모험을 시도하고도 살아남았지만, 보도위츠의 아버지는 그저 어쩌다 불행한 죽음을 맞이했다. 이 주제는 작품에서 계속 변주된다. 보도위츠는 자신이 과거 저질렀던 실수를 털어놓는다. 술에 완전히 취한 어느 날, 그는 모르는 남자와 섹스를 한다. 보도위츠는 상대가 자신의 몸속에 사정하는 바로 그 순간에야 콘돔을 사용하지 않았다는 것을 깨닫는다. 누구에게나 일어날 수 있는 실수지만, 이 한 번의 실수가 치명적인 결과를 초래할 수 있다. 또는 아무런 문제도 일으키지 않을 수도 있다. 어느 쪽이 될지는 아무도 모른다.

보도위츠는 우연과 운명에 관한 이 우스우면서도 오싹한 이야기로부터 우리가 자신의 역사를 의지에 따라 직접 만들고 통제할 수 있는 것이 아니라면, 우리가 겪는 고통의 역사 속에서 우리가 어떻게 그것을 의미화할 것인지, 그 역사 속에서 우리의 행위주체성을 어떻게 발휘할 것인지를 사유해나간다. 보도위츠는 자신의 유대인 혈통을 이 사유의 출발점으로 삼는다. (이 다큐멘터리에서는 여러 장면에서 유대인 전통음악인 클레즈머 음악이 흘러나온다.) 그는 이차 대전 이전 동유럽 유대인 게토를 찍은 자료화면들 위로 내레이션을 시작한다. 보도위츠는 어렸을 적에 할아버지가 해주었던 이야기를 꺼낸다. 할아버지는 동유럽 유대인 마을에서 나고 자랐다. 당시에는 콜레라나 발진티푸스 같은 병들로 많은 사람이 목숨을 잃던 때였다. 누가 병에 걸려 죽고, 누가 살아남을지는 순전히 운의 문제였다. 보도위츠는 다음과 같이 내레이션한다.

인류 역사를 살펴보면 사람들은 계속해서 여러 병으로 고통받고 죽어왔다. 그런 면에서 보자면 HIV 감염인인 나 역시 그런 역사의 일부다. 나는 내 고통은 전혀 새로운 종류의 고통이라고 생각했는데 그런 것은 아니다. 사람들이 HIV와 에이즈에 대해 그 이전 질병들과는 전혀 다르게 의미화한다는 것이 다를 뿐이다. 그럼에도 내가 지금 겪고 있는 고통은 진짜다. 나는 그 고통 속에서도, 다른 이들을 위해 희망을 잃지 않고, 삶의 의지를 유지하는 역할까지 맡아야 한다. HIV와 에이즈로 인한 고통이 특별한 것은 그것이 오롯이 감염인 자신의 고통이라는 점이다. 그 고통을 겪어야 하는 것도 감염인이지만, 그 고통을 재현하는 것도, 극복하는 것도, 받아들이는 것도 모두 감염인 자신이다. 처음에는 감염인 당사자로서 그런 부담과 역할을 스스로 감당해 나간다는 것이 혁명적인 일처럼 느껴졌다. 이제는 지쳤다. 내가 죽을 수도 있다는 생각을 하는 것만으로도 힘든데, 나는 여전히 에이즈 활동가로서 이 일들을 모두 해내야 한다. 내가 해야 하는 긴급한 임무들이 나를 강하게 짓누른다. 이 압력에서 벗어나지 못하겠다.

이 장면 이전까지 우리가 본 것은 에이즈 활동가이자 영상활동가로서 살아가는 보도위츠의 모습, 자신이 통제할 수 없는 역사 속에서도 자신의 행위주체성을 발휘하기 위해 치열하게 노력하는 보도위츠의 모습이다. 하지만 보도위츠가 위 내레이션을 끝내고, "나는 죽기 전에 내 삶의 주인공이 되고 싶어요. 내가 쓰는 역사의 주체가 될 거예요"라고 말한 다음 나오는 것은 보도위츠가 운전면허를 따기 위해 운전 수업을 받는 장면이다. 보도위츠는 매우 조심스럽게 운전한다. 생각해보면 자동차 사고는 이 다큐멘터리의 라이트모티프 아닌가. 보도위츠가 운전 수업을 받는 장면에서 자막에 표시되는 시점은 1995년이다. 이 영화는 1993년 작품이다. 빌 호리건의 평가대로, "너무나도 평범한 미래를 상상하는 소박한 희망의 장면이자, 바로 그 이유로 마음을 울리는 장면"이다.[6]

〈패스트 트립, 롱 드롭〉이 우리의 마음을 울리는 이유는 또 있다. 이 작품의 희망은 우리의 현실을 인정하지 않는 희망도 아니고 초월을 약속하는 희망도 아니기 때문이다. 보도위츠의 희망은, 관객의 투지를 고양시키려고 하지만 결국 우리가 치러야 했던 대가만을 상기시키는 〈전선으로부터의 목소리〉의 잘못된 희망과 다르다. 동성애 혐오적인 세상도 시간이 지나면 점점 나아질 것이라고 너무나도 쉽게 믿어버린 채, 우리의 퀴어 주인공을 천상의 목소리가 부르는 살짝 미친 버전의 아리아 속에서 죽음을 맞게 만드는 〈필라델피아〉의 휴머니즘적인 희망과도 다르다. 〈필라델피아〉의 오페라 장면은 에이즈로 세상을 떠났던 친구들이 마치 동화 속 이야기처럼 모두 한꺼번에 되살아나 해변을 함께 달리는 영화 〈오랜 친구〉의 마술적 장면과 다르지 않다. 그렇기 때문에 〈필라델피아〉의 마지막 장면은 놀랍지 않다. 칼라스가 부르는 마달레나의 아리아가 다시 한번 조용하게 흐르는 가운데, 병상에 누운 앤디가 연인 미겔에게 말한다. "나 준비됐어."

6. Bill Horrigan, "One-Way Street," *GLQ: A Journal of Lesbian and Gay Studies* 1, no. 3 (1994), p. 368.

〈패스트 트립, 롱 드롭〉의 마지막 장면은 죽음을 전혀 다른 방식으로 말한다. 엔딩 크레딧이 모두 지나가면, 보도위츠가 침대 위에 비스듬히 누워 있는 장면이 나온다. 보도위츠는 카메라를 응시하고, 담배를 피우면서 다소 심각한 표정으로 이렇게 말한다. "죽음은 의식이 사라진다는 것을 의미합니다. 제가 죽은 다음에는 아무것도 없었으면 좋겠습니다." 자신도 쑥스러운 듯 보도위츠는 갑자기 태도를 바꿔 킥킥 웃다가, 실수로 손에 쥔 담배를 가슴에 떨어뜨린다. "아이씨!" "카메라 컷." 그것으로 끝이다. 초월도 없고, 카타르시스도 없다.

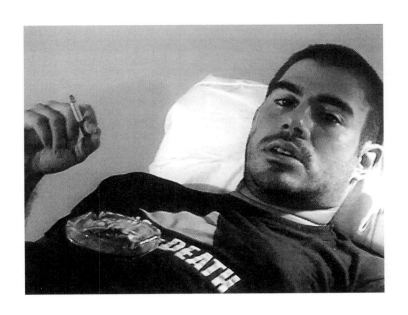

그레그 보도위츠, 〈패스트 트립, 롱 드롭〉, 1993.

16
고통스러운 사진들

1995년 2월 시드니 게이·레즈비언 마디그라의 연계 행사로 시드니 현대미술관이 주최한 〈예술적 실천과 퀴어 문화정치 세미나〉에서 발표한 글이다.

2년 전 한 강의에서 있었던 일이다.[1] 나는 신시내티 미술관이 로 버트 메이플소프의 〈완벽한 순간〉 전시를 열었다는 이유로 검찰에 기소당한 사건과 관련해, 당시 신시내티 미술관 측 증인으로 출석 한 미술계 전문가들이 메이플소프의 작품을 옹호한 방식을 비판하 고 있었다. 당시 그들은 메이플소프의 작품에 들어 있는 성적인 내 용을 삭제한 채 그 작품들의 미학적 측면만을 부각하는 전략을 사 용했는데, 나는 메이플소프를 옹호하는 그런 방식에 문제의식을 제 기하고 있었다. 나는 내 주장을 효과적으로 전달하기 위해 강의에

---

1. 이 강의는 포스트모더니즘 미술에 대한 내 글들을 묶은 책 『미술관의 폐허 위에서(On the Museum's Ruins)』(Cambridge: MIT Press, 1993)의 서문 「모더니즘이 끝난 이후의 사 진들(Photographs at the End of Modernism)」을 설명하는 강의였다. 다음도 참조하라. Janet Kardon, *Robert Mapplethorpe: The Perfect Moment* (Philadelphia: Institute of Contemporary Art, 1988); and Richard Bolton, *The Culture Wars: Documents form the Recent Controversies in the Arts* (New York: New Press, 1988).

약간의 유머를 가미하기로 했다. 나는 메이플소프가 항문에 채찍을 꽂은 채 도발적으로 카메라를 향해 뒤돌아보고 있는 셀프포트레이트 사진을 화면에 띄웠다. 그러고는 〈완벽한 순간〉전을 기획한 필라델피아 현대미술관 관장 재닛 카든이 재판정에서 메이플소프를 옹호한 부분을 읽었다. "이 사진에서 인물의 신체는 사진의 정중앙에 위치합니다. 사진의 3분의 2 지점에서 형성된 수평선은 고전적인 삼분할 법칙과 완벽하게 조응합니다. 빛이 인물에 비치는 방식으로 인해 인물이 빛을 골고루 받고 있을 뿐 아니라 대칭적으로 보입니다. 이는 그가 찍은 꽃 사진들의 특징과도 크게 다를 바가 없습니다."[2] 거기까지 읽고는 이번에는 큐레이터 로버트 소비젝Robert Sobieszek의 전문가 증언을 이어 읽었다. "〈완벽한 순간〉전에서 전시된 '엑스 포트폴리오' 연작 사진들은 예술가가 자기 내면의 고통과 갈등을 탐구하는 과정을 보여주는 작품들입니다. 작가는 자신이 활짝 열어놓은 문을 통해 관객들이 자신의 내면으로 깊숙이 들어오기를 바라고 있는 것입니다."[3] 이와 동시에 나는 남자가 엎드려 있고, 상대가 그 남자의 항문 안에 주먹을 깊숙이 삽입하고 있는 피스팅 사진 〈헬무트와 브룩스〉로 슬라이드를 넘겼다. 내 의도와는 달리, 웃는 사람은 없었다. 오히려 강의가 끝나고 한 동료 교수가 내게 와서는 그 사진을 보는 것이 무척 고통스러웠다고 말해주었다. 그는 자신이 그 사진에서 유일하게 본 것은 극심한 고통이었다고 했다. 나는 그

---

2. Jane Merkel, "Art on Trial," *Art in America* 78, no. 12 (December 1990), p. 47에서 재인용.
3. 같은 글, p. 47에서 재인용.

의 말에 어떻게 반응해야 할지 잘 몰랐다. 그때까지는 나도 그 사진에 대해 충분히 진지하게 생각을 하고 있지 않았던 것이다. 나는 그저 청중들을 조금 웃기면서, 격렬한 사회적 논쟁의 대상이 된 메이플소프의 사진이 가지고 있는 공격성이라는 것이 얼마나 평범한 수준인가를 말하기 위해 그 사진을 보여주었던 것뿐이었다. (내가 그렇게 생각했던 것은 어쩌면 내가 피스팅 문화를 낯설게 여기지 않아서였는지도 모르겠다. 나는 피스팅을 하지 않지만, 피스팅을 하는 게이들이 내게 접근한 적은 몇 번 있었다. 내 손은 누가 봐도 커서, 피스팅을 하는 이들이 내 손을 도전할 만한 대상으로 보는 것 같다.)

나는 재닛 카든과 로버트 소비젝이 매플소프를 옹호하는 방식에 비판적이지만, 그들이 메이플소프 작품의 형식미에 집중한 이유는 어느 정도 이해한다. 메이플소프의 작품에서 대칭적 구도, 섬세한 색감과 조명, 완벽하게 짜인 형식미는 분명 중요한 특징이다. 우리가 그의 작품에 강렬한 인상을 받는 이유 중 일부가 작품이 다루고 있는 강렬한 소재와 명징하게 대응되는 그 정제된 형식미 때문인 것도 사실이다. 피스팅에 대해 어떻게 생각하든 간에 〈헬무트와 브룩스〉를 보면 피스팅이라는 극단적인 성적 행위를, 넓고 조명이 잘 갖추어진 스튜디오 환경에서 피망이나 누드모델을 찍는 것과 다를 바 없는 방식으로 찍었다는 사실에 깊은 인상을 받을 수밖에 없다.

신시내티 미술관 측은 또 메이플소프의 작품을 개별 작품 단위로 볼 것이 아니라 메이플소프 작품 세계의 전체 맥락 안에서 이해해야 한다고 주장했다. 이들은 배심원단이 문제가 된 메이플소프의 작품들을 메이플소프의 전체 맥락에서 본다면, 이 작품들이 기존의 누드 사진, 꽃 사진, 인물 사진과 다를 바 없다는 사실을 깨닫게 될 것이라고 강조했다. 그럼에도 판사는 오히려 한 배심원을 메이플소프 전시회를 이미 관람했다는 이유로 배심원단에서 배제하며, 배심원단이 문제의 작품을 메이플소프의 전체 맥락에서 보지 못하도록 막았다.

하지만 메이플소프 사진의 맥락을 강조한 신시내티 미술관 측에선 미술계 전문가들도 모든 맥락을 밝히고 싶어 한 것은 아니었다. 그들은 메이플소프가 '엑스 포트폴리오' 연작 작업을 하던 당시 참여했던 동성애자 SM 하위문화에 대해서는 절대 언급하지 않았다. 메이플소프를 옹호하는 미술 전문가들이 이를 언급하지 않은 이유는 충분히 짐작할 수 있다. 남성 동성애자 SM 하위문화의 가죽 씬을 논하는 것이 재판에 하등 유리할 것이 없었기 때문일 것이다. 메이플소프 작품이 갖는 성적인 맥락을 연구하는 일은 이후 리처드 마이어, 폴 모리슨, 게일 루빈 등의 퀴어이론가들의 몫이 되었다.[4]

물론 법정에서 미술 전문가들이 한 전문가 증언은 재판에서 이기기 위한 것이었으므로 이론가들이 하는 연구와는 그 목적이 애초부터 다르다. 하지만 우리는 여기서 한 가지를 생각해볼 필요가 있다.

---

4. 다음을 참조하라. Richard Meyer, "Robert Mapplethorpe and the Discipline of Photography," in *The Lesbian and Gay Studies Reader*, ed. Henry Abelove, Michele Aina Barale, and David Halperin (New York: Routledge, 1993), pp. 360~380; Paul Morrison, "Coffee Table Sex: Robert Mapplethorpe and the Sadomasochism of Everyday Life," *Genders* 11 (fall 1991), pp. 17~36. 게일 루빈은 1990년 〈완벽한 순간〉의 보스턴 현대미술관 전시의 일환으로 열린 콘퍼런스에서 메이플소프 작품의 성적 맥락에 대해 발표했다.

우리가 메이플소프의 작품을 변호하고 옹호하기 위해서 그 작품에 포함되어 있는 남성 동성애자의 섹슈얼리티를 절대 언급할 수 없다면, 그 현실은 무엇을 의미하는가? 그 말은 이 사회에서는 남성 동성애자의 섹슈얼리티 자체가 민주주의에 반하는 것으로 여겨지고 있다는 뜻이다.

나는 지금 게이들이 모두 피스팅을 한다거나 즐긴다는 이야기를 하려는 것이 아니다. 지금 내가 하려는 말은 동성애자를 관용해야 한다고 주장하는 많은 담론이 우리의 성적 실천이야말로 우리를 향한 혐오의 근본적인 원인임에도 그 부분을 절대로 건드리지 않는다는 점이다. 바브라 스트라이잰드가 제작하고, 글렌 클로스와 주디 데이비스가 주연한 〈두 여자의 사랑〉(1995)이라는 텔레비전 영화가 있다. 이 영화의 한 장면이 내가 말하려고 하는 바를 잘 말해준다. 주인공인 대령 마거릿 캐머마이어(글렌 클로스 분)는 군에 자신이 동성애자임을 밝힌다. 군의 조사가 시작되고, 캐머마이어와 조사관의 대화가 이어진다. "지금 동성과 관계 중에 있습니까?" "함께 지내는 사람이 있습니다." "성관계를 하는 사람이 있다는 말입니까?" "성관계를 말하고 있는 것이 아닙니다. 저는 지금 저라는 존재에 대해 말씀드리고 있는 것입니다."

사회문제를 다루는 미국 텔레비전 영화들은 대부분 이른바 균형 잡힌 시각을 보여준다는 명목 아래 동성애혐오자들의 논리까지 기계적으로 똑같이 보여주려 한다. 다행히 이 영화는 그런 시도를 하지 않는다. 동성애자 군 복무를 막으려는 이들의 주장을 보여주지도 않는다. 오히려 그런 주장이 명백한 편견에서 나온 것이라는 사실을 분명히 한다. 주인공 캐머마이어 대령도 매우 긍정적으로 그려진다. 캐머마이어는 훌륭한 군인이자 모범적인 시민, 두 아들의 완벽한 어머니이자 한 어머니의 착한 딸로 그려진다. 하지만 캐머마이어가 이토록 완벽한 존재로 그려질 수 있기 위해서는 한 가지 조건이 충족되어야 한다. 캐머마이어는 성적이지 않은 존재여야 한다는 것. 이 영화 속에서 캐머마이어는 레즈비언임에도 여성 동성애라는 섹슈얼리티와 완벽히 무관한 정체성을 가진 인물로 그려진다.

이 영화가 캐머마이어의 섹슈얼리티를 삭제해야만 했던 이유는 무엇일까? 텔레비전 실화 영화의 한계라고 볼 수도 있고, 이 사회에 만연한 레즈비언 섹슈얼리티에 대한 무지 또는 비가시성 때문이라고 볼 수도 있을 것이다. 하지만 정말 그런 이유뿐일까? 우리는 이런 일을 처음 보지 않는다. 1991년 동성애자 군 복무 논쟁이 벌어졌을 때 동성애자 활동가들은 동성애자의 섹슈얼리티에 대해서는 절대 언급하지 않았다. 당시 많은 동성애자 활동가들은 '존재'와 '행위'를 구분했고, '동성애 정체성'과 '동성 간 성행위'는 다르다고 주장하는 전략을 폈다. 이런 전략을 밀어붙인 결과 얻은 것은 무엇인가? 우리가 그렇게 얻어낸 '묻지도 말고 말하지도 말라' 정책은 결국 동성 간 성행위를 처벌한다. 잘못된 전략의 대가는 여기서 끝나지 않는다. '묻지도 말고 말하지도 말라' 정책은 자신의 동성애 정체성을 말한 군인을, 이미 동성 간 성행위를 했거나 앞으로 그럴 의도가 있는 이로 자동으로 간주한다. 결국 군은 '동성 간 성행위'를 처벌하는 데 그치지 않고, '동성애 정체성'까지 처벌하고 있는 셈이다.

〈두 여자의 사랑〉은 지금 미국에서 퀴어 문화정치가 작동하는 상황을 잘 보여준다. 클린턴 대통령은 처음부터 동성애자의 군 복무를 금지한 기존 법의 철폐를 강하게 밀어붙이지 못했다. 동성애혐오 세력은 이에 힘을 얻고 반격에 나섰다. 결국 동성애자 군 복무 정책은 완전히 후퇴했다. 하지만 이 과정에서 동성애자 군인의 가시성은 크게 향상되었다. 모범적이고 애국적인 동성애자 군인들의 모습이 크게 부각되었다. 동성애자의 군 복무를 허용해야 한다고 주장하는 〈두 여자의 사랑〉 같은 영화가 텔레비전에서 방영될 수 있는 분위기도 형성되었다. 나는 우리가 지나온 이 정치적 역설을 이렇게 생각한다. 즉각적으로 긍정적으로 평가되는 이미지는 그 가시성이 커지면 결국 즉각적으로 공격받을 수 있는 이미지가 된다.

1990년대의 동성애자 군 복무 논쟁이 동성애자의 가시성을 극적으로 높인 최초의 사건은 아니다. 그 사건은 물론 1980년대의 에이즈 위기다. 스톤월 이후 동성애자 공동체는 많은 노력을 했지만 동성애자의 가시성을 획기적으로 높이지는 못했다. 하지만 1980년대 초 에이즈 위기가 도착하면서, 동성애자의 가시성은 극적으로 높아졌다. 가시성의 대가는 혹독했다. 수많은 이들이 에이즈로 고통을 받았고, 세상을 떠났다. 우리가 치러야 했던 대가는 그게 끝이 아니었다. 1987년 제시 헬름스 상원의원은 의회에서 "에이즈의 원인은 예외 없이 동성 간 성행위다"라고 발언했다.[5] 그로부터 4년이 지난 1991년, 보수 일간지 〈뉴햄프셔 유니언 리더〉는 에이즈 발견 10주년 특집 기사에서 헬름스가 했던 말과 똑같이 "에이즈의 원인은 동성

---

5. *Congressional Record*, October 14, 1987.

간 성행위다. 에이즈의 감염 경로는 다양할 수 있지만, 에이즈의 근본적인 원인은 동성연애자들의 항문섹스다"라고 썼다.[6] 즉, 우리가 얻은 가시성조차 퀴어 주체의 가시성이 아니었다. 우리가 얻은 가시성은 동성애혐오에서 비롯된, 항문섹스를 하는 남성 동성애자 이미지의 가시성이었던 것이다. 물론 에이즈의 원인이 남성 동성애자의 항문섹스라는 주장은 혐오자들의 말도 안 되는 주장에 불과하다. 하지만 우리는 가시화된 모든 남성 동성애자의 이미지에 항문섹스의 이미지가 유령의 잔상처럼 들러붙어 있다는 사실의 의미를 가볍게 받아들여서는 안 된다.[7] 심지어 남성 동성애자의 섹스와 달리 여성 동성애자의 섹스가 전혀 이야기되지 않는 것조차 바로 남성 간 항문섹스를 향한 동성애혐오의 힘이다. 동성애자라는 이유로 군대에서 전역당하는 비율은 여성 동성애자 군인이 남성 동성애자 군인보다 다섯 배 높다. 하지만 동성애혐오 세력은 마치 동성애자 여군이 존재하지 않는 것처럼 남성 동성애자의 섹스만을 이야기한다. 그들은 남성 동성애자 군인들이 막사나 샤워장에서 이성애자 군인을 덮칠 것만을 공포스럽게 이야기한다.

우리는 동성애자 군 복무 금지 규정 폐지에 온 힘을 쏟으면서, 에이즈 문제에서는 점점 멀어져왔다. 우리는 동성애 정체성과 동성 간 성관계는 다른 것이라고 주장하며, 동성애자 군인들이 얼마나 모범

6. Andrew Merton, "AIDS and Gay-Bashing in New Hampshire," *Boston Sunday Globe*, June 9, 1991, p. 2NH에서 재인용.
7. 이 부분은 리오 버사니가 다음에서 지적하고 있다. "Is the Rectum a Grave?" in *AIDS: Cultural Analysis/Cultural Activism*, ed. Douglas Crimp (Cambridge: MIT Press, 1988), pp. 197~222, esp. 211~212.

적이고 애국적인지 알리기 위해 노력했다. 우리는 그렇게 너무나도 단단히 묶여 있는 '동성애'와 '섹스'의 관계를 간절하게 끊어내고자 했다. 하지만 우리는 결국 동성애자 군 복무를 둘러싼 전투에서 패배했다. 동성애와 섹스를 분리한다고 이길 수 있는 싸움이 아니었다. 우리가 충분히 이해하지 못한 것이 하나 있다. 우리는 항문섹스의 이미지가 모든 동성애자 이미지에 얼마나 단단히 들러붙어 있는지, 그리고 에이즈가 두 이미지를 얼마나 강력히 한 덩어리로 만들었는지를 과소평가했다. 우리가 그렇게 내세웠던 모범적인 남성 동성애자의 이미지, 심지어 애국적인 여성 동성애자의 이미지조차 항문섹스의 이미지와 끈끈하게 연결되어 있는 이미지라는 사실을 우리는 간과했다.

이미지가 가지고 있는 무의식적 요소는 단지 그 부분을 감춘다고 해서 없앨 수 있는 것이 아니다. 제시 헬름스는 이를 본능적으로 알고 있었다. 헬름스는 로버트 메이플소프의 사진들을 외설적 음란물이라고 공격하면서도 메이플소프의 SM 사진들에 대해서는 공들여 문제 삼지 않는다. 헬름스는 SM 사진을 공격하기보다는 벗은 어린아이를 찍은 사진 두 장을 공격하며 공포심을 조장하는 데 더 힘을 쏟았다. 그의 전략은 이런 것이었다. "메이플소프라는 작자는 동성연애자였습니다. 그는 에이즈로 죽었지만, 그의 작품에는 동성애라는 주제가 남아 있습니다."[8] 헬름스는 메이플소프가 동성애자의 피스팅이나 SM 행위를 찍었다는 사실에 대해 구태여 언급할 필요

---

8. Maureen Dowd, "Jesse Helms Takes No-Lose Position on Art," *New York Times*, July 28, 1989, p. B6에서 재인용.

를 느끼지 않는다. 그는 메이플소프가 에이즈로 죽었다는 사실을 말하는 것만으로 충분하다고 여긴다. 항문 삽입의 이미지가 남아 있는 한 그것만으로도 충분한 것이다.

나의 동료는 〈헬무트와 브룩스〉를 보고 고통을 느꼈다고 했다. 무엇이 그가 그렇게 느끼게 했을까. 그 이미지를 보고 동성애자 가시성과 동성애자 인권을 위한 우리의 투쟁이 좌절당하는 것을 느껴서 그런 고통을 느낀 것은 아닐 것이다. 〈헬무트와 브룩스〉에 기입되어 있는 고통은 무엇일까? 그 고통은 주먹을 삽입당하는 이의 고통(또는 어떤 이에게는 쾌감일지도 모를 고통)이 아니다. 이 사진에 기입된 고통은 동성애를 혐오하는 이들의 무의식에 도사리고 있는 이미지의 힘 때문에 모든 남성 동성애자—그리고 그뿐 아니라 모든 여성 동성애자—가 겪고 있는 고통이다.

지금 이 시대의 퀴어들이라면 두 가지는 피할 수 없다. 에이즈 위기와 동성애혐오다. 우리는 모두 남은 삶 동안 어떤 방식으로든 에이즈와 함께 살아가야 한다. 항문섹스라는 동성애혐오적 이미지가 만드는 공포와 혐오 역시 우리는 피할 수 없다. 서로 긴밀하게 엮여 있는 이 두 가지는 우리가 피할 수 있는 것이 아니다. 그렇다면 우리는 이 두 가지의 힘을 부정하고, 보이지 않게 하고, 과소평가하는 운동에는 참여하지 말자. 오히려 이 두 가지를 우리의 정치적 투쟁의 기반으로 삼자. 놀랍게도 때로는 아름다운 형식미를 갖춘 사진한 장이 그런 메시지를 분명히 말해준다.

17
'섹스와 감성'부터 '이성과 섹슈얼리티'까지

1998년 2월 시드니 게이·레즈비언 마디그라의 연계 행사로 웨스턴시드니대학교가 주최한
〈퀴어 지대: 공동체를 중재하기〉 콘퍼런스의 기조연설로 발표한 글이다.
다음 책에 「우울과 도덕주의」라는 제목으로 수록되어 있다. *Loss*, ed. David L. Eng and David Kazanjian
(Berkeley: University of California Press, 2002).

    1997년 여름, 유명 디자이너 잔니 베르사체가 앤드루 쿠내넌이라는 남성 동성애자의 총에 맞고 사망하는 사건이 발생했다. 쿠내넌은 그 전에 이미 네 명을 살해한 연쇄살인범이었다. 언론은 그의 살해 동기를 두고 온갖 추측을 쏟아냈다. 게이 SM 플레이 도중 사고로 베르사체를 죽였을 것이라는 기사부터,[1] 27세에 불과했던 쿠내넌을 두고 나이 먹는 것에 대한 불안을 이기지 못해 살인을 저질렀을 것이라는 터무니없는 기사까지 온갖 억측이 난무했다. 그러던 와중에 한 언론이 쿠내넌이 과거 고향 샌디에이고에 있을 당시 HIV 양성 판정을 받았다는 보도를 내보냈다.[2] 그러자 모든 언론은 쿠내

1.   Maureen Orth, "The Killer's Trail," *Vanity Fair*, September 1997, pp. 268~275, 329~336.
2.   See Joel Achenbach, "The Killer Virus Motive: Unfounded Rumor Casts HIV as a Villain in Slaying," *Washington Post*, July 19, 1997, p. F1.

넌이 자신이 HIV에 감염된 것에 대한 복수극을 벌이려고 무차별 살인 행각을 이어나가고 있다는 기사를 쏟아냈다. 그들은 마치 그것이 기정사실인 것처럼 확신을 가지고 있었다. 그러던 중 쿠내넌이 자살로 스스로 삶을 마감했다. 사후 검사 결과, 쿠내넌이 HIV 음성이었음이 밝혀졌다. 언론은 크게 아쉬워했다.

쿠내넌이 감염인이었기 때문에 복수를 위해 연쇄살인을 저질렀다는 각본. 언론은 이 각본을 연쇄살인의 동기가 되기에 그야말로 완벽하다고 확신했다. 감염인은 수없이 많지만, 지금까지 감염인이 복수극을 위해 연쇄살인을 저지른 경우는 한 건도 없었다. 언론은 어떻게 HIV 감염과 연쇄살인을 그렇게 즉각적으로 연결할 수 있었던 것일까?

쿠내넌이 에이즈 복수극을 위해 사람들을 죽였을 것이라는 언론의 서사는 랜디 실츠가 꾸며낸 '페이션트 제로' 이야기의 반복이다. 게이 언론인 랜디 실츠는 자신의 책 『그래도 밴드는 계속 연주한다』(1987)에서 개탕 뒤가라는 캐나디안 승무원을 에이즈에 걸린 최초의 환자 '페이션트 제로'로 지목한다. 실츠는 승무원이었던 뒤가가 캐나다와 미국의 여러 도시를 이동하며 의도적으로 수많은 이들에게 에이즈를 감염시켰다고 주장했다. 실츠는 근거 없는 소문까지 동원했다. 뒤가가 게이 사우나의 암실에서 섹스를 한 다음 라이터 불로 자신의 얼굴에 난 카포시 육종을 비추며 "나 곧 에이즈로 죽어. 너도 곧 그렇게 될 거야"라고 했다고 쓴 것이다.[3] 실츠는 누군

---

3. Randy Shilts, *And the Band Played On: Politics, People, and the AIDS Epidemic* (New York: St. Martin's Press, 1987), p. 165.

가 이 주장의 신빙성에 의문을 제기하면 이렇게 대응했다. "페이션트 제로 이야기는 팩트다. 나를 시기하는 동성애자 언론들은 꼭 이런 식으로 내게 딴지를 건다. 주요 대형 언론사들이 내 책을 얼마나 높이 평가하는지 보라.[4]

실츠의 말대로 이성애자 언론들은 실츠가 하는 이야기를 환영했다. 동성애자인 실츠가 자신들이 하고 싶은 이야기를 대신 해주었기 때문이다. 실츠의 '페이션트 제로' 이야기는 타락한 동성애자들의 문란한 섹스가 에이즈 위기라는 끔찍한 사태의 궁극적인 원인이었다는 기막힌 서사를 제공한다는 점에서 언론의 구미에 딱 들어맞았다. 실츠는 언론에 '페이션트 제로' 이야기를 전해준 대가로 언론이 밀어주는 유명인사가 되었다. 그는 1994년 그 자신이 에이즈로 사망할 때까지 여러 방송 프로그램과 지면에서 에이즈 문제의 권위자 역할을 독점할 수 있었다.

불행하게도, 1990년대 중반부터 일부 반동적인 동성애자 언론인들이 실츠가 그랬던 것처럼 HIV 감염인을 다시 공격하며 동성애혐오와 피해자 혐오에 불을 지피고 있다. 가장 먼저 시작한 이는 동성애자 언론인 마이클 랜젤로 시뇨릴리다. 그는 1995년 2월, 《뉴욕 타임스》에 "HIV 감염인들, 이렇게 무책임해도 괜찮은가"라는 글을 기고했다.[5] 그는 비감염인에 특화한 세이프섹스 정보도 필요하다는 심

---

4. 6장 「에이즈의 초발환자 서사 '페이션트 제로'」를 참조하라.
5. Michelangelo Signorile, "H.I.V.-Positive, and Careless," *New York Times*, February 26, 1995, p. E15.

리학자 월트 오데츠의 제안[6]을 왜곡하여 소개하면서, 감염인들이 비감염인의 안전에 전혀 신경을 쓰지 않고 있다고 주장한다. 그는 자신이 한동안 세이프섹스를 하지 않았고, HIV 검사도 받지 않아 자신의 감염 여부를 확신하지 못한다고 고백하고는, 그 책임을 엉뚱하게도 다른 이들에게로 돌린다. 시뇨릴리는 먼저 에이즈 단체들을 직접적으로 비난한다. 에이즈 단체들이 자신들의 복잡한 정치적 이해관계 때문에 HIV 감염인이 지켜야 할 책임과 의무에 대해서는 입을 다물고 있다는 것이다. 그러고 나서 HIV 감염인들을 간접적으로 비난한다. "나는 많은 감염인들이 HIV에 감염된 것을 안 뒤 절망에 빠져 마구잡이로 행동하는 모습을 많이 보았다. 나는 나도 그렇게 될 것이 두려웠다. 그래서 의도적으로 검사를 받지 않았다."

시뇨릴리가 비슷한 시기 다른 매체에 쓴 글을 보면 그가 의미하는 바를 더 명확히 알 수 있다. "검사를 받지 않아 내가 HIV에 감염이 되었는지 안 되었는지를 모르고 있을 때, 나는 오히려 다른 이들의 안전에 대해 더 신경을 쓰게 된다. 아마도 내가 아직 비감염인이기 때문에 HIV에 감염될지도 모른다는 것의 공포를 잘 이해하기 때문인 것 같다. 하지만 내가 HIV이라는 것을 알게 된다면 내 태도도 달라질 것 같다. 내가 HIV에 감염되었는데 다른 사람이 감염이 되든 안 되든 그것이 무슨 상관이겠는가."[7] 이와 같은 태도는 투사projection라는 방어기제에 해당한다. 시뇨릴리는 자신이 HIV 검사

6. See Walt Odets, *In the Shadow of the Epidemic: Being HIV-Negative in the Age of AIDS* (Durham: Duke University Press, 1995).

7. Michelangelo Signorile, "Negative Pride," *Out* 20 (March 1995), p. 24.

를 받지 않고 있는 책임을 자신의 외부로 돌린다. 그는 감염인들이 HIV 검사를 받지 않고 있을 것이라고 제멋대로 가정한 후 감염인들이 비감염인의 안전을 조금도 생각하지 않는다고 비난한다. 시뇨릴리는 HIV 검사를 받지 않고 다른 사람과 관계를 맺고 있는 자신의 행동에 대한 불안감을 해소하기 위해 그 책임을 엉뚱하게 HIV 감염인들에게 전가하고 있는 것이다.

시뇨릴리는 〈HIV 감염인들, 이렇게 무책임해도 괜찮은가〉에서 이어 이렇게 쓴다. "10년 전인 1980년대에는 감염인들을 공격하는 혐오 세력과 맞서 싸우는 것이 중요하다고 생각했다. 우리는 게이 커뮤니티의 일원으로서 감염인들이 자존감을 잃지 않을 수 있도록 힘썼고, 저들이 감염인들에게 사회적 낙인을 씌우지 못하도록 싸웠다. 하지만 지금은 다르다. 나는 과거 우리가 잘못했던 것이 아닌가 생각한다. 우리가 감염인들을 위해 싸우느라, 비감염인들을 신경 쓰지 못했던 것이 아닐까? 아니 감염인을 위해 비감염인들을 희생시켰던 것이 아닐까?"[8] 이것이 대체 무슨 소리인가. '10년 전'에는 감염인에 대한 사회적 낙인과 맞서는 것이 중요한 문제였지만, '지금'은 그렇지 않다는 것인가? '10년 전'에는 감염인에 대한 사회적 낙인이 있었지만, '지금'은 그 낙인이 모두 사라졌다는 것인가? 이런 주장은 두 가지 가정에 기초한다. 하나는 동성애혐오와 에이즈 혐오가 과거와는 달리 거의 사라졌다는 가정이다. 다른 하나는 감염인들은 기본적으로 무책임하게 행동하는 위험한 존재라는 가정이다. 시뇨릴

---

8. Signorile, "H.I.V.–Positive, and Careless," p. E15.

리는 이렇게 HIV에 감염된 이들은 피해야 하는 위험한 존재라는 사회적 낙인을 그대로 반복한다. 앤드루 쿠내넌이 자신의 HIV 감염을 복수하기 위해 사람들을 죽였을 것이라고 보도한 언론의 확신에 찬 태도를 생각해보라.

'10년 전'과 달리 '지금'은 동성애혐오와 에이즈 혐오가 사라졌다는 주장은 동성애자 커뮤니티에 큰 영향을 미치고 있다. 예전에는 랜디 실츠 정도를 제외하면 동성애자 커뮤니티의 구성원이 HIV 감염인에게 낙인을 찍는 경우는 드물었다. 하지만 이제 게이 명사들과 유명 동성애자 언론인들이 직접 나서 HIV 감염인을 비난하는 일에 동참하고 있다. 동성애자 잡지 《애드버킷》의 1997년 7월 특집 기사는 에이즈로 사망한 동성애자 배우 브래드 데이비스에 관한 내용이다.[9] 기사는 세 꼭지로 이루어져 있다. 첫 번째 기사 "마약에 빠진 게이들"은 게이들의 약물 사용을 혹독하게 비난하는 시뇨릴리의 의견을 중요하게 인용한다. 두 번째 기사 "게이들의 위험한 섹스, 이대로 괜찮은가"는 게이들이 세이프섹스를 이전보다 오히려 안 하고 있다고 진단하며 게이들이 섹스와 쾌락에만 집착한다고 비난한다. 세 번째 기사 "우리의 반면교사, 브래드 데이비스"는 데이비스의 아내가 쓴 데이비스의 전기에 대한 서평의 형식을 띠고 있지만, 실은 역시 게이들을 무작정 비난하는 기사다. 이 기사는 "브래드 데이비스는 섹스와 마약에 빠져 살다가 에이즈로 죽었다. 지금 많은 게이들은 데이비스의 길을 따르고 있는 듯 보인다. 우리는 어쩌면 이렇

9. David Heitz, "Men Behaving Badly"; John Gallagher, "Slipping Up"; Robert L. Pela, "Our Man Brad," *Advocate* 737 (July 8, 1997), pp. 26~38.

게 어리석을 수가 있는가"라며 브래드 데이비스와 게이들을 악의적으로 비방한다. 이 기사 역시 시뇨릴리의 의견을 중요하게 참조한다. "마이클랜젤로 시뇨릴리가 『저 바깥의 삶』에서 한 지적대로, 브래드 데이비스의 죽음이 우리에게 주는 교훈이 있다면, 그것은 쾌락만을 추구하는 삶은 결국 비참한 죽음으로 이어질 수밖에 없다는 것이다." 이 기사들은 브래드 데이비스가 살았던 삶을 이해하려고도 그의 죽음을 애도하려고도 시도하지 않는다. 기독교 우파들과 마찬가지로 그가 정당한 대가를 치렀다고 비난할 뿐이다.

시뇨릴리는 또 다른 동성애자 잡지 《아웃》 1997년 7월호에서도 똑같은 이야기를 또 반복한다. 그는 앞서 자신 역시 한동안 세이프섹스를 하지 않았다고 고백했다. 그렇다면 세이프섹스를 하지 않는 게이들의 심리적 원인을 살펴보려고 시도해볼 법도 한데, 시뇨릴리는 그런 노력은 전혀 하지 않고 그저 그들을 도덕적으로 비난하기만 한다. "지금 상당히 많은 게이들은 일부러 세이프섹스를 하지 않고 있다. 이들은 세이프섹스를 하고 있는 이들을 위협하는 존재다. 이 같은 이들 때문에 HIV 감염률이 줄지 않고 있다. 이들은 게이 커뮤니티에 막심한 해를 가하고 있다." 그는 HIV/에이즈 잡지 《포즈》가 에이즈를 미화하고 있다고 지적하고는 게이들을 "책임감 있는 이들"과 "무책임한 이들"로 나누는 수사법을 펼친다.[10]

게이들을 이렇게 구분하는 것은 시뇨릴리만이 아니다. 보수적인 여러 동성애자 인사들과 언론인들도 비슷한 주장을 한다. 작가이자

---

10.   Michelangelo Signorile, "Bareback and Reckless," *Out* 45 (July 1997), pp. 36~39.

에이즈 활동가인 래리 크레이머는 남성 동성애자들의 성적 문화를 보수적인 관점에서 비판해온 것으로 악명 높다. 크레이머는《애드버킷》1997년 5월호에 "섹스와 감성: 게이들이 자초한 에이즈 위기"라는 기고문을 통해 그 어느 때보다 높은 수위로 동성애자들의 성적 문화를 공격한다. 크레이머는 이 기고문에서 게이 소설가 에드먼드 화이트의 소설 『고별 교향곡The Farewell Symphony』이 게이 섹스를 노골적으로 묘사하고 있다며 혹평하는 한편, 동성결혼의 신성함에 문제를 제기하는 게이들을 모조리 싸잡아 원색적으로 비난한다. 그는 심지어 패트릭 뷰캐넌과 같은 극우 동성애혐오자의 주장을 반복한다. "게이들은 스스로 에이즈 위기를 초래했다. 수많은 게이들이 여러 사람과 무분별한 섹스를 하는데, 그런 병이 생기는 것은 당연한 일이다. 문란하고 난잡한 섹스를 하는 이들은 자연의 섭리에 따라 반드시 그 대가를 치를 수밖에 없다."[11]

게이 언론인 앤드루 설리번 역시 《뉴욕 타임스》 1996년 11월 10일 자 기사에서 동성애자들을 꾸짖는다. 그는 새로 개발된 칵테일 요법이 에이즈를 사실상 종식시켰다는 비약된 주장을 편다. 그러고는 에이즈의 종식이 오히려 남성 동성애자들에게 부정적인 영향을 줄 것이라는 어처구니없는 주장을 펼친다. 칵테일 요법이 개발되었다 하더라도, 모든 이들이 이 치료법에 접근할 수 있는 것은 아니다. 하지만 설리번은 이런 상황을 고려할 능력도 없고 그럴 생각도 없다. 설리번이 걱정하는 것은 오직 하나. 에이즈가 없는 세계에

---

11. Larry Kramer, "Sex and Sensibility," *Advocate* 734 (May 27, 1997), p. 59.

서 게이들이 다시 과거처럼 '문란'해지는 것이다.[12]

좋은 게이 대 나쁜 게이. 게이 언론인 게이브리얼 로텔로는 자신의 저서 『성의 생태학: 에이즈와 남성 동성애자의 운명』(1997)에서 게이들을 이렇게 두 부류로 나눈다. "게이 커뮤니티는 크게 두 편으로 나뉠 것으로 보인다. 한쪽에는 정숙한 삶을 사는 선량한 게이 시민들이 모일 것이다. 다른 쪽에는 동성애자에 대한 사회의 관용을 이용해 방탕하게 사는 나쁜 게이들이 모일 것이다. 하지만 후자에 모인 이들의 운명은 결국 에이즈와 죽음으로 귀결될 수밖에 없다."[13]

그는 오히려 에이즈에 대한 이 사회의 낙인찍기에 가담한다. "남성 동성애자들은 죽음까지 무릅쓰고 섹스에만 몰두하는 이들이다. 즉, 우리의 성적 지향 자체가 에이즈의 원인인 것이다. 이런 마당에 어떻게 이 사회가 동성애자들을 받아주기를 원한단 말인가?"[14] "아무리 동성애자를 도우려 하는 이들이라도 동성애자들의 행태를 직접 본 다음에도 그렇게 할 수 있을까? 에이즈와의 싸움에 진심으로 동참할 수 있을까? 그러기 어려울 것이다. 동성애자들에게 호의적인 이들조차 지금 동성애자들의 행태에는 개탄할 수밖에 없다. 지금까지 아무렇게나 살고 있는 동성애자에게는 아무런 변명의 여지가 없다."[15]

---

12.   Andrew Sullivan, "When Plagues End: Notes on the Twilight of an Epidemic," *New York Times Magazine*, November 10, 1996, pp. 52~62, 76~77, 84.

13.   Gabriel Rotello, *Sexual Ecology: AIDS and the Destiny of Gay Men* (New York: Dutton, 1997), p. 287.

14.   같은 책, p. 284.

15.   같은 책, p. 280.

가장 무서운 부분이 이 부분이다. 이 보수적인 동성애자 언론인들이 낙인을 찍고자 하는 이들은 바로 '지금' HIV에 감염된 이들이다. 시뇨릴리가 사용했던 '10년 전 대 지금'의 수사와 전혀 다를 바가 없다. 그는 이렇게 말하고 있는 것이다. '10년 전' 에이즈에 걸린이들에게는 "변명"의 여지가 있었다. 하지만 '지금' 에이즈에 걸린 이들에게는 어떤 "변명"의 여지도 없다. 지금 에이즈에 걸린 이들은 자신이 한 일의 대가로 걸릴 병에 걸린 것이다. 그동안 액트업은 감염인들에게 "에이즈와 함께 사는 것은 여러분의 잘못이 아닙니다"라는 메시지를 전달하기 위해 엄청난 노력을 기울여왔다. 로텔로를 비롯한 게이 언론인들은 지금 우리의 메시지와 정반대되는 메시지를전하고 있다. 에이즈에 걸린 이들은 마땅히 받을 벌을 받고 있는 것이라고.

○

아이러니한 것이 있다면, 이 보수적인 게이 언론인들이 각종 매체의 전면에 등장해 이렇게 동성애자 담론을 독점하게 된 것이 우리 동성애자 인권운동이 거둔 성취 덕분이라는 것이다. 그들은 우리의 노력이 거둔 성취를 이용해 동성애자 담론을 독점하며 영향력을 발휘하기 시작했다. 이들은 이성애자들이 좋아할 만한 혐오 발언을 통해 자신의 영향력을 확장했다. 동성애 관련 논쟁에 공개적으로 참여할 수 있는 커밍아웃한 동성애자 언론인은 전국적으로도 그렇게 많지 않다. 이런 상황에서 그들은 커밍아웃한 동성애자 언론인이라는 자신들의 희소가치를 활용해 자신들의 영향력을 계속해서 유지한다. 그들은 일종의 유명인사가 되어 여기저기서 공로상을 받고, 강연을 하고, 높은 인세를 받으며 책을 낸다. 이들을 반기는 이들은 이성애자 매체만이 아니다. 동성애자 매체 역시 이들을 반긴다. 동성애자 매체들이 보수적인 동성애자 언론인들을 환영하는 데는 이유가 있다. 동성애자 매체 역시 주류화되었기 때문이다. 최근 동성애자 매체는 대부분 라이프스타일 잡지화되었다. 이전의 동성애자 신문과 잡지들은, 재정적으로는 지금보다 훨씬 불안했을지언정 공동체 안의 다양한 목소리를 싣는 공론장 역할을 하기 위해 노력했고, 우리의 공동체를 더욱 단단히 만드는 역할을 수행하고자 노력했다. 반면, 지금 동성애자 잡지들은 커밍아웃한 소수 유명 언론인들의 의견을 실어 나르기 바쁘다. 이제 동성애자 잡지는 주류 이성애자 매체와 크게 다를 바 없이 유명인사, 패션, 연예 소식에만 집중한다. 퀴어로서 살아가는 데 중요한 정보나 대안적인 하위문화에 관한 소식은 거의 다루지 않는다. 동성애자 인권운동과 관련된 내용, 정치적인 내용 역시 이 잡지들의 금기다. 설령 다룬다고 하더라도 동성애자들이 이성애적 규범에 동화할 필요가 있다는 내용들, 또는 판매 부수를 늘리는 데 도움이 될 만한 사소한 논쟁만을 다룰 뿐이다.

동성애자 운동의 성공이 가져온 아이러니한 결과가 하나 더 있다. 그것은 최근 학계에서 중요한 퀴어이론들이 쏟아지고 있는 현상이다. 내가 이것을 아이러니라고 부르는 것이 이상하다고 생각될지도 모르겠다. 동성애자 운동은 지금까지 게이·레즈비언이라는 고정된 정체성을 주장해왔다. 이에 반해, 퀴어이론은 정체성이 그런 식으로 고정되어 있다는 관념에 문제를 제기한다. 퀴어이론은 그 이전의 게이·레즈비언 연구와는 급진적으로 다른 이론이다. 정체성과 차이에 대한 입장도 게이·레즈비언 연구와 달리 통일되어 있지 않고 매우 복잡하다. 그럼에도 퀴어이론에는 그 이전의 게이·레즈비언 연구와 한 가지 중요한 공통점을 갖는다. 그것은 동성애혐오에 대한 강력한 비판이다. 퀴어이론은 게이·레즈비언 연구, 그리고 동성애자 해방운동이 그랬던 것처럼, 하지만 훨씬 정교하고 급진적인 방식으로, 동성애혐오와 이성애규범성을 강하게 비판한다.

퀴어이론 작업이 많이 나오고 있다고 해서 퀴어이론이 큰 성공을 거두고 있다고 보기는 어렵다. 학계에서 퀴어이론의 위치는 여전히 불안하고 구조적으로 취약하다. 학계의 지적 작업 자체가 지난 10년 동안 우파에 의해 끊임없이 주변화되어온 데다가, 최근에는 진보 성향의 언론까지도 퀴어이론을 주변화하는 일에 기꺼이 동참하고 있다.[16] 라이프스타일화한 동성애자 잡지도 퀴어이론의 주변화에 한몫한다. 동성애자 잡지들은 퀴어이론이 주장하는 바에 대해서는 거의 어떤 관심도 두지 않는다. 퀴어이론의 정전이 된 책들, 이를테면 주디스 버틀러의 『젠더 트러블Gender Trouble』과 『의미를 체현하는 육체Bodies that Matter』, 리 에델먼의 『호모그래

---

16. 진보 성향의 언론이 퀴어이론을 주변화한 시도로 《뉴 리퍼블릭》이 다음 두 글을 실은 사례를 들 수 있다. Lee Siegel, "The Gay Science," *New Republic*, November 9, 1998, pp. 30~42; Martha C. Nussbaum, "The Professor of Parody," *New Republic*, February 22, 1999, pp. 3~45.

피시스Homographesis』, 데이비드 핼퍼린의 『백년 동안의 동성애One Hundred Years of Homosexuality』와 『세인트 푸코Saint Foucault: Towards a Gay Hagiography』, 이브 세지윅의 『벽장의 인식론Epistemology of the Closet』과 『경향들Tendencies』, 다이애나 퍼스의 『안/밖: 레즈비언 이론, 게이 이론Inside/Out: Lesbian Theories, Gay Theories』(편저), 마이클 워너Michael Warner의 『퀴어 행성의 공포Fear of a Queer Planet』(편저) 같은 책들에 대해 동성애자 잡지들은 그 이름조차 언급하지 않는다. 동성애자 잡지들이 아끼고 사랑하는 책들은 언제나 커밍아웃한 동성애자 언론인들이 쓴 반동적인 책들이다. 브루스 바우어의 『식탁의 한 자리: 미국 사회에서 게이 개인의 위치A Place at the Table』와 『퀴어 너머: 게이 좌파 권력에 도전하기Beyond Queer』, 게이브리얼 로텔로의 『성의 생태학: 에이즈와 남성 동성애자의 운명Sexual Ecology』, 마이클랜젤로 시뇨릴리의 『저 바깥의 삶—시뇨릴리의 게이 리포트: 섹스, 마약, 그리고 근육Life Outside』, 앤드루 설리번의 『거의 정상적인Virtually Normal』과 『동성결혼, 그 찬반양론Same-Sex Marriage: Pro & Con』과 같은 책들은 언제나 동성애자 매체들의 환영을 받는다.

퀴어이론가들은 우리를 사회의 규범에 순치시키려는 권력의 기술을 분석하고, 우리가 그것에 저항해야 한다고 주장한다. 게이 언론인들은 이와는 정반대로 동성애자들에게 이 사회의 규범을 순순히 받아들이라고 요구한다. 그들은 규범에 저항하려는 이들을 혹독히 비난한다. 보수적인 게이 언론인들은 동성애자 해방운동의 유산이라면 그 무엇이든, 전투적 투쟁이든 좀 더 온건한 투쟁이든, 또는 국가에 의한 성의 규제에 대한 저항이든, 또는 대안적인 문화의 창조든 간에, 모조리 거부한다. 그들은 여성은 생물학적으로 남성의 성욕을 해소해주는 존재라고 주장한다. 그들은 에이즈 문제부터 동성애자 인권 문제까지 모든 문제를 해결해줄 수 있는 만병통치약으로 동성결혼을 내세운다. (앤드루 설리번은 "동성결혼이 합법화될 때, 우리는 성대한 축하파티를 연 다음, 동성애자 인권운동을 영원히 종료할 수 있을 것이다"라고 쓰기까지 한다).[17] 그들은 심지어 우리를 억압해 온 미국의 보수적인 중산층의 가치를 경축해야 한다고 주장한다.[18] 마이클 워너의 지적대로 "보수적인 게이 언론인들은 성정치의 목표를 동성애자들이 '정상 가족'을 이루고 살 수 있도록 하는 것이라고 믿고 있는 듯 보인다".[19]

이런 상황은 생산적인 지적 토론과는 거리가 멀다. 더 정확히 말하자면, 지금은 제대로 된 토론 자체가 부재한다. 퀴어이론가들은 더 많은 대중에게 다가가려는 노력을 충분히 하지 않고, 게이 언론인들은 퀴어이론을 읽지도 않고 무조건 무시하려고만 한다. 계속해서 이런 상황이 계속된다면 우리는 매우 위험한 결과를 맞이하게 될 것이다.

---

17. *Out Facts: Just about Everything You Need to Know about Gay and Lesbian Life*, ed. David Groff (New York: Universe, 1997)에서 재인용.

18. Michelangelo Signorile, *Life Outside—The Signorile Report on Gay Men: Sex, Drugs, Muscles, and the Passages of Life* (New York: HarperCollins, 1997). 특히 5장 ("The Deurbanization of Homosexuality," pp. 181~207)을 참조하라.

19. Michael Warner, "Media Gays: A New Stone Wall," *Nation*, July 14, 1997, p. 15.

○

앤드루 쿠내넌 연쇄살인 사건이 일어났던 1997년 여름. 보수적인 동성애자 언론인들이 반동적인 주장을 펼치며 우리의 공동체에 부정적인 영향을 미치던 때였다. 나를 포함한 몇 명의 게이 지식인들은 이를 막기 위해 '섹스패닉!Sex Panic!'이라는 단체를 결성했다. 우리는 당시 벌어지고 있던 몇몇 사안에 직접 개입하고자 했다. 일단 게이브리얼 로텔로 같은 이들이 동성결혼만이 동성애자들을 구원할 수 있다고 주장하면서 세이프섹스를 부정하는 상황에 맞서는 일이 시급했다. 루돌프 줄리아니 뉴욕시장이 이른바 '삶의 질 향상 캠페인'을 벌이며 뉴욕시를 정화한다는 명목으로 동성애자들의 공적인 성적 문화를 파괴하고 있는 것도 우리가 싸워야 할 문제였다. 언론은 동성애자 담론에서 레즈비언을 비가시화하고 배제하고 있었다. 레즈비언을 재현하는 경우에도 언제나 사적이고, 가정적인 존재로만 재현했다. 보수적인 일군의 게이 언론인들만 발언권과 지면을 얻게 되는 것도 우리가 싸워야 하는 상황이었다. 우리는 이 시대가 일종의 '성적 공황' 상태에 있다는 의미에서, 아이러니하지만 우리 모임의 이름을 '섹스패닉!'이라고 지었다. 섹스패닉!은 두 번의 토론회를 성공적으로 개최했고, 우리의 입장을 알리는 기사들을 언론에 기고하는 활동을 이어나갔다. 1997년 11월, 《뉴욕 타임스》는 "게이 문화, '이성과 섹슈얼리티' 사이의 전쟁"이라는 제목으로 섹스패닉!에 대한 자세한 기사를 실었다.[20] 함께 실린 사진은 이 기사가 섹스패닉!을 어떻게 다루었을지 짐작할 수 있게 한다. '이성' 쪽에는 휘

날리는 색색의 꽃가루를 맞으며 결혼식장에서 밝게 웃고 있는 두 남성의 사진이, '섹슈얼리티' 쪽에는 섹스 클럽의 암실에 서 있는 얼굴 없는 두 남자의 몸 사진이 실렸다.

우리의 활동은 그것으로 마무리되었다. 그 기간 동안 우리가 뼈저리게 깨달은 것은 우리의 목소리를 언론에 제대로 전달되도록 하는 작업이 매우 어려운 일이라는 것이었다. 《뉴욕 타임스》는 보수적인 게이 언론인들을 게이들에게 난잡한 섹스를 그만두라고 계몽함으로써 에이즈를 막으려는 '이성'적인 이들로 평가했지만, 섹스패닉!은 게이 커뮤니티의 난잡한 성적 문화를 방어하기 위해 발악하는 '섹슈얼리티'만을 중요시하는 이들로 그렸다. 우리의 주장은 "HIV 감염을 막으려는 이들에 맞서 게이들의 성적 자유를 중요시하는 이들의 시도"라며 저널리스틱한 방식으로 엉터리로 요약되기도 했다.[21] 이는 이들이 우리의 활동을 얼마나 단순화해서 보고 있는지 보여준다. 하지만 인정할 수밖에 없는 것이 있었다. 우리는 미디어를 다루는 데 너무나도 서툴렀다. 우리는 언론이 우리의 주장 중 자신들이 필요한 부분만 떼어내 아무런 맥락도 없이 사용하는데도 그저 당하고만 있었다. 우리는 우리가 주장하는 바의 핵심을 언론에 전달하는 능력도 부족했고, 언론에 전달된 주장이 어떻게 왜곡될 수 있는지도 잘 몰랐다. 복잡한 사안에 대해 물어 우리가 신중한 태도

20. Sheryl Gay Stolberg, "Gay Culture Weighs Sense and Sexuality," *New York Times*, November 23, 1997, section 4, pp. 1, 6.
21. Caleb Crain, "Pleasure Principles: Queer Theorists and Gay Journalists Wrestle over the Politics of Sex," *Lingua Franca*, October 1997, p. 28.

를 보이면, 언론은 이런 우리의 태도를 보고 우리가 수많은 이들의 목숨이 달린 문제에 분명한 입장이나 윤리적인 태도도 없이 그저 얼버무리고 있다고 보도했다. 그에 반해, 보수적인 게이 언론인들과 언론 친화적인 게이 명사들은 미디어를 다루는 데 너무나도 뛰어난 이들이었다. 게이 소설가 크리스토퍼 브램이 비판적으로 썼듯 "래리 크레이머는 자신을 아무도 듣지 않는 황야에서 홀로 진리를 외치는 외로운 존재라고 여기고 있는 듯하다. 하지만 그의 황야는 《뉴욕 타임스》라는 강력한 지면이었다. 크레이머는 자신이 하고 싶은 말을 마음껏 할 수 있는 영향력 있는 존재였다." 예상대로 크레이머는 1997년 12월 《뉴욕 타임스》로 달려가 섹스패닉!을 비난하는 기고문을 실었다.

> 자칭 섹스패닉!이라는 게이들이 '성적 자유'를 요구하고 나섰다. 이들이 말하는 성적 자유란 하고 싶을 때, 하고 싶은 곳에서, 하고 싶은 방식으로, 섹스를 할 자유를 말한다. 다시 말해 이들은 지금 안전하지 않은 섹스를 할 자유, 그리고 공공장소에서 섹스할 자유를 요구하는 것이다. 이들은 섹스를 하면서도 어떤 제약도 받지 않겠다는 것이다.
> 이들은 공원, 공중화장실, 사우나, 바, 클럽, 해변에서 섹스를 할 수 있어야 한다고 주장한다.
> 이들은 왜 공공장소에서 섹스할 권리가 우리의 인권에 포함되어야 한다고 주장하는 것일까? 나는 이성애자들이 공원이나 공중화장실에서 성교하는 모습을 보고 싶지 않다. 이성애자들이 공공장

소에서 섹스할 권리를 주장하는 것 보았는가?

대다수 게이는 한 명의 파트너와 조용히 올바른 삶을 살기를 원한다. 많은 게이가 섹스패닉!의 주장과 존재를 수치스럽게 생각하고 있다.

그런데도 섹스패닉!이라는 몇 명 때문에 많은 이성애자가 게이들이 다시 에이즈 위기 이전처럼 방탕하게 살기를 원하고 있다고 믿기 시작했다. 내가 이성애자라도 이런 한심한 게이들을 위해 세금을 내고 싶은 마음은 들지 않을 것 같다. 우리는 매우 힘들여 우리의 인권을 쟁취해왔다. 하지만 섹스패닉! 같은 이들 때문에 동성애혐오자들뿐 아니라 우리의 인권을 지지해준 이성애자 친구들마저 우리의 인권을 부정하게 된 것이다.[22]

《뉴욕 타임스》에 크레이머의 글이 실린 날, 섹스패닉! 멤버들은 크레이머의 의견을 반박하는 글을 《뉴욕 타임스》에 보냈다. 하지만 그다음 날에 실린 것은 크레이머의 의견을 지지하는 독자 의견 다섯 편이었다. 섹스패닉! 멤버들이 보낸 글이나 크레이머 의견에 반대하는 독자 의견은 한 편도 실리지 않았다. 사흘이나 지나서야 크레이머에 반대하는 의견 세 편이 겨우 실렸다. "게이들, 상식적인 적정선을 찾아야"라는 제목 아래 실린 독자 의견 가운데 한 편은 퀴어이론가인 버클리대 교수 리오 버사니가 보낸 글이었다. 버사니는 자신의 글을 버사니의 주장 "남성 동성애자들은 사실상 우리 자신

---

22. Larry Kramer, "Gay Culture, Redefined," *New York Times*, December 12, 1997, p. A23.

을 죽음으로 몰아넣은 문화를 스스로 창조했다"에 대한 강한 반박으로 시작하지만 끝은 다음과 같이 맺는다. "남성 동성애자들이 자기파괴를 일삼는 입장도 아니고, 성적 쾌락을 히스테리적으로 혐오하는 입장도 아닌 위치에서 토론하는 것은 불가능한 일일까?"[23] 버사니의 의견은 언뜻 맞는 말처럼 보이는데, 바로 그 점이 문제다. 버사니는 누가 자기파괴를 일삼는다고 말하고 있는 것일까? 버사니는 "소수의 남성 동성애자들이 세이프섹스를 하지 않아도 괜찮다고 주장하기 시작한 것은 불행한 일이다"라고 쓴다. 버사니는 자신이 실제 어떤 이들을 지칭하는지도 분명히 하지 않고, 그런 주장을 하는 이들의 입장과 섹스패닉!의 입장을 구분하지도 않는다. 이것은 그토록 복잡한 문제를 주류 언론을 통해 발언할 때 발생하는 위험을 잘 보여주는 예다. 실제로 최근 일부 남성 동성애자들이 위험한 섹스의 쾌락을 도발적으로 주장하고 있는 것은 사실이다.[24] 하지만 그런 맥락을 밝히지 않은 채, 왜 최근 남성 동성애자들이 안전하지 않은 섹스를 다시 시작하게 되었는지 이해하고 그런 이들을 비난하는 것으로는 아무 문제도 해결할 수 없음을 설명하려는 우리의 시도를 그런 주장과 구분하지 않고 마구 섞어놓을 때, 이 토론은 위험한 섹스를 하자는 단순한 도발로 읽힐 수밖에 없다.

---

23. Leo Bersani, "Homophobia Redux," *New York Times*, December 16, 1997, p. A30.
24. 콘돔을 사용하지 않겠다고 선언한 이들 가운데 가장 잘 알려진 인물은 게이 포르노 배우이자 작가인 스콧 오하라다. 그는 1993년 퀴어 섹스를 다루는 잡지 《스팀》을 창간했다. 다음을 참조하라. Scott O'Hara, *Autopornography: A Memoir of Life in the Lust Lane* (New York: Harrington Park, 1997).

버사니는 『프로이트의 몸』(1986)과 그 유명한 논문 「항문은 무덤인가?」(1987)에서 정신분석학자 장 라플랑슈의 사유를 따라, 섹스는 외부의 침입을 통해 주체를 파열시킨다는 점에서 본질적으로 마조히즘적이라고 주장한다.[25] 버사니는 이렇게 쓴다. 섹스는 주체의 경계를 파열함으로써 쾌락을 얻는 경험이라는 점에서 곧 마조히즘적이다.[26] 하지만 남근중심적인 이성애 남성성은 이런 마조히즘에 대해 "편집증적인 방어의식"을 보이며 주체를 "과장적으로 방어되고 무장된 자아"로 팽창시킨다. 심지어 "자아를 보호하기 위해서라면 기꺼이 살인까지 한다".[27] 이와 대조적으로, 남성 동성애는 섹스에 주체를 파괴할 수 있는 가능성이 있음을 드러낸다. 주체의 절대성을 무너뜨림으로써 자기확장을 가능하게 한다. 버사니는 「항문은 무덤인가?」를 이렇게 결론짓는다. "남성 동성애는 섹스에는 언제나 자기를 와해하는 위험, 자기를 시야에서 벗어나게 하는 위험이 따른다는 것을 드러낸다. 그렇게 함으로써 남성 동성애는 자아의 경계가 파열되는 고통에서 경험되는 주이상스적 쾌락이 하나의 아스케시스, 즉 자기수행의 양식임을 제안하고 또 위험하게 보여준다."[28] (하나 강조할 것은 버사니가 하고자 하는 작업은 남성 동성애자

25.　Leo Bersani, *The Freudian Body: Psychoanalysis and Art* (New York: Columbia University Press, 1986); "Is the Rectum a Grave?" in *AIDS: Cultural Analysis, Cultural Activism*, ed. Douglas Crimp (Cambridge: MIT Press, 1988), pp. 197~222. 다음도 참조하라. Tim Dean, Hal Foster, and Kaja Silverman, "A Conversation with Leo Bersani," *October* 82 (fall 1997), pp. 3~16.

26.　Dean et al., "A Conversation with Leo Bersani," p. 7에서 재인용.

27.　같은 글, p. 8에서 재인용; Bersani, "Is the Rectum a Grave?" p. 222.

28.　같은 글, p. 222.

의 섹스를 통해 우리의 정신적 삶과 사회적 삶 사이의 관계를 새롭게 사유하는 것이지, 남성 동성애자의 섹스를 특권화하는 것은 아니라는 점이다.)

버사니의 이론에 동의할 수도 있고 동의하지 않을 수도 있겠지만, 한 가지 분명한 것은, 버사니가 섹스패닉!의 주장을 "자기파괴"를 일삼는 이들의 주장으로 표현한 행위가 버사니 자신의 이론적 입장, 즉 섹스가 가지고 있는 자기파열적인 가능성을 높이 평가하는 입장과 배치된다는 점이다. 물론 《뉴욕 타임스》처럼 불특정 다수가 읽는 신문에 글을 쓰다 보면 '상식적인 적정선을 찾아야'처럼 무난한 해법을 제시할 수밖에 없을 때가 있을지도 모른다. 하지만 버사니는 섹스에 주체의 완결성을 공격하는 전복적인 힘이 있음을 경축하고, 섹스에 동반하는 것은 주체를 온전하게 만드는 이성이 아니라, 주체가 파괴되면서 경험되는 주이상스적 쾌락임을 주장한 중요한 퀴어 이론가다. 나는 그가 《뉴욕 타임스》에 쓴 글이 일종의 심각한 자기배반 행위라고 생각한다.

지금의 논쟁에서는 한 가지 중요한 사실이 제대로 다뤄지지 않고 있다. 그것은 섹스에는 반문명적인 파괴적 심리가 동반한다는 사실이다. 주류 언론과 보수적인 동성애자 언론인들은 섹스가 마치 자동차를 운전하는 일과 마찬가지로 이성과 의지로 온전히 통제할 수 있는 일인 것처럼 이야기한다. 사람들은 모두 운전을 하면서 자신과 다른 이들의 안전을 지키기 위해 정해진 규칙을 준수한다. 이 규칙을 지키는 데는 극복해야 하는 엄청난 심리적인 힘이 따르지 않는다. 하지만 섹스는 운전과 다르다. 섹스를 할 때는 이성으로는 통제할 수 없는 너무나도 복잡한 충동들이 관여한다.

많은 게이가 세이프섹스를 해야 한다는 사실을 잘 알고 있으면서도, 지금 시기 다시 세이프섹스를 안 하기 시작한 이유는 어떻게 설명할 수 있을까? 또 이것을 언론을 상대로 어떻게 이야기할 수 있을까? 그것을 이야기하기 전에 하나 분명히 해두고 싶은 것이 있다. 세이프섹스를 하지 않는 게이 중에는 세이프섹스를 의도적으로 안 하는 게이도 있지만, 자신이 속한 환경으로 인해 세이프섹스 교육을 받지 못해서, 관련 정보에 접근하지 못해서 세이프섹스를 못 하는 게이도 많다. 동성애자를 대상으로 하는 HIV 예방 교육은 동성 간 섹스에 초점을 맞춰 진행해야 하는데, 정부는 이런 교육이 이른바 공동체의 가치에 부합하지 않는다는 이유로 동성애자 대상 HIV 예방 교육에 예산을 할당하지 않고 있다.[29] 그 결과 세이프섹스 교육이 가장 필요한 청년층 동성애자들이 HIV 교육을 거의 못 받고 있다. 특히 유색인 청년층 동성애자 상당수는 이런 교육을 받고 싶어도 받지 못하고 있다. 하지만 HIV 예방 교육을 받은 게이들, 세이프섹스의 필요성을 너무나도 잘 알고 있는 게이들은 대체 어떤 이유로 세이프섹스를 안 하고 있는 것일까?

내가 생각하는 그 답은 이렇다. 그것은 우리가 '인간'이기 때문이다. 나의 이 대답은 버사니의 주장, 그러니까 섹스는 주체의 완결성을 강화하는 행위가 아니라, 주체의 경계를 파열하는 본질적으로 마조히즘적인 행위라는 주장과 크게 다르지 않다. 하지만 이런 복

---

29. 다음을 참조하라. Cindy Patton, *Fatal Advice: How Safe-Sex Education Went Wrong* (Durham: Duke University Press, 1996).

잡한 이야기를 불특정 다수가 보는 주류 언론의 지면에 써야 한다면 어떻게 내가 하고자 하는 이야기를 효과적으로 전달할 수 있을까? 나는 내 생각을 정리해 이를 《뉴욕 타임스》에 보냈다.

○

"최근 세이프섹스를 하지 않는 게이들의 수가 다시 증가하고 있다. 이들을 위험으로 이끄는 것은 무엇일까? 잘 알려진 몇몇 유명 게이 명사들은 게이들이 원래 자기파괴적인 종족이어서 그렇다고 비난한다. 하지만 이와 같은 비난은 현재의 문제를 해결하는 데 아무 도움도 되지 않는다. HIV 예방은 해야 한다고 떠들어서 되는 문제가 아니다. HIV 예방을 간단한 문제로 치부하면 치부할수록 그 해결은 더욱더 어려워진다. 유명 게이 언론인들과 언론 친화적인 게이 명사들은 게이들이 과거에는 미성숙했고 책임감도 갖추지 못했지만, 이제는 성숙해질 때라고, 책임감을 갖춰야 할 때라고 게이들을 엄하게 꾸짖는다. 하지만 에이즈 위기를 사는 게이들에게 섹스가 얼마나 혼란스럽고 모순된 행위인지 곰곰이 생각해본다면 그렇게 쉽게 게이들을 몰아붙일 수 없을 것이다. 게이들은 자신의 삶을 삶으로 만들어주는 기본적인 욕망과 쾌락이 이 사회에 의해 부정되는 존재들이다. 에이즈 위기 이후에는, 누군가와 접촉할 때마다 매번 자신의 욕망과 쾌락이 자신과 타인을 죽음으로 내몰 수 있다는 생각을 해야만 한다. 에이즈 위기를 사는 게이들은 늘 이런 고통을 감당하며 지내야 하는 이들이다.

에이즈 위기 동안 게이들은 세이프섹스를 발명했고, 세이프섹스를 새로운 삶의 방식으로 받아들였으며, 세이프섹스를 통해 수많은 이들의 목숨을 구했다. 평생 매번 섹스를 할 때마다 단 한 번의 예외도 없이, 단 한 번의 실수도 없이 세이프섹스를 하는 일은 결코 쉬운 일이 아니다. 왜 쉬운 일이 아닐까? 섹스에는 '이성'만으로는 통제할 수 없는 수많은 복잡한 충동과 감정이 관여한다. 인간은 섹스를 하면서 신뢰와 친밀감을 표현하고 싶어 하기도 한다. 인간은 섹스를 하면서 자신이 겪고 있는 수치심을 이겨내고 싶어 하기도 한다. 인간은 섹스를 하면서 자신이 항상 지켜온 규칙을 깨고 싶어 하기도 한다. 우리는 이런 감정을 느낄 수밖에 없다. 우리가 인간이기 때문이다. 게이들에게만 이런 감정을 느껴서는 안 된다고 요구할 수 있을까? 그럴 수도 있을 것이다. 하지만 그것은, 게이들에게 너희들만은 이런 감정을 참아내고 자제해야 한다고 요구하는 것은, 게이들이 인간이라는 사실 자체를 부정하는 일이다.

게이들은 에이즈 위기 전에도, 에이즈 위기 동안에도, 수많은 고통과 곤경을 용감하고도 윤리적으로 감당하고 대처해왔다. 이런 사실을 인정한다면 지금 여러 지면에서 동성애자들을 비난하고 있는 몇몇 게이 명사들처럼 그렇게 쉽게 게이들을 자기파괴적이라고 비난하지는 못할 것이다. 게이들이 자기파괴적이라는 게이 명사들의 주장과 달리 게이들은 서로가 서로를 보호하기 위해 노력해왔다. 게이들은 또한 공공 성적 문화를 방어하기 위해 애써왔다. 우리에게 공동체 의식과 연대의식을 제공해준 것이, 우리에게 살아나갈 수 있는 용기와 의지를 제공해준 것이 다른 그 무엇이 아닌 바로 우리의 공공 성적 문화이기 때문이다. 우리가 누구에게 세이프섹스를 배웠는지 생각해보라. 정부일까? 정부는 우리를 조금도 신경 쓰지 않았다. 학교일까? 학교는 우리에게 어떤 교육도 제공하지 않았다. 우리에게 세이프섹스를 알려준 것은 바로 우리의 공동체였다. 우리는 바에서, 사우나에서, 섹스 클럽에서 서로가 서로에게 세이프섹스를 가르쳐주었다. 서로가 서로에게 세이프섹스를 배웠다. 그 무엇보다도 우리는 아무도 우리 삶에 대해 신경 쓰지 않을 때 세이프섹스를 스스로 발명해내야 했다.

섹스패닉!은 게이들의 난잡한 섹스가 에이즈의 원인이라고 비난하는 이들의 주장에 반대한다. 우리가 요구하는 것은 무조건적인 성적 자유가 아니다. 우리가 요구하는 것은 동성애자들이 어렵게 건설한 동성애자의 공적 세계를 이 사회가 존중하고 지지해야 한다는 것이다. 우리의 공적 세계가 완벽하다는 것은 아니다. 하지만 우리의 공적 세계마저 없다면 우리를 그 누가 지지하고 도울 것인가? 세이프섹스를 지속하는 일은 지금도 쉬운 일이 아니다. 하물며 우리의 공적 세계, 우리 공동체의 지지와 지원이 없다면 세이프섹스를 어떻게 계속 유지할 수 있겠는가?

현재 뉴욕시는 공적 기능을 담당하던 도시의 많은 부분을 민간에 넘기고 있다. 지금의 젠트리피케이션 추세 속에서 동성애자 언론인들은 이 기회에 게이 바나 게이 클럽을 몰아내야 한다고 주장하며, 게이들이 책임감 있고 양식 있는 새로운 규범을 받아들여야 한다고 요구한다. 이들이 잊고 있는 것이 하나 있다. 그들이 책임감 있고 양식 있는 규범이라고 일컫는 사회적 규범은 우리를 낙인찍고

멀리해온 규범이었고, 그렇기 때문에 우리는 그 규범이 아닌 새로운 대안을 찾아야 했다. 왜 지금 그 규범을 받아들여야 한다는 말인가? 왜 삶을 긍정하고 쾌락으로 가득 찬 우리가 창조한 세계, 서로가 서로에게 진정한 책임감을 가르쳐주고 배운 세계를 버리고, 기껏해야 마지못해 우리를 관용의 대상으로 바라보는 세계의 규범을 받아들여야 한다는 말인가? 모든 동성애자가 동성결혼 권리를 획득하는 것이 중요하다고 생각하는 것도 아니지만, 동성결혼의 중요성을 어떻게 여기는지와 관계없이, 결혼이 우리를 에이즈로부터 지켜주리라 생각하는 것은 위험하다. 연구 결과만 보아도 HIV 감염인이 포함된 이성애자 부부 중 꾸준히 세이프섹스를 하는 부부는 절반도 되지 않는다.

우리는 '이성을 지닌 합리적인 동성애자 언론인들'의 의견에 반발해 동성애자들에게 '마음껏 섹스할 권리'가 있다고 주장하는 것이 아니다. 이 논쟁을 그렇게 요약하는 것은 우리가 세워온 공적 문화에 대한 모독이다. 동성애자들은 태어날 때부터 이 문화를 가지고 태어난 것이 아니다. 우리는 가족을 포함한 우리에게 적대적인 환경들을 극복하고, 우리의 문화를 직접 창조해야만 했다. 우리는 적대를 극복하고 우리의 감정적 친밀감과 성적 친밀감을 표현할 수 있는 공적 문화를 직접 창조해내야 했고, 그렇게 했다. 우리는 이 공적 세계에서 서로의 존재를 발견하는 법을 배웠다. 우리는 이 공적 세계에서 서로를 돌보고 지지하고 지원하는 법을 배웠다. 지금 뉴욕시는 게이 바들과 게이 클럽들이 유흥주점이 아니라 일반음식점으로 신고했다는 명목으로 동성애자들의 공적 공간을 줄줄이 철거하고 있다. 이렇게 우리의 공적 공간이 축소되고 사라질 때 우리가 잃는 것은 단순한 섹스의 기회가 아니다. 우리는, 우리의 삶이 비로소 사회적 의미를 지닐 수 있게 해주었던 바로 그 세계 자체를 잃는 것이다. 우리가 비밀스럽고 사적인 세계에서 나가 서로가 서로를 찾을 수 있게 해준 바로 그 세계를 잃는 것이다.

게이들의 HIV 감염률을 정말로 낮추고자 한다면, 우리는 먼저 게이들이 그동안 수많은 곤궁 속에서도 어떻게 살아남아 왔는지를 이해해야 한다. 그럴 때만 비로소 우리가 발명한 그 세이프섹스를 앞으로도 지속하는 데 필요한 진정한 지지를 받을 수 있을 것이다. 그럴 때만 비로소 우리의 친구 중 누군가 HIV에 감염되었을 때 중요한 사실을 잊지 않고 떠올릴 수 있을 것이다. 그 친구가 인간 중 한 명이라는 것을. 우리는 모두 결국 인간이라는 것을."[30]

○

어느 날, 친구와 함께 에이즈에 대한 뉴스를 보고 있었다. 갑자기 친구가 내게 말했다. "가까운 친구 한 명이 HIV에 감염되었다는 소식을 들었어. 걱정도 되고, 혼란스럽기도 해. 마음이 너무 무거워." 나는 그가 누구를 이야기하고 있는지 알았다. 그는 나에 대해 이야기하는 것이었다. 우리는 1980년대 후반부터 액트업에서 함께 활동해왔다. 그는 나를 잘 알았다. 그는 내가 1970년대에 성적으로 활발

---

30. 나는 이 글을 1998년 1월 26일 《뉴욕 타임스》에 제출했지만, 《뉴욕 타임스》는 내 글을 게재할 의사를 조금도 보이지 않았다.

했다는 것도, 그럼에도 운 좋게 1980년대에 HIV에 감염되지 않았다는 것도 알고 있었다. 그는 내가 에이즈에 대해 많은 글을 발표하고, 많은 강의를 하는 모습을 모두 지켜보았다. 우리는 에이즈 운동에 대해 많은 토론을 함께했다. 우리는 게이들이 안전하지 않은 섹스에 유혹을 느낄 수밖에 없는 상황에서, 남성 동성애자 공동체의 절망과 살아남은 이들의 죄책감이 커져만 가는 상황에서, 섹스가 100% 이성에 의해 좌우되는 행위가 아닌 상황에서, 어떻게 하면 세이프섹스를 지속적인 전략으로 유지할 수 있을지를 놓고, 많은 고민을 나누었다. 친구는 내게 따지고 싶었던 것이다. 어떻게 네가, 다른 사람도 아닌 네가 HIV에 감염이 된 것이냐고 따지고 싶었던 것이다. 그는 나처럼 HIV, 에이즈, 세이프섹스에 대해 잘 알고 있는 사람마저 HIV에 감염될 수 있다면, 이 세상의 누가 HIV에서 안전한지 묻고 싶었던 것이다.

그는 결국 내게 묻지 않았다. 하지만 그가 내게 소리 내 물었다면 나는 이렇게 대답했을 것이다. 인간이기 때문이라고. 내가 HIV 예방에 대해 그렇게 잘 알고도 감염이 된 건 내가 인간이기 때문이라고. 나뿐만 아니라, 너도, 너의 연인도, 또는 그 어떤 누구도, 인간인 이상 HIV에서 안전할 수 없다고. 나는 내가 인간임을 굳이 항변해야 하는 것이 조금은 불편하다. 하지만 친구가 내 말을 잘 받아들이지 못한다고 하더라도 충분히 이해할 수 있다. 인간이기 때문에 HIV에 감염될 수 있다는 것을 받아들이는 일은 우리가 너무나도 취약한 존재임을 받아들이는 것이기 때문이다. 그것은 우리에게 무의식이 있다는 것을 받아들이는 일이다. HIV에 대한 우리의 경험,

우리의 지식, 우리의 이해가 반드시 우리를 HIV로부터 보호해주지 않는다는 사실을 받아들이는 일이다.

지금쯤 내가 《뉴욕 타임스》에 반박 글을 보낸 이유가 다른 것이 아니라 나 자신을 변호하기 위한 것이라고 생각하는 이도 있을 것이다. 그렇지는 않았다. 나는 세상에 HIV로부터 안전한 사람은 아무도 없으며, 그 누구라 해도 HIV에 감염될 수 있다는 것을 말하고 싶었다. 보수적인 동성애자 언론인들은 동성애자들이 '10년 전'이라면 몰라도 '지금' HIV에 감염되었다면 그것은 걸린 사람의 잘못이라고 비난한다. 하지만 이것은 매우 위험한 생각이다. HIV 감염인을 향한 도덕적 비난은 일종의 심리적 방어다. 오직 무책임하고 어리석은 이들만 HIV에 감염된다고 믿을 때, 우리는 무책임하지 않고 어리석지 않은 자신은 HIV로부터 안전하다고 믿을 수 있기 때문이다. 설령 한때 무책임하게 행동했고 어리석게 행동했다 하더라도, 지금 그러지 않으면 자신은 안전하다고 믿을 수 있기 때문이다. 하지만 HIV에 대해 잘 알고, 이성적이며, 분별 있게 행동하는 사람도 HIV에 감염될 수 있다. 에이즈 활동가도, 에이즈 예방 교육 전문가도 '1980년대'가 아닌 '지금' HIV에 감염될 수 있다. 우리는 우리가 무의식의 힘의 영향을 받는 존재라는 것을, 우리가 매우 취약한 존재라는 것을, 우리가 인간이라는 것을 인정해야 한다. 그럴 때 우리는 에이즈 문제에 좀 더 섬세하게 접근할 수 있을 것이다.

퀴어이론은 우리가 이것들을 이해하는 데 어떻게 도움이 될 것인가? 게이 언론인들은 동성애자나 이성애자나 사랑하는 대상만 다를 뿐 모두 똑같은 인간이라는 자유주의적인 논리를 반복한다. 나는 우리가 인간이라는 사실을 인정해야 한다고 주장한다. 그들의 의견과 나의 의견은 전혀 다른 이야기다. 얼핏 똑같은 이야기처럼 들리는 이 두 입장이 다른 입장이라는 것을 퀴어이론은 사람들에게 어떻게 설명할 수 있을까? 그 답은 대학교 도서관의 서가를 채우고 있는 퀴어이론 서적의 수만큼이나 복잡하고 다양할 것이다. 그래도 간단히 설명해보겠다. 퀴어이론은 인간성이 인간이 보편적이고 자연적으로 경험하는 조건이 아니라, 역사적, 사회적, 언어적, 심리적 힘들에 의해 구성된 것이라는 것을 설명해준다. 퀴어이론은 또 이 사회가 왜 그리고 어떻게 퀴어들의 인간성을 부인하는지를 설명해준다. 퀴어이론은 동성애혐오가 시간이 흐르면서 동성애혐오자들이 계몽되고 사회가 '진보'한다고 해서 사라지는 것이 아니라는 점을, 동성애혐오는 이 사회가 규범적 주체를 구성함으로써 사회적 통합을 이루는 데 핵심적인 이 사회의 심층적 정신적 메커니즘이라는 것을 설명해준다. 퀴어이론을 통해 이를 이해할 때, 우리는 우리의 인간성을 인정받기 위한 싸움에서 우리의 인간성을 희생하는 치명적인 잘못을 피할 수 있다. 퀴어이론을 통해 이를 이해할 때, 정상성의 체제에 진입하는 대가로 타인의 인간성을 팔아넘기는 위험한 윤리적 행동을 피할 수 있다. 하지만 퀴어이론가들이 긴급히 배워야 할 것이 하나 있다. 퀴어이론가들은 퀴어이론이 이해하고 있는 것들을 다수의 사람들이 이해할 수 있는 방식으로 알리는 방식을 긴급히 배워야 한다.

감사의 글

에이즈와 관련하여 내가 지난 14년 동안 쓴 글들을 정리해 이 책으로 내는 과정에서 나는 많은 이들에게 빚을 졌다. 가장 먼저 다이애나 퍼스와 필립 브라이언 하퍼에게 고마움을 전한다. 그들은 어느 여름 저녁 식사 자리에서 내게 그동안 에이즈에 대해 쓴 글들을 모아 책으로 낼 것을 권했다. 그들이 없었다면 나는 이 책을 낼 생각을 하지 못했을 것이다. 캐럴 밴스에게도 큰 도움을 받았다. 밴스는 자신이 교수로 있는 컬럼비아대학교 공공보건대학원의 록펠러 펠로십에 지원하라고 닦달했고, 내가 컬럼비아대학교에서 지내는 동안에도 원고 작업을 할 수 있도록 강의 시간을 조정해주었다. 덕분에 나는 2000년 한 해 동안 컬럼비아대학교에 머무르며 원고를 준비하면서, 여러 인권 활동가들 그리고 성적 급진주의자들과 학제 간 세미나에 참여할 수 있었다. 나와 함께 록펠러 펠로의 자격으로 컬럼비아대학교에 머물던 지민 바오, 마리에메 엘리루카스, 게일 피터슨, 올리버 필립스, 페넬로프 손더스와의 지적인 교환을 나누었던 것도 즐거운 기억이다. 컬럼비아대학교에서 법과 정책을 가르치는 린 프리드먼, 알리 밀러 교수는 내게 인권 문제에 대해 많은 가르침을 주었다. 또 나는 캐럴 밴스에게서 섹스와 섹슈얼리티에 대해 새롭게 사고하는 법을 배울 수 있었다. 무엇보다도 밴스와 친구가 되었다.

내가 컬럼비아대학교에서 지낼 수 있게 배려해준 로체스터대학교 예술사학과에도 감사의 뜻을 전한다. 내가 재직 중인 로체스터대학교 예술사학과와 시각문화 연구 과정은 언제나 내게 쾌적한 학문적 환경을 제공해주었다. 마이클 앤 홀리, 트레버 호프, 재닛 울프를 비롯한 동료 교수들, 그리고 너무나도 훌륭한 대학원생들에게도 감사를 표한다.

내 글을 읽어주고, 대화를 나눠주고, 의견을 준 이들에게도 감사의 말을 전하고 싶다. 그들이 있었기에 나는 이 책에 실린 글들을 생각하고 쓸 수 있었다. 그레그 곤살베스, 존 그레이슨, 잰 지타 그로버, 마크 내시, 로절린 도이치, 캐럴린 딘쇼, 어니 라슨, 캐서린 로드, 스튜어트 마셜, 리처드 마이어, 로링 맥앨핀, 코베나 머서, 돈 모스, 도널드 모펏, 세리 밀너, 제인 로젯, 데이비드 바, 니컬러스 바움, 대처 베일리, 그레그 보도위츠, 크리스토퍼 브램, 키스 빈센트, 이브 세지윅, 드레이퍼 슈리브, 마크 시겔, 아사다 아키라, 리처드 엘로비치, 데이비드 엥, 프랭크 와그너, 마이클 워너, 사이먼 와트니, 대니얼 울프, 아이작 줄리언, 진 칼로무스토, 폴라 트라이클러, 신디 패튼, 앤 펠레그리니, 조너선 플래틀리, 로라 핀스키, 대니얼 헨드릭슨,

고故 후루하시 데이지. 이들은 이 책에 실린 글들을 쓰는 데 도움이 되었을 뿐 아니라, 에이즈 운동, 퀴어 정치학이라는 더 큰 기획에도 함께 참여한 동지다.

에릭 클라크와 데이미언 잭은 내 원고를 처음부터 끝까지 읽고 소중한 의견을 주고, 나를 크게 격려해주었다. 때로는 내가 쓰는 글에, 그것이 프리마돈나에 관한 글이건 성정치에 관한 글이건 또는 그 어떤 글이 되었건, 동의해주는 사람이 있다는 것만으로도 큰 도움이 된다. 데이미언은 우리가 만난 첫날부터—정확히 말하자면 첫날 밤부터—내가 하는 작업을 전적으로 지지해주었다. 꼭 그런 이유가 아니더라도, 나는 이 책을 데이미언에게 바친다.

나의 학생이자 조지 이스트먼 하우스에 나와 함께 영화를 보러 다니는 영화 친구 맷 레이놀즈는 이 책의 원고를 정리하는 데 큰 도움을 주었다. MIT 대학출판사의 편집자 로저 코노버는 나의 주제가 예술과 에이즈 사이를 정신없이 오가는데도 흔들림 없이 내 책을 맡아주었다. 주디 펠드먼은 책이 나올 수 있도록 세심하고 정확하게 인도해주었다. 윌라 코버트는 내가 나 자신에게 솔직할 수 있도록 독려해주었다. 이들 모두에게도 감사드린다. 애덤 부닥은 사랑스러운 사람이다. 그에 대해서는 이렇게밖에 표현할 수가 없다.

옮긴이 해설

    이 책은 미술이론가, 큐레이터, 에이즈 활동가인 더글러스 크림프 (1944~2019)가 1987년부터 1998년까지 에이즈에 대해 쓴 글 16편과 출간 당시 쓴 '여는 글'을 묶은 책 *Melancholia and Moralism: Essays on AIDS and Queer Politics* (2002)를 번역한 것이다. 크림프의 글들은 미국 에이즈 운동에 대한 비판적 연대기 역할을 할 뿐 아니라, 에이즈 위기에 대한 대응과 반응 속에서 부상한 '퀴어'와 관련하여 '이론'과 '운동'을 이어주는 이론적 연결점을 제공한다는 점에서 에이즈 아카이브의 중요한 부분을 이루는 텍스트다.

    크림프가 이 글들을 쓴 시기는 에이즈 위기의 긴급성이 절정에 달해 있던 때와 정확히 겹친다. 이 책이 한국에 소개되는 시점은 에이즈가 발견된 지 정확히 40년이 지난 때로, 한편으로는 에이즈 위기가 에이즈 치료제에 접근할 수 있는 이들에 한해서는 사그라진 때이고, 또 한편으로는 코로나 위기라는 새로운 상황이 많은 이들의 생존과 상호돌봄을 위협하는 때이다. 특정한 시기, 특정한 공간에서 얻어진 감염병 지식은 다른 시기, 다른 공간에 있는 이들에게 도움을 주는 보편적이고 객관적인 지식이 될 수도 있지만, 다른 맥락에 있는 이들에게 아무 역할도 할 수 없는 특수하고 주관적인 지식이 되기도 한다. 크럼프가 에이즈 위기를 함께 통과하고 있던 이들에게 긴급하게 발송했던 메시지들은, 오랜 시간을 거치고 번역이라는 중재 행위를 통과하면서 지금 이곳에 도착했을 때, 새로운 독자들에게 어떤 의미를 제공할 수 있을까?

에이즈 타임라인

이 책의 글들이 놓인 대략의 위치를 확인하기 위해 먼저 에이즈와 관련한 타임라인을 간단히 살펴보도록 하자.

1981년 6월 5일 질병통제예방센터의 《질병과 사망 주간 보고서》에 남성 동성애자 다섯 명에게서 폐포자충 폐렴이 발생했다는 사실이 발표되었다. 1982년 에이즈 단체 GMHC가 설립되었다. 1983년 아직 에이즈의 원인이 밝혀지지 않았던 시기, 두 동성애자 남성, 마이클 캘런과 리처드 버코위츠가 콘돔 사용을 에이즈 예방법으로 제안하는 최초의 세이프섹스 자료인 「감염병의 시대에 섹스하는 법」을 펴냈다. 1985년 대통령 레이건이 에이즈가 발견된 지 4년이 지나서야 처음으로 에이즈라는 단어를 공식 석상에서 언급했다. 1987년 에이즈 단체 액트업이 설립되어 에이즈 직접행동을 시작했다. 에이즈 전문기자 랜디 실츠가 『그래도 밴드는 계속 연주한다』를 출간해 한 승무원 동성애자 남성이 문란한 섹스를 하고 다니며 북미 전역에 에이즈를 퍼뜨렸다는 '페이션트 제로' 신화를 널리 유통시켰다. 같은 해, 상원의원 제시 헬름스가 정부 예산으로 에이즈 교육을 지원하지 못하게 하는 예산안 수정안을 통과시켰다. 크림프가 《옥토버》 에이즈 특집호를 펴냈다. 이 특집호에 리오 버사니가 역사적인 논문 「항문은 무덤인가?」를 발표했다. 1989년 크림프가 하버드대학교 영문학과 콘퍼런스와 예일대학교 레즈비언게이연구콘퍼런스에서 「애도와 투쟁」을 연설했다.

1990년 액트업에서 퀴어네이션이 별도의 단체로 갈라져 나와 '우리는 여기에 있다. 우리는 퀴어다'를 외치며 동성애혐오와 싸우는 활동을 시작했다. 퀴어이론의 정전이 되는 이브 세즈윅의 『벽장의 인식론』과 주디스 버틀러의 『젠더 트러블』이 출간되었다. 테레사 드 로레티스가 '퀴어이론'이라는 말을 처음으로 사용했다. 고정된 정체성을 주장하던 그전까지의 게이·레즈비언 영화와 구분되는 새로운 경향의 영화들(이후 레즈비언 영화평론가 B. 루비 리치가 '뉴 퀴어 시네마'라고 명명하는 영화들)이 등장하기 시작했다. 아우팅을 운동의 전략으로 내세우는 이들이 나타났다. 액트업의 일부 활동가들이 약물 사용자들의 HIV 감염을 막기 위해 거리에 나가 깨끗한 주사기 바늘을 나눠주는 활동을 벌였다. 1991년 매직 존슨이 HIV 감염 사실을 발표했다. 1993년 클린턴의 승인으로 '묻지도 말고, 말하지도 말라' 정책이 시행되었다. 1996년 칵테일 요법이 개발되었다. 에이즈로 인한 사망률이 줄어들기 시작했다.

에이즈 운동과 퀴어

이 책은 '에이즈와 퀴어 정치학에 관한 에세이들'이라는 부제가 말해주듯 에이즈에 관한 책인 동시에 퀴어 정치학에 관한 책이며, 또 에이즈와 퀴어 정치학 사이의 관계에 관한 책이다. 퀴어는 1990년에 갑자기 탄생하지 않았다. 퀴어의 등장은 에이즈 위기와 긴밀한 관계에 있다. 에이즈 위기라는 트라우마적 사건과 그것이 극대화한 동성애혐오는 당시의 운동과 이론으로 하여금 정체성, 권력, 지식에 대한 기존의 관념들을 급진적으로 재수정하도록 강제했다. '동성애=문란=에이즈=죽음'과 같은 동성애혐오적 담론들에 맞서기 위해서, 또 세이프섹스 교육과 에이즈 예방 교육으로 사람들의 목숨을 구하기 위해서, 운동은 강조의 지점을 성적 정체성에서 성적 실천들로 옮겨야 했다. 에이즈 위기가 야기하는 부정의와 싸우기 위해서, 게이, 레즈비언이라는 고정되고 본질주의적인 정체성이 아닌, 연대와 연합에 기반한 교차적 정체성을 사고하기 시작해야 했다. 과학, 의학, 정치, 미디어가 에이즈를 남성 동성애자의 질병으로 재현하여 동성애혐오를 생산하고 사람들의 목숨을 빼앗는 상황에 대처하기 위해서, 에이즈를 둘러싼 재현의 정치를 분석하고 그것과 싸워야 했다. 자기와 비자기, 안과 밖, 현실과 담론, 운동과 이론, 능동성과 수동성 사이의 이분법을 해체하거나 그 구분을 재개념화해야 했다. 운동과 이론이 에이즈 위기에 대응하는 이 과정은 퀴어라는 새로운 정치적 정체성이 벼려지고 만들어지는 중요한 배경이 되었다.[1] 에이즈 위기의 한가운데를 통과하며 당시의 에이즈 담론과 에이즈 운동을 분석한 크림프의 글들은 에이즈 운동, 퀴어 운동, 퀴어이론이 서로 어떤 영향을 주고받으며 발전해왔는지를 긴급한 감각으로 생생하게 보여준다.

에이즈에 대한 문화적 분석, 문화적 행동주의의 시작

크림프가 1980년대에 쓴 글들은 당시의 에이즈 담론이 이데올로기적이고 동성애혐오적으로 구성되어 있음을 정교하게 분석하고 폭로하는 작업들이다. 크림프는 자신이 공동편집장으로 있던 미술저널 《옥토버》의 1987년 겨울호를 에이즈 특집호 '에이즈: 문화적 분석/문화적 행동주의'로 기획하고 편집하면서 에이즈 운동에 첫발을 내디뎠다. 에이즈 담론에 대한 가장 초기의 연구자들인 폴라 트라이클러, 사이먼 와트니 등이 특집호에 참여했다. 이론가 리오 버사니가 이후 퀴어이론이라고 불리게 되는 사유의 중요한 텍스트 하나로 평가받는 논문 「항문은 무덤인가?」를 발표한 지면도 이 에이

---

1. HIV/에이즈 담론과 퀴어의 관계에 대해서는 다음 책을 참조하라. Annamarie Jagose, *Queer Theory: An Introduction* (New York: New York University Press, 1996), pp. 93–96. [애너매리 야고스, 『퀴어이론 입문』, 박이은실 옮김(서울: 도서출판여이연, 2012), 149~153쪽.]

즈 특집호다. 이 책의 2장 「에이즈: 문화적 분석/문화적 행동주의」
와 3장 「감염병의 시대에 우리의 문란한 사랑을 계속하는 법」은 각
각 이 특집호의 서문과 마지막 글이다. 크림프는 "에이즈는 에이즈
를 개념화하는 실천들, 에이즈를 재현하는 실천들, 에이즈에 대응하
는 실천들과 떨어져 존재하지 않는다"(46쪽)고 주장하며, 에이즈 위
기에 대한 '문화적 분석'과 '문화적 행동주의'의 실천을 촉구한다. 이
에이즈 특집호는 에이즈 담론이 동성애혐오에 근거해 구성되어 있
음을 포스트 구조주의의 렌즈를 통해 정밀하게 분석한 가장 초기
의 비판적 이론 작업에 해당한다. 크림프는 고고한 미술이론 저널
인 《옥토버》 지면에서 문화연구적 관점으로 에이즈 문제를 다루는
일로 로절린드 크라우스 등 다른 공동편집장들과 갈등하다 1990년
13년 동안 일했던 이 저널을 떠나게 된다.

문란을 재의미화하기

에이즈 위기 초기의 지배적인 에이즈 담론은 에이즈 위기로 가장
큰 영향을 받은 남성 동성애자 공동체에 돌봄과 안전을 제공하는
대신, 그들의 섹스를 무책임하고 위험하고 비도덕적이며 미성숙한
반사회적 행위로 비난하며, 남성 동성애자들을 에이즈의 원인으로
등가화했다. 또, 에이즈 위기를 사회와 공동체가 함께 해결해야 할
문제가 아니라, 전적으로 '개인의 책임'을 통해 관리해야 하는 문제
로 축소했다. 정치, 언론, 종교, 의학만 그런 것이 아니었다. GMHC

와 액트업을 공동설립한 미국 에이즈 운동의 '대부' 래리 크레이머는 1983년 "1112명, 그리고 에이즈 발생 현황"이라는 제목의 유명한 신문 기고문에서 게이들을 이렇게 비난했다. "내가 정말 끔찍하게 생각하는 이들은 마구잡이 섹스를 못 하느니 죽는 것이 낫다고 투덜대는 게이들이다. 왜 게이들은 성기로만 생각하는가." 유명 동성애자 기자 랜디 실츠는 자신의 베스트셀러인 『그래도 밴드는 계속 연주한다』의 제목을 다음과 같은 의미로 지었다. "에이즈 위기가 왔는데도 문란한 게이들은 죽음을 무릅쓰고 계속 섹스한다."

『감염병의 시대에 섹스하는 법』(1983)은 남성 동성애자들이 성적 실천에 대한 자신들의 지식과 경험을 바탕으로 최초로 콘돔 사용을 에이즈 예방법으로 제시한 세이프섹스 매뉴얼이다. 동성애자들이 세이프섹스를 발명했는데도 미국 사회는 이를 참조하기는커녕 동성애자들이 이 예방법을 다른 이들에게 알리는 것마저 방해했다. 상원의원 제시 헬름스는 세이프섹스 교육을 국가 예산으로 지원하지 못하게 했고, 뉴욕 대교구 추기경 존 오코너는 콘돔 사용 캠페인들을 막는 데 온 힘을 다했다.

3장 「감염병의 시대에 우리의 문란한 사랑을 계속하는 법」에서 크림프는 무책임하고 위험한 것으로 비난받던 남성 동성애자의 문란promiscuity을 삶을 위협하는 요소에서 삶을 구하는 자원으로 재의미화한다. "우리가 세이프섹스를 발명할 수 있었던 것은 (⋯) 섹스가 규범적인 삽입 섹스로 제한되지 않는다는 것을 우리가 그 어떤 이들보다 잘 알고 있었기 때문이다. 우리는 고도로 발달한 우리의 성적 문화를 통해 성적 쾌락도 잘 알고 있었지만, 성적 쾌락이 얼마나 다양한 형태를 띨 수 있는지도 잘 알고 있었다. 이렇듯 우리의 섹스에 대한 정신적인 준비 과정, 실험, 의식적인 작업이 있었기에 (…) 우리는 우리의 성적 행동을 짧은 시간 안에 극적으로 변화시킬 수 있었다. (…) 그들은 우리의 문란이 우리를 파괴할 것이라고 주장한다. 아니다. 우리의 문란이야말로 우리를 구할 것이다."(96쪽) "남성 동성애자의 성적 문화는, 제도화된 섹슈얼리티의 협소한 틀에 쾌락을 가두지 않는다면 누구나 성적 쾌락을 추구하고 누릴 수 있음을 보여주는 긍정적인 모델로 평가되어야 한다."(97쪽) 남성 동성애자들은 자신들이 세운 쾌락과 친밀감의 관계들을 경로로 삼아 서로에게 세이프섹스를 가르쳐주고 서로에게 세이프섹스를 배울 수 있었다. 크림프는 '문란'을 감염의 원천이 아니라 보호와 돌봄의 자원으로, 무책임의 양식이 아니라 책임의 양식으로, 개인의 자기파괴가 아니라 공동체의 성취로 다시 읽는다.

크림프는 12장 「매직 존슨을 받아들이기」에서 매직 존슨이 자신에게 동성애혐오에 기반한 낙인이 들러붙는 것을 막기 위해 동성애혐오와 여성혐오에 기대고 '남성 이성애자'의 문란과 이성애 '모노가미' 관계를 동시에 대대적으로 전시함으로써, 자신이 이성애규범적 관계 안에 있는 이성애자임을 증명하는 데 성공함을 살핀다. 크림프가 '문란'의 이름으로 되찾고자 했던 것은 에이즈 위기 이전 존재했던 남성 동성애자의 고도로 발달한 성적 문화이지만, 우리는 '문란'의 기호를 통해 이성애규범성의 폭력적 헤게모니에 복무하지 않는 다양한 형태의 쾌락, 친밀성, 공동체를 경축할 수 있다. 그것은 다자간 난교의 형태를 띨 수도 있고, 낭만적 관계를 특권화하지 않는 우정의 형태를 띨 수도 있으며, 무성애나 폴리아모리의 형태를 띨 수도 있다. 그것에 정해진 형태는 없다. "이제 되찾을 때가 왔다. 우리의 주체성과 우리의 공동체와 우리의 문화를. 그리고 그 무엇보다도 섹스에 대한 우리의 문란한 사랑을."(117쪽)

고정된 정체성에서 관계적 정체성으로

퀴어가 부상하는 역사적 국면을 직접적으로 다루는 글은 1991년 발표된 10장 「당신에게 동의해요, 걸프렌드!」[2]다. 미국 동성애자 운동은 백인 남성 동성애자 중심의 분리주의와 자유주의 속에서, 한편으로는 다른 급진적인 힘들과 연대하지 못하면서, 또 다른 한편으로는 운동 내부의 차이를 인정하지 못하면서 그 대가를 치르는 상태에서, 에이즈 위기와 맞서야 했다. 이 교착상태를 풀고 에이즈와 싸우기 위해서라도 운동은 기존의 게이 레즈비언 정체성 같은 고정되고 본질주의적인 정체성으로부터, 연대와 연합에 기반

---

2. 이 글의 원제 'Right on, girlfriend!'에서 누구인지 명시되어 있지 않은 발화자는 역시 누구인지 명시되어 있지 않은 상대를 '걸프렌드'라고 부르며 (남성성과의 동일시 또는 남성 동성사회성과의 동일시에 대한 거부를 경유하여) 그와 '관계적' 동일시를 한다. 그리고 찬성과 격려의 감탄사를 통해 연대의 의사를 분명하고 다정하게 표현함으로써 자신이 하고 있는 동일시의 정치적 성격을 드러낸다. 번역하는 동안 나는 이 제목을 볼 때마다 코로나 이전의 어떤 한 장면, 그러니까 이태원 게이 클럽에서 K-팝 레퍼토리가 나오면 게이들이 무대 위로 뛰어올라가 일주일 동안 열심히 연습한 안무에 따라 군무를 추며 걸그룹 아이돌에 빙의하여 더없이 즐거워하는 장면을 떠올릴 수밖에 없었다. 이 '옮긴이 해설'을 쓰는 동안 나는 치열한 삶을 살다가 먼저 우리 곁을 떠난 트랜스젠더들을 비롯한 여러 성소수자들을 생각하지 않을 수 없었다.

한 새로운 정체성으로 옮겨가야만 했다. 크림프는 바로 이런 국면 속에서 새로운 정치적 정체성들을 지시하는 용어로 '퀴어'가 부상하게 되었다고 쓴다. 1990년대 초, 액트업의 활동가들은 약물 사용자들이 오염된 주사기 바늘을 사용하다 HIV에 감염되는 것을 막기 위해 체포될 위험을 무릅쓰고 거리로 나가 새 주사기 바늘을 무료로 배포하는 활동을 벌였다. 크림프는 이렇게 쓴다. "일단 에이즈 위기를 끝내려는 싸움에 참여하는 순간, 이들의 정체성은 이전과 같을 수 없다."(266쪽) 크림프는 정치적 작업에 참여하고 헌신할 때 우리의 정체성은 '관계적' 동일시를 통해 타자와 연결된 정체성으로 (다소 예측할 수는 없는 방향으로) 새롭게 만들어진다고 주장한다.

우울과 도덕주의 I
: 거대한 상실의 효과를 부인하는 운동

크림프의 글들은 서로 다른 시기에 개별적으로 발표되었지만 한 권의 책으로 묶였을 때 야심 찬 기획이 된다. 그것은 어떤 게이들을 극심한 자기비난 속에서 반동적인 가치를 주장하게 만든 힘이 무엇이었는지, 또 급진적이었던 1980년대의 미국 에이즈 운동이 1990년대로 넘어가면서 동성애규범성에 복무하는 방향으로 전회하게 만든 힘이 무엇이었는지를 탐문하는 기획이다. 크림프는 그 답을 우울이 생산하는 도덕주의에서 찾았다.

크림프는 먼저 보수적인 동성애자 명사들의 도덕주의를 살핀다.

게이 작가 브루스 바우어는 자신의 책 『식탁의 한 자리』에서 퀴어들이 자기들만의 작은 식탁에 앉을 것이 아니라 이성애규범성에 부합하는 커다란 식탁에 앉아야 한다고 주장한다. 하지만 그 식탁의 한 자리는 이미 퀴어들을 거부하고 부인하고 삭제한 자리다. 왜 퀴어들이 그곳에 들어가 거주해야 한단 말인가. 크림프는 보수적인 남성 동성애자들이 이 사회의 보편적 행복과 동일시하기 위해, 자신을 거부하는 동성애혐오적인 사회와 동일시하고 있다고 분석한다. 자신을 꾸짖고 부인하고 거부하는 것과 동일시할 때 그는 우울에 빠진다.[3] 우울에 빠진 이는 도덕주의에서 비롯된 비난을 자신과 공동체에 퍼붓게 된다. 1990년대 언론으로부터 강력한 발언권을 얻어 반동적인 메시지를 설파했던 브루스 바우어, 앤드루 설리번, 게이브리얼 로텔로 같은 노골적인 게이 네오콘들만 그런 이들이 아니다. 크림프는 에이즈 운동에 참여하면서도 남성 동성애자의 '문란'을 에이즈 위기의 중요한 원인 하나로 지목하고 비난했던 랜디 실츠, 래리 크레이머, 마이클랜젤로 시뇨릴리 같은 이름난 작가와 활동가들도 동성애혐오와 동일시하고 있다고 지적한다.

---

3. 자신을 부인하는 것과 동일시하는 우울적 주체를 다루는, 퀴어이론의 또 다른 논의로는 사라 아메드의 다음 책을 참조하라. Sara Ahmed, *The Promise of Happiness* (Durham: Duke University Press Books, 2010), pp. 121~159. [사라 아메드, 『행복의 약속』, 성정혜·이경란 옮김(서울: 후마니타스, 2021), 221~290쪽.]

우울과 도덕주의 II
: 상실의 크기를 인정하지 못하는 에이즈 운동

하지만 이것보다 훨씬 다루기 복잡하고 비판하기 어려운 우울과 도덕주의도 있다. 그것은 에이즈 위기를 끝내기 위해 힘든 싸움에 참여했던 이들이 누적된 상실이 주는 고통으로부터 자기 자신을 방어하기 위해, 자신들이 얼마나 커다란 상실을 경험하고 있는지 부인하면서 빠지게 된 우울과 도덕주의다. "슬픔을 분노로 바꾸세요!" 액트업은 절망의 감정들을 분노로 조직해냄으로써 짧은 시간 동안 에이즈 위기에 개입하는 데 큰 성공을 거둔 단체다. 액트업의 활동가들은 '분노로 단결하여' 많은 성취를 이룩했다. 활동가들은 이 성공 속에서 직접행동을 통해 자신들의 손으로 사람들의 목숨을 구할 수 있다는 희망과 낙관주의를 품을 수 있었다. 하지만 절망에서 시작한 희망이 다시 절망으로 바뀌는 데는 오랜 시간이 걸리지 않았다. 기대했던 것과 달리 에이즈 치료제는 영원히 나오지 않을 것처럼 보였다. 할 수 있는 모든 것을 다 했지만, 친구와 동지들은 여전히, 아니 더 많이, 세상을 떠나고 있었다. 누적된 상실은 더 이상 견딜 수 있는 것이 아니었다. 에이즈와의 싸움에 함께할 것을 약속했던 새로 당선된 민주당 대통령 빌 클린턴의 배신은 절망의 깊이를 더 깊게 만들었다. 에이즈 운동의 완전한 번아웃. 그럼에도 활동가들은 자신들이 다시 절망에 빠졌다는 사실을 인정할 수 없었다. 그들은 자신들이 얼마나 가공할 만한 수준의 상실을 겪고 있는지 부인하는 쪽을 택했다. 크림프는 이를 상실을 애도할 수 없음에서 오는 우울이라고 본다. 우울에 빠진 활동가들은 감당할 수 없는 고통으로부터 자신을 방어하기 위해 무의식적 방어기제를 작동시키며 에이즈 운동으로부터 점점 멀어져갔다. 그들은 에너지를 쏟는 대상을 에이즈라는 죽음의 문제에서 동성결혼과 동성애자 군 복무라는 삶의 문제로 전치했다. 그러면서도 자신들이 너무나도 큰 절망 속에서 에이즈 운동에서 멀어지고 있다는 사실을 받아들이지 못했다. 절망에 사로잡혀 더 버티지 못하고 운동을 떠나는 동지들을 배신자라고 꾸짖었고, 슬픔에 빠져 분노를 투쟁의 형식으로 표현하지 못하는 이들을 행동하지 않는다고 꾸짖었다. 운동의 도덕주의였다. 이는 다시 운동 내부의 분열과 적대로 이어졌다.

애도하는 투쟁, 투쟁하는 애도

많은 이들이 미국 에이즈 운동이 힘을 잃기 시작하는 시기로 칵테일 요법의 등장과 함께 에이즈 위기의 긴급성이 줄어들기 시작하는 1996년을 꼽는다. 하지만 크림프는 에이즈 운동이 이미 1989년부터 에이즈 위기의 상실을 부정하며 에이즈 운동에서 고개를 돌리기 시작했다고 분석한다.

에이즈 위기를 사는 활동가들에게는 울 시간이 없었다. 그들은 많은 경우 자신이 감염인이면서도, 동시에 활동가여야 했고, 정치인이어야 했고, 간호사여야 했고, 연구자여야 했다. 이런 일들을 해야 하는 이들이 자신들의 역할과 책임을 다하지 않는 사이, 활동가들이 모두 이 역할을 맡아야 했다. 그러면서도 자신을 돌봐야 했고, 생존자이자 '에이즈와 함께 살아가는 사람'이 되어야 했다. 아침에는 부고 소식을 듣고, 점심에는 활동을 하고, 저녁에는 추모 행사에 참여해야 했다. 다음 날도, 그다음 날도, 그다음 날도. 에이즈의 공동체 바깥에 있는 이들이 자신들이 만든 에이즈 위기를 보지 않으며 평화롭게 흘러가는 시간 속에서 우아하게 살고 있었을 때, 이들은 너무나도 긴급한 시간성 속에 살고 있었다. 가만히 있으면 또 다른 친구들이 세상을 떠난다. 싸워야 했고, 움직여야 했다. '애도하지 말라! 운동을 조직하라!' 에이즈 위기의 많은 활동가들은 애도를 "자기만족적이고, 감상적이며, 패배주의적"(188쪽)인 것으로 의심했다.

크림프는 「애도와 투쟁」에서 애도에 대한 활동가들의 적대와 달리 애도와 투쟁이 긴밀하게 연결되어 있음을 짚어낸다. 위기를 사는 퀴어에게 상실에 대한 애도를 온전히 마무리하고 일상으로 돌아갈 방법은 애초에 없다. 사랑하는 이의 장례식에서는 그의 가족들 앞에서 자신을 숨기며 눈물을 삼켜야 한다. 먼저 떠난 친구의 운명을 자신이 곧 따르게 되지 않으리라고 확신할 수도 없다. "에이즈로 고통받는 사람이 세상에 한 명도 존재하지 않는다는 듯한 침묵과 무시의 폭력도 노골적인 혐오와 살해의 폭력만큼이나 견딜 수 없이 고통스럽다."(195쪽) 퀴어들은 이런 폭력으로부터 사랑하는 이들의 세계를 지키기 위해 분노에 차 일어난다. 애도 불가능성 속에서 퀴어의 애도는 투쟁이 된다. 퀴어에게 투쟁은 정의를 이루려는 의식적인 반응이기도 하지만, 위로받을 수 없는 고통에 대한 정동적 반응이기도 한 것이다.

스톤월 세대의 많은 남성 동성애자는 에이즈 위기 동안 자신이 사랑하는 친구들이 모조리 사라진 유령도시에 혼자 남은 것처럼 느끼며, 자신의 생존 자체에 양가감정을 느꼈다. 크림프는 투쟁이 외부세계를 바꾸는 일에만 몰두하느라 우리 안의 이런 해결되지 않은 감정들을 돌보지 않을 때, 그 투쟁은 우리가 경험하고 있는 거대한 상실의 정도를 부인하는 위험한 기제가 될 수 있다고 경고한다. 우리의 고통은 우리 외부에 있는 명백한 '적'들 때문에도 발생하지만, 애도 불가능성 속에서 해결되지 않고 우리 내부에 침잠해 있는 불확실하고 모호한 여러 감정 때문에도 발생한다. 그 감정들을 그저 투쟁의 대의에 해가 되는 것으로 억누르고 무시할 때, 그것의 부식 효과는 결국 '독으로 된 눈물'의 형상으로 흐르며 투쟁을 침식한다.

활동가들은 '침묵=죽음'의 형태로 '담론=삶'을 주장했다. 수동적으로 침묵하고 애도만 하고 있어서는 안 되며, 능동적으로 저항담론을 생성하고 투쟁하는 활동에 참여해야 한다고 주장했다. 퀴어이론가 리 에델먼은 '침묵/담론', '수동성/능동성'이라는 운동의 수사가 가지고 있는 이 이항대립성을 포스트모더니즘 이론을 통해 (난해하지만) 능숙하게 해체한다. 이와 마찬가지로 크림프는 '침묵'하는 주체가 과연 누구인지 질문하며, 애도/투쟁에 대한 운동의 관점에 문제를 제기한다. 활동가들은 "두려움에 마비되어 있고, 자책감으로 고통받고 있으며, 죄의식에 사로잡힌 이들"(210쪽)을 침묵하는 주체라고 비판했다. 하지만 크림프는 바로 그 활동가들이야말로 공동체가 처해 있는 가공할 만한 '죽음'의 문제를 외면하고 묵살하는 침묵의 주체였음을 사려 깊게 살핀다.

크림프는 분노라는 감정 위에서 투쟁을 조직하는 것도 중요하지만, "불만과 분개와 분노와 격노, 불안과 두려움과 공포, 수치심과 죄책감, 슬픔과 절망"(210쪽)과 같은 다양한 슬픔의 정동 역시 투쟁의 정동임을 인식하고 그것들에 귀를 기울이는 것 자체도 중요한 정치적 실천이라고 말한다. 크림프는 투쟁의 필요성을 부정하는 것도, 애도의 필요성을 절대화하는 것도 아니다. 크림프는 상실이 만드는 고통스러운 효과로부터 무조건 방어하려는 의식을 투쟁에서 떼어놓음으로써 투쟁을 자유로운 상태, 억제되지 않은 상태로 만들려는 것이다. 투쟁이 상실의 효과를 가리는 것에만 급급하지 않게 될 때, 투쟁의 잠재력은 커진다. 「애도와 투쟁」은 한쪽을 취하면 한쪽을 버려야 하는 것처럼 여겨지던 애도와 투쟁을 '애도하는 투쟁'으로 합금함으로써, '투쟁하는 애도'를 가동시키고자 하는 크림프의 중요한 개입이다.[4]

4. 앤 스벳코비치의 다음 연구는 에이즈 위기라는 트라우마를 둘러싼 퀴어의 정동을 연구한 중요한 작업으로, 크림프의 『애도와 투쟁』을 참조점으로 삼고 있다. Ann Cvetkovich, *An Archive of Feelings: Trauma, Sexuality, and Lesbian Public Cultures* (Durham: Duke University Press Books, 2003) 어느 전직 레즈비언 에이즈 활동가와의 인터뷰 (pp.207-208)를 요약 번역한 다음 부분은 에이즈 위기라는 트라우마 속에서 활동가들이 처해 있던 상황을 잘 보여준다. "1996년 뉴저지 여성·에이즈 네트워크의 활동가 일을 그만두었을 때는 여전히 많은 이들이 에이즈로 죽고 있던 때였어요. 우린 사람들이 끊임없이 죽는 것을 보면서, 더 싸워야 한다고 각오를 굳게 다지곤 했죠. 그런데 그럴수록 너무나도 긴급해진 싸움 속에서, 울어야 할 시간을 못 찾았던 것 같아요. 계속 싸워야 하니까요. 너무나도 많은 레즈비언, 게이 친구들이 제 곁을 떠났어요. 운동을 그만두고 보니 이제 저와 함께 있는 것은 그들의 죽음뿐인 것처럼 느껴져요. 저는 지금은 에이즈 운동을 하고 있지 않아요. 에이즈 운동을 하려면 거기에 자신을 모조리 바쳐야 해요. 에이즈 운동에 조금만 참여할 방법은 없어요. 그렇게 해서는 항상 울고 있어야만 하니까요. 래퍼가 울먹이면서 랩을 한

어떤 상실까지 애도될 수 있는가

어떤 죽음이 애도할 가치가 있는가? 어떤 상실이 슬퍼할 만한 상실인가? 퀴어이론의 익숙한 질문이다. 크림프는 이와 관련하여 급진적인 의제 하나를 제출한다. 그것은 남성 동성애자의 섹슈얼리티를 애도의 각본 안에 위치시키는 것이다. 스톤월 이후 1970년대의 미국 남성 동성애자들은 고도로 발달한 성적 가능성의 문화를 창조했다. "백룸에, 공중화장실에, 게이 서점에, 게이 극장에, 게이 사우나에, (…) 트럭에, 부두에, 숲속에, 호숫가에", "골든샤워와 워터스포츠, 콕서킹과 리밍, 퍼킹과 피스팅"이라는 남성 동성애자의 억제되지 않은 섹스가 있었다(199~200쪽). 그 억제되지 않은 성적 표현의 세계는 에이즈 위기 속에서 혹독한 비난을 받으며 사라져갔다. 이제 남성 동성애자의 공공 섹스는 〈호수의 이방인〉 같은 영화 속에서나 볼 수 있는 일종의 개념으로서만 존재할 뿐이다. 프로이트는 사랑하는 이의 상실뿐 아니라, 조국, 자유, 이상과 같은 추상적인 것들의 상실도 애도의 대상이 된다고 썼다. 크림프는 이 '문명화'된 항목들의 상실처럼, 남성 동성애자의 사라진 섹스 역시 애도의 대상에 포함될 수 있을 것인가라고 묻는다. 크림프는 이성애적 모노가미를 재생산하지 않는 남성 동성애자의 비규범적 성적 실천의 상실이 애

다면 사람들 앞에서 어떻게 메시지를 전달하겠어요. 너무나도 많은 상실을 한꺼번에 겪은 사람은 더 많은 상실을 겪으면서도 어쨌든 그것들을 견디게 돼요. 문제는 거기서 벗어날 때예요. 그 상실은 너무나도 크게 느껴져요. 제가 운동을 떠난 이유를 이렇게 표현해본 것은 처음이에요.(전직 레즈비언 에이즈 활동가의 인터뷰)"

도 대상이 될 수 있는지 질문함으로써 애도될 수 있는 것들의 경계를 분명하게 드러내는 한편, 남성 동성애자의 성적 문화의 상실도 애도되어야 하는 것들의 목록에 포함되어야 함을 명백히 한다.

감염병 위기의 시기에 어떤 쾌락과 친밀성의 상실은 여러 방식으로 끊임없이 언급되고 논의되고 애도되지만, 어떤 쾌락과 친밀성의 상실은 애도되기는커녕 그 존재의 필요조차 인정되지 않는다. 지배적인 위기 관리 담론은 개인을 이른바 "안전한 공간"인 '집'으로 보내고 격리와 거리두리를 강조하지만, 어떤 이들에게 그곳은 (정상가족 이데올로기의 집이건, 지배적인 규범성 위에 세워진 사회적인 집이건) 부인과 낙인과 폭력이 존재하는 '안전하지 않은 공간'일 수 있다. 이들에게 접촉의 네트워크는 상호돌봄과 연결성의 체계 역할을 하며 그들의 삶을 지탱하지만 그런 사실은 인정되지 않은 채, 위기 정치 아래서 '공동체의 가치'라는 명목으로 쉽게 희생된다. 규범에 부합하는 쾌락과 친밀성은 언제나 필수적인 것으로 여겨지지만, 비규범적인 쾌락과 친밀성은 자동적으로 과잉이자 사치로, 방탕한 것이자 위험한 것으로 여겨지기 때문이다. 보건의료 담론이 말하는 '공동체의 가치'는 분명히 중요한 가치다. 하지만 그 공동체는 보편이라는 이름으로 표현되는 추상적인 공동체여서는 안 된다. 우리가 중요하게 여겨야 할 공동체는 감염병에 영향받는 이들의 "진짜 공동체"(109쪽)여야 한다.

우리가 잃어버린 세계들의 이름으로,
우리가 잃어버린 친구들의 이름으로

> 우울은 우리로 하여금 정체성을 (재)구축하고 죽은 이들과 함께 그들의 이름으로—그리고 우리의 이름으로—우리가 싸워야 하는 여러 전투에 함께 나갈 수 있도록 해주는 기제다.[5]
>
> —호세 무뇨스

크림프는 퀴어한 우울이 생산하는 도덕주의들을 날카롭게 비판하지만, 우울 자체를 병리화하는 것은 거부한다. "나는 지금 설리번이라는 한 남성 동성애자를 진단하고자 하는 것이 아니다"(18쪽), "나는 이런 성향이 병리적이라고는 조금도 생각하지 않는다"(201쪽), "이들의 자기혐오가 아무리 극단적이라 하더라도 나는 동성애자들이 처하게 되는 이런 상태 자체를 병리적인 것으로 만들어 비난할 생각이 당연하게도 전혀 없기 때문이다"(206쪽). 퀴어에게 상실이 원천적으로 애도할 수 없는 것이라면, 즉 퀴어에게 우울이 그들이 거주하는 공간일 수밖에 없는 것이라면, 어떻게 그 우울을 병리화할 수 있겠는가.

상실에 대한 애도를 완료할 때 우리는 상실한 대상을 떠나보낼 수 있다. 하지만 애도를 완료하지 못한 우울에서는 그 대상을 보내지 못하고 계속 그것에 매달려 있게 된다. 크림프는 프로이트가 병리적으로 보았던 우울을 재개념화하여, 우울을 퀴어 정치학을 구성하는 조건으로 정치화한다. 크림프는 우리가 상실한 대상에 대한 기억 속에서 그것을 붙들고 있는 상태에서 살아남은 것들과 교감을 유지할 때 진정한 윤리와 책임감이 발생한다고 본다. 크림프는 그것을 "퀴어한"(30쪽) 책임감이라고 부른다. 프로이트의 애도는 개인적인 과정이지만, 퀴어들은 사랑하는 이의 상실을 애도하고자 할 때마다 한 사람의 상실만을 슬퍼하지 않는다. 그와 연결된 수많은 상실, 애도되지 못하는 우리의 집합적 상실, 그가 살던 세계의 상실을 함께 슬퍼한다. 크림프가 매달려 있는 것은 에이즈 위기와 함께 사라진 이상, 즉 남성 동성애자의 고도로 발달한 성적 문화다. 크림프는 에이즈 메모리얼 퀼트에서 크레이그, 댄, 헥터, 르네, 로버트의 상실만을 보지 않았다. 크림프 자신의 삶을 삶으로 만들어 주었던 세계 전체의 상실을 보았다. "게이 바에서, 게이 사우나에서, 거리에서, 공원에서"(275쪽) 만났던 사람들로 가득 찬 성적인 세계의 상실을 보았다. 크림프에게 그 세계는 자신에게 진정한 윤리를 알려준 유토피아적인 정치적 이상이었다. 크림프는 이 과거의 세계를 간단히 놓아버리고 앞으로 나아가지 않는다. 계속 그것을 붙들고 있음으로써, 도덕주의에 빠지지 않고, 분노를 정치적 표현으로 번역해내고, 사라진 세계에 대한 기억을 현재를 살아가는 이들과 연결시킨다. 크림프는 상실을 계속해서 열린 상처로 놓아둠으로써 과거의 패배를 잊지 않은 채, 자신의 퀴어한 책임과 윤리를 다하고자 한다.

○

크림프에게 소구 대상은 특별히 중요한 문제다. 이를테면, 크림프는 에이즈 메모리얼 퀼트가 남성 동성애자의 섹슈얼리티를 삭제함으로써 남성 동성애자들의 상실을 이성애규범적 사회가 받아들일 수 있는 것으로 만든 것이 아닌지 의문을 제기한다. 그는 퀼트가 말을 걸고 있는 것이, 에이즈 위기에 영향을 받는 공동체가 아니라 그들의 상실을 스펙터클로 구경하는 이들이 아닌지 의구심을 품는다. "지금 퀼트는 누구에게 말을 걸고 있는가?"(277쪽) 크림프는 자신이 누구에게, 누구와 함께, 누구를 위해 에이즈를 이야기하고자 하는지를 명확히 밝힌다. "나는 그 이야기를 우리를 위하여, 에이즈 활동가들의 공동체를 위하여 하고자 한다."(185쪽) 그리고 자신이 스스로 잘 알고 있는 것에 기반하여 어떤 이야기를 포함하고 어떤 이야기를 배제할 것인지를 밝힌다. "물론 남성 동성애자만 에이즈와 직면하는 것은 아니지만, 남성 동성애자들이 겪는 특정하고도 고유한 곤궁이 존재하고, 내가 잘 알고 있는 것은 남성 동성애자의 곤궁이기 때문에, 여기서는 남성 동성애자의 문제만 다룰 것"(186쪽)이라며, 바로 이런 지점에 자신이 생산하는 담론의 부족함이 있음을 인지하고 있음도 밝힌다. 크림프는 허구적인 보편적 주체에 말을 거는 척하지 않는다. 그는 자신이 헌신하고자 하는 구체적인 이들을 향해 말을 걸고 있음을 분명히 밝힌다.

나는 크림프의 이 정치적 태도를 번역에서도 재현하고자 노력했다. 이 책과 한국의 독자 사이에는 상당히 커다란 시간적, 공간적 차이가 존재한다. 그럼에도 이 책을 번역하여 소개하고자 했던 이유는 이 책이 지금 한국 에이즈 활동가들, 감염인들, 퀴어연구자들에게 의미를 제공하고, 이 책의 텍스트들이 그들과 대화를 나눌 수 있을 것이라고 확신했기 때문이다. 목표 독자에게 의미를 제공하지 않는 번역은 그것이 어떤 번역이든 애초 발생할 이유가 없다. 번역에는 등가의 패러다임, 기술의 패러다임, 목적의 패러다임, 문화의 패러다임 등 여러 패러다임이 있다. 나는 이 책이 에이즈와 싸우는 이들, HIV/에이즈와 함께 사는 이들에게 도움되는 자원이 되도록 하는 것을 목표로 이 책을 번역했다. 그 과정에서 나는 번역의 목적(스코포스)에 따라 번역 전략을 결정하는 이른바 '목적의 패러다임'을 적극적으로 참조했다. 이 패러다임에서는 번역 행위를 한 언어에서 다른 언어로 충실하게 옮기는 기계적인 행위로 보는 것이 아니라, 번역과 관련한 다양한 역할을 수행하는 참여자들 사이의 의사소통 프로세스로 본다. 번역자, 독자, 출판사는 물론 이미 사망한 크림프도 이 프로세스 안에 포함되어 있다. 나는 또 번역을 텍스트의 이동이 아니라 문화 사이에 일어나는 커뮤니케이션 행위라고 보는 '문화번역'의 (기술적 접근법descriptive approaches과 대비되는) 헌신적 접근법committed approaches도 주요하게 참조했다. 등가와 관련해서는 즉각적으로 눈에 보이는 단어나 문장 수준의 등가보다 담론 수준의 등가에 가장 큰 우선순위를 부여했다. 모든 텍스트의 번역을 이런 전략에 따라 해야 한다는 이야기는 아니다. 내가 이런 번역의 패러다임이나 전략을 선택한 것은 HIV/에이즈와 함께 사는 이들과 에이즈 활동가들에게 이 책이 도움이 될 수 있도록 하기 위함이었다. 다른 목표독자를 염두에 둔 다른 성격의 텍스트를 번역했다면 다른 번역 전략을 택했을지도 모른다.

나는 '저 앞이 우리가 도달해야 할 미래야', '우리는 저기보다

10년 뒤처져 있지'처럼 어떤 종착지를 상정하는 선형적 역사관 속에서 이 책을 소개하는 것이 아니다. 나는 이 책을 '앞선 곳'으로 상상되는 공간이 미리 경험한 사례로 소개하고 싶지 않다. 에이즈 아카이브의 정전으로서 소개하고 싶지도 않다. 크림프 및 크림프가 말을 걸고자 했던 이들의 경험세계와 이 책을 한국어로 읽는 독자의 경험세계는 전혀 다르다. 크림프는 스톤월 이후의 억제되지 않은 성적 문화의 건설과 상실을 모두 경험했다. 세이프섹스가 발명되고 수용되는 것을 보았다. 에이즈 위기의 긴급성이 절정에 달하는 시기(1987~1996)를 지나면서, 에이즈 운동이 희망과 낙관주의를 가졌다가 다시 깊은 절망에 빠지는 것을 목격했다. 칵테일 요법이 등장하면서 에이즈가 긴급한 위기에서 여러 사회문제의 하나로 바뀌는 것을 보았다. 이 한국어판을 읽는 독자들이라면 대부분 에이즈 위기를 직접 경험하지 않았을 것이다. 남성 동성애자 독자 가운데는 세이프섹스 '이전'의 기억이 아예 없는 이들이 더 많을 것이다. 프렙PrEP 예방법이 등장한 이후에 '데뷔'한 이들도 있을 것이다. 한국의 에이즈 운동 자체도 이 책이 다루는 위기가 끝난 이후의 시기부터 다른 양상으로 시작되고 전개되었다. 또, 이 책을 한국어로 읽는 독자의 경험세계는 크림프의 경험세계뿐 아니라 동시대 어떤 이들의 경험세계와도 다르다. 세계 차원에서 보면 여전히 치료제에 대한 접근성이 낮고, 에이즈 위기가 여전히 현재형인 곳도 많다. 나는 각자가 각자의 위치에서 이 책을 읽고 자신의 맥락에 따라 필요한 지식과 참조점을 생성할 수 있기를 바란다. 8장 「내 침실의 남자들」에서 크림프는 자신의 침실을 (모종의 목적으로) 방문한 어떤 남자들이 미술이론가인 자신과 달리 미술에도, 포스트모더니즘에도 문외한이면서도 자신의 위치에서 이미지를 능숙하게 전유하는 것을 본다. 크림프는 이 비전문가들에게서 얻은 깨달음을 존중하고 그것을 참고하여 전문가인 자신이 생산해 권위 있는 이론으로 널리 유통되던 논문에 기꺼이 수정을 가한다. 크림프는 개인들이 특수한 경험과 주관 위에서 생산한 맥락적인 지식을 깊이 존중한다. 이 책의 독자들 역시 크림프가 기술하는 경험과 지식 속에서 저마다 다른 것들을 읽을 수 있을 것이다. 이 책이 지금 이곳에서 에이즈와 싸우는 이들 사이에서 새로운 대화를 촉발하는 계기가 되기를 바라고, 생산적인 참조점 하나가 되기를 바란다.

퀴어한 텍스트를 번역하는 데는 여러 복잡한 문제가 관여한다. 특히 그 텍스트가 오랜 시간을 견딘 텍스트일 경우 그 복잡성은 더 커진다. 번역을 통해 현실에 개입하고자 하는, 퀴어 번역자들, 퀴어한 텍스트의 번역자들, 번역을 퀴어링하고자 하는 번역자들과 언젠가 이런 문제를 두고 대화할 수 있는 기회가 있기를 바란다.

○

이 책의 번역은 비온뒤무지개재단의 이창국기금 연구지원이 없었더라면 시작되기 어려웠을 것이다. 비온뒤무지개재단과 재단의 활동가분들께 큰 감사의 말을 전한다. 초보 번역자와 일하며 인내심을 가지고 성심껏 도와준 허원 편집자에게도 감사드린다. 번역의 거친 중간본을 미리 읽고 의견을 이야기해주거나 격려해준 친구들과 동료들에게도 감사의 말을 전한다. 불확실성과 복잡한 곤궁 속에서 우리의 쾌락의 권리와 대안적 친밀감의 세계를 지키고 마련하기 위하여, 또 혐오와 차별이 없는 세계를 건축하기 위하여 투쟁해온 에이즈 활동가, HIV/에이즈와 함께 사는 이들을 생각하며, 이 책을 번역했다. 이 기회를 통해 그들에게 감사를 표한다. 삶을 긍정하며 쾌락으로 가득 찬 세계를 창조하는 싸움 속에서 우리 곁을 떠난 분들, 그들의 기억에 붙들린 상태로 지금 여기를 살아갈 것이다.

에이즈가 발견되기 전에는 모두 세이프섹스를 하지 않았다. 그중 누군가는 HIV에 감염되었고, 누군가는 HIV에 감염되지 않았다. 우리가 반드시 인지해야 하는 것은 여기에는 필연적인 인과관계가 존재하지 않는다는 점이다. 에이즈 위기 이전에 다른 모든 이들처럼 세이프섹스를 하지 않았지만, 에이즈 위기 이후 HIV에 감염되지 않은 이들은 모두 이 운명의 의미를 숙고해야 한다. 지금 HIV에 감염되지 않은 우리는 모두 HIV에 감염된 이들에게 '절대적인 책임' 그리고 '무조건적인 책임'을 져야 함을 깊이 명심해야 한다.

—사이먼 와트니

찾아보기

인명

작품

문헌

애도와 투쟁

에이즈와 퀴어 정치학에 관한 에세이들

1판 1쇄 2021년 4월 12일

지은이 더글러스 크림프
옮긴이 김수연
펴낸이 김수기

펴낸곳 현실문화연구
등록 1999년 4월 23일 / 제2015-000091호
주소 서울시 은평구 불광로 128, 302호
전화 02-393-1125 / 팩스 02-393-1128 / 전자우편 hyunsilbook@daum.net
ⓗ blog.naver.com/hyunsilbook ⓕ hyunsilbook ⓣ hyunsilbook

ISBN 978-89-6564-264-0 (03300)

이 책에 실린 도판은 대부분 각 저작권자의 허락을 받아 실은 것들입니다.
아직 허락을 받지 못한 도판의 경우, 저작권자와 연락이 닿는 대로 절차에 따르겠습니다.